Corporate Community Involvement

지역과 상생하는 기업 핵심전략

지역과 상생하는 기업 핵심전략

초판 1쇄 인쇄 | 2011년 6월 15일
초판 1쇄 발행 | 2011년 6월 25일

지은이 닉 라킨 · 베로니카 슈벨
옮긴이 강주현 · 김정수
책임편집 손성실
편집 조성우
디자인 표지 오필민 본문 나윤영
용지 월드페이퍼
제작 미르인쇄
펴낸곳 생각비행
등록일 2010년 4월 16일 | 등록번호 제313-2010-92호
주소 서울시 마포구 성산동 278-33 201호
전화 02) 3141-0485
팩스 02) 3141-0486
이메일 ideas0419@hanmail.net
블로그 www.ideas0419.net
페이스북 www.facebook.com/ideas0419

ISBN 978-89-94502-06-9 93320

책값은 뒤표지에 있습니다.
잘못된 책은 바꾸어드립니다.

지역과 상생하는 기업 핵심전략

닉 라킨 · 베로니카 슈벨 지음 | 강주현 · 김정수 옮김

기업사회참여 실천 매뉴얼

생각비행

실무자를 위한 매뉴얼을 만든 이유

우리는 기업사회참여[1] 분야의 전문실천가로서, 또 팀 리더로서 여러 해 동안 일해 왔다. 처음 이 일을 시작했을 때, 우리에게는 도움이 될 만한 자료가 전혀 없었다. 그래서 다른 사람들이 어떻게 하고 있는지 알아보고, 그들에게 이것저것 물어보며 필요한 정보를 찾아 모았다. 우리는 실제로 경험하며(물론 실수도 많이 해가며) 많은 것을 배웠고, 시간이 지나면서 점차 전문성을 발전시킬 수 있었다.

해외 지사 담당자들로부터 보고를 받기 시작하면서부터 우리는 그들을 위한 교육과정이 필요하다고 느꼈다. 이에 우리는 어떤 자료를 건네줄 만한지, 그걸 어떻게 하면 잘 활용하게 해줄지 알아보았다.

처음에는 직접 얼굴을 맞대고 알려주는 방식에 의존했다. 그다음에는 공유할 만한 자료들을 찾아주었다. 그러다 우리는 각자 '비법' 매뉴얼을 만들어 회사 내부에 돌렸다. 그렇게 베로니카가 처음 만든 매뉴얼은 정말로 두툼했다. 오죽하면 한 동료가 이렇게 외쳤을까. "베로니

---

1 저자들은 이 개념에 대해 'Corporate Community Involvement', 즉 '기업의 지역사회 참여'라는 용어를 썼다. 우리말로 번역할 때 보통명사들과 뒤섞여 혼동을 줄 수 있으므로, 이 책에서는 그 개념을 손상하지 않고 전문용어의 느낌을 살린 '기업사회참여'라는 용어로 사용했다. — 옮긴이

카, 당신 매뉴얼이 내 책상 모퉁이로 뚝 떨어지더니 컴퓨터를 창밖으로 튕겨내고 말았어요!" 그런데 그런 반응은 우리에게 큰 도움이 되었다. 다음번에는 좀 더 간결하고 실용적으로 만들어야겠다고 생각하게 했으니 말이다. 우리는 기업사회참여 분야의 매뉴얼이 책장 꼭대기에서 먼지가 뽀얗게 쌓인 채 꽂혀 있는 문서가 아니라, 누구나 찾아보기 쉽도록 책상 위에 놓여 있기를 원했다.

몇 차례 이런 매뉴얼을 만들다 보니 우리는 스스로 이렇게 묻게 되었다. "왜 우린 매번 다른 사람들을 위해 똑같은 일을 반복하고 있는 걸까? 이렇게 귀중한 정보를 모아서 더 널리 이용할 수 있게 하는 사람은 왜 없는 거야?" 우리는 몇 권의 소책자와 다양한 소재의 훈련 과정이나 눈길을 끄는 사례연구를 담은 책들을 여러 종류 발견했다. 그러나 기업 내부 실무자 입장에서 기업사회참여의 A부터 Z까지, 즉 어떻게 이 일을 시작해서 결과 기반의 프로그램들을 실현할지에 대해 전 과정을 일목요연하게 알려주는 사람은 없었다. 결국 우리가 직접 해보기로 했고, 곧 우리의 열정에 공감해주는 출판사를 만날 수 있었다.

《지역과 상생하는 기업 핵심전략》은 읽지 않고 자랑스럽게 소장만 해두는 책이 아니다. 그런 책들은 널렸다. 우리는 여러분이 얼마나 바쁜지 잘 알고 있기에, 이 책을 아주 쉽게 이용할 수 있도록 만들었다. 여러분은 어디서든 이 책을 펼쳐서 일을 시작할 수 있다. 새로운 동료가 생겼거나 보고를 받을 팀원이 생겼을 때, 이 책은 그들에게 이 분야를 소개하고 이끄는 데 큰 역할을 해줄 것이다.

이 책은 읽기 쉬운 11개 장으로 구성되어 있으며 기업사회참여의 모든 측면을 다룬다. 각 장은 대부분 경험이 풍부한 전문실천가들을 인터뷰한 내용으로 시작한다. 그들은 해당 주제에 관해 자신의 시각을 간단히 보여주고, 모범사례인 각자의 경험을 여러분이 공유할 수 있게 해준다. 이어 각 장은 실천 팁과 도구들, 그리고 실질적인 조언을 곁들여 여러분이 기업사회참여를 더 깊이 이해하도록 도와준다.

여러분이 전 세계 곳곳에 퍼져 있는 다국적기업에서 일하고 있건, 어느 한 지역에서 사업을 하는 중소기업에서 일하고 있건 상관없다. 이 책에서 여러분은 회사가 성공적으로 기업사회참여활동을 하려면 어떻게 계획하고 실행해야 하는지를 배울 수 있다.

몇 년 전, 우리는 캐나다에 있는 한 기업에서 일하는 동료로부터 이런 메시지를 받았다. "정말 고마워요. 우리는 두 분이 작성한 매뉴얼을 기획 초기에 구해서 일하는 내내 참고했답니다. 그 덕분에 시간과 노력을 절약할 수 있었고, 많은 궁금증에 대한 답을 구할 수 있었죠. 차근차근 매뉴얼을 따라서 시행한 덕분에 우리의 기업사회참여활동은 아주 잘 굴러가고 있습니다."

이 책에 우리의 노하우를 담은 이유는 바로 그것이다. 여러분도 그렇게 되길 바란다.

내 모든 사랑을 담아 수지와 페넬로페에게

—닉

오늘 이 자리에 나를 있게 해준 J. C.에게

—베로니카

감사의 말

이 책에는 여러 해 동안 기업이나 비영리기관과 같은 온갖 종류의 조직이 겪어온 셀 수 없이 많은 경험이 고스란히 담겨 있다.

특히 우리는 E.ON과 노키아의 전·현직 동료에게 진심으로 감사한다. 우리가 이 책을 쓰기까지 그들은 여러 해에 걸쳐 많은 가르침과 지지, 용기와 격려, 그리고 경험을 전해주었다. 우리를 믿고 기다려준 출판자 존 스튜어트와 그린리프 출판사 팀에게도 고마운 마음을 전한다. 우리에게 개인적으로 '작가적 도움'을 준 실라 킨케이드의 귀중한 조언에 특별히 감사를 표하고 싶다.

우리가 진행한 인터뷰에 시간을 내어 자신의 생각과 경험과 통찰력을 친절하게 보여준 토마스 바우마이스터, 저스틴 프레인, 셀리아 무어, 알베르토 앤드류 피니요스, 리마 퀴레시, 로스 테니슨, 은투툴레 체니예, 그리고 마크 웨이드 박사 외 모든 분께도 감사한다. 또한 뛰어난 기업사회참여의 실제 사례들을 보여줌으로써 우리로 하여금 많은 것을 배울 영광을 누리게 해준 여러 기업에게 고마운 마음을 전한다. 덕분에 다양한 사례를 이 책에 자세히 적을 수 있었다.

그밖에도 날카로운 통찰력으로 우리의 글쓰기 작업을 생산적으로 만들어준 많은 분이 없었다면 이 책을 제대로 펴낼 수 없었을 것이다.

특히 많은 아이디어와 경험을 공유해주고, 자료를 리뷰해주고, 도와준 이들에게 진심으로 감사한다. 그들은 마커스 알렉산더, 하워드 앳킨스, 매니 아마디, 마틴 블럼버그, 아만다 보먼, 에리크 브랜스마, 안드레아스 브랜트너, 캐롤라인 콜라드, 크리스천 콘래드, 하이케 코스, 에릭 드풀레, 수잔 독시, 에바 헬퍼, 앤디 케니, 일디코 코바치, 제인 링클레이터, 헬렌 메릭, 에리카 패킹턴, 롭 포프, 조앤 파이어스, 도미니크 샤웁, 캐서린 쇼, 토마스 시몬, 크리스티나 시쏜, 에드 스테이플스, 마조리 톰슨, 마이크 톰슨 등이다.

베로니카는 키모 리포넨에게도 깊은 감사의 뜻을 전한다. 이 분야의 뛰어난 전문 실천가이자 교사인 그의 지식과 경험이 없었다면 이 책을 쓰기는 어려웠을 것이다. 국제청소년재단 글로벌 네트워크의 파트너들은 통찰력을 항상 너그러이 공유해주었다. 우리가 변화를 이해하고 이를 위해 일하도록 애슈리지 경영대학원 교수진 역시 지혜를 나누어 주었다.

마지막으로, 이 책을 쓰는 동안 아는 척도 할 수 없었던 우리를 묵묵히 참고 기다려준 가족과 친구들에게 깊은 감사의 마음을 전한다. 닉의 아내와 딸, 수지와 페넬로페는 끊임없는 격려와 원고 교정, 그리고 미소와 사랑으로 우리를 도와주었고, 부모님인 조이와 스티브는 그 어디에서든 영감과 지지를 보내주었다. 베로니카의 파트너인 크리스는 사랑과 지지를 보내며 몇 달 동안이나 주변을 어지럽히던 원고 뭉치들을 잘 참아주었다. 그 누구보다 이들에게 진심으로 감사한다.

2010년 3월

닉 라킨, 베로니카 슈벨

목차

들어가는 말

기업사회참여란 과연 무엇인가

책임경영(Corporate Responsibility)이란 경제적·환경적·사회적 영역에서 기업과 관련된 '모든' 문제에 책임감 있고 지속가능한 행동을 보이는 사업 운영방식을 말한다. 이 영역들은 '지속가능경영을 위한 세 개의 축(triple bottom line)'이라고도 부른다. 기업사회참여(Corporate Community Involvement)는 이중 셋째, 즉 사회적 영역의 한 하위부문이다.

여기서는 기업사회참여[2]에 대해 보다 구체적인 정의를 내려보고, 이 개념의 유래와 관련된 다른 개념들, 즉 기업기부활동(Corporate Giving)이나, 전략적 자선활동(Strategic philanthropy), 사회적 후원(Social sponsoring), 그리고 기업시민활동(Corporate Citizenship) 등에 관해 자세히 살펴보겠다. 긍정적인 점은 기업들이 중요한 대의명분(cause)을 지원하는 데 점점 전략적 접근방식을 취하고 있다는 사실이다. 반면 이 분야가 점차 확대됨에 따라 복합적인 어휘들이 생겼고, 이 가운데 일부 용어는 오해를 불러일으키기도 한다. 지금부터 기업사회참여가 어떻게 발전해왔으며, 그 전망은 어떤지 간략히 살펴보겠다. 용어에 관한 설명은 이 책의 뒷부분(433쪽)에 정리해놓았다.

초기: 기업기부

"우리가 이 일을 하는 이유는 해야 하기 때문이다."

— 데이비드 포드, 루슨트테크놀러지스재단 회장, 2000

2 4쪽 주석 참조.

크든 작든, 기업들은 지역사회에 오랫동안 기여해왔다. 19세기 초반 서유럽과 미국의 기업들은 많은 직원이 일하고 생활할 주택, 학교, 병원 등을 지역사회에 건설했다. 그들은 당시 세계지속가능발전기업협의회(WBCSD: World Business Council for Sustainable Development, 경제성장·환경보전·사회발전을 조화롭게 추구하려는 세계 200여 개 다국적기업의 최고경영자 협의회—옮긴이)가 '10대 운영 수칙'에 명시한 내용, 즉 "사회가 도산하면 기업도 성공할 수 없다"는 메시지를 이미 숙지하고 있었던 셈이다.

아주 오래 전부터 있었던 기여(contributions)는 자선적 행동의 하나로, '자선단체에 수표 끊어주기'라고도 불렸다. 그런 기여 행위는 학교, 유치원, 극장, 박물관, 병원, 고아원은 물론 지역 소방대나 수영장에 이르기까지 어디서나 볼 수 있었다. 기업들의 체계적이지 못한 기여 행위는 지금도 존재한다. 오늘날 기업들은 그러한 기여 활동을 '기업기부'라고 부른다.

집중화: 전략적 자선

기업들은 또 기여로 뭔가 보상을—대개는 평판 향상을—추구하면서 기업기부활동을 점점 어딘가로 집중하려 한다. 이러한 접근방식을 전략적 자선활동이라고 한다.

전략적 자선활동이란 기업이 자선적 기업기부활동을 자신의 핵심사업과 관련된 대의명분에 맞춰 조정하는 일을 말한다. 이러한 노선을 따르는 기업들은 "우리는 병원에만 기부한다"든지 "우리는 우리 지역의 사회단체에만 기부한다" 혹은 "아동교육을 지원하는 사업에만 기부한다"고 말할지 모른다.

기업기부활동을 하면서 전략적 집중에 관해 생각한다는 것은 어딘가에 집중함으로써 얻을 수 있는 평판 가치를 고려한다는 의미다. 예를 들어 제약회사는 예술이나 문화 프로그램보다 암 연구에 지원하는 편이 일반 대중의 인식이나 신뢰성 차원에서 볼 때 더 적합하다.

마케팅의 일부: 사회적 후원

대중의 인식과 브랜드 이미지는 기업에 매우 중요하다. 커뮤니케이션·마케팅 부서들의 활동은 바로 이러한 이미지를 꾸준히 향상하는 일이다. 기업기부와 전략적 자선은 그 기업의 평판을 어느 정도 높일지 모른다. 하지만 그런 활동의 초점은 주로 자선적 기업기부에 있기 때문에 평판을 높이려고 적극적으로 나서지는 않는다. 오늘날 기업사회참여는 바로 그러한 기업기부활동에서 갈라져 나온 개념이다. 하지만 사회적 후원이라고 알려진 활동 역시 기업사회참여의 또 다른 뿌리다. 그렇다면 사회적 후원이란 무엇이고, 어떻게 생겨났을까?

소비자들은 기업과 브랜드의 도덕성을 따지며, 사회적 브랜드 관점(social brand dimension)에 점점 더 관심을 두고 있다. 스포츠 이벤트나 대형 공연에 기업 로고를 노출하던 기업들은 이러한 현실을 보며 사회적 맥락에서도 똑같은 일을 할 수 있다고 생각했다. 즉 사회적 대의명분을 후원함으로써 기업 브랜드에서 '심장'과 가치, 그리고 도덕성을 떠올리게 할 수 있었다.

노키아(Nokia)는 새로운 휴대전화 TV 광고에 해변에서 카포에이라(capoeira, 아프리카계 브라질 주민의 전통무술—옮긴이)를 펼치는 무용수들의 모습을 담았는데, 이는 사회적 후원의 좋은 예에 해당한다. 그 광고를 만들며 노키아는 카포에이라 무용수들의 자선활동을 후원했다. 무용수들이 고아원 아이들에게 춤추는 법을 가르쳐주면서 체력과 자신감, 그리고 단체정신을 키워주는 활동이었다. 카포에이라 무용수들은 노키아의 VIP 고객 초청 행사에서 공연을 펼치기도 했다.

사회적 후원은 쌍방향의 마케팅 관계를 형성한다. NGO들은 대의명분을 추구할 자금을 얻고, 기업은 후원자로 인식된다. 기업의 관점에서 볼 때, 사회적 후원의 목표는 사회적 대의명분을 하나의 수단으로 이용해 마케팅 효과를 얻는 것이다.

1990년대 말까지 기업들은 기업기부활동과 약간의 사회적 스폰서십, 즉 사회적 후원을 하는 게 추세였다. 하지만 그 일이 과연 이해관계자들에게 충분했을까? 어떻게 해서 기업들이 더 많은 일을 해야 하는 의무를 지게 되었는지 살펴보도록 하자.

파트너로서 해야 할 새로운 역할 : 기업시민활동

"광고는 하향세에 있다. 미래는 기업시민활동에 있다."

— 필립 코틀러, 저자 겸 마케팅 전문가

기업은 사회 바깥에 있는 존재가 아니다. 권리가 있고 의무를 진 완벽한 사회의 구성원, 즉 기업시민(corporate citizen)이라고 할 수 있다. 사회 구성원으로서 기업은 참여해야 할 의무가 있다. 그저 '이윤을 얻고 튀는' 게 아니라 사회에 환원하고 의미 있게 기여해야 한다는 얘기다.

1960년대에는 사회적 계약(social contract)을 정부가 공공선(公共善)

을 대비하는 뜻으로 이해했다. 당시의 기업들은 그저 법을 준수하고 세금을 내면 그만이었다. 그런데 1990년대 말 사회적 계약에 대한 새로운 논의가 등장했다. 중앙정부는 점점 권력과 영향력을 잃었다. 정책연구소(IPS: Institute for Policy Studies)가 2000년에 펴낸 《200대 기업 보고서》에 따르면 세계 100대 기업 중 민간기업이 51개인 반면 국영기업은 겨우 49개였다.[3] 상황이 이렇다 보니 고용, 보건, 안전, 교육, 문화, 환경과 관련된 사회적 문제를 해결하는 데 기업들의 역할이 점점 커졌다. 기업시민으로서 해야 할 역할을 인지한 기업들이 의무를 받아들이고 참여하기 시작했다.

기업시민활동이라는 말이 더욱 중요해지면서, 많은 기업이 그 기능을 마케팅 부서에서 커뮤니케이션 부서 같은 곳으로 넘겼다.

이 새로운 역할은 기업들로 하여금 정부나 NGO의 더 고위급 담당자들과 함께 고민하면서 당면한 여러 문제에 대한 해결책을 찾거나 만들고, 또 그 해결책들을 사회에 적용하도록 요구했다. 사회적 계약에 대한 이 새로운 개념은 다양한 역할의 전이를 보여준다. 즉 사회적 혁신과 변화를 공동으로 창출하기 위해 모든 부문(sectors)의 참여 의무를 강조하는 것이다. 어카운터빌러티(AccountAbility, 책임경영과 지속가능발전의 도전과제들에 대한 혁신적 해결책을 연구하고 기업·정부·NGO 등에게 이를 제공하려는 목적으로 설립한 국제적 기관—옮긴이)[4]는 이것을 '집합적 거버넌스(collaborative governance)'라고 명명했다.

이 일을 함께 해나가려면 각 부문 간 협력적 책임이 필요하며, 그런

---

3 앤더슨(S. Anderson)·카바나(J. Cavanagh), 《200대 기업 보고서(Report on the Top 200 Corporations)》(워싱턴 D. C.: Institute for Policy Studies, 2000. 12)

4 www.accountability21.net

이유에서 파트너십이 더욱 중요하다. 또 각 부문 간 일련의 협력과 동반관계를 맺는 기술도 필요하다. 이는 기업들이 발전시켜야 할 덕목이다.

기업사회참여의 시작

부문 간 협력적 책임이 늘어나자 사람들은 기업시민활동이란 말에 혼란을 느꼈다. 어떤 기업들은 자신들의 자선활동을 묘사하는 데 그 말을 사용했다. 또 다른 기업들은 책임경영활동에 대하여 그 말을 사용했다.

2000년대 이후로는 기업사회참여를 더욱 구체적인 용어로 사용하고 있다. 우리가 이 책에서 이야기하고자 하는 여러 활동을 묘사하는 데 주로 쓰인다. 비록 일부 기업들은 기업사회연계(Community Relations), 기업사회개입(Community Engagement), 또는 기업사회투자(Community Investment) 등을 언급하는 데 이 용어를 쓰기도 하지만 말이다. 기업사회참여는 여러분이 속한 회사가 영업하고 있는 국가/지역/지역사회에서 여러분의 정부/회사/NGO가 적극적으로 사회참여를 위해 파트너십 프로젝트를 펼치는 활동을 말한다. 이런 다양한 파트너십의 목표는 해결책을 공동으로 창출하는 것이다. 이를 위해 기업은 자금과 프로젝트 운영, 기업의 핵심역량, 그리고 임직원참여활동(Employee Involvement) 등을 제공한다.

그러한 파트너십으로 여러분은 사회에 영향을 끼치고자 한다. 일단 그렇게 되면 그 노력의 결과를 이해관계자들에 대한 홍보나 마케팅에 이용해 평판을 높이거나 판매 증진과 같은 사업적 이익을 얻을 수 있다.

다른 개념과 어떻게 다른가

기업사회참여를 발전시킨 원동력을 이해하고 싶다면 우리가 소개한 다른 개념들을 다시 한 번 살펴보고 비교해볼 필요가 있다.

기업사회참여 vs 기업기부: 기업기부는 그저 돈만 기부하는 활동이다. 임직원들이 자원봉사하며 시간을 기부할 수도 있지만, 다른 일에는 관여하지 않는다. '보상'이라는 말에 별로 기대하지도 않는다. 지역신문에 여러분이나 회사 대표가 기부금을 전달하고 수혜자 측과 악수하는 사진과 기사가 실리는 정도다.

기업사회참여 vs 사회적 후원: 사회적 후원은 자금을 제공하고, 그에 따라 회사의 로고가 '거기에 드러나도록' 하는 활동이다. 이때 여러분의 주요 관심사는 브랜드 로고의 위치와 마케팅 이익이다. 하지만 이는 진정한 프로젝트 파트너십은 아니다. 여러분은 사회적 영향이 아니라 즉각적인 사업적 이익에 관해 생각할 뿐이다.

기업사회참여 vs 책임경영/지속가능경영: 책임경영이란 매우 복합적인 개념이다. 앞에서 언급한 대로 경제적·환경적·사회적 영역에서 기업과 관련된 '모든' 문제에 책임감 있고 지속가능한 행동을 보이는 사업 운영방식을 말한다. 기업사회참여는 전반적인 기업의 사회적 책임(Corporate Social Responsibility)[5]의 한 하위부문이다. 지난 몇 년 동안 많은 조직이 책임감을 강조하는 접근방식에 관심을 보였다. 비록 정부나 NGO들은 기업이 아니기 때문에 자신들의 책임 '경영'에 관해서는 언급할 수 없지만 말이다. 현장에서 일하는 사람들은 조직의 지속가능성(Organization Sustainability)에 관해 점점 더 많은 이야기를 하고 있다. 지속가능성 내에서 기업사회참여는 조직의 전반적인 사회적 성과(Social Performance)의 일부다.

참여의 두 단계

기업사회참여는 두 단계를 거쳐 나타났다. 우선 1990년대에 많은 기업은 여전히 다음과 같이 생각했다. "지역사회 문제 중에서 이해관계자들이 우리로 하여금 관여하길 바라는 문제를 다루자. 그것은 우리의 핵심사업과 전혀 관련이 없으니 마케팅을 한다고 비난받지는 않을 거야!" 당시 많은 기업이 청소년 문제와 교육 문제에 뛰어들었다. 그런 사안은 여전히 인기가 많다. 그런 일들은 참여하기도 쉽고 논란의 여지도 없다. 반면 마이크로소프트(Microsoft)는 기업사회참여를 자사 제품들과 직접 연계했다는 사실 때문에 거센 비난을 받았다. 기업사회참여 프로그램 수혜자들이 나중에 마이크로소프트 제품을 구입하려 한다는 점에 대해 미안해하지 않는다는 것도 비난의 이유가 되었다.

그 모든 일은 2000년 유엔 글로벌콤팩트(UN Global Compact)가 출범하면서 바뀌었다. 당시 유엔 사무총장이었던 코피 아난(Kofi Annan)은 많은 기업이 각각의 핵심역량을 이용하여 사회에서 이끌어낼 수 있는 진정한 변화를 진지하게 생각해보도록 공식적으로 요청했다. 예를 들어 전자통신 분야에 속한 기업들은 개발도상국가의 오지나 미개발 지역에 원격교육 프로그램을 제공해줄 수 있지 않을까? 제약회사라면 에이즈 예방이나 치료를 위한 방법을 찾아낼 수 있지 않을까? 기업가들은 전 세계적으로 늘어나는 수많은 청년 실업자에게 기업가정신과 자신만의 비즈니스 방법을 가르쳐줄 수 있지 않을까?

기업이 그런 사회참여로 일종의 직접적인 사업적 이익을 거뒀다면,

---

5 책임경영에 관해 더 알고 싶다면, 그레이슨(D. Grayson)과 혹지스(A. Hodges)가 쓴 《누구나 해야 할 일(Everybody's Business)》(런던: 돌링 킨더슬리, 2001)을 읽어보도록 권한다.

예를 들어 특정 지역사회 내에서 기업사회참여로 만든 특정한 교육해법을 정부가 인정하고 규모를 키우기 위해 비용을 지불했다면, 그런 이익은 이해관계자들이 받아들일 수 있다는 것이다.

계몽된 이기주의

계몽된 이기주의(enlightened self-interest, 자기 이익을 추구하되 더 장기적이고 넓은 안목으로 이해관계를 생각한다는 의미—옮긴이)라는 개념은 경영학적으로 적용되었고, 이제는 일반적으로도 수용되고 있다. 그것은 이런 얘기다. 만약 기업들이 단지 윤리적 신념 때문에 사회를 위해 선행을 한다고 주장한다면, 이해관계자들은 그들을 믿지 않을 것이다. 반대로 기업들이 사업적 이익만 추구하고 사회의 욕구를 무시한다면 이해관계자들은 화를 낼 것이다. 그러면 그 기업은 결국 망하고 만다.

새천년이 된 직후 나타난 것이 바로 이를 조화시킨, 기업사회참여에 대한 3중 접근방식이다. 즉 (1) 건전한 윤리의식과 가치관을 바탕으로 진정한 사회적 영향력을 추구하며, (2) 기업사회참여 파트너십을 공동으로 창출함으로써 프로그램들을 수행하고, (3) 평판이나 브랜드 이미지, 판매량 향상을 위해 결과들을 이용하는 방법이다. '학습 동반자들(Partners in Learning)'[6]이라는 프로그램으로 여러 학교에 IT교육 기회를 제공해온 마이크로소프트는 한때 비난을 받았으나 갑자기 이 개념에 딱 맞아떨어지는 회사가 되었다.

---

6 www.microsoft.com/education/ww/leadership/partnerships/pil/Pages/index.aspx

어떤 부서가 기업사회참여를 담당하는가

기업사회참여 분야에서 일하고 있다면 과연 여러분은 어떤 부서에 속해 있는가? 기업문화나 커뮤니케이션, 마케팅, 또는 책임경영 부서 소속일 수도 있다. 회사마다 다르고, 일부 기업에서는 그 기능이 사실 미미하다. 하지만 그 중요성은 점점 커지고 있다. 많은 다국적기업이 기업사회참여활동에만 종사하는 직원들을 전 세계에 수십 명씩 두고 있다.

담당 부서가 달라도 일은 똑같은가

그렇지 않을 때도 있다. CSR이라는 용어를 쓰면서 실제로는 자선활동 얘기를 하는 사람들도 있다. 책임경영 전반을 염두에 두고 기업시민활동이라고 하는 이들도 있다. 어쩌면 실제로는 정교한 기업사회참여 파트너십을 맺고 있으면서 자선활동이라고 말할지도 모른다. 우리는 현재 알고 있는 정보를 이용해 자기 방식대로 의미를 부여하는 경향이 있다. 그래서 다른 사람들과 말할 때 그들이 도대체 어떻게 관여하고 있다는 의미인지 불분명해서 몇 가지 질문을 하고 싶은 때도 있을지 모른다. 그들이 언급하고 있는 바에 대해 좀 더 정확히 알고 싶다면 "이 분야에서 과연 어떤 일을 하고 있다는 겁니까?"와 같이 더 구체적인 질문을 던져보라.

그렇다면 이 책은 무엇에 관한 것인가

분명히 해두자. 이 책에서 우리는 전략적 자선활동도 다루지만, 그건 4장에서 뿐이다. 5장에서는 기업사회참여를 공익연계 마케팅(CRM: Cause-Related Marketing)과 사회적 후원의 일부로 다룬다. 그러나 무엇보다도 우리가 이 책 전반에 걸쳐 다루고자 하는 내용은 바로 기업사회참여 분야다. 현재 많은 기업이 전 세계에서 현지 정부와 NGO들과 파트너십을 맺고 기업사회참여활동을 벌이고 있다.

진화하는 현장

지역사회에 대한 기업들의 기여와 관련된 개념과 사고가 시간을 두고 어떻게 진화해 왔는지 이해했더라도 아직 종착역에 도착한 건 아니다. 여러분은 그러한 사고와 개념과 언어가 최소한 5년마다 진화하고 변화하고 있음을 알게 될 것이다.

2007년 런던에서 열린 윤리적 기업(Ethical Corporation)의 '신흥시장에서의 책임경영 정상회의(Responsible Business in Emerging Markets Summit)'에서 연설한 사람 가운데 기업사회참여를 언급한 이는 아무도 없었다. 대신 그들은 지역사회에서 사회적·경제적 기회를 가능케 하는 '능력개발(capacity building)'에 관해 이야기했다. 쉘(Shell)이나 BG 그룹과 같은 광산·유전·가스 관련 분야에 속한 기업들은 영향력 있는 기업사회참여를 요즘 사회적 성과관리(Social Performance Management)라고 부르는 내용의 일부이며, 사회적 성과관리는 책임경영/지속가능경영의 일부로 여긴다. 도표 I.1은 사회적 성과의 진화를 바라보는 어느 한 기업의 관점을 보여준다.

도표 1.1 사회적 성과: 사업적 · 사회적 가치 증가

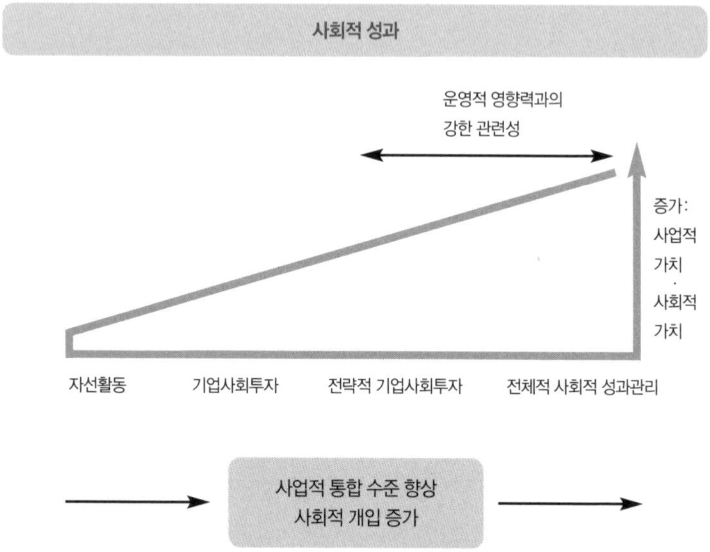

ⓒ 로열 더치 쉘

회사의 역할

여러분은 회사가 사업을 벌이고 있는 나라에서 발생하는 여러 당면 문제를 다루게 된다. 직접적인 지역 파트너십을 구축하고, 이를 위해 자금과 프로젝트 관리의 전문성과 회사의 핵심역량, 그리고 기술이나 직원들의 열정을 고양하는 데 기여할 것이다.

세상엔 셀 수 없이 많은 대의명분이 있고, 우리는 결코 혼자서는 세상을 구할 수 없다. 그러나 회사가 변화를 이끌어낼 대의명분에 집중하고 여러분이 다른 부문의 적합한 조직과 파트너가 된다면, 그 영향력은 상상하는 것보다 훨씬 더 커질 수 있다. 여러분은 새로운 기업가

정신 모델을 창조할 수 있고 체제적인 사회 변화에 기여할 수 있으며 법을 더 나은 방향으로 개정할 수도 있다. 또한 아이들의 교육방식을 바꾸거나 심지어는 미래의 생활방식을 변화시킬 수 있을지도 모른다. 자체적인 사업역량을 갖춘 여러분의 회사야말로 가장 강력한 공헌 수단을 보유하고 있으며, 모든 이해관계자 중에서도 가장 중요한 동인이 될 수 있다.

자, 이제 시작해보자.

1

최적의 기업사회참여 전략을 개발하는 방법

기업사회참여전략은 지역사회의 욕구에 부합하면서 사업목표를 달성하기 위한 장기적인 방향과 체계적인 행동을 규정한다. 간단히 말해, 기업사회참여전략은 3~5개년짜리 '목표 달성' 계획이라 할 수 있다.

처음 소개할 내용은 마이크로소프트가 뛰어난 글로벌 기업사회참여 전략을 어떻게 만들어내어 이행했으며, 아프리카 사하라사막 이남 지역에서 그 전략을 어떻게 적용하고 시행했는지를 보여주는 인터뷰다. 그다음으로 여러분이 속한 회사의 기업사회참여전략을 발전시킬 수 있는 과정을 차근차근 소개하겠다.

은투툴레 체니예와 나눈 인터뷰:
"무한한 잠재력에 다가서기"

전략은 주로 기업의 중앙에서 결정한다. 하지만 세계 각 나라와 지역은 독특하고 서로 다르다. 따라서 전략을 실행하는 방법은 지역적으로 변용되어야 한다. 예를 들어 아프리카는 거대하고 매우 다양한 문화를 가진 대륙이다. 그곳 주민의 욕구는 아시아나 유럽, 또는 아메리카 대륙 사람들의 것과 다를 수밖에 없다.

은투툴레 체니예(Ntutule Tshenye)는 마이크로소프트의 서아프리카·동아프리카·중앙아프리카와 인도양 도서지역 기업시민활동 팀장이다. 그는 마이크로소프트의 기업시민활동[1] 전략과, 그것이 아프리카

---

1 마이크로소프트는 책임경영과 기업사회참여를 모두 '기업시민활동'에 속한 활동으로 본다. 은투툴레 체니예는 2011년 현재 삼성전자의 아프리카 총괄 사회공헌 책임자로 활동하고 있다.

라는 곳에서 적용되는 방식에 관해 자신의 관점을 소개한다. 체니예는 남아공의 청년개발트러스트(Youth Development Trust) CEO를 지내는 등 NGO 세계에서 활동하다 2005년 마이크로소프트에 들어왔다.

현재 책임지고 있는 지역은 어떤 곳인가? 얼마나 많은 국가를 맡고 있나?

—— "우리는 13개 사무실을 운영하고 있으며, 풀타임과 계약직 직원을 합하면 600명이 넘는다. 우리는 소프트웨어 솔루션을 개발, 판매, 유통, 지원해주는 약 1만여 명의 사업 파트너와 네트워크를 형성해왔다. 나는 서아프리카·동아프리카·중앙아프리카와 인도양 도서지역의 지부, 즉 WECA(West, East, Central Africa, and Indian Ocean Islands)에서 일한다. WECA는 중동과 아프리카 광역지부 산하에 있으며 49개 국가를 관할한다. 나는 남아공 요하네스버그 본부에서 주로 일하는데, 네 곳의 판매지역은 각각 기업시민활동 매니저를 두고 있고, 그중 두 곳에는 인턴사원들도 있다. 우리는 인턴십 프로그램 때문에 국제리더십학생단체(AIESEC)와도 파트너십을 맺고 있다. 학생들이 일자리 시장에 진입할 기회를 주기 위해서다."

개념을 좀 명확히 하자. 마이크로소프트에서는 책임경영을 기업시민활동이라고 부르나?

—— "맞다. 우리는 책임경영을 기업시민활동이라고 부른다. 그건 우리가 하는 일이 책임감 있게 행동하는 것 이상의 의미가 있기 때문이다. 즉 우리는 회사가 진출해 있는 각 나라와 지역사회에서 적극적인 기업시민으로서 활동하려고 한다. 기업시민활동의 집중 영역은 책임경영 실천(Responsible Business Practices), 개인 정보와 인터넷 보안(Security Privacy and Internet Safety), 그리고 무한한 잠재력(Unlimited

Potential)으로 나뉜다. 세 영역 모두를 다루는 일이야말로 좋은 기업시민이 되는 방법이라고 생각한다.

우리에게는 기업시민활동의 구체적인 목표가 있다. 그것은 다음과 같다. (1) 혁신적 기술과 파트너십으로 공익을 실천한다. (2) 경제성장과 사회적 기회를 위해 기여한다. (3) 성장과 고객·주주·직원들의 가치에 대해 경영책임을 진다. (4) 기업시민활동을 마이크로소프트의 경영가치의 핵심부분으로 여긴다."

기업시민활동에 대한 개인적인 비전과 미션은 무엇인가?

—— "회사의 비전이나 미션과 별로 다를 바 없다. 우리 회사의 비전은 '기술의 혜택을 다음 세대 50억 인구에게 전해준다'는 것이다. 우리의 미션은 '전 세계 사람과 기업으로 하여금 그들이 가진 잠재력을 깨닫게 한다'는 것이다. 아프리카 지역에서 진행하는 좀 더 구체적인 미션은 '새천년 개발 목표들을 달성할 수 있도록 소프트웨어·서비스·솔루션을 공급함으로써 아프리카인들과 이곳 기업들의 무한한 잠재력을 발현하게 한다'는 것이다.

우리는 아프리카에 과연 어떠한 유산을 남기고 싶은지를 진지하게 생각해왔다. 우리는 아프리카의 모든 학교에 아이들이 연습하고 기술을 이용할 수 있도록 컴퓨터센터가 있길 바란다. 우리는 모든 아프리카인이 기술과 훈련을 쉽게 접하길 바란다. 우리는 모든 아프리카 정부가 시민에게 기본 서비스를 제공하는 데 기술을 이용하길 바란다. 우리는 아프리카 시민이 기술의 도움을 받아 아프리카를 민주사회로 전환할 수 있길 바란다. 또한 자신의 농작물이 글로벌 시장에서 차지하는 진정한 가치를 깨달은 농부들이 기술을 이용해 자급자족하길 바란다. 우리는 아이들과 그들의 가족이 우수한 전문 의학의 도움으로 치료받길 바란다. 그리고 우리는 아프리카가 평화를 얻고 인류를 위해 크게 공헌하며 세계무대에서 경쟁하길 바란다."

그러한 목표에 도달하기 위한 전략은 무엇인가?

—— "범세계적으로 우리는 상호 연관된 세 가지 전략이 있다. 교육혁신, 고용기회 창출, 그리고 지역혁신 조성이다. '무한한 잠재력' 프로젝트는 포괄적인 메시지를 담고 있는 프레임워크로서, 이 세 가지 글로벌 전략은 그 안에서 실행되며 항상 전체적인 접근방식을 취한다. 즉 프로그램들은 결코 이 세 가지 전략 중 하나만을 목표로 하지 않는다. 예를 들어보겠다. 혁신은 일자리를 창출하는데, 혁신을 위해서는 교육받을 필요가 있다. 2007년의 경우, 전 세계적으로 약 1500만 명이 마이크로소프트가 창출한 일자리에 고용되었다. 우리는 회사의 사업에 항상 적용하고 있는 혁신정신을 기업시민활동에도 똑같이 불어넣는다.

아프리카에서 우리는 이 세 가지 글로벌 전략을 지역적 욕구에 맞춰 적절히 변용시켜왔다. 우리의 아프리카 접근방식에는 네 개의 축이 있다. (1) 범위(Coverage): 우리가 맡은 대륙 전역에 우리의 발자국을 남기는 것을 의미한다. (2) 지렛대 효과(Leverage): 영향력 있는 이해관계자들과의 파트너십과 능력개발로 영향력을 확대하는 것이다. (3) 지역사회개발(Community Development): 기업시민활동은 국가적 발전에 우선순위를 두고 조정되며, 우리는 청소년과 여성, 기업가정신, 디지털 문민화, 그리고 고용력 증대 등의 분야에서 NGO의 영향력을 확대하기 위해 자금을 제공한다. (4) 혁신(Innovation): 아프리카에 적합한 경영모델과 혁신적 기술을 제공한다.

그런 다음, 우리는 세 개의 기준으로 우리의 활동을 확인해본다. 즉

'지역 관련성(local relevance)'이 있어야 하고, 사람들이 '접근(access)' 할 수 있고 '비용을 감당할 수 있어야(affordable)' 한다."

NGO들과의 파트너십은 어떤가?

—— "정부와의 관계만큼이나 매우 중요하다. 우리는 중요한 파트너인 여러 NGO의 역량을 강화해주고 우리의 노하우를 전해주고 싶다. 예를 들어 정부 대표나 NGO가 IT와 관련된 지역사회 경쟁력 강화 이슈를 제기하면 우리는 그것에 관해 알고 있는 바가 무엇인지, 그리고 무엇을 해줄 수 있는지 조사한다. 윈도 비스타를 요루바(Yoruba)·이그보(Igbo)·하우사(Housa) 같은 아프리카 부족어로도 이용할 수 있게 한 일이 바로 그런 예다. 우리는 또 정보통신기술, 기술개발과 관리, 프로젝트와 프로세스 시행, 그리고 경영과 지속가능성 모델으로 NGO 부문을 강화하고자 한다. 그것이야말로 우리가 핵심역량을 갖춘 부분이다. 마지막으로 우리는 대학들과도 함께 일한다. 그들은 대단한 파트너며, 대학의 젊은이들이야말로 바로 내일의 의사결정자가 아닌가!"

그러한 파트너십이 잘 돌아가는지 어떻게 알 수 있는가?

—— "회사의 기업시민활동 방식과 관련해, 나는 지역사회에 푹 빠져들어 지역적 욕구를 알아보기 위한 '여유'를 누린다. 처음에는 어느 정도 이미지 손상이 생기기도 한다는 사실을 이해했다. 즉 '이윤을 취하고 튀어버리는 회사'와 같은 이미지였다. 우리는 그런 문제를 해결해야 했고, 그래서 사람들의 욕구에 맞춘 다양한 프로그램을 도입했다.

당신은 해당 지역 나라와 시장들을 '건설'하는 데 일익을 담당하는 모습을 보여야 하고, 정부의 일하는 방식, 즉 정치지도자들의 지속적인 영향력을 이해하고 그것을 이용하며 일해야 한다. 이 모든 일을 잘 해낸다면 이해관계자들로부터 신뢰를 얻을 수 있다. 일단 그들이 당신을 믿으면 커뮤니케이션과 상호작용할 길이 열린다. 그것이 바로 사업적 이익이다."

마이크로소프트 지사 직원들은 기업사회참여활동에 어떻게 참여하는가?

—— "아프리카 사하라 이남 지역에서 일하는 직원이 500명쯤 된다. 회사에선 그들이 자원봉사할 수 있도록 매년 사흘간 유급휴가를 주고, 사람들은 진심으로 우리와 함께한다. 예를 들어 나이지리아 볼라 이게 추장(Chief Bola Ige) 정보통신센터에 있는 훈련센터는 마이크로소프트가 지원하는 자금과 자원봉사자들을 활용해 미취업 여성들에게 IT기술 교육을 제공하고, 그들이 일자리를 구하는 데 필요한 기술을 익히도록 돕고 있다."

돈은 얼마나 쓰는가?

—— "엄청난 액수를 투자한다. 하지만 우리는 아프리카에 진출한 일부 기업들의 잘못된 선례를 따르지 않도록 조심하고 있다. 그들은 현지 직원들의 통상적인 임금까지도 기업사회참여 투자액으로 보고하지만, 우리는 그렇게 하지 않는다. 우리 회사가 현지 직원에게 임금을 지급하는 일은 정상적인 경영활동의 일부다. 우리가 기업사회참여에서 투자라고 간주하는 것은 '무한한 잠재력'이라는 이름이 붙은 프로그램들에 사용한 돈뿐이다. 마이크로소프트는 아프리카의 엄청난 잠재력을 눈여겨 보고 있다. 우리는 아프리카 전역에 걸쳐 교육을 바꾸고 지역혁신의 토양을 만들어주며, 일자리를 창출하고 경제개발을 지원하기 위해 우리의 소프트웨어와 직원 그리고 파트너들에게 수억 달러를

투자한다."

아프리카에서 글로벌 기업사회참여활동을 해보려는 기업이 주의해야 할 점은 무엇인가?

—— "좋은 질문이다. 나에게 그 답은 매우 단순명료하다. 기업시민활동이란 무엇보다 우선 지역적 동화에 관한 것이며, 그다음은 사람들의 역량 강화에 관한 것이다. 그 지역 분위기에 완벽히 젖어들어라. 관계를 맺어라! 이는 매우 오랜 시간이 걸리는 일인데도 시간을 너무 짧게 잡는 경우가 적지 않다. 관계를 먼저 맺지 않고 '일상적인 사업'을 하듯 시작하는 방식은 매우 위험하다. 사람들과 함께 있을 때는 그들처럼 대화하라. 튈 필요가 없다. 그런 다음 지역적 욕구가 무엇인지, 여러분이 무엇을 해줄 수 있는지 조사하면 된다. 지역의 역량을 구축하고 사람들의 능력을 개발하는 데 전략을 적용하기 바란다."

왜 전략적 기업사회참여인가

세계지속가능발전기업협의회에 따르면 "사회가 도산하면 기업도 성공할 수 없다."[2] 사회가 성공하려면 기업들은 자신들의 핵심사업에 적용하는 바와 똑같은 엄격함과 원칙을 기업사회참여에 그대로 적용해야 한다. 그렇게 집중하여 접근하려면 올바른 기업사회참여전략이 필요

---

2 www.wbcsd.org/templates/TemplateWBCSD5/layout.asp?type=p&MenuId=MTAyMQ

하다. 그것은 현지 지역사회의 상황과 욕구, 기업이 제공해야 할 기회, 사회에서 얻고자 하는 목표 등을 고려한 전략이어야 한다.

여러분 회사의 전반적인 사업이나 책임경영전략과 딱 맞아떨어지는 탄탄한 기업사회참여전략만이 성공적이고 비즈니스 통합적인 방식으로 기업사회참여를 할 수 있게 해준다.

전략이 없으면 어떻게 되는가

처음에는 전략을 세우기가 어렵고, 전략 없이 일하는 편이 쉽다고 여길 수 있다. 예를 들어 '모든 사람이 행복할 수 있게' 힘을 쓰고, 광범위한 자선적 이슈를 지원할 수 있다.

많은 기업이 이런 방식으로 시작하지만, 거기에는 여러 가지 단점이 있다. 첫째, 광범위한 이슈들을 지원할 때는 예산을 짜기가 어렵다. 둘째, 지원하는 많은 공익사업 중에는 투명성이 부족한 일이 있을 수도 있다. 셋째, 효과가 제한적이고 대중 인지도 측면에서 '사업적 보상'이 적을지도 모른다. 마지막으로, 그 지역사회와 깊은 관계를 맺을 기회, 즉 진정한 혁신에 기여하고 여러분이 속한 회사를 경쟁회사들과 비교하여 차별화할 기회가 별로 없을 것이다.

반대로 정교하게 짜인 기업사회참여전략은 여러분 회사로 하여금 그 지역사회에 상당한 영향력을 발휘하도록 해줄 수 있고, 투자와 그 결과를 확인할 수 있고, 더 바람직하고 오래 지속하는 관계를 맺을 수 있으며, 이해관계자들의 인지도를 높여줄 뿐 아니라 경쟁사와 차별화할 수 있다.

물론 집중적인 접근방식은 여러분의 전략과 상관없는 대의명분 또는 프로젝트를 지원해달라고 요청하는 사람들에게 "아니요"라고 말할 수 있어야 한다는 것을 의미한다. 또 집중적인 접근방식은 자원 집약적이므로 함께 일할 뛰어난 스태프가 필요하다. 전략적 기업사회참여에 관한 여러 경영사례에서 나타나는 사업적 이익들을 살펴보면 아마도 여러분이 속한 회사는 이러한 기회를 놓치고 싶지 않을 것이다.

전략적 기업사회참여로 얻을 수 있는 사업적 이익

- 평판 개선
- 이해관계자들과의 관계 향상
- 신뢰 구축
- 핵심역량과 혁신적 잠재력 과시
- 리더십 발휘
- 브랜드 이미지와 선호도 향상, 브랜드 가치 강화
- 고객과의 관계 향상(고객의 구매 경향·충성도 향상 등 포함)
- 직장 선호도 증대
- 신규 시장 확대
- 기업의 고유한 역할 창조
- 기업의 장기적 가치 창출에 기여

이러한 이익은 기업이 주도적이고 영향 중심적인 방식으로 기업사회참여활동에 접근한 결과다. 전략적 접근방식은 기업사회참여를 사업과 통합하여 지역적, 국가적, 세계적, 혹은 산업적으로 성공하기 원하는 기업들에게는 필수적이다.

도표 1.1 기업사회참여 리더십에 이르는 길

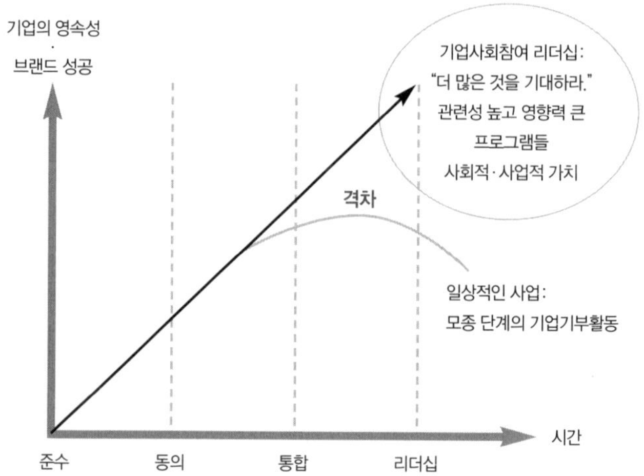

- 현재 회사의 전략적 기업사회참여는 겨우 '동의' 단계에 들어선 정도일지 모른다. (좌측 하단)
- 이사회에서 나온 말처럼 회사는 책임경영 분야와 기업사회참여에서도 리더가 되려는 야망이 있을지 모른다. (우측 상단)
- 이를 위해서는 기업사회참여전략이 동의를 얻어 통합을 이루며 리더십을 제공할 수 있어야 한다. (좌측에서 우측으로 이동)
- 그런 다음 "현재부터 '와~'하고 놀랄 때까지(from now to WOW[3])" 격차를 연결하고 리더십을 확신할 수 있을 것이다.
- 그렇게 하는 데 실패한다면 여러분은 '꼼짝없이 몰려서' 일을 더 못하고 꼬리가 잘릴 위험이 있다.

자료: 매니 아마디(Manny Amadi), C&E(Cause and Effect) 컨설턴트

---

3 "from now to WOW"라는 표현은 C&E 컨설턴트인 매니 아마디가 만들었다.

도표 1.1이 보여주듯이 기업사회참여 리더십을 획득하는 일은 하나의 여정이다. 회사가 기업사회참여를 새로 시작한다면, 우선 여러분의 전략적 기업사회참여 접근방식에 동의해야 한다. 어쩌면 조직의 각 단계에 포진해 있는 여러 명의 중요한 내부 이해관계자를 만나 설득해야 할지 모른다. 그 일을 효과적으로 하는 방법에 관해서는 11장에 설명해두었다. 그런 다음 여러분은 기업사회참여와 사업적 통합에 집중해야 한다.

기업사회참여전략이란 무엇인가

과거의 기업사회공헌은 종종 운에 따라 사업적 가치를 창출하는 '행복한 사건'이 되기도 했다. 하지만 대개 무계획적인 활동이었다. 이를 효과적으로 시행하려면 전략과 프로그램을 신중히 계획해야 한다.

기업사회참여전략은 기업이 하나의 가치를 위해 기여함으로써 지역사회의 욕구에 체계적으로 부응하는 방법을 그린다. 거기에는 장기간, 최소한 3~5년에 걸쳐 목표와 목적을 달성하는 계획을 동반해야 한다. 그런 다음 전술은 그 전략을 수행하기 위한 세부적 조치들을 포함한다.

효과적인 기업사회참여전략은 특히 다음 두 가지 측면을 이용한다.

- 기업의 핵심역량을 전략적으로 기여함으로써 사회적 문제를 해결하는 데 진정한 영향력을 얻을 수 있다.
- 전략적 부문 간 파트너십은 지역 내에 존재하는 여러 조직과 서로의 전문성을 결합해준다.

기업사회참여전략 개발하기: 5단계 과정

전략의 승인과 지지, 실행을 위해 필요한 사람들을 처음부터 개입하게 하면, 그 전략은 동의를 얻기가 쉬워진다. 여러분을 지지하면 좋을 만한 사람들에게 전략을 함께 수립할 기회를 주면, 혼자서 계획을 만들어 내놓을 때보다 그들은 훨씬 주인의식을 느낄 것이다. 예를 들어 앞으로 프로그램 활동을 하기 위해 각국 지사 매니저의 도움이 필요하다면, 그들에게 현재 무엇을 하고 있는지 물어보고 회사가 원하는 기업사회참여의 미래상을 함께 생각해보도록 끌어들여라.

어떤 전략을 정의할 때는 다양한 아이디어와 옵션을 모아 놓고 결정을 내리는 과정이 뒤따른다. 기업사회참여 활용 모델을 찾는 기업인들을 위해 C&E 컨설턴트인 매니 아마디는 부록 1.2(71쪽)에 실어놓은 4단계의 기업사회참여전략 개발과정 모델을 개발했다. 아마디는 세계경제포럼(WEF: World Economic Forum)의 '미래의 글로벌 지도자' 중 한 명이자 세계경제포럼 기업시민활동 태스크포스(TF) 설립 자문위원이기도 하다.

도표 1.2 전략적 사고의 프레임워크

질문	우리는 현재 어디에 있는가?	우리는 어디로 가기를 원하는가?	어떻게 거기에 도달할 수 있는가?	어떻게 실현되도록 만들 것인가?	시작할 수 있을까?
단계	현황 지도를 그려보라	기업사회참여의 비전, 미션, 전략적 의도를 명확히 하라	업무 프로그램을 설계하라	이사회 승인을 얻어라	기업사회참여 전략을 수립하라

자료: 매니 아마디, C&E 컨설턴트

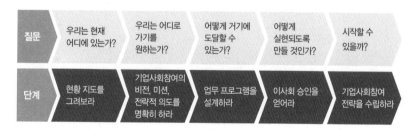

도표 1.2는 아마디의 모델에서 차용한 전략적 사고방식 과정의 프레임워크다. 따라 하면 도움이 되리라고 본다. 이 프레임워크가 얘기하는 5단계에 관해서는 지금부터 구체적으로 설명하겠다.

1단계: 우리는 현재 어디에 있는가? 현황 지도를 그려보라

여러분에게 가장 유용한 접근방법은 현황에 대해 완벽하고, 심층적인 분석을 하고 시작하는 것이다. 다음 세 가지 분석 과정을 거치면 아주 좋다.

1. **외부 평가.** 회사가 활동하고 있는 세계의 상태를 살펴보라. 해결하기 원하는 문제나 상황에 대한 감각을 익혀라. 이해관계자들의 요구와 다른 외부적 동인을 고려하라.
2. **벤치마킹.** 다른 기업이 해온 일에 대해 알아보고 현재의 '모범사례'에 관해 좀 더 공부하라. 책임경영 평가기관들이 그 회사들의 프로그램을 어떻게 평가해왔는지 살펴보라.
3. **내부 평가.** 회사가 지금까지 지역사회에서 무엇을 해왔는지 조사하고, 어떤 일을 더 할 수 있을지 파악하라.

이 세 가지 분석은 많은 점을 시사한다. 이제 심화 학습을 해보자.

1. 외부 평가: 사회적 요구, 트렌드, 그리고 이슈들

기업들은 유엔 글로벌콤팩트나 세계지속가능발전기업협의회 같은 기관들로부터 더 큰 대의명분을 위해 나서서 핵심역량을 이용해 범세계적인 도전과제들을 해결해달라는 요청을 받는다. 이를테면 교육기회 제공, 디지털 격차 해소, 보건 향상, 물과 위생적 환경 제공, 빈곤 퇴치,

일자리 창출, 환경보호 등을 위해서 말이다. 기업의 핵심역량을 기여해야 하는 이유에 관해서는 마이클 포터(Michael Porter)와 마크 크래머(Mark Kramer)가 언급한 다음 이야기가 잘 설명해준다.

> "잘나가는 기업이 보유한 방대한 자원과 전문성과 관리능력을, 잘 이해하고 있고 관련 있다고 생각하는 문제들에 적용할 때, 그 기업은 어떤 연구소나 자선적 조직보다도 사회적 선(善)에 훨씬 더 큰 영향력을 행사할 수 있다." [4]

많은 CEO가 이 말이 일리 있다는 사실을 이해하고 있으며, 점점 더 많은 이가 실행에 옮기고 있다.

> "우리의 전문성과 기술을 이용해 사회적 이슈에 대응함으로써 우리는 변화를 창조할 수 있다."
>
> —새뮤얼 디피아자 주니어(Samuel A. DiPiazza, Jr.), 프라이스워터하우스쿠퍼스 인터내셔널(PricewaterhouseCoopers International) CEO

자, 이제 여러분 스스로 이런 질문을 해보라.

1. 회사가 개입하려는 더 큰 대의명분은 과연 무엇인가?
2. 그 대의명분을 위해 회사가 기여할 핵심역량은 무엇인가?

---

4 포터(M. E. Porter)·크래머(M. R. Kramer), 〈전략과 사회: 경쟁적 이점과 기업의 사회적 책임 사이의 연계〉, 《하버드 비즈니스 리뷰》 84. (2006. 12): 56-68쪽.

우선 대의명분을 명확히 정하는 일은 소비자나 지역사회·정부·NGO 같은 이해관계자가 기업들로부터 무엇을 기대하는지 파악하는 데 도움이 된다(도표 1.3 참조).

도표 1.3 이해관계자들은 기업에게 무엇을 기대하는가

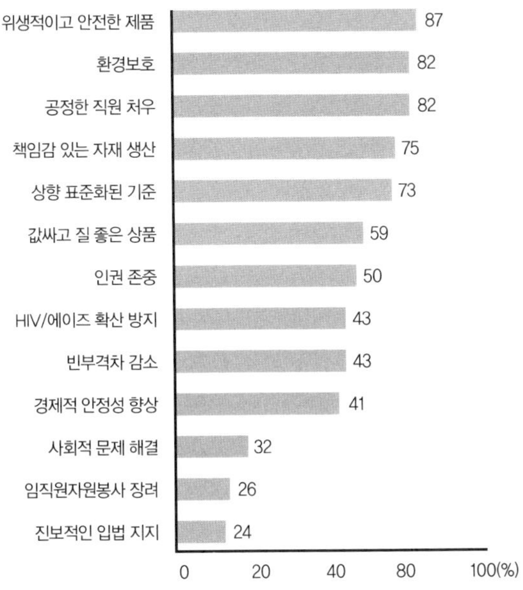

자료: 글로브스캔(GlobeScan) 2005, 세계 전역에서 일반 시민과 전문가 5만여 명을 설문조사한 결과

이런 통계자료를 사거나(이를테면 글로브스캔 www.globescan.com 등에서) 아니면 여러분 회사의 마케팅이나 커뮤니케이션 담당 부서가 해 놓은 설문조사 결과를 참고할 수도 있다. 조사 결과, 회사의 이해관계자들은 어떤 대의를 가장 중요하다고 생각하는가? 예를 들어 위 설문조사 결과를 보면 사람들은 제약사에 대해서는 보건이슈 관련 활동을 연계하여 생각하는 경향이 있다.

이해를 돕기 위해 유엔 새천년개발목표들(UN Millennium Development Goals)을 살펴보자.[5] 이 8개 목표는 하나의 청사진을 보여준다. 유엔에 따르면 이 목표들은 세계 각국과 주요 개발 관련 기관들이 합의해 만들었고, 많은 기업이 참여하고 있다.

새천년 개발 목표:

- 빈곤과 기아 종식
- 보편적 교육
- 양성 평등
- 아동 보건
- 모성 보건
- HIV/에이즈 퇴치
- 환경적 안정성
- 글로벌 파트너십

만약 여러분이 속한 회사가 중소기업이라서 하나의 시장 또는 한 시장 내 한 지역에만 집중하고 싶다면, 그 시장의 이해관계자 그룹이 무엇을 기대하는지 인터뷰나 포커스 그룹 조사를 해보는 것도 한 방법이다.

표 1.1에서 알 수 있듯이 한 기업에 대한 요구사항은 매우 다양하다. 그러나 전략적 기업사회참여 프로그램이라면 이에 부응할 수 있다.

---

5 www.un.org/millenniumgoals

표 1.1 이해관계자들이 기업에 기대하는 바

지역사회	소비자	정부	투자자
– 좋은 이웃 역할 – 신뢰성 있는 기여 – 장기적인 관여	– 적정가격의 질 좋은 제품 제공 – 직원에 대한 공정한 처우 – 브랜드의 윤리적인 모습 – 좋은 기업시민 역할 – 지역사회 지원	– 사회를 위한 활동 증대 – 억눌린 사회적 욕구 해결 지원 – 좋은 기업시민 역할	– 기업 운영을 위한 자격 유지 – 사회책임투자 실천

직원	NGO	언론	오피니언 리더
– 임직원참여활동에 대한 자부심 독려 – 임직원자원봉사 기회 제공 – 시간매칭이나 기금 매칭 지원	– 마케팅에 이용당하지 않으리라는 확신 – 경험 공유와 진정한 지원과 파트너십 제공	– 신뢰성 – 기사화할 만한 독특한 활동 방식 – 광범위한 주제와의 연계성	– 도움이 필요할 때 그들의 대의명분에 대한 기꺼운 지지

그런 프로그램을 만들려면 여러분 자신과 동료에게 회사의 핵심역량이 과연 무엇인지 물어보라. 그리고 그 핵심역량에 대의명분을 맞춰라. 예를 들어 은행이라면 개발도상국에서 시행하는 소액신용대출 프로그램에 초점을 두는 게 적절하다. 식품업계에 종사하고 있다면, 영양실조나 비만 관련 이슈를 다루는 편이 현명하다.

여러분의 회사가 무엇을, 어떻게 기여할 수 있는지 생각해보라. 외부인의 인식이나 인지도는 물론, 내부적으로도 집중하고 우선순위를 둘 수 있는 핵심영역을 파악하라.

회사가 어떻게 혁신할 수 있는지도 생각해보라. 예를 들어 회사 R&D 담당자들이 새로운 해결책을 찾는 데 도움을 줄 수 있지 않을까? 그들은 회사의 제품과 서비스를 다른 방식으로, 새로운 맥락에서 사회를 위해 적용할 방법을 생각해낼 수 있지 않을까? IBM이 전 세계

청소년에게 배움의 기회를 주려고 정보통신기술을 어떻게 적용할 수 있을지를 조사한 일은 좋은 예다. 그들은 아마존 지역에 있는 아동이 베이징의 자금성을 3D 프로그램을 활용해 방문하는 방법 등을 생각해냈다.[6]

여러분이 속한 회사가 신흥시장에서 사업하고 있다면, 부록에서 그런 시장에 알맞은 전략적 기업사회참여 이슈들이 무엇인지 찾아볼 수 있다(68쪽).

2. 벤치마킹: 다른 회사의 기업사회참여 프로그램과 책임경영 순위

접근방식을 고민할 때 아이디어를 얻을 수 있는 또 하나의 방법은 다른 기업들의 모범사례를 조사해보는 일이다. 그 회사들이 어떤 평가를 받고 있는지는 SAM그룹·비제오(Vigeo) 같은 국제적인 책임경영 평가기관이나, 다우존스지수 또는 FTSE4Good지수(《파이낸셜타임스》와 런던증권거래소가 공동으로 소유하고 있는 FTSE인터내셔널이 개발한 지수—옮긴이) 등으로 알 수 있다. 6장의 '선도적인 기업사회참여 프로그램을 만들고 실행하는 방법'을 보면 IBM, 유니레버(Unilever), 리오 틴토(Rio Tinto), 라파르고(Lafargo), 액센츄어(Accenture) 등이 시행한 프로그램의 구체적인 사례가 많이 나와 있다.

이 기업들이 시행한 프로그램들은 어떤 점에서 뛰어난가? 이러한 기업은 각각 더 큰 대의를 위해 공헌해왔고, 그들의 핵심역량을 이용해 지역사회를 변화시켜왔다. 그것은 특정 분야에 대한 그 기업만의 능력이 이끌어낼 수 있는 변화였다. 각 기업은 또 지역사회의 욕구를

6 www-05.ibm.com/uk/pov/forbiddencity/index.shtml

심층적으로 이해하며 많은 프로그램을 만들었다. 각각의 프로그램은 강력한 글로벌 전략과 기업구조에 일치하면서도, 나라별로 지역적 욕구를 반영해 가변성을 갖도록 했다.

다우존스지속가능경영지수(DJSI/SAM)와 같은 국제적 평가기준은 수많은 기업사회참여 성과를 정기적으로 평가해왔다. 그중에는 이런 내용도 있었다.

> "이 회사의 기업사회참여활동은 기본 사항에만 집중하고 있고, 사회적 성과 지표 달성을 위해서 정교하게 이뤄지지 않았다." —DJSI/SAM

'벤치마킹'을 해보면 기업사회참여 분야의 리더로 인식되는 기업들은 세간의 이목을 끌만한 프로그램으로 이러한 인지도를 얻었음을 알 수 있다. 이러한 프로그램은 다음과 같은 핵심적 특징이 있다.

- 더 큰 대의에 대한 헌신
- '전략적' 기업사회참여 강조
- 핵심역량 기여와 혁신적 해결책
- 적극적인 임직원자원봉사
- 사회와 기업에 관련성 높고 영향력 큰 결과 달성

> "지역사회에서 이 회사가 거둔 성과는 평균적이다. 경영과 밀접한 핵심적 대의명분에 그룹 차원의 투자가 불충분하고, 기업사회참여활동 관련 결과에 대한 양적 정보가 부족하기 때문이다." —비제오

이런 평가를 보면 얼마나 공을 들이는지에 따라 해당 회사의 기업사회참여 리더십을 개발할 잠재력이 크다는 사실을 알 수 있다.

3. 내부 평가: 지금까지 해왔던 기업사회참여활동

지금까지 여러분이 속한 회사는 기업사회참여를 위해 무엇을 해왔는가? 기반으로 삼을 만한 일은 무엇인가? 회사는 이미 다양한 대의명분을 위해 기부해왔으며, 임직원자원봉사활동을 장려해왔고, 한두 개 이상의 NGO와 파트너십을 맺고 있을지도 모른다. 또한 사회적 후원을 하거나, 공익마케팅 캠페인을 벌여봤을지도 모른다.

회사가 시행한 기업사회참여활동에 대한 관련 정보를 최대한 많이 모으기 바란다. 글로벌 차원은 어떤가? 지역사회 공헌활동은 어떤 일을 함께해왔나? 기업사회참여와 관련된 사람들은 누구인가? 현지 대표자들도 포함되어 있나? 고위 경영진이 개입하고 있나? 얼마나 많은 돈을 써왔나? 어떤 식으로 공헌활동을 분담해왔나? 기업기부활동이 체계적이었나 아니면 무작위적이었나?

또 여러분의 회사가 전략적 기업사회참여를 위해 쓸 수 있는 자원을 조사해보라. 지금까지 여러분은 회사의 핵심역량을 알아봤다. 그 밖의 자원에는 다음과 같은 것이 있다.

- **자금.** 여러분의 회사는 기업사회참여를 위해 얼마나 많은 돈을 배정할 예정인가? 다국적기업 가운데 지역사회에 세전 이익의 1퍼센트를 투자하는 아주 좋은 사례가 있다.
- **관리 노하우.** 유능한 관리자들이 프로그램 운영에 어떻게 기여할 수 있는가?
- **R&D 능력.** R&D 담당자들이 혁신을 위한 아이디어를 제공할 수 있

는가?

- 사람. 기업사회참여활동 전반에 임직원자원봉사를 추가할 수 있는가?

다양한 자원은 관련성이 있고, 지역사회에 진정한 가치를 창조할 잠재력을 갖추고 있어야만 한다.

그런 다음 SWOT 분석으로 기업사회참여 현황에 대한 평가를 요약해볼 수 있다. 이 전략적 계획법은 어떤 프로젝트의 장단점과 기회나 위협을 평가하는 데 이용된다. 표 1.2는 가상의 한 기업에 대한 SWOT 분석 사례다.

표 1.2 SWOT 분석 사례

강점(Strengths) • 이용 가능한 재정적 자원들 • 대부분 나라에 마련되어 있는 현지 기업사회참여활동 구조 • 현지 기업사회참여활동(비록 자선적이라도) • 현지 기업사회참여활동에 대한 지역사회의 긍정적 인식 • 회사의 책임경영에 대한 소비자 인식 조사	**기회**(Opportunities) • 다음과 같은 3중 기업사회참여전략의 도입 –사업 및 핵심역량과의 밀접한 연계성 –혁신적 잠재력 보유 –사회적·사업적 이익의 조화 • 각 시장에서의 효율적 실행. 목표에 기업사회참여 책임을 포함 • 적극적인 임직원자원봉사, 참여적이고 지역사회 중심적 방식 • 결과와 영향에 대한 측정 · 평가 • 커뮤니케이션/마케팅에 결과를 효율적으로 이용 • 기업사회참여 리더로서의 미래 위상
약점(Weaknesses) • 전략과 계획 부족; 임기응변적이고 반사적인 활동 • 주로 자선적이고 광범위한 참여 • 판매와 연계된 스폰서십, 기부, 그 밖의 다른 기업사회참여 활동과 혼동 • 지나치게 분산된 승인 구조; 그룹 전반적으로 모호한 승인 기준 • 기업사회참여 요소를 제대로 이용하지 않는 스폰서십과 문화예술 활동 • 결과와 영향에 대한 측정평가 미흡 • 미약한 대중적 인식; 커뮤니케이션/마케팅에 기업사회참여를 제한적으로 이용	**위협**(Threats) • 현실과 보고서 내용 사이의 격차 • 의미 부족: 다른 기업들이 선두를 달리고 있어 기업사회참여 리더로 인식되지 못함 • 세력권 경쟁 • 전략적 기업사회참여 개념에 대한 내부적 혼란 • 기여활동에 대한 영향 분석 없이 고비용 지출 • 중앙의 제도적 정비 없이 지역적으로 분산

표 1.2의 분석이 여러분이 속한 회사에도 익숙한가? 회사에 대한 SWOT 분석 결과는 어떠한가?

표 1.3에 대입해보면 회사가 기업사회참여에서 더 나아갈 방향을 좌표로 나타낼 수 있다. 그러면 현재 서 있는 곳은 어딘지, 또 기업사회참여 비전과 미션에 관해 생각했을 때 나아가고자 하는 곳은 어딘지 더 잘 알 수 있다.

표 1.3에 회사의 현재와 지향하는 미래의 좌표를 모두 그려보고 현황분석을 완벽하게 해보려면, 여러분은 회사가 어디에 서 있는지를 확실히 알아야만 한다. 그다음으로 기업사회참여의 비전과 미션, 전략적 의도를 정의해봐야 한다.

2단계: 어디로 가기를 원하는가? 기업사회참여의 비전과 미션, 그리고 전략적 의도를 명확히 하라

기업사회참여의 비전과 미션을 정의할 때 동료와 함께 만들고, 관련된 직능에 따라 주인의식을 공유·발전시키면 매우 좋다. 또 회사의 기업 비전과 미션을 찾아보고, 그것과 밀접한 관련이 있도록 기업사회참여의 비전과 미션을 정하는 것도 바람직하다.

이것은 여러분이 해야 할 일이다. 지역과 국가, 그리고 국제사회에서 회사의 미래와 위상을 그려보는 일은 전적으로 여러분에게 달려 있다. 하지만 우리는 여러분을 도와 창조적인 접근방법을 제시해주고, 다른 기업들의 사례를 보여줄 수 있다.

회사의 기업사회참여 비전과 미션에 대해 적어내려가기 전에 '긍정적 변화 모델(AI: Appreciative Inquiry)'이라는 유용한 기법을 참고해보기 바란다. 여러분과 동료의 영감을 자극하리라고 본다.

긍정적 변화 모델: 가능한 시나리오를 만들어보라

긍정적 변화 모델에 따라 여러분은 '큰 꿈'을 품고, 회사가 최고의 사회적·지적·경제적 자원들을 활용하여 만들어낸 엄청난 프로그램 덕분에 지금으로부터 몇 년 후의 세계가 어떤 모습일지 상상할 수 있다. 상상력을 자극하기 위해 여러분은 여러 가지 창조적인 방법을 이용할 수 있다. 이를테면 "잠이 들어 꿈을 꾼다. 3년 만에 깨어났을 때 이상향이 펼쳐져 있다! 여러분 회사의 전략적 기업사회참여는 지금 어떠한 상태며, 이해관계자들은 그것을 어떻게 인식하고 있는가? 여러분은 다른 사람들과 함께 어떤 성공을 자축하고 있는가?"

이런 연습을 팀을 이뤄 해볼 수도 있고, 소그룹으로 나눠 해본 뒤 결과를 공유할 수도 있다. 회사가 기업사회참여로 보여줄 수 있는 최상의 시나리오에 대해 꿈꾼 바를 서로 묘사해보라. 회사의 사회 공헌에 일조하고 있다는 사실에 모두 자부심을 느낄 수 있다. 더욱 감각적으로 세부적인 묘사를 해보라. 구체적인 장면이나 색깔, 소리 등을 묘사해보라. 거기에 누가 있고, 어떤 일을 하고 있는지도 그려보라. 이런 세세한 감각적 경험은 여러분이 꿈꾼 이상적 결과를 더욱 완전하고 강력한 심리적 이미지로 만들어준다.

그런 '이상향'을 시각화하기 위해 여러분은 다양한 방법을 이용할 수 있다. 예를 들어 잡지의 이미지들을 이용해 무드보드(mood board, 디자이너들이 작품에 쓸 색상이나 디자인을 정하거나 영감을 얻기 위해 다양한 샘플을 붙여놓은 판—옮긴이)를 만든다든지, 《내일 신문》을 만들어 회사의 기업사회참여와, 그 바탕이 된 비전과 전략, 관계된 사람들, 그리고 그것이 가져올 영향 등을 묘사하는 머리기사와 단신을 써볼 수도 있다.

표 1.3 기업사회참여의 단계들: 어디서 와서 어디로 가고 있는가

	1단계: 기초	2단계: 개입	3단계: 혁신	4단계: 변환
접근 방식	기업기부활동/ 자선활동	전략적 자선활동†	기업사회참여	건전한 기업 환경
✓	☐	☐	☐	☐
동기/시민활동 태도	일자리, 이익, 세금; 부차적인 도덕성	이해관계자 관리; 자사 이익 개발	장기적인 파트너십이 주는 사회적·사업적 이익(기업 이익 추구); 책임경영·지속가능 경영·TBL(Tripple bottom line)의 일부	예지력 있는 사회공헌자; 전체 판 바꾸기; 리더십 확립; 기업 이익 추구
✓	☐	☐	☐	☐
전략적 의도/ 전략	법적인 준수; 임기 응변적	영업 허가; 체계적	가치 제시 및 투자 수익분석; 전략적	사회적 변화와 시장 창출; 완벽한 조직적 주인의식
✓	☐	☐	☐	☐
계획/이슈 관리	소극적; 선택하고 주도적으로 나서기 보다 일반적인 요구에 즉각적으로 반응	정의된 목표 영역 내에서 요구사항에 선택적으로 반응	주도적으로 선도; 사업적 통합	산업적 의제 정의; 사업적 기능들과의 완벽한 통합
✓	☐	☐	☐	☐
동인(動因)	'회장의 기분' – 'CEO 부인이 좋아하는 것'	준비된 가이드라인	사업 및 기업의 핵심 역량과 연계, 파트너십에 의한 접근방식	혁신적인 사업전략의 일부
✓	☐	☐	☐	☐
리더십	립 서비스; 통제 불가능	선택적 지지	섬김(Stewardship)과 대변 의식 (Championship)	예지력– '전체 판바꾸기'
✓	☐	☐	☐	☐

† 이 책에서 전략적 자선활동이란 기업의 핵심역량에 따라 '전략적으로' 집중하는 기업기부활동을 뜻한다. 4장 도입부를 보면 자선활동, 전략적 자선활동, 그리고 전략적 기업사회참여의 차이를 알 수 있다.

	1단계 : 기초	2단계 : 개입	3단계 : 혁신	4단계 : 변환
구조 ✓	미미하고 경영활동과 분리적 □	분리되어 있지만, 사업적 이해관계와 연계되어 있음 □	조직적 일치; 직능 간 협력 □	주류적이고 사업 주도적; 사업적 기능과 완벽히 통합됨 □
운영진 ✓	아무 관리자나 상관없음 □	기업사회참여 매니저 □	다른 사업부서들과 협력관계에 있는 기업사회참여팀 □	관련된 사업부서들과의 통합 □
기여 내용 ✓	주로 현금 또는 현물 □	현금, 현물, 임직원 자원봉사 □	금전적 자금, 사업적 자원-노하우, 핵심역량, 관리능력, 임직원자원봉사 □	자금과 함께, 사업적 자원의 일부로서 예지적이고, 패러다임을 바꾸는 개념 제공 □
지역사회 협력 ✓	일방적 □	초기적 상호작용 □	상호적 파트너십 □	다조직 접근방식 □
지속가능성 ✓	일회성 □	특정 이슈에 대한 지지 □	NGO 육성과 능력개발, 장기적 파트너십, 입증된 사회적 영향력 □	기업적 DNA의 일부, 지속적인 향상과 발전, 정치적 영향력 □
투명성 ✓	무조건적인 방어 □	공개 보고 □	외부 검증 □	포괄적이고 독립적인 회계감사 □

자료 : 국제기업리더포럼(International Business Leaders Forum)의 '네 개의 물결(Four Waves)'과 보스턴 대학 기업시민활동 센터의 '기업시민활동 5단계'에서 변용

이러한 일련의 과정을 거쳐 미래를 위한 옵션을 만들어야 한다. 시간을 충분히 할애하라. 너무 빨리 끝내려고 하지 마라. 옵션을 평가해 보라. 핵심동인은 무엇인가? 현실적으로 가능하게 해줄 잠재 요인은 무엇인가? 회사가 그런 것을 위해 행동에 나설 준비가 되어 있고, 하려는 의지가 있으며, 또 할 수 있는가? 어떤 장애물이 있으며, 그것을 어떻게 극복할 수 있겠는가?

가능한 상황을 인지하기 시작하면, 여러분은 꿈이 정말로 이뤄질 수 있으며 도전과제를 극복할 수 있다는 사실을 알 수 있다. 이러한 자각은 새로운 범위의 가능성을 펼쳐 보여줄 것이며, 그것이야말로 엄청난 열정과 에너지의 원천이 될 수 있다.

여러분이 생각해낸 그 모든 아이디어가 브레인스토밍을 위한 좋은 토대와 자양분을 제공해주고, 비전과 미션과 전략적 의도를 형상화하는 역할을 하리라고 본다.

기업사회참여의 비전 정의하기: 설득력 있는 문구를 이용하라

비전이란 무엇인가? 그것은 '여러분이 내일 있고 싶은 곳, 바라는 미래상'을 담은 이미지다. 비전 문구는 '열망하는 결과'에 대한 생생한 묘사로, 목표를 마음에 그려볼 수 있도록 영감을 주고 힘을 주고 도와주며, 원하는 미래를 통일적이고 영감적인 말로 표현한 산물이다. 비전 문구는 장기적인 것으로, 쉽게 측정할 수 없는 내용일 수도 있다. 구체적인 목표가 아니라 오랫동안 지속할 수 있는 목표를 담아야 한다. 그래야 전략이 그 비전을 이루기 위한 수단이 된다. 즉 오늘과 내일 간의 격차를 이어주는 내용이어야 한다.

기업사회참여의 비전 문구 만들기 팁

- 비전을 실현했을 때를 상상하며, 보고 듣고 생각하고 느낀 것을 보고하듯이 현재형으로 써라.
- 그 결과가 실현되면 어떤 느낌일지 묘사하듯 정서적인 표현을 써라. 비전 문구에 감정을 담으면 그 열정이 느껴지면서, 더욱 설득력 있고 영감을 주고, 에너지 넘치는 내용을 만들 수 있다.

여러분의 비전을 강력한 문구나 문장으로 요약해보라. 비전 문구는 가능한 최상의 결과를 묘사해야 한다. 아니, 그보다도 '더 나은' 뭔가를 그려보면 어떨까! 이런 말이 있다. "10달러짜리 비전을 가지고는 100만 달러짜리 아이디어를 얻을 수 없다." 달리 말하자면, 여러분이 품은 비전의 질이 아이디어와 전략적 해결책의 창의성·질·독창성을 결정한다. 강력한 비전 문구는 기대와 포부를 한껏 늘려, 여러분이 안주하지 않고 뛰어오를 수 있도록 도와야 한다.

"건강한 세상의 건강한 사람들" 같은 건 비전의 좋은 예다.

비전 문구를 만드는 핵심은 짧고 집약적이며 이해하기 쉬워야 한다는 것이다. 이 일은 물론 쉽지 않다. 여러 개를 만들어보고 오랜 시간을 두고 다듬어야 할지도 모른다. 누구에게나 적용할 수 있는 평범한 비전 문구는 될 수 있으면 피하라. 여러분의 회사에서만 쓸 수 있는 특별한 내용을 만들어보라.

기업사회참여 미션 정의하기: 무엇이고, 누구를 위한 것인지 분명히 밝혀라

미션은 목적을 표현한 산물이다. 즉 여러분이 속한 회사가 집중하고자 하는 바, 성취하고자 하는 바에 대한 간략한 묘사다. 그것은 기업사회참여 업무에서 가장 중요하게 생각하는 목표들을 향해 여러분이 어떻게 결정하고 행동하고 힘을 쏟으며 일을 해야 할지 안내해주는 길이기도 하다. 미션 문구를 만드는 특별한 형식이나 법칙은 없지만 다음 요령들은 도움이 될 만하다.

기업사회참여 미션 문구를 생각하는 데 힌트가 되도록 다양한 사례도 소개한다. 이 미션 문구들은 모두 "우리는 ~을 위해 최선을 다한다"는 내용이 앞뒤에 생략된 의미라고 볼 수 있다.

- "지역사회와의 파트너십 속에서 지역적 욕구를 이해하고 그에 부응하면서 지역적 실천으로 범세계적 이슈들에 대응한다."
- "사회적 · 지적 · 경제적 자원을 공유함으로써 지역사회에서 삶의 질 향상에 기여하는 적극적인 동반자 역할을 한다."
- "전 세계 사람들이 더 많은 일을 하고, 더 잘 느끼며, 더 오래 살 수 있도록 만들어줌으로써 인간적 삶의 질을 향상하는 일을 추구한다."
- "디지털 정보 격차를 해소하고 전 세계 아동의 교육 접근성을 높인다."
- "혁신적인 기술과 파트너십으로 공익에 봉사한다."
- "인류에 도움을 줄 수 있는 최대 규모의 공공 컴퓨터망을 구축한다."

미션 문구는 회사가 기업사회참여 활동으로 무엇을 가장 중요하게 생각하는지를 표현해야 한다. 무엇을 할지, 누구를 위해 할지, 어떤 혜택을 얻을 수 있는지를 표현해야 한다. 또 미션 문구에는 뻗어나가려는 목표, 즉 감당해야 할 도전과제가 드러나야 한다.

기업사회참여의 미션 문구 만들기 팁

- 단순명료하게 써라. 3~5년 내에 지역사회에 미칠 의미 있고 긍정적인 영향의 구체적인 부분을 생각하라.
- 긍정문으로 써야 한다. 부정어가 필요하면 다른 대안을 찾아라.
- 정서적으로 써야 한다. 비전 문구와 마찬가지로 정서적인 '성과적 표현'은 문장을 더 생생하고 설득력 있게 해준다.

기본적인 전략적 의도 정의하기

사업적 관점에서 말하자면, 기업사회참여의 비전과 미션은 회사와 연관된 기본적인 전략적 의도를 담고 있어야만 한다. 많은 기업이 기본적인 전략적 의도를 갖고 있다. '업계에서 기업사회참여의 리더가 되고 싶다'는 바람이다. 그들의 전략적 의도는 사회적으로, 사업적으로 이익을 창출하려는 것이다. 여러분 회사는 파트너들과 함께 지역사회에 진정한 변화를 가져옴으로써 사업적 이익도 얻을 수 있다.

도표 1.4 사회적 · 사업적 이익의 호환성

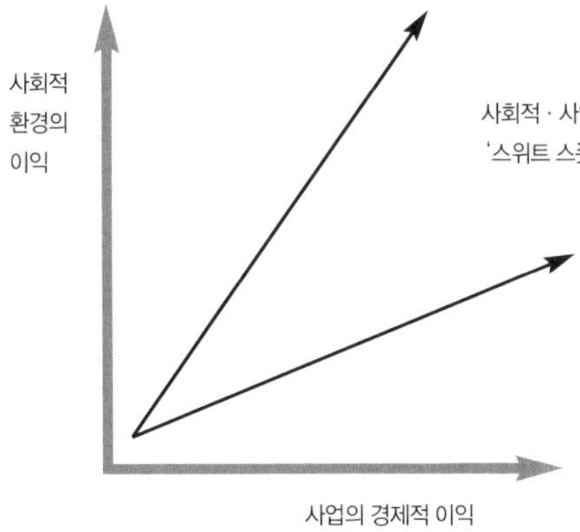

하버드 전략경쟁력연구소의 마이클 포터는 사회적·사업적 이익을 함께 성취하는 일을 '스위트 스폿(sweet spot, 원래는 클럽이나 라켓·배트 등에 공이 맞았을 때 가장 잘 날아가는 최적 지점을 뜻하는 스포츠 용어—옮긴이)'(도표 1.4)이라고 정의했다. 여러분의 활동이 사회에 큰 이익을 주지만 회사에는 전혀 이익을 주지 않는다면, 이사회와 투자자들은 불만스러워할 것이다. 반대로 기업사회참여 프로그램이 큰 사업적 이익을 거두었으나(이를테면 판매량 증가와 같이) 가시적인 사회적 이익을 주지 않는다면, 외부 이해관계자들은 화를 낼 것이다. 더불어 여러분의 활동을 '변형광고(spin)'나 '녹색세탁(greenwashing)'이라고 여기며, 여러분 회사가 잇속을 차리기 위해 사회적 대의를 이용한다고 볼 것이다. 스위트 스폿은 사회적 · 사업적 이익이 균형을 이뤄 모든 사람이 자신을 '윈-윈(win-win)' 상황의 일부로 여기게 하는 지점이다. 실제 전략을 세울 때 이 균형을 명심하라. 그것이 바로 다음 단계다.

3단계: 어떻게 거기에 도달할 수 있는가, 기업사회참여전략을 수립하라

이 단계를 위해서는 회사의 전략기획 부서에 속한 동료를 끌어들이는 것도 좋은 방법이다. 그들은 훌륭한 전략가이므로 여러분이 전략을 세우는 과정에 적절한 방법과 수단들을 제공할 수 있다.

전략은 지속성을 강조할 수도 있고, 근본적인 전환이나 변화를 수반할 수도 있다. 아마 이쯤이면 여러분은 현황분석 결과를 토대로 현재의 활동을 더욱 강력하게 밀고 나갈지, 아니면 획기적인 전환을 해야 할지 좋은 생각이 떠올랐을지 모른다.

현재의 활동을 토대로 전략을 수립한다면 '긍정적 변화 기법'을 추천한다. 이미 되어 있는 일 중에 어떤 게 좋은지 스스로 물어보라. 더 많은 일을 성취하기 위해 여러분과 동료는 현재 가진 자원을 어떻게 이용할 수 있는가? 긍정적 변화 기법은 회사 사람들에게 그들이 전에 했던 일이 거의 소용없었다고 이야기하는 것보다 그들을 끌어들이기에 매우 효과적인 방법이 될 수 있다.

기업들은 종종 '하나의' 전략적이고 이목을 끄는 기업사회참여 계획을 세우는 데 지나치게 집중한다. 그런 식으로 생각을 제한하는 일은 바람직하지 않다. 그보다는 회사의 전반적인 사회적 성과관리와 완벽하게 통합되는 전체적 접근방식을 추구하기 바란다. 하나의 포괄적이고 전략적 접근방식으로 여러분이 시행하고 있는 '모든' 기업사회참여 활동 요소를 살펴보라. 이것은 비전과 미션을 실현하기 위해 하나 이상의 전략을 설계할 수 있다는 사실을 의미한다. 전반적인 전략 형태는 두 개, 세 개, 혹은 네 개의 세부 전략으로 구성할 수 있다.

기업사회참여전략은 세 가지 목표를 추구해야 한다는 사실을 잊지 마라.

- 기업사회참여를 기업의 전반적인 사업전략, 핵심역량과 결합하라.
- 지역사회에 실질적인 영향을 끼쳐라.
- 이해관계자들과 신뢰관계를 구축 · 유지 · 발전시켜라.

여기에 전략 수립의 3단계를 예시해놓았다.

1. **'집안 정리'를 하라.**
   기업사회참여를 관리하고 실행할 구조를 만들어라. 기업사회참여의 자원 · 정책 · 프로세스를 준비하라. 그리고 여러분의 모든 기업사회참여활동 요소를 전략적으로 일치시켜라.
2. **기업사회참여활동을 비즈니스에 완벽하게 통합하라.**
3. **전사 차원의 혁신적인 기업사회참여 프로그램을 설계하라.** 회사의 사업전략과 일치하면서 회사의 핵심역량을 사회와 회사의 이익을 위해 기여하도록 만들어라.

인터뷰로 소개했듯이 마이크로소프트가 아프리카 지역에서 시행한 4단계 전략도 매우 좋은 예다.

1. **범위.** 인력과 기금을 제공하라, 그리고 지리적으로 확장하라.
2. **지렛대 효과.** 파트너십으로 영향력을 확대하라.
3. **지역사회 개발.** 해당 국가의 개발을 우선시하면서 NGO의 영향력을 고려하라.

4. **혁신.** 지역사회에 적절한 기술 솔루션을 창조하고 적용하라.

여러분 회사는 이러한 두 가지 방식 중 하나를 이용하여 전략 수립을 위한 아이디어의 자양분으로 이용할 수 있다.

마지막으로 영감을 줄 만한, 매우 성공적인 기업사회참여전략의 두 가지 사례를 소개하겠다. 하나는 다국적기업의 전략이고, 다른 하나는 단일 국가에서 사업하는 중소기업의 전략이다.

다국적기업 사례: TNT

TNT는 네덜란드의 세계적인 물류회사다. CEO인 피터 베커(Peter Bakker)는 TNT가 전 세계에서 진정한 영향력을 발휘할 수 있도록 지역사회에 참여하기로 했다. 그는 사회의 많은 욕구와, 회사의 핵심역량을 그 욕구에 부응시키는 방법에 관해 생각했다. TNT는 무엇을 잘하는가? 답은 간단했다. 운송이었다. TNT는 항공과 선박을 보유하고 있으니, 그것은 지극히 논리적인 생각이었다. 그렇다면 자연재해나 전쟁으로 고통받는 사람들을 위해 물품을 공급하는 기관들이 이를 이용할 수 있도록 하면 어떨까? 매우 현명한 생각 같았다.

그의 다음 생각은 적합한 파트너를 찾는 것이었다. 유엔 세계식량계획(WFP: World Food Programme)은 정확히 이런 종류의 위기상황에 대응하는 기관으로 보였고, 지원을 해주면 잘 이용할 듯했다. 전략적으로 맞아 보였다. TNT는 목표가 있었고, 기회를 포착할 수 있었으며, 세계식량계획은 적합한 파트너처럼 보였고, TNT는 필요한 자원들을 기여할 수 있었다. 이러한 전략적 가정은 재차 검토되어 실제로 맞아떨어졌다.

전 세계적으로 지역사회에 의미 있는 공헌을 하겠다는 피터 베커의 목표는 직접적인 전략으로 나타났다. 세계식량계획의 파트너로서, '운송'이라는 TNT의 핵심역량을 지원하여 재앙이나 갈등으로 고통받는 지역에 긴급 구호 식량을 신속하게 전달한다는 방안이다.

'무빙 더 월드(Moving the World)'라고 부르는 이 합동프로그램 덕분에 TNT와 세계식량계획은 큰 찬사를 받았다. TNT와 세계식량계획은 2003년부터 매년 스위스 다보스에서 열리는 세계경제포럼 연례회의에 참석하고 있다. TNT가 세계경제포럼에 참석하는 이유는 공공-민간 파트너십과 세계식량계획에 대한 인식을 높이기 위해서다. TNT는 물류업계에 큰 영향을 주어 다른 회사들이 비슷한 활동을 하도록 고무했다.

중소기업 사례: 베타팜

베타팜(Betapharm)은 350명의 직원을 둔 독일의 일반 의약품 회사로, 국내 시장에만 60여 개의 경쟁사가 있었다. 처음에는 가격경쟁을 했지만 이윤을 줄이지 않고서는 가격을 더 내릴 수 없는 단계에 이르렀다. 이에 베타팜은 핵심 이해관계자인 의사와 약사들의 눈에 띌 다른 기회를 모색했다.

베타팜은 만성질환을 앓는 아이들에게 장기재가요양을 해준다는 대의명분을 채택하고, '번터 크리스(Bunter Kreis)'라는 NGO와 파트너십을 맺어 지원하고 요양보호사들을 훈련하게 했다. 나아가 베타팜은 다른 이해관계자 그룹인 독일의회에 로비활동을 벌인 결과, 만성질환 아동을 위한 장기재가요양이 건강보험제도의 재정적 지원을 받을 수 있도록 입법화하는 데 성공했다.

이러한 활동으로 베타팜은 기업사회참여에 전략적 접근방식을 창조해냈고, 이로써 경쟁사 사이에서 차별되는 회사가 될 수 있었다. 베타팜은 주요 이해관계자들에게 긍정적인 영향을 미치고 그들에게서 강력한 브랜드 선호도를 이끌어냄으로써 시장점유율을 크게 끌어올릴 수 있었다. 이 방식은 윤리적 브랜드와 책임경영 홍보에 관한 국제학술대회에서 소개되고 있다. 나중에 베타팜은 인도의 제약사인 닥터 레디(Dr. Reddy)에 매각되었는데, 기업사회참여활동 덕분에 매각가격이 35퍼센트나 올랐다.

이 장에서 소개한 방법과 도구들을 적용한다면, 여러분 회사의 규모가 어떻든 간에, 또 어디서 사업을 하고 있든 간에, 적합한 전략적 기업사회참여가 무엇인지 판별할 수 있으리라고 본다.

전략을 확인하라

일단 전략을 세웠다면, 세부적인 사전 점검과정을 거쳐 확인할 수 있다. 이 과정을 위해, 활용할 수 있는 여러 모델 가운데 두 가지를 소개한다.

도표 1.5는 간단히 이용할 수 있는 모델이다.

도표 1.5 전략적 일치성을 높이는 과정

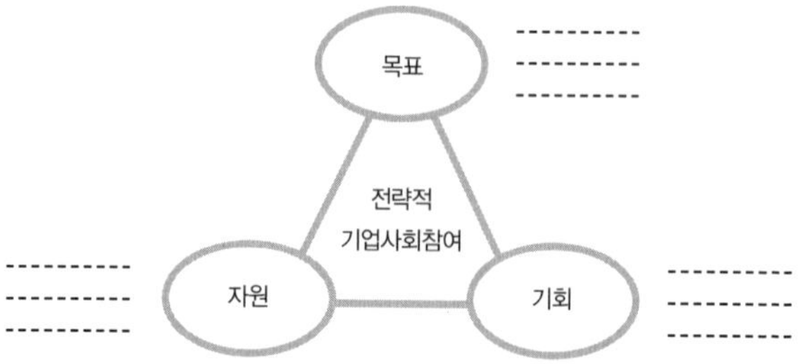

M. 알렉산더, 《전략적 결정 모델과 메시지들(Models and Messages for Strategic Decisions)》, 영국 버크햄스테드에 있는 애슈리지 경영대학원(Ashridge Business School)의 전략적 결정 강좌 자료에서 변용, 2004.

지금까지 해온 모든 작업을 토대로 도표 1.5의 각 동그라미 옆 빈칸에 다음 질문에 대한 답을 적어보라.

1. 목표는 무엇인가?
2. 참여와 핵심역량의 기여로 어떤 기회가 생긴다고 판단하는가?
3. 목표를 실현하고 기회를 실행에 옮기기 위해 회사 내에서 어떤 자원들을 이용할 수 있는가?

이렇게 모델을 만들면 확인하기가 쉽다. 목표·기회·자원은 서로에게 적절해야 하다. 기회는 멋지지만, 그걸 잡을 만한 자원이 없을지도 모른다. 아니면 자원은 충분하나 목표를 제대로 설정하지 못했을지 모른다.

도표 1.6의 또 다른 모델로 여러분의 전략을 확인하기 바란다.

도표 1.6 전략적 조화를 위한 4대 기준

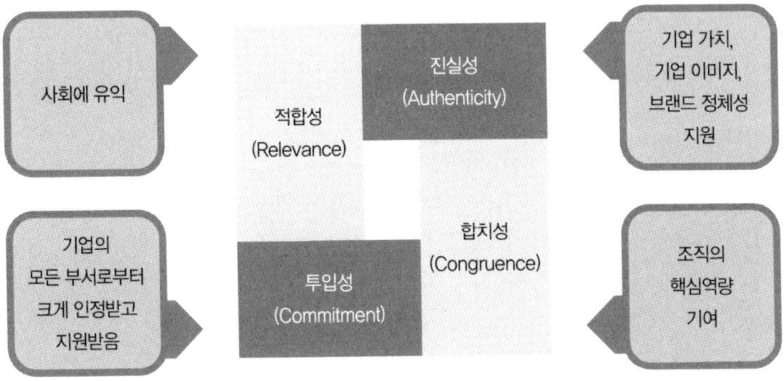

M. 블럼버그·C. 콘래드, 《공익마케팅: 핵심 성공 요인들(Cause Related Marketing: Key Success Factors)》(독일, 브랜드와 가치 GmbH, 2006)

자칫 잘못하면 어떻게 전략적 조화를 놓칠 수 있는지 도표 1.6의 기준을 이용해 몇 가지 예를 들어보겠다.

1. 사회를 위해 '적합성'이 거의 없거나 혹은 전혀 없는 이슈를 내세운다면, 아무리 강력한 이슈라 해도 도움이 되지 않는다.
2. 여러분과 팀원은 선별한 대의명분이 다뤄볼 가치가 크다고 생각하지만, 수긍하고 투자해야 할 다른 관련 부서는 그것을 위험하다고 생각할 수 있다. 그렇다면 내부적 '투입성'이 결여된다.
3. 핵심역량을 전혀 기여할 수 없는 대의명분을 지원하고자 한다면 (예를 들어 자동차 회사가 건강 관련 이슈를 제기한다든지) '합치성' 부족이 문제다. 이해관계자들도 "도대체 저 프로그램이 이 회사와 무슨 상관이 있는 거야?" 하며 궁금해 할 것이다.
4. 마찬가지로 회사의 가치나 이미지, 브랜드 정체성에 맞지 않는 프로그램은 이해관계자들을 혼란스럽게 하며, '진실성'이 부족하다고 생각하게 한다. 예를 들어 맥주회사가 "여러분이 맥주를 사서 마실 때마다 우리는 열대우림을 살리는 데 ○○만큼 기부합니다"라고 광고한다고 해보자. 이해관계자들은 이 말을 "열대우림을 살리려면 술에 취하라는 얘기냐!" 하고 받아들인다.

전략의 내부적 일관성과 진실성을 확인하라

기업사회참여전략이 여러분 회사의 다른 전략 가운데 어느 것 하고라도 어울릴 수 있는지 구체적으로 확인하라.

- 전반적인 사업전략
- 책임경영전략

- 브랜드전략
- 마케팅과 스폰서십전략
- 인사관리전략

기업사회참여전략은 이러한 전략들과 보다 긴밀하게 어울릴수록 전체 조직에서 그것을 성취하고 실행할 가능성이 커진다. 또한 외부 이해관계자들에게도 통합적이고 신뢰할 만한 기업사회참여 활동을 보여줄 수 있다.

마지막으로 핵심 성공요인과 위험요인 분석이 중요하다. 핵심 성공요인들은 '일이 잘될 수밖에 없는' 영역들이다. 위험요인 분석은 전략 이행을 위험에 빠지게 할 수도 있는 요소를 발견하고 평가하는 기술이다. 이러한 기술은 걸림돌을 의외로 빨리 없애주거나, 최소한 위험이 일어날 가능성을 줄여줄 예방적 방법을 파악하게 해준다.

4단계: 어떻게 실현할 것인가, 업무프로그램을 설계하라

지금까지 여러분은 사회와 회사를 위해, 가치와 영향력을 창출할 기업사회참여전략을 수립해왔다. 다음 단계는 그 가치 명제를 실현할 프로그램을 만드는 일이다. 이 책의 상당 부분이 그것을 다룬다.

- 1장은 기업사회참여전략을 수립하는 과정을 보여준다.
- 2장은 내부 거버넌스와 체계·정책·프로세스를 수립하는 법을 소개한다.
- 3장은 기업사회참여 예산을 수립하도록 돕는다.
- 4장은 기업기부활동을 조화시키는 방법에 대한 조언이다.
- 5장은 기업사회참여활동을 사업에(이를테면 마케팅 계획 등에) 통합하는

방법을 살펴본다.

- 6장은 선도적인 기업사회참여 프로그램을 개발하고 이행하는 방법을 보여준다.
- 7장은 부문 간 파트너십을 맺는 기술을 살펴본다.
- 8장은 임직원자원봉사 프로그램을 시작하기 위한 포괄적인 과정을 보여준다.
- 9장은 기업사회참여 업무를 측정 · 평가하는 방법을 보여준다.
- 10장은 기업사회참여활동을 더 많은 대중에게 성공적으로 홍보하는 방법을 다룬다.
- 11장은 기업 내 변화에 영향을 미치는 구체적인 도전과제들을 내부적인 관계 조성과 영향력 행사, 설득 등으로 다루는 내용이다. 성공적인 기업사회참여 업무를 위해 기업 내 변화는 꼭 필요하기 때문이다.

모든 업무 프로그램을 모아 현실적인 일정표를 만들어보라. 그러면 궤도에 오르기 위해 무엇을 해야 할지, 특히 첫해에 무엇을 해야 할지 알 수 있다. 한 걸음 물러나 전략과 업무 프로그램이 회사의 욕구에 부응하고 있는지 확인할 수 있도록 정기적인 점검 지점을 만들어라.

5단계: 어떻게 시작할 수 있을까, 이사회 승인을 얻어라

전략을 확인하고, 성공요인과 위험요인을 분석하고, 현실적인 업무 프로그램까지 만들었다면, 마지막이자 가장 중요한 단계는 이사회의 승인을 얻어 실행하는 일이다.

여러분이 어떻게 그런 제안을 하게 되었는지 설득력 있게 보여야 한다. 현황 분석 결과를 보여주고, 전략 과정을 설명하라. 여러분이 보고

있는 기회를 상세히 설명하고, 분명한 사업적 이익을 알려라. 핵심 성공요인 분석과 위험요인 분석도 다루기 바란다. 생각하고 있는 업무계획과 일정표를 보여주고, 예산계획을 제시하라.

마지막 활용 팁

발표할 내용이 이사회의 '투자'와 지지를 얻을 만한지 임원 중 몇 명에게 미리 확인해보라.

이번 장에서 소개한 과정을 적용하고 이 책에서 설명하는 다른 요소들을 포함시킨다면, 여러분은 노력의 결과로 건실하고 투지 넘치는 뭔가를 얻을 수 있을 것이다.

부록 1.1 신흥시장에서의 기업사회참여전략: 대의명분 간의 상호연관성 이해

여러 기업이 참여 요청을 받는 이슈 가운데 건강과 교육, 그리고 일자리는 밀접한 상호연관성이 있다(도표 1.7 참조). 그것은 모두 능력개발이라는 개념을 이루는 요소다.

도표 1.7 사회 이슈는 연관되어 있다.

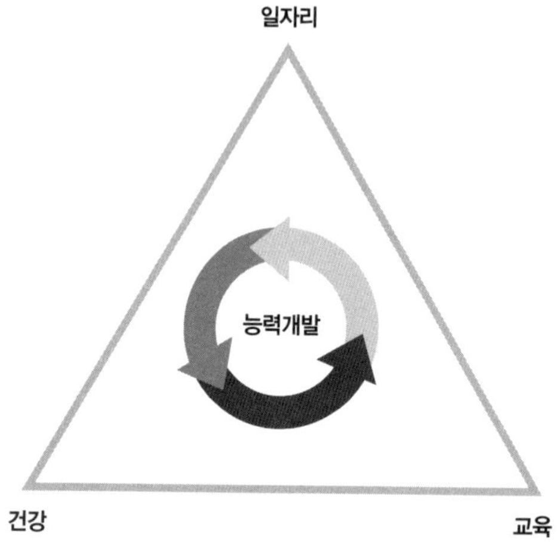

사람들은 건강하기를 바란다. 그래야 학교에 가고 일도 할 수 있기 때문이다. 그들은 또 교육받고 싶어 한다. 그래야 돈벌이가 될 만한 일자리를 찾을 수 있기 때문이다. 이러한 상호연관성은 두 가지 예를 보면 극명하다.

1. 제프리 삭스(Jeffrey Sachs)[7]는 아프리카 주민에게 모기장을 나눠주는 단순한 일로 문맹률을 낮추고 국민총생산(GNP)을 상당히 높일 수 있다는 사실을 알아냈다.

2. 모로코의 모하메드 6세는 더 많은 여성이 교육받고 대학에 갈 수 있도록 하는 프로그램을 성공적으로 운영했다. 이로써 학위를 받은 여성의 숫자가 크게 늘었다. 그런데 이 여성들은 적절히 고용되지 못했다. 겨우 30퍼센트만이 일자리를 찾았고, 나머지는 갈 곳이 없었다.

두 사례는 전략적 이슈가 서로 어떻게 연관되어 있으며, 보다 큰 대의를 택하려 할 때 왜 전략적 이슈를 하나의 큰 그림으로 봐야 하는지에 관해 알려준다. 둘째 사례에서 여러분이 만약 청년층의 교육에 기여하고 싶다면 더 큰 그림을 생각해봐야 한다. 무엇 때문에 그 일을 하려고 하는가? 청년들이 과연 어떤 기회를 가질 수 있는가? 그 밖에 더 필요한 것은 무엇인가?

전략적 관점에서 볼 때 지역사회에 영향을 미치려면 적절한 질문을 하는 일이 중요하다. 가수로서는 물론 국제개발활동(빌 게이츠와 제프리 삭스 등과 함께 한)으로도 널리 알려진 그룹 U2(아일랜드 출신의 록 그룹—옮긴이)의 보노(Bono)가 지적한 이야기는 유명하다. "우리는 답을 알고 있다고 생각했다. 그런데 문제는 질문을 잘못했다는 사실이다."[8]

앞서 2007년 런던에서 열린 '신흥시장에서의 책임경영(Corporate Responsibility in Emerging Market)'에 관한 컨퍼런스에 대해 언급했다. 그곳에서 발표자들은 기업사회참여보다는 능력개발에 관해 이야기했다. 아프리카에서 펼치고 있는 마이크로소프트의 전략적 기업사회참

---

7 제프리 삭스, 《빈곤의 종말(The End of Poverty: Economic Possibilities for Our Time)》(뉴욕, 펭귄, 2006)

8 깁스(N. Gibbs), 〈올해의 인물들: 착한 사마리아인들〉, 《타임》 166.26(2005. 12. 26) 표지기사.

여에 관한 인터뷰에도 똑같은 이야기가 있었다. 더 큰 전략적 대의를 위해 나설 때 여러분의 회사는 기업사회참여로 말미암아 지역의 능력을 계발하는 데 공헌할 수 있다.

회사가 신흥시장에서 사업하고 있고, 여러분이 그 지역의 능력개발을 위한 기회에 관하여 더 읽을거리를 찾는다면, 두 권의 책을 권한다.

- 제프리 삭스, 《빈곤의 종말》(21세기북스, 원제 'The End of Poverty: Economic Possibilities for Our Time', 2006)
- 프라할라드(C. K. Prahalad), 《저소득층 시장을 공략하라》(럭스미디어, 원제 'The Fortune at the Bottom of the Pyramid: Eradicating Poverty through Profits', 2006)

부록 1.2 구체적인 기업사회참여전략 개발과정

자료: 매니 아마디(Manny Amadi), C&E(Cause and Effect)컨설턴트

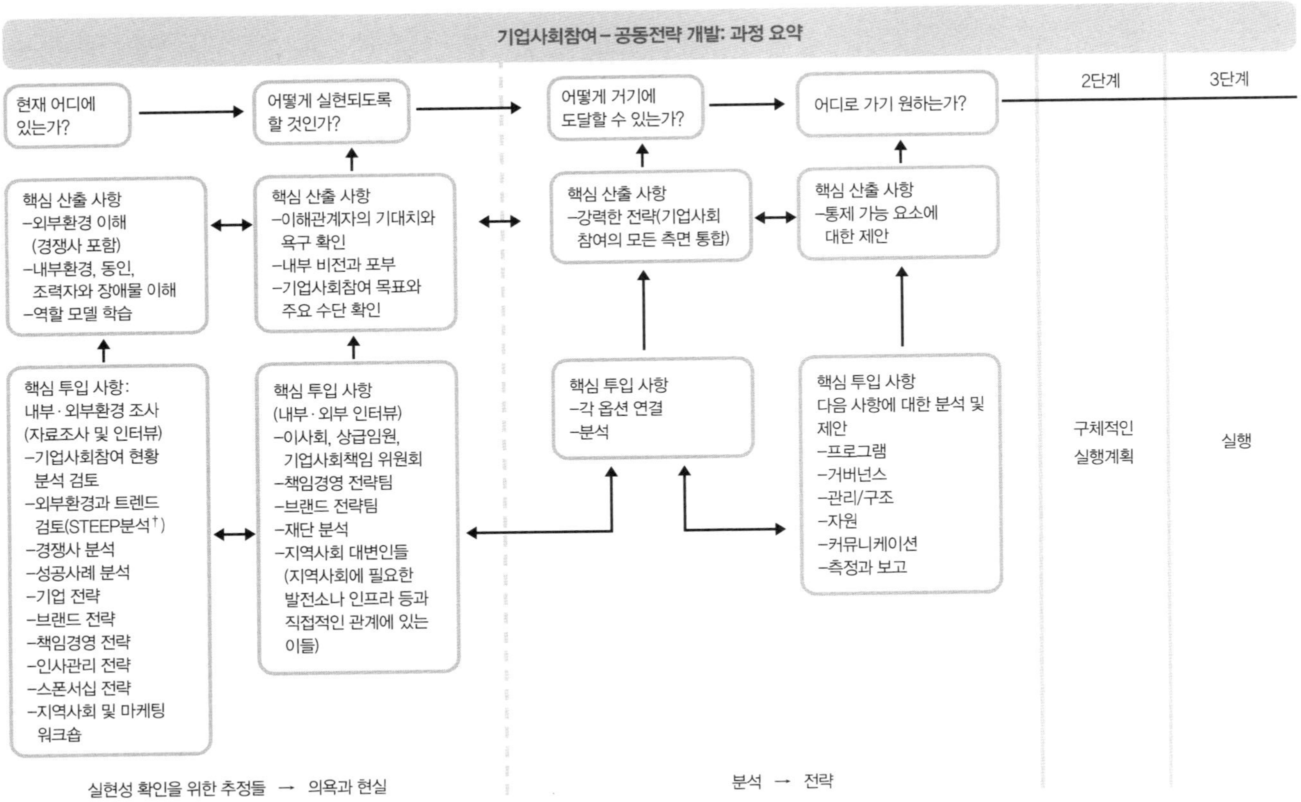

† STEEP 분석은 사업이나 조직에 영향을 미치는 다양한 외부 요인을 평가할 때 쓰는 도구다. STEEP는 Social, Technological, Economic, Environmental, Political의 약자.

2
:
기업사회참여에 필요한 기업의 역할, 책임, 그리고 기술들

이 장에선 기업사회참여에 있어서 기업의 내부적 역할과 책임, 그리고 기술들에 관해 두 가지 관점에서 살펴보겠다. 하나는 다국적기업의 관점으로, 여러분이 속한 회사가 다수의 해외시장에서 어떤 사업을 하고 있는지 자세히 살펴볼 필요가 있다. 또 하나는 한 나라, 혹은 한 지역사회에서만 활동하고 있는 중소기업의 관점이다.

어느 쪽의 관점에서든 이번 장은 기업사회참여와 관련된 '사람들'에 관한 5가지 측면의 이야기를 다룬다.

1. **기업사회참여를 주도하고 운영하기.** 기업사회참여팀을 구성하고 이끌고 관리하는 가장 좋은 방법.
2. **관련 부서 파악하기.** 회사의 많은 부분이 지역사회에 영향을 미치기 때문에, 책임 부서는 적어도 한 개 이상이다.
3. **내부와 외부에 팀 만들기.** 기업사회참여가 제 기능을 발휘하게 하려면 팀이나 파트너십을 이루는 방법이 적절하다. 특히 지역사회와 함께 논의하며 일을 진행하려 한다면 더욱 그렇다.
4. **적합한 사람 모집하기.** 기업사회참여 전문가들의 출신 배경은 다양하지만 팀원들을 구별해주는 몇 가지 품성이 있을 것이다.
5. **새로운 기술 배우기.** 완벽한 사람은 없다. 우리는 모두 계속 성장할 필요가 있다.

기업사회참여를 주도하고 운영하기

TNT처럼 CEO가 기회를 발견하고 기업사회참여 프로그램을 전격적으로 시행하는(1장 60쪽 참조) 기업은 거의 없다. 하지만 출발선에서 여러분을 지지해줄 고위 경영진은 필요하다. CEO나 이사회 임원 중에 지지자를 반드시 확보하기 바란다. 이것은 비교적 새로운 법칙 중의 하나로, 기업사회참여는 사내 전반에 걸쳐 신뢰성을 확립해야 하고, 충분한 지지를 받아야 한다. CEO나 이사회 임원들에게 직접 보고할 필요는 없다. 그러나 적어도 여러분의 지휘관은 다음과 같은 사람이어야 한다.

- 여러분이 하고자 하는 일에 대한 열정이 있다.
- 전략적 기업사회참여가 어떤 일들을 수반하는지 이해하고 있다.
- 모든 수준, 특히 최상위 수준에서 기업사회참여활동의 대변인이 되겠다는 의지가 있다.

글로벌 기업사회참여 프로젝트를 이끌어야 한다면, 본사 고위 경영진의 지지를 얻어야만 지사 경영진으로 하여금 해당 프로젝트에 참여하게 할 수 있다. 그렇게 할 때라야 여러분이 이 업무의 담당자이며, 그 시장에서 체계적 보고를 해줄 기업사회참여 매니저나 전문가들(이왕이면 여러분과 함께할)을 함께 두어야 한다는 사실을 얘기할 수 있다.

바람직한 기업사회참여 거버넌스는 사내에 글로벌 본부 범위와 지사 범위를 두어 기업사회참여 프로그램 운영 그룹을 만들어두는 것이다. 기업사회참여 프로그램을 운영할 주도 그룹 외에 커뮤니케이션, 마케팅, 인사관리, 그리고 사업개발 부서 책임자들을 끌어들이기 바란다. 경우에 따라서는 생산 매니저나 현장 매니저 같은 운영 부서 책임자도 좋다.

바람직한 기업사회참여 프로그램 운영그룹은 변화 전문가들의 도움도 필요하다. 회사에 그런 사람들이 있다면, 사내·외적으로 기업사회참여활동을 실행할 방법에 대해 조언을 구하라. 그들은 한 기업의 문화를 바꾸고 새로운 방식의 업무를 하도록 하는 일에 관해 많은 것을 알고 있다.

여러분 회사에 이미 책임경영 운영그룹이나 책임경영 위원회가 있다면, 기업사회참여만을 위해 조직을 따로 구성할 필요는 없다. 그런 경우 기업사회참여 이슈들을 책임경영 그룹회의 때 반드시 의제로 제출하라. 잘 운영되는 그룹은 대개 석 달에 한 번 꼴로 회의를 연다.

본사는 무엇을 해야 하는가

다국적기업이라면 기업사회참여 업무에서 본사 소관과 현지 국가(또는 지역) 간의 역할 분담이 매우 중요하다. 본사 소관 업무에는 전략 개발과 프로그램 선도, 팀 감독, 사업의 시도/변경/교육, 보고, 그리고 커뮤니케이션 활동 관리 등이 포함될 수 있다. 전략을 세우고 프로그램을 선도하는 일은 상급자의 역할이다. 대부분의 다국적기업은 부사장이나 이사직에 이 임무를 맡기고 있다.

전략 수립에 관해서는 1장에서 다뤘다. 이는 본사가 해야 할 가장 중요한 업무다. 고위층 후원자나 전략 부서의 누군가, 아니면 적어도 전략적 사고를 잘하는 사람을 기업사회참여 본부에 끌어들이도록 하라.

본사에 있는 기업사회참여 본부의 기능은 프로그램 방향과 전 세계에 걸친 실행을 감독하는 일이다. 중앙예산을 관리하는 일도 포함할 수 있다. 그 밖에 범세계적인 임직원자원봉사계획 운영을 주도하고, 각국 지사의 지도자를 설득해 기업사회참여를 지원하게 하며, 현지의 기업사회참여 담당 직원들을 정하고, 적합한 NGO 파트너를 찾는 일을 돕고, 현지 직원들이 프로그램을 이행하고 파트너십을 관리할 때 도와주는 역할도 할 수 있다.

이러한 일을 성공적으로 해내기 위한 열쇠는 기업의 이윤 창출과 기업사회참여 측면을 제대로 인식하고 균형을 이루도록 하는 것이다.

글로벌 기업사회참여에서 지역별 성공 이끌기

안타깝게도 글로벌 기업사회참여활동에 참여한 모든 나라에서 기업사회참여활동을 100퍼센트 성공하게 하기란 쉽지 않다. 글로벌 기업사회참여활동의 성공을 위해서는 각 나라 문화, 현지 사업방식에 세밀한 주의를 기울여야 한다. 남아프리카에서 잘되는 일이 태국에선 제대로 안 된다. 미국에서 성공한 일이 폴란드에선 통하지 않거나, 그 반대이기도 하다.

현지에서 시간을 보내면서 자신을 그 나라와 해당 지역 문화, 그리고 회사의 현지 사업에 충분히 동화시켜라. 일의 진행방식을 도저히 이해하기 어렵다면 그 나라에서 사업을 해온 현지 파견 동료에게 어떻게 해야 할지 물어보라.

원격회의 같은 방식을 이용해서라도 각 지역을 개별적으로 방문해야 한다. 회사가 진출해 있는 세계 시장에서 지역별 욕구를 정확히 이해하고 싶다면 여러분이 직접 지역적 현실을 열심히 알아보는 수밖에 없다. 지사들은 여러분의 열린 생각과 노력을 높이 평가해줄 것이다.

개인적으로 낯을 익히고 신뢰 관계를 발전시키는 데도 주의를 기울여야 한다. 특히 현지 기업사회참여 매니저나 지사장과의 관계를 돈독히 하기 바란다. 관계를 맺으려면 충분한 시간을 들여야 한다는 사실을 명심하라. 사내 협력은 좋은 내부 파트너십을 만드는 데 필수적이다. 파트너십과 협력에 관한 조언은 7장에 있다.

이렇게 현지마다 기업사회참여 업무를 진행할 준비가 잘 이뤄졌다면, 현지의 기업사회참여활동들을 기업전략과 일치시키고, 현지 매니저들이 그들의 기업사회참여 프로젝트와 파트너십, 그리고 프로세스를 발전시키도록 도와라. 종종 글로벌 기업사회참여전략이나 프로그램/프로젝트들과, 현지 시장의 욕구에 맞춘 현지 사업체들의 희망사항 사이에 있는 미묘한 차이 때문에 균형을 찾아야 할 필요도 있다. 둘 다 중요하기 때문이다.

현지 사업체들이 본사의 글로벌 사업전략과 가치에 따른 광범위한 목적을 이해하고 참여하지 않는다면, 각국이나 지역에 특화된 사업은 전체적인 기업 평판에 도움이 되지 않는다. 반대로 각국이나 지역에 특화된 사업이 없다면 현지 이해관계자들의 욕구에 부응하기 어려워 향후 현지 사업에 제약을 받거나, 최악의 경우 타격을 입을 수도 있다.

기업사회참여 본부의 역할은 이러한 균형의 필요성을 인지하면서 각국 기업사회참여 매니저들을 지속적으로 지원하는 일이다. 지원이란 교육이나 코칭 프로그램 제공, 그리고 현지의 도전과제들에 대한 공명판 역할을 해주는 것도 포함한다. 이를테면 현지 경영진을 참여하게 한다든지 도전적인 파트너들과 함께 일하는 것 등이다. 동시에 본부는 각국의 기업사회참여 매니저들을 지나치게 휘두르려고 해서는 안 된다. 그들이 충분한 자율성을 갖도록 해줘야 한다. 그들이야말로 현지 상황을 가장 잘 알고 있다. 능력 있는 본부라면 그들이 제 역할을 다하고 있음에 감사하며 균형 있게 이끌고 감독할 것이다.

관련 부서 파악하기

일반적으로 기업 조직에서 기업사회참여 실무 파트 외에 기업사회참여 활동에 적극적인 부서들은 커뮤니케이션, 마케팅(또는 브랜드, 지역

관리, 판매 등), 인사관리, 책임경영(그런 부서가 있다면), 그리고 홍보 부서 등이다. 기업에 따라 기업사회참여 업무의 소관은 중앙에서 결정하거나 각 시장의 상황에 따른다. 이를테면 기업 본사에서는 기업사회참여 업무가 책임경영 부서의 일부가 될 수 있지만, 별도의 책임경영 부서가 없을 정도로 사업 규모가 작은 나라에 설치된 지사에서는 커뮤니케이션이나 마케팅, 또는 인사관리 부서 소관이 될 수도 있다.

기업사회참여 프로그램을 맡을 때, 부서마다 강점과 도전과제가 있다. 그것은 표 2.1에 요약해놓았다.

기업사회참여의 책임을 지기에 가장 좋은 부서가 어디인가를 알려주는 정답은 없다. 다시 말하자면 그 답은 바로 여러분의 조직에 달렸다. 그 프로그램에 가장 적합한 곳은 어딜까? 회사에서 투자 규모를 결정해 주는 사람은 누구인가? 부문 간 파트너십을 조정하고 사회적 영향력을 획득하는 데 가장 효과적인 인물인가?

글로벌 기업사회참여활동 관리를 위한 팁

각국의 성과와 진전 상태, 욕구 등을 꾸준히 파악할 수 있도록 일종의 '신호등(traffic-light)' 시스템을 만들어라. 예를 들면 이렇다.

- 녹색: 자신감 있는 담당자들이 있어서 거의 점검할 필요가 없는 나라들
- 노란색: 적당한 성과를 내고 있지만 자주 점검할수록 좋은 결과가 나오는 나라들
- 빨간색: 집중적이고 지속적인 지원이 필요하며, 프로그램을 막 시작했거나, 파트너십을 발전시키고 있는 단계라거나, 진행 중인 프로젝트가 있는 나라들. 기업사회참여 매니저가 막 그만두었다든지 역할이 바뀌었다든지 해서 교육이 필요한 나라들.

적어도 6개월에 한 번씩은 각국의 진전 상황을 점검하기 바란다.

표 2.1 기업사회참여 담당 측면으로 본 각 부서별 장점과 잠재적 약점

부서	장점	잠재적 약점
커뮤니케이션 부서	• 전략적 집중에 좋다. 즉 평판에 도움이 되는 기업사회참여활동에 집중할 것이다. • 고위경영진과 가깝기 때문에 사업 승인을 얻는 데 도움이 된다. • 기업사회참여의 대내외 커뮤니케이션을 극대화할 수 있고 다른 사업적 이슈들에 맞춰 조정할 수 있다.	• 홍보 이익만을 위해 기업사회참여 사업을 시행할 위험이 있다. • 환경 관련 계획을 할 때 커뮤니케이션 활동 과정에서 '녹색세탁'이라는 비난을 받기 쉽다. • 장기적인 사회적 영향에 대해 충분히 집중하지 않을 경우 사업적 이익은 물론 신뢰성을 잃을 위험도 감수해야 한다.

홍보 부서	• 커뮤니케이션 부서와 비슷하다. • 홍보 부서는 종종 정치적 관계도 다루기 때문에 핵심 이해관계자인 정부에 더 강력하게 초점을 맞출 수 있다.	• 역시 커뮤니케이션 부서와 비슷한 문제가 있다. 특히 기업사회참여 사업이 정치적 가치나 '로비'만을 위해 진행될 때 더욱 그렇다.
마케팅 부서	• 전략적 집중에 좋다. • 고객의 관심사와 브랜드 위상 설정에 맞춰 기업사회참여 활동을 강력히 조정할 수 있다. • 어떤 기업사회참여 프로젝트나 계획에도 탄탄한 조사 과정을 적용할 수 있는 전문성이 있다. • 공익마케팅 계획을 추진하는 데는 가장 효과적일 수 있다.	• 어떤 일을 하던 간에 단순히 마케팅 목적으로 보이지 않게 해야 한다. • 환경 관련 계획을 할 때 마케팅 활동 과정에서 '녹색세탁'이라는 비난을 받을 수 있다. • 어떤 활동이든 충분히 준비가 되기 전에 과잉 홍보되지 않도록 할 필요가 있다.
인사관리 부서	• 직원 중심의 활동에 본능적으로 강하다. • 현재와 미래의 직원들을 끌어들이고 동기화하는 데 매우 좋다.	• 사업 활동과 너무 동떨어진 것처럼 보일 수 있다. • 기업사회참여 활동이 단순히 직원들을 위한 것일 뿐, 더 광범위한 사업(사업권 확대나 평판 등)이나 사회적 이슈에는 기여하지 못하는 것으로 보일 수 있다.
책임경영 부서	• 전반적인 책임경영 전략의 일부라는 것을 확신시켜주고, 이해관계자들 사이에 강한 신뢰감을 심어줄 수 있다. • 한 가지 사업 영역의 관심사만 추구하느라 더 큰 조직을 손상하는 경우 없이 중립적으로 접근할 수 있게 해준다. • 책임경영의 더 광범위한 소관 범위에 따라 환경이나 R&D, 혹은 시장개발팀 등과 함께 일하며 직능 간 계획을 강화할 수 있다.	• 사업 활동과 너무 동떨어진 것처럼 보일 수 있다. • 정당성에 좌우되고, 다른 기능의 부서들만큼 사내에서 인정받지 못하는 경우가 많다.
사업개발 부서	• 현재 혹은 향후 사업 기회에 따라 기업사회참여 활동을 조정하기 좋다. • 기업전략 기능과 연계하기 좋다. • 결과나 숫자에 민감한 임원들을 끌어들이기 쉽다.	• 일상적인 현지 사업 활동과는 너무 동떨어질 수 있다. • 기업사회참여가 판매 지원과 개발 기능으로 전환돼, 계획의 가치를 훼손하고 그에 대한 신뢰성을 약화시킬 위험이 있다.
현지 사업운영 부서	• 사업적 욕구와 밀접하게 연계시키는 데 최적이다. • 현지 기업사회참여 업무가 효과적으로 이뤄질 때 가장 덕을 볼 만한 상급 임원으로부터 강력한 지원을 얻어내야만 한다.	• 회사 전체의 더 큰 조직과 너무 동떨어질 수 있다. • 상급 임원이 누구냐에 따라 지역적으로 자신들만이 원하는 프로젝트(소위 '애완동물 프로젝트')들을 추진할 위험이 있다.

우리 경험상 기업사회참여 기능을 본사의 책임경영 부서에 두고 위에 언급한 다른 부서들과는 강한 유대를 맺는 편이 나은 것 같다. 그렇게 하면 기업사회참여 기능의 신뢰도를 높이고 기업의 전반적인 책임경영 이슈들과도 잘 어울리게 할 수 있다. 책임경영 부서가 없거나 책임경영의 소관이 기업사회참여를 포함하기에 적절치 않다면, 커뮤니케이션 부서가 담당하도록 해도 좋다. 국가별 지사에서 커뮤니케이션 담당자들이 기업사회참여활동을 관리하면서 다른 커뮤니케이션 업무에 맞춰 적절히 조정하고 평판 향상을 극대화하는 사례가 종종 있다.

마지막으로 기업사회참여 담당자/부서는 관련된 사내의 다른 그룹이나 모임에 반드시 참여하기 바란다. 책임경영 위원회의 위원이 되는 일과 별도로, 기업사회참여를 맡은 최고 담당자는 기업의 다른 영역, 즉 마케팅(기업사회참여 스폰서십 프로그램 등)이나 인사관리(임직원자원봉사 프로젝트 등), 또는 사업운영(신규 시장 개발 등) 부서와 함께 일해야 한다.

여러 비즈니스 사업본부의 기업사회참여 업무 조정하기

한 기업이 다양한 이해관계를 맺고 있거나, 한 나라나 지역에 여러 개의 비즈니스 사업본부를 두기도 한다. 스포츠 스폰서십이나 아동지원 프로그램부터 직원기금 마련 계획에 이르기까지 여러 개의 현지 기업 기부활동 프로젝트를 진행하고 있을 수도 있다. 지역정부가 고객이 될 수도 있고, 현지 공장을 운영하는 일처럼 지역사회에 영향을 미치는 생산활동을 할 수도 있다. 공통된 문제는 (특히 대기업에서) 다양한 이해관계를 맺고 있는 사업단위 중 어떤 조직으로 하여금 기업사회참여 사업을 주도하도록 할지를 결정하는 일이다.

이러한 문제를 해결하기 위해 다음의 세 가지 질문을 해볼 필요가 있다.

- 어떻게 하면 해당 지역사회에 조직적으로 접근할 수 있을까?
- 핵심지역에 대한 전반적인 책임은 누구에게 있는가?
- 현지 이해관계자들은 문제가 생겼을 때 누구를 찾는가?

이에 대한 답은 지역에 따라 다를 수 있으나 우리는 사업의 경제적 성과에 현지 이해관계자들의 영향을 가장 많이 받는 사업본부(또는 사람)가 그 업무를 이끌어야 한다고 생각한다.

비록 해당 사업본부가 기업사회참여의 공조활동에서 우두머리 역할을 해야 하겠지만, 여러분은 회사가 그물망 같은 공조협력기술을 갖추고 있는지를 확인해봐야 한다. 기업사회참여 업무와 관련된 모든 사내 관계자를 불러 모아, 그들의 활동에 대해 전체적인 시각을 갖추도록 만들어라. 또한 그들이 서로의 관심사를 칭찬하고 지원할 수 있도록 만들기 바란다.

내부와 외부에 팀 만들기

회사가 얼마나 많은 해외시장에 진출해 있는지, 또 기업사회참여활동이 얼마나 성장하고 있는지에 따라 필요한 인력 수요를 파악할 필요가 있다. 만약 프로그램이 이제 걸음마 단계라면, 본부에서 이끌어줄 사람 한 명과 현지 지사의 시간제 직원들로도 충분하다. 기업사회참여활동이 늘어나면 여러분의 팀도 커질 것이다.

본부에서 대형 프로젝트나 중요한 파트너십은 특정 인물에게 맡기고 싶을지 모른다. 그 프로그램이 어떻게 성장하느냐에 따라 여러분은 임직원참여활동 담당자 한두 명을 더 둔다든지, 기업사회참여에 대한 대내외 커뮤니케이션 담당자 한 명 정도를 더 둘 수 있다. 측정·평가·보고에 대한 수요가 늘면 이 부분을 담당해줄 누군가가 더 필요할지도 모른다.

각국 지사 단위에서는 커뮤니케이션이나 마케팅, 또는 인사관리 담당자가 업무 시간의 30퍼센트 정도만 기업사회참여 업무에 할애하는 식으로 시작할 수도 있다. 하지만 다른 부서 직원들을 배제해서는 안 된다. 우리가 경험한 바에 따르면, 영업 매니저나 IT 담당자가 이 일에 적극 개입해 뛰어난 성과를 보인 사례도 있다.

그런 시간제 업무가 사내에서 '자원봉사(volunteer)' 업무가 되거나 그렇게 인식되지 않도록 해야 한다. 즉 해당 직원의 직무분석과 성과보상 체계를 적절히 만들 필요가 있다. 다시 한 번 말하지만, 활동 범위와 영역이 커지면 그 시간제 업무는 상근직으로 바뀌게 될 것이다. 전문가가 매니저로 승진해 매니저를 도와줄 시간제나 상근직 전문가 혹은 보조자를 더 둘 수도 있다.

인력 수요를 가늠하려면 다음의 질문에 답해보라.

- 각자 어떤 역할 때문에 필요한가?
- 어떤 일을 성취하고 해내길 바라는가?
- 자신의 역할을 다하려면 시간을 얼마나 할애해야 하나?
- 추가비용을 고려했을 때, 그들의 활동이 우리 사업에 얼마나 가치 있는 일인가?

여러분에게 필요한 사람의 수는 업무의 범위, 특히 프로젝트의 규모에 따라 결정된다. 그 일이 다국적인 수백만 유로짜리 계획이라면 많은 사람이 개입해야 하겠지만, 대개는 여러분 회사와 파트너십을 맺은 NGO 사람들로 구성된, 간접 네트워크의 지원을 받게 될 것이다. 확신컨대, 많은 사람이 필요한 건 아니다. 사업과 관련해 좋은 네트워크를 형성하고 있는 의욕적이고 능력 있는 사람들로 이뤄졌다면 작은 팀으로도 훌륭한 결과를 얻을 수 있다. 해야 할 일을 하도록 그들을 놔두기 바란다. 그들의 접근방식이 성공적이라면 여러분의 회사는 그것을 토대로 더 쌓아갈 수 있다.

담당자들을 한자리에 모으기

도표 2.1은 여러 나라에서 사업하고 있는 다국적기업의 사례를 보여준다. 본부는 각국에 있는 기업사회참여 담당자들과 직접적인 관계를 맺

도표 2.1 지역 담당자들을 한자리에 모으기

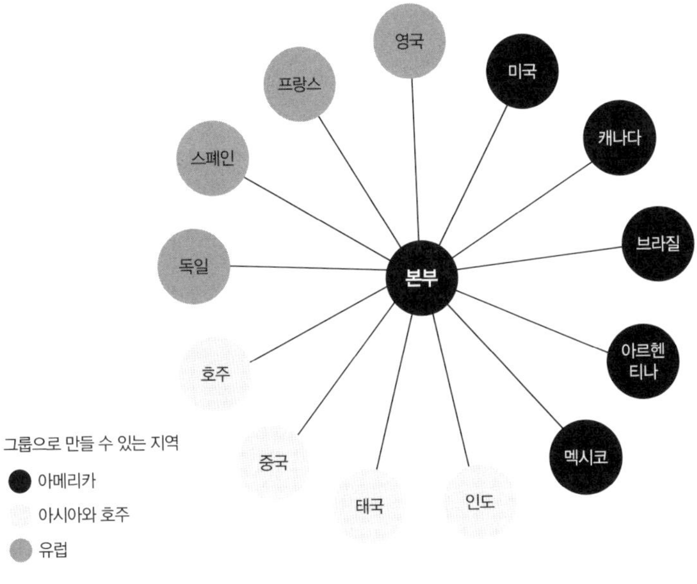

어야 한다. 이 담당자들은 전 세계적으로 혹은 특정 지역 워킹 그룹 형태로 한자리에 모일 수 있다.

이왕이면 각 나라나 지역이 다른 곳의 기술과 경험을 보고 익히도록 도와주라. 연례적인 글로벌 기업사회참여 워크숍은 단체 학습과 교류의 기회를 제공한다. 글로벌 회의가 비용이나 시간적 제약 때문에 여의치 않으면, 주기적인 지역 모임을 고려하기 바란다. 물론 그 형식은 사업의 규모와 복잡성에 달렸다.

새로운 영감을 얻도록 해주려면 회의나 워크숍에 외부 인사를 초대하라. 다른 다국적기업, 정부 관계자, 국제기구, 또는 NGO 대표는 의미 있는 토론을 이끌어내는, 매우 좋은 초청 연사가 될 수 있다.

어떤 기업들은 자사의 기업사회참여 담당자 회의를 NGO 파트너들과 함께 열기도 한다. 이는 NGO들에게 완전한 소속감을 느끼게 해주므로 지역적인 파트너 관계를 더욱 돈독하게 하는 등, 성과 있는 교류를 이끌 수 있다. 연합회의는 현지 파트너들이 그들의 업무를 더 잘 보여주고, 다른 나라들의 경험을 배울 수 있게 해주어 각국의 NGO 파트너를 연계하는 데 유용하다.

명심하기 바란다. 그렇게 팀을 꾸리는 데는 시간이 걸리며, 사람들의 역할은 변하기 마련이다. 하지만 중요한 점은 그들이 혼자 도전에 직면하고 있는 게 아니라는 사실을 알게 되어 무척 감사해 한다는 사실이다. 팀이라는 안식처는 비용을 절감하는 데도 도움이 된다. 왜냐하면 다른 그룹에서 성공한 프로젝트를 자신들의 그룹에 맞게 차용하는 일도 있기 때문이다.

E.ON의 한 글로벌 교육 프로그램에서는 각국이 한 시장의 모범사례를 차용한 결과, 100만 유로(약 15억 원) 이상의 비용 절감 효과를 얻었다. 각국 매니저들이 새롭긴 하지만 거의 비슷한 교육 프로그램을

만드느라 시간과 돈을 쓰는 대신, 그들은 하나의 성공적인 방식을 각국의 요구에 맞춰 차용했다.

그런 그룹을 한자리에 모을 때 회사와 참가자들의 이익을 극대화하려면 경험을 어떻게 체화시켜줄 것인지 생각하라. 그들 모두 목적이나 목표, 구조나 적법성 등에 관해 명확히 이해할 수 있도록 참고 용어들을 개발해야 한다. 이왕이면 그 자리에 참가하길 바라는 사람들과 함께 그 용어들을 만들어라. 정보에 대한 수용욕구를 일으키는 데도 도움이 되리라고 본다.

현지에서 지역사회포럼 운영하기

내부적으로는 온갖 노력을 기울이면서 정작 외부 이해관계자들을 간과하기 쉽다. '기업사회참여적 관점'을 계속 유지하려면, 사내뿐 아니라 외부 참가자들을 끌어들이는 현지 운영그룹이나 지역사회포럼을 만드는 일도 바람직하다. 그룹이나 포럼의 잠재적 이점은 지역사회로부터 혹은 회사 내부로부터 여러분의 기업사회참여 프로젝트에 대한 참여욕구를 고취할 수 있다는 점이다. 더 장기적으로는 사내와 지역사회의 신뢰를 구축하고 이해를 끌어낼 수 있다.

도표 2.2는 E.ON이 새로운 발전소를 만들 때 사용한 지역사회포럼 모델이다. NGO, 현지 정부, 종교단체, 노동조합, 그리고 현지의 다른 기업에 이르기까지 참가자와 그 지역 유력가의 면면이 얼마나 다양한지 보기 바란다. 이처럼 지역사회포럼은 그 지역사회와 관련된 모든 분야를 한자리에 끌어 모으는 데 효과적인 방법이다.

도표 2.2 독일 다텔른 발전소의 지역사회포럼 운영그룹 구조

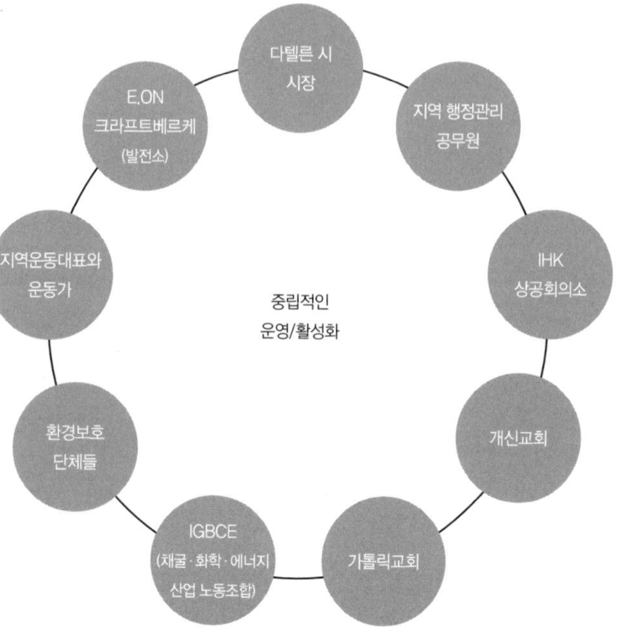

자료: E.ON 크라프트베르케(Kraftwerke), 2008

하지만 지역사회포럼을 구성할 때 맞닥뜨리게 될 도전과 필요한 시간을 가볍게 생각하지 마라. 모든 관계를 고려해 그런 포럼을 만드는 일은 시간이 꽤 걸린다. 부문 간 파트너십을 형성하는 방법에 관해서는 7장에 더 자세히 설명해놓았다.

한 가지 좋은 방법은 (특히 참가자들이 매우 다른 시각을 보일 때) 그 그룹들을 모아줄 외부 중재인을 이용하는 것이다. 또 다시 강조하는 황금률은 포럼을 결코 홍보 수단으로 보지 말라는 것이다. 그런 식의 접근은 시작도 하기 전에 모든 신뢰 관계를 깨뜨린다.

지역사회포럼에 관해서는 7장에서 기업사회참여의 사업적 통합을 다루면서 다시 이야기하겠다.

적합한 사람 모집하기

사람은 기업 성공의 열쇠다. 기업사회참여에서는 더욱 그렇다. 업무의 상당 부분이 비용 이상의 것, 즉 열정과 헌신 그리고 사물을 통찰하는 기술을 갖춘 적합한 사람들을 모으는 일과 관련되어 있다. 적합한 사람들과 일하는 게 기업사회참여 활동을 성공으로 이끄는 결정적인 요소다. 그렇다면 어떻게 해야 할까?

앞서 어떤 부서가 전통적으로 기업사회참여를 담당하는지 살펴볼 때 확인했듯이, 기업의 일부 부서는—특히 마케팅·커뮤니케이션·사업개발·인사관리 부서—다른 부서에 비해 기업사회참여 전문가를 더 많이 두는 편이다. 그렇다고 이 분야의 사람들이 항상 최고라는 뜻은 아니다. 다만 그들은 상호보완적인 기술이 있고 경험도 많이 했다.

이제 기업사회참여활동을 위해 필요한 핵심적 자질이 무엇인지 살펴보자. 우리가 연구하고 경험한 바에 따르면 기업사회참여를 얼마나 잘 해낼지 예상할 수 있는 몇 가지 핵심적인 자질—전문적인 기술과 개인적인 능력, 두 가지 측면에서—이 있다.

경험 문제는 다른 직원을 모집할 때와 비슷하다. 매니저를 뽑을 때 단순하게 "기업사회참여 경험 5년 이상"이라고 할 수는 없다. 어떤 사람들은 그보다 훨씬 더 짧은 기간에 훌륭한 경험을 했을지 모른다. 마찬가지로 어떤 사람들은 직접적인 기업사회참여 경험이 전혀 없는데도, 보자마자 그 역할에 적합한 모든 기술을 갖추고 있는 사람이라고 단번에 알 수 있다. 우리가 알고 있는 사람 중에는 행정 보조원이나 영업 매니저로 시작했지만, 자신의 경력을 확장하거나 바꾸어 몇 년 내에 기업사회참여 리더로서 뛰어난 역할을 수행한 이도 있다.

수술하기 전 인체의 모든 핵심요소를 알고 있어야 하는 외과의사와 달리, 기업사회참여 분야의 새내기는 지역사회 관리 수단을 모두 다 알고 있어야 할 필요가 없다. 그런 능력은 '실천적 학습(learning by doing)'으로 개발할 수 있다. 특히 기업사회참여 전문가들은 책임경영과 기업사회참여를 통합하기 위해 각 부서의 동료와 함께 생각하며 돕는 일이 얼마나 많은 시간과 노력과 큰 인내심을 요구하는지 경험하며 배운다.

바람직한 기업사회참여 전문가의 인성과 기술

- 다음과 같은 능력
  - 자신의 전문분야뿐 아니라 다른 분야에 대한 통찰력을 보이며 사내외적으로 소통을 잘한다.
  - 아이디어를 명확하고 이해할 수 있게 표현한다.
  - 사람들을 모으고 신뢰 관계를 형성한다.
  - 팀원으로서 참여할 줄 안다.
- 다른 사람의 말을 경청하는 태도와 새로운 아이디어에 대한 수용성
- 설득력-조직의 모든 단계에 있는 사람들에게 동기를 부여하고 영감을 주는 능력
- 열정, 의욕, 열성

- 인내심, 끈기, '좌절에 대한 내성'-쉽게 포기하지 않는 것
- 사회적 이슈와 핵심사업 외에 사회의 다른 부분에 대한 개방성과 이해
- 어느 정도의 기업가정신과 사업에서의 새로운 사고, 계획에 대해 촉매 역할을 하는 능력

지금까지의 논의는 가벼운 기술을 강조했지만 핵심적인 기업사회참여 활동을 이야기하다보면, 이 책이 그것을 위해 실제적으로 필요한 비즈니스 기술까지 다루고 있다는 사실을 알게 될 것이다. 예를 들어 기업사회참여 프로그램을 만들려면 프로젝트와 예산관리 기술, 커뮤니케이션 능력, 측정·평가능력 등이 필요하다.

유럽사회경영아카데미(EABIS: European Academy of Business in Society)는 이 분야의 인력을 모집할 때 대상자가 무엇을 갖추고 있어야 하며, 사내외 이해관계자나 파트너와 어떻게 상호작용해야 할지 알 수 있도록 도표 2.3과 같은 '관리능력 모델(Management Competency Model)'을 만들었다.

도표 2.3 관리능력 모델

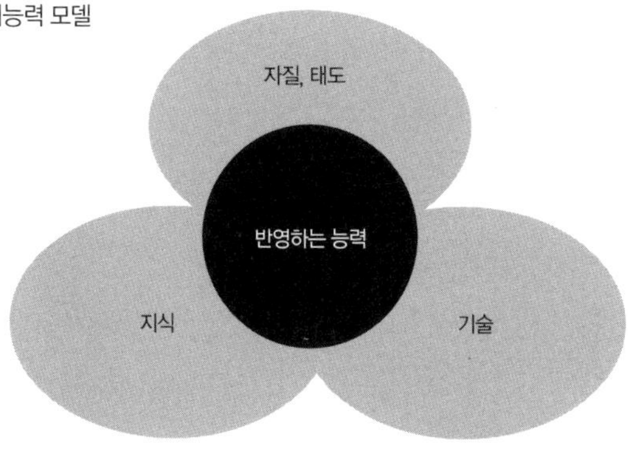

자료: 유럽사회경영아카데미(G. Lenssen)

이 장 끝부분에 수록한 부록 2.1은 기업사회참여 매니저의 위상에 대한 직무분석 사례를 보여주고, 이를 위해 필요한 기술과 경험을 더 구체적으로 제시한다.

조직 너머에서 찾아보기

사외에서 인력을 모집한다면 여러 곳을 찾아볼 수 있다. 홍보나 공익 마케팅, 또는 내부 커뮤니케이션을 전문으로 하는 대행사나 서로 다른 기능을 갖춘 그룹을 모으는 일을 수행하는 회사에는 적합한 기술과 경험을 갖춘 사람들이 있을 것이다.

또 NGO와 정부 기관에서 찾아볼 수도 있다. 여러분의 회사는 이미 많은 NGO와 함께 일하고 있을지 모른다. 그들의 문화와 구성원의 기술이 회사의 문화나 직원들의 기술에 보완적인가? 어떤 기업은 신선한 외부의 관점을 좋아한다. 반면 어떤 기업에게는 다른 관점, 특히 다른 부문의 관점이 큰 이질감을 줄 수도 있다.

마이크로소프트에서 일하는 은투툴레 체니예(1장 인터뷰 참조)가 보여주는 관점은 그가 NGO에서 기업 세계로 옮겨온 사람이라는 점에서 참고할 만하다.

"기업들에게는 프로세스나 시스템, 전문적 접근방식 그리고 성공에 대한 측정 가능성 등이 중요한 의미가 있다. 따라서 그런 용어들을 사용할 줄 알고 그런 개념을 이해하고 일한다면 도움이 된다. 내가 해줄 조언은 새로운 환경에 완전히 동화하라는 것이다. 단, 여러분만이 기여할 수 있는 일에 대한 감각은 잃지 마라! 맨 처음 여러분을 회사로 끌어들인 능력, 즉 지역사회개발에 대한 지식과 지역사회를 변화시키겠다는 사명감만은 절대 잃어버리지 마라. 그걸 잃는다면, 여러분은 실패할 것이다. 여러분이

들어간 회사가 거대한 '영업 엔진' 같은 곳이라면, 처음에는 조금 외롭다고 느낄지도 모른다. 하지만 여러분이 알고 있는 것에 관해 말한다면 놀랄 만큼 인정받을 수 있다."

체니예는 또 기업사회참여 프로젝트를 도와줄 인턴 활용법에 대해 이야기했다. 인턴직은 사람들, 특히 학생들에게 해당 업무를 경험해보고 기업사회참여활동과 관련된 업무가 잘 맞는지 확인할 기회를 제공한다. 현지 대학과 학생 조직을 찾아보기 바란다. 경영이나 책임경영을 공부하는 학생들이 그런 일에 잘 맞을지 몰라도, 앞서 말한 것처럼 적합한 성격과 의욕 그리고 기술을 갖춘 사람을 찾는 일이 더욱 중요하다.

기업사회참여 담당자 모집 공고를 낼 만한 책임경영 관련 사이트

사외에서 담당자를 모집하려면 다음의 인터넷 사이트 중 한 곳 이상에 공고하기 바란다.

- 사회적 책임을 지는 기업(www.bsr.org/resources/jobs/index.cfm)
- CSR 유럽(www.csreurope.org/jobs.php)
- 윤리적 기업(www.ethicalcorporation.com/jobs_listing.asp)
- 윤리적 성과(www.ethicalperformance.com/recruitment/index.php)
- 가치 있는 삶(www.lifeworth.com/search-jobs)

반대로 기업사회참여 분야에 일자리를 찾고 있다면 이곳에서 미래의 꿈을 찾을 수 있을지 모른다!

새로운 기술 배우기

기업사회참여 분야에 뛰어든 누구에게나 일정 기술을 발전시킬 기회는 있다. 하지만 뛰어난 기업사회참여 전문가가 될 수 있는 지식을 모두 얻으려면 한두 개의 교육과정이나 책 한 권 정도 읽는 것으로는 어림없다.

아래에 소개한 주제에 관한 교육과정을 한두 개 정도 들어보면 좋다. 특정 주제에 관해 더 교육 받을 생각이 있다면 괄호 안에 적어둔 이 책의 관련된 부분을 먼저 읽어보길 권한다.

- **전략.** 대부분의 주요 경영대학원에는 전략적 사고와 전략개발능력을 향상시켜주는 며칠짜리 교육과정이 있다(1장).

- **파트너 만들기.** 파트너를 잘 맺는 능력은 프로젝트의 성공을 보장한다. 국제기업리더포럼(IBLF)의 글로벌 프로그램인 '파트너링 계획(The Partnering Initiative)'은 뛰어난 통찰력과 조언을 제공해주며, PBAS(Partnership Brokers Accreditation Scheme, 파트너십 중개인 인증제; www.partnershipbrokers.org 참조)와 같은 교육 프로그램도 운영하고 있다(7장).

- **측정·평가.** 회사 내부나 혹은 회사와 함께 일하는 외부 대행사에 근무하는 시장 조사원들은 매우 좋은 출발점이 될 수 있다. 여러분과 함께 일하는 NGO들 역시 그들의 활동 결과를 측정해본 경험이 풍부할는지 모른다. 그들이 해온 측정·평가 프레임워크를 잘 살펴보기 바란다. 그 프레임워크를 개발했던 사람들과 여러분의 기업사회참여 업무에

관해 의논하라. 기업사회참여의 평가·측정에 관한 교육과정은 보스턴 대학 기업시민활동센터에 있다(9장).

- **커뮤니케이션.** 이 분야에 전문성을 갖춘 사내 동료나 외부 전문가와 이야기를 나눠라. 홍보 대행사 외에도 많은 외부 교육기관이 커뮤니케이션의 다양한 측면을 다루고 있다. 경영대학원들도 이 분야의 이해를 돕기 위해 '경영변화(business change)' 또는 '변화 컨설팅(consulting in change)' 관련 교육 프로그램을 제공한다. 경영대학원의 초빙교수들과 이야기해보면 개인적으로 필요한 조언을 얻을 수 있다(11장).

더 많은 학습 기회

여러분이 속한 회사가 규모가 큰 기업이라면, 한 나라 혹은 글로벌 범위의 사내 여러 영역에 기업사회참여 담당자가 있다면, 그들의 직무를 순환하게 하거나 상호 교환하는 방안을 검토할 수도 있다. 상호 교환은 양측 담당자가 업무를 맞바꾸고 싶어 할 때만 가능한 방법이긴 해도, 신선한 관점과 경험을 갖게 해주는 매우 좋은 길이 될 수 있다.

다재다능한 기업사회참여 전문가가 되길 바란다면 개인지도나 멘토링도 고려해볼 만한 자기계발 방법이다. 여러 달 혹은 1년 이상 걸릴 수도 있으므로 시간과 자원 집약적인 방법이긴 하지만, 매우 의미 있는 경험이 될 것이다. 사내에서 지도를 해줄 사람이나 멘토를 찾아보든지, 외부에서 전문적인 강사를 알아보라. 강사나 멘토한테서 배우고자 하는 바가 무엇인지 잘 생각해보고 여러분의 성격과 잘 맞는지 확인하기 바란다.

업계에서 대표적인 단체나 책임경영 전문협회들이 권장하는 교육과정도 알아볼 수 있다. 물론 상당수는 그들이 운영하고 있는 프로그램을 권하겠지만 말이다. 사실 그런 협회의 회원이 되는 일은 여러분이나 회사를 위해서도 도움이 된다. 기업사회참여 분야의 전문성을 더 깊이 있게 개발하고 싶다면 단순한 기술교육 외에 공식적인 기업사회참여 전문가 자격 프로그램들을 알아보라.

도표 2.2는 미국과 유럽의 책임경영과 기업사회참여 관련 교육과정, 워크숍 또는 관련 네트워킹과 정보망을 갖춘 기관의 목록이다.

표 2.2 기업사회참여를 포함한 책임경영 관련 교육 기회

기관	제공 프로그램
보스턴 대학 기업시민활동센터 (Boston College Center for Corporate Citizenship, www.bcccc.net)	• 다수의 경영개발 프로그램과 연례 컨퍼런스 개최 –기업사회참여 경영 자격증 –기업사회참여 리더십 상급 자격증
사회적 책임을 지는 기업 (BSR: Business for Social Responsibility, www.bsr.org)	• 컨설팅 · 조사 · 네트워킹 · 컨퍼런스 등. 중국에도 지부가 있음(웹사이트는 프랑스어와 중국어로 이용 가능)
지역사회 속의 기업 (BITC: Business in the Community, www.bitc.org.uk)	• 몇 개의 초급과정을 제공하는 '책임경영 아카데미' 운영
컨퍼런스 이사회 (The Conference Board, www.conference-board.org)	• 미국 전역에서 책임경영 컨퍼런스 개최
CSR 유럽 (CSR Europe, www.csreurope.org)	• 회원끼리 구체적인 책임경영 도전과제들에 대해 실질적 해결책을 교환하는 기업회원 워킹그룹 조성
윤리적 기업 (Ethical Corporation, www.ethicalcorp.com)	• 유럽 전역에서 책임경영 컨퍼런스 개최
유럽사회경영아카데미 (EABIS: European Academy of Business in Society, www.eabis.org)	• 연례 학회 개최, 사례연구와 온라인 연구조사

국제기업리더포럼 (IBLF: International Business Leaders Forum, www.iblf.org)	• 계발·리더십 관련 기업표준 설정, 파트너십 개발
런던벤치마킹그룹 (LBG: London Benchmarking Group, www.lbg-online.net)	• 주로 기업사회참여 측정과 관련된 워크숍, 교육, 네트워킹과 지원

학술적인 관심이나 필요성이 크다면 책임경영에 관한 공식 학위를 따는 것도 고려해볼 만하다. 다음과 같은 과정이 있다.

- 영국 애슈리지 경영대학원 지속가능경영 및 책임경영 석사과정 (www.ashridge.org.uk)
- 노팅엄 대학교 CSR(기업의 사회적 책임) 석사과정 (www.nottingham.ac.uk)
- 배스 대학교(University of Bath) 책임경영 및 경영사례 석사과정 (www.bath.ac.uk)

유럽과 미국의 주요 경영대학원 대부분은 요즘 책임경영 관련 교육을 MBA나 CEO과정 프로그램에 일상적으로 포함하고 있다.

전문성과 가르치는 능력은 별개라는 사실을 잊지 마라. 여러분이나 동료를 가르쳐줄 사람이 누구든 간에 효과적으로 가르칠 능력이 있는지 확인하라. 그는 여러분이 종사하는 업계, 여러분과 동료가 직면하고 있는 기업사회참여의 도전과제 그리고 여러분이 구체적으로 원하는 교육 내용이 무엇인지 분명히 파악하고 있어야 한다.

기업사회참여 관련 부문이 발전하고 그 종사자들의 역할이 늘어남에 따라 이 분야에 대한 학습과 자기계발 기회들은 늘어나리라고 본다. 선택의 범위가 어떻든 간에 기업사회참여 분야에서 일류가 되는 왕도는 없다.

부록 2.1 직무 개요서 견본: 기업사회참여 매니저

고려할 점

- 업무가 국제적인가, 범지역적인가, 전국적인가, 또는 특정 지역사회에 한정되어 있나?
- 기업사회참여 전문가나 코디네이터급 업무에 대해서는 더 많은 하위 업무 내용을 알 수 있도록 개요서를 세분화해서 다시 만들어라.

직무 목적

- 기업사회참여전략의 개발, 관리, 이행(역할의 범위 정의). 기업사회참여 전략이 다룰 분야는 다음과 같다. 사회적 이익 제공, 부문 간 파트너십 개발, 임직원자원봉사 추진, (○○ 기업의) 전반적인 책임경영활동 지원, (○○ 기업의) 평판 향상, 핵심 이해관계자 사이에서 (○○ 기업의) 브랜드 이미지 홍보·구축·지원.

주요 활동

- (○○ 기업의) 모든 기업사회참여활동에 대해 일관성 있는 전략을 개발하고 이행한다. 그것은 사회에 대한 그 기업의 영향력과 (국가나 지역) 이해관계자 사이의 평판을 구축해주고, 그 기업의 사업적 필요사항을 지원해준다.
- 긍정적인 기업사회참여 기회 요소들을 극대화하고, 모든 잠재적 위험 요인을 관리할 수 있도록 (○○ 기업의) 고위 경영진과 밀접한 관계를 맺는다.
- 적절한 (국가/지역/기업 단위) 전반에 걸쳐 기업사회참여에 대해 조언한다.

- (국가/지역/기업 단위의) 기업사회참여팀과 더 광범위한 기업사회참여 네트워크를 일상적으로 관리한다.
- 모든 외부적 기업사회참여 지원을 확정, 검토, 관리한다. 주요 지역사회 NGO들과의 관계를 이끈다.
- 모든 기업사회참여활동을 평가한다. (○○ 기업의) 전반적인 책임경영 방식 개발과 브랜드, 그리고 (국가/지역/기업 단위)에서 평판에 미친 결과도 평가 대상이다. 이때 중요한 것은 측정 가능한 ROI(원래는 투자수익률[Return On Investment]을 뜻하는 경제용어지만, 여기서는 책임경영지표를 말한다.—옮긴이)를 보여주고 (각 국가/지역/시장의) 비슷한 사업체들의 성공사례를 조사해야 한다.
- 적절한 외부의 기업사회참여 포럼들과 국제행사에서 (○○ 기업)을 대표한다.

기술적 자격요건

경력

- 석사 혹은 비슷한 수준의 학력
- 비영리 부문에 대한 이해; 기업사회참여/책임경영 그리고 지역사회/자선 분야의 경험 우대
- 전체 사업에 대한 포괄적인 이해
- 예산 관리 경험
- 프로젝트 관리 경험
- 뛰어난 분석력을 갖춘 전략가
- 개방성과 핵심사업 외의 이슈 이해력

관계적/개인적 능력

- 의욕, 열성, 결단력
- 책임경영과 (○○ 기업) 브랜드의 사회적 관점에 대한 열정적인 믿음
- 사내외 소비자 등 고객 중심
- 팀 관리 기술
- 말이나 글, 사내외적으로 뛰어난 소통능력
- 사내외적으로 상급 단계에서 일을 운영하고 영향을 미치는 능력
- 시장, 고객, 사업, 이해관계자의 역동성 이해
- 사내외 이해관계자와의 교감
- 이해관계자 관리능력

3

:

기업사회참여 예산 짜는 방법: "비용이 얼마나 드는가"

전략을 정했고 회사에선 기업사회참여가 늘어나길 바란다. "무엇을 하고 싶은가" 다음으로 해야 할 질문은 이것이다. "그건 비용이 얼마나 드나?" 구체적인 금액을 우리가 알려줄 수는 없다. 대신 차선책으로 여러분이 예산을 가늠해볼 수 있도록 도구들을 제공하겠다.

기업사회참여 부서의 책임자로서 예산을 어떻게 짤지 고민하기 전에 먼저 여러분의 회사가 지역사회에 재정적으로 얼마나 기여하고 있는지 전체적인 비용을 알아보기 바란다. 이해관계자들에게 보고할 때 필요한 수준으로 말이다.

부록에는 기업사회참여가 다루는 각 분야와 이슈별로 어느 정도의 예산이 필요한지 정리해놓았다.

기본적인 자선활동부터 다국적 프로그램까지

기업사회참여 예산을 짜려고 할 때 처음 맞닥뜨리는 도전과제는 여러분이 다루려는 활동이 무엇인지 확실히 정의해보는 일이다. 앞에서 살펴봤듯이 기업이 지역사회를 위해 할 수 있는 일은 매우 광범위하다. 기업사회참여 활동이라 해도 영역별로 각기 다른 부서가 맡아 진행하고 있어서 여러분이 조정하는 예산 범위에 포함되지 않는 일도 있을 수 있다.

기업사회참여 비용을 살펴볼 때는 다음 두 가지를 확인해봐야 한다.

1. 전체적 관점

이것은 기업사회참여의 포괄적인 부분으로, 지역사회에 여러분이 속한 회사의 재정적 기여가 얼마나 되는지 전체적으로 살펴볼 필요가 있다. 이렇게 하는 첫째 목적은 책임경영이나 이해관계자들에게 보고하거나 커뮤니케이션을 하기 위해서다.

회사가 비용 한도 내에서 가능한 한 여러 활동으로 상당한 긍정적·사회적 영향을 끼치고 있다는 점은 많이 보여줄수록 좋다. 그렇지만 단순히 비용 이야기만 해서는 안 된다. 질적인 영향력을 배제한 비용 이야기에는 신뢰성이 없다. 기업사회참여활동 보고와 측정·평가를 다루는 9장은 그런 부분을 도와준다.

회사가 얼마나 쓰는지 알고 나면 의문을 품을 수 있다. "좋아, 그런데 우리가 너무 많이 쓰고 있는 건 아닐까?" 이런 의문이 든다면 다른 회사의 상황을 참고해보는 것도 방법이다. 비밀리에 요청한다면 많은 기업에서 지역사회 예산이나 프로그램 규모를 공개해줄 것이다. 여러분이 속한 회사가 그 업체들의 경쟁사가 아니라면 말이다. 또 기업들의 연례 책임경영 보고서도 볼 수 있는데, 그건 참고만 하는 편이 낫다. 아쉽게도 기업사회참여에 대한 보고내용은 일관성 없는 방법론을 사용했을 가능성이 크기 때문이다.

영국에 있는 지역사회 속의 기업(BITC)은 기업사회참여에 세전 이익의 1퍼센트 이상을 쓰는 기업들을 대상으로 '퍼 센트 클럽(Per Cent Club)'을 운영해왔다. 그것을 기준으로 삼을 수도 있지만, 기업사회참여 비용에 어떤 것들을 포함시킬 수 있는지에 대해서는 해석이 분분하다. 이를테면 기업사회참여 매니저들의 임금도 포함된 것인가? 이런 문제 때문에 BITC는 '지역사회마크(CommunityMark)'[1] 를 개발했다. 이것은 지역사회 프로그램이 하고 있는 일에 대해 재정적인 부문만이

---

1 www.bitc.org.uk/community/communitymark/about_the_community-mark/about_the.html

아니라 전체적인 관점을 담은 기준이다.

비용 문제는 여러분이 무엇을 포함하려는지에 달려있다. 우리는 이런 가이드라인을 제시한다. 즉 기업사회참여에 세전 이익의 0.5퍼센트 이상을 쓰고 있다면 거기에서부터 시작해라. 물론 1퍼센트 이상이라면 더욱 좋다. 그러나 그 양에 상관없이 정말 중요한 사실은 '그것을 가지고 무엇을 하느냐'다.

2. 부서적 관점

기업사회참여 담당 부서의 수장으로서 여러분은 운영을 위해 어떤 예산이 필요한가? 주요 예산 영역은 기업사회참여 프로젝트부터 관련된 기관의 회원권 비용까지 범위가 넓다. 구체적으로 들여다보기 전에 기업사회참여활동 예산을 고려할 때 도움이 될 만한 간단한 두 가지 원칙을 알려주겠다.

적을수록, 클수록, 더 좋다

여러분 팀 소관이든 다른 부서 소관이든, 모든 기업사회참여활동에는 이런 말이 딱 맞는다. 즉 소수의 프로젝트를 크게 벌일수록, 또 노력은 많이 쏟을수록 결과는 더 좋을 것이다.

이 원칙에 따르면 사내외 사람들을 이해시키기도 쉽고, 이해관계자들에게 여러분이 짠 예산과 그 이유에 대해 설명하기도 쉽다. 이 원칙은 회사가 한 지역에서만 사업하는 중소기업이든 커다란 다국적기업이든 모두 적용할 수 있다. 중소기업이라면 지역사회 기관들과 너무 많은 프로젝트를 펼치지 않도록 해야 하고, 다국적기업이라면 집중할 핵심주제의 수를 제한해야 한다.

투자개요서를 만들어라

기업사회참여 투자를 어디에 해야 할지 알아보려면 투자개요서를 만들어라. 그러면 기업사회참여 비용을 여러 개의 영역으로 구분해볼 수 있으므로 수지균형이 맞는지 알 수 있다. 이를테면 여러분의 회사는 다음의 세 영역에 각각 얼마를 쓰고 있는가?

- 선도적, 전략적 기업사회참여 프로그램-이것은 기업을 정말로 차별화할 수 있게 해준다. 이 프로그램을 어떻게 개발하는지에 관해서는 6장에서 다룬다.
- 기업사회참여를 일상적인 사업과 통합하는 일
- 기업기부활동

이러한 관점에서 회사의 기업사회참여 투자가 과연 만족스럽게 나뉘어 있는지 살펴보라. 여러분이라면 각 영역에 얼마를 쓸지 자문해보기 바란다. 투자를 위한 대략적인 규칙을 만들 수 있겠는가?

예를 들어보자. 선진국과 개발도상국을 포함한 여러 나라에서 기업사회참여를 잘 진행하고 있는 다국적기업이라면 아마도 전략적 기업사회참여 프로그램에 전체 예산의 50퍼센트, 기업사회참여의 사업적 통합에 30퍼센트, 기업기부활동에 20퍼센트 정도로 나눠서 지출할 것이다.

그러나 이러한 지출분할비율은 각국의 상황에 따라 달라질 수 있다. 이를테면 불가리아에서는 선도적, 전략적 기업사회참여 프로그램에 드는 투자비용이 훨씬 적은 대신(약 10~15퍼센트 정도), 기업기부활동에는 훨씬 더 많이(아마 40~50퍼센트 정도) 들지 모른다. 회사가 신경써야 할 기본적 사회 욕구의 범위가 넓고 종류도 많기 때문이다.

이 비율은 업종에 따라서 달라질 수도 있다. 만약 스포츠 관련 회사라면 지역사회에 영향을 미치는 스포츠 관련 활동에 더 집중하고 강력한 스폰서십 관계를 맺으려 할 것이고, 제약사라면 전략적 기업사회참여와 기업기부활동(특히 개발도상국에 의약품을 기부하는 것)에 집중하는 대신 스폰서십 관계에는 투자를 훨씬 적게 할 것이다.

기업사회참여 투자개요서를 만드는 데 정해진 규칙이나 지출분할비율이란 없다. 여러분 회사에 적절한 수준이 무엇이냐가 중요하다. 그러나 투자개요서는 지출 건전성을 검증해 회사의 기업사회참여전략이 올바른 방향으로 가고 있는지 알려주는 좋은 방법이 될 수 있다.

본부와 지사 예산 짜기: 누가, 무엇에 대해 지불할 것인가

전반적인 기업 관점에서 고려해야 할 마지막 측면은, 기업사회참여 투자의 어떤 부분을 본사에 있는 본부가 감당해야 하고, 어떤 부분을 지사가 감당해야 하는가라는 문제다. 한 나라에 여러 개의 지사를 두고 있거나, 여러 나라에서 활동하고 있는 기업이라면 이는 특히 중요하다.

본부의 역할은 기업사회참여 투자를 위한 전략과 프레임워크를 짜는 일이다. 그리고 사업체가 어디에 있든지 간에, 그 전략을 성공시키기 위해 적절한 기술과 실행력을 갖추도록 사업체를 돕는 일이다.

이 말은 본부가 기업사회참여 투자예산을 짜야 한다는 뜻이다. 전략 개발, 교육, 보고를 두루 다루고, 국제적인 이목을 끌만한 기업사회참여 프로그램들의 자금을 마련해야 하기 때문이다. 어떤 프로그램에 현지 사업체들을 끌어들이고 싶다면, 지사가 더 간단히 이용할 수 있는 자금 마련 방식을 제안할 수도 있다.

지사가 해야 할 일은 다르다. 그룹 전반의 전략을 지원하면서 현지 이해관계자들과의 관계와 기업사회참여활동을 관리해야 한다. 이런 일을 할 수 있도록 훈련된 인적 자원이 필요하고, 다국적으로 진행되는 프로그램의 일부를 이행해야 할 수도 있다. 또한 지사는 그 시장이 어떤 곳이냐에 따라(또한 기업사회참여 투자 결정 주체 등 적절한 프로세스가 정립되어 있느냐에 따라) 기업기부활동과 다른 현지 프로젝트들의 예산이 필요하다.

이 말은 본부나 지사가 단독으로 한 기업의 기업사회참여 투자예산을 조정해서는 안 된다는 뜻이다. 각각 역할과 한계를 잘 이해해야 한다. 그것은 그 조직의 문화에 따라 달라진다. 즉 본부가 '지휘하고 명령'하는가? 아니면 사업 영역 사이에 협동적인 프로세스가 있는가? 그것은 또 현지의 지역사회 관계가 얼마나 필요한지에 따라서도 달라질 수 있다. 다시 말해 강력한 관계가 필요할수록 현지 지사의 자율성은 더 커진다.

성공을 위한 공동투자

본부는 기업사회참여 프로그램들의 자금을 회사의 현지 사업체들과 함께 마련하는 방법을 고려할 수 있다. 여러분이 추진하고 싶은 간판 기업사회참여 프로그램이나 주제를 결정했다면 이 방법은 더욱 유용하다.

현지 사업체가 '직접 판돈을 걸도록' 하는 일 역시 중요하다. 모든 자금을 본부가 마련한다면 현지 사업체는 소극적으로 참여하게 되고, 기업사회참여 프로그램의 성공을 위해 최선을 다하지 않을 수도 있다.

각 현지 사업체가 기여하는 양은 현실적이어야 하고 본부는 이를 잘 조정해야 한다. 우리가 알고 있는 어떤 기업의 글로벌 기업사회참여 프로그램은 현지 지사들이 본부에 공동투자(co-funding) 프로젝트들을 제안하도록 했다. 페루 지사는 이에 매우 고무되었고, 훌륭한 프로젝트를 내놓았다. 그런데 불행히도 그 프로그램은 20만 달러 가까이 드는 일이었으나 페루 지사가 가진 돈은 2만 달러에 불과했다. 나머지를 본부에서 대야 했다. 그런 상황에서는 프로젝트를 진행할 수 없었다.

하룻밤 사이에 계약을 맺기는 어렵다. 현지 사업체들이 프로젝트에 투자하고 기존 활동을 조절하거나 바꾸는 데는 시간이 들기 때문이다. 그러니 장기적인 공동투자 모델을 개발해 지사들이 참여하게 해야 한다. 모델이 잘 맞는다면 기꺼이 적용하라. 표 3.1은 비용을 여러 해에 걸쳐 어떻게 분담할 수 있는지를 보여준다.

표 3.1 본부와 지사 간의 기업사회참여 프로젝트 비용 분담 사례

	1년차	2년차	3년차	4년차
본부 분담률	75%	50%	25%	0%
지사 분담률	25%	50%	75%	100%

공동투자는 한 사업체의 다른 부서끼리도 할 수 있다. 이를테면 책임경영(또는 기업사회참여) 부서가 공익마케팅이나 지역사회에 영향을 미치는 스폰서십 프로그램을 진행할 때는 마케팅 부서와, 지역사회에 혜택을 주는 직원개발계획은 인사관리부서와, 또 소액신용대출 프로그램은 사업개발 부서와 함께 자금을 마련할 수 있다.

이러한 공동투자 방법은 중앙의 기업사회참여 예산이 어떤 이유로든 한정되어 있을 때 특히 유용하다. 이때 명심할 것은 '공동투자'가 단순히 유로나 달러 같은 돈 문제가 아니라는 사실이다. 한 부서는 현금을 제공할 수 있고, 다른 부서는 프로젝트 관리 자원을 댈 수도 있다.

현명한 기업사회참여 매니저라면 기업가적인 영업력을 활용해 사내 다른 부서 동료에게 기업사회참여 프로그램의 기대효과를 열심히 설명하고 그들의 지지와 참여, 그리고 예산을 얻어낼 필요가 있다.

기업사회참여: 예산이 필요한 영역

이제 매니저가 예산을 마련해야 할 기업사회참여 영역에 어떤 게 있는지 더 자세히 살펴보자. 우리가 보여주는 수치는 정확도가 다소 떨어질 수 있다. 이 말은 여러분이 활동하고 있는 나라, 거기에서 하고자 하는 프로젝트가 어떤 일이냐에 달려 있다는 뜻이다.

우리가 제공하는 수치는 서유럽 또는 북미 시장을 기준으로 한 것이므로 유로와 달러 단위를 사용하겠다. 일부 예외가 있긴 하지만 이 수치들을 동유럽이나 러시아, 아프리카, 아시아 또는 남미의 기업사회참여 활동에 적용할 때는 조금 낮춰서 생각하면 된다.

조그마한 기업사회참여 팀의 운영자이든 한 나라 또는 여러 나라 대상의 큰 부서 책임자이든, 여러분이 예산을 감독해야 할 핵심영역은 9개다.

1. 기업사회참여 프로젝트
2. 기업기부활동과 현물기증
3. 임직원참여활동-임직원자원봉사와 시간매칭 및 기금매칭 포함
4. 인력
5. 컨설턴트
6. 커뮤니케이션

7. 평가
8. 기업사회참여 전문기관 가입 및 회원권 비용
9. 조직의 기업사회참여 분야 발전

1. 기업사회참여 프로젝트

기업사회참여 활동의 가장 중요한 부분이다. 프로젝트 예산을 세우는 일은 두 영역으로 나눌 수 있다. (1) 기업사회참여 부서가 운영하는 선도적이고 전략적 기업사회참여 프로그램 예산과 (2) 인사관리, 마케팅, 혹은 사업개발 부서 등 앞서 언급했던 다른 부서와 함께 추진하는 프로젝트처럼 기업사회참여활동을 사내 다른 파트와 '통합(integration)'하는 데 드는 예산을 짜는 일이다.

NGO 같은 다른 파트너와 관계된 기업사회참여 프로젝트의 예산을 짤 때는 사회적 이익을 창출하는 비용뿐 아니라 파트너 관리 비용도 고려해야 한다. 어떤 조직에서건 프로젝트를 시행할 때는 행정과 관리에 시간이 든다. 하지만 그것이 지역사회에 혜택을 주는 데 쓸 예산을 갉아 먹지 않도록 주의해야 한다.

한 NGO가 관리비를 청구해 다른 NGO에게 돈을 건네주고, 그 NGO는 지역사회에서 실제 업무를 하고 있는 단체에게 자신의 관리비를 먼저 제하고 돈을 전달하는 식의 증발과정이 생기지 않도록 하라. 이런 일은 여러분의 파트너가 국제적인 자선사업단체여서 국가단위의 자선사업단체들에게 자금을 배분하고, 또 그 단체들이 현지 실무단체들에게 자금을 나눠줄 때 일어날 수 있다. 한 부모 가정을 돕고자 시작한 100만 유로짜리 프로젝트가 실제 수혜자들에게는 그 절반의 혜택으로 끝나고 말 수도 있다.

재난구호사업을 지원할 때도 주의해야 한다. 적십자사나 유니세프에 기부한 돈이 과연 어떻게 쓰이는 걸까?

지출 규모로 보면, 기업사회참여 프로젝트들은 연간 5만 유로(약 7만 5000달러)에서부터 수백만 유로(달러)까지 든다. 회사가 어디에서든 하나의 기업사회참여 계획에 5만 유로 이상을 쓰고 있다면, 동료나 파트너 단체들과 최대한 많은 것을 이끌어낼 수 있도록 일해서 영향력 있는 프로그램으로 만들기 바란다. 단순한 기부로 보기에는 액수가 지나치게 많으니 말이다.

종합적인 예산에 관해서는 지침을 주기가 어렵다. 그것이야말로 고려할 기업사회참여 활동이 어떤 종류이냐에 달려 있기 때문이다. 한 나라에 엄청난 영향을 줄 수 있는 진짜 간판 프로그램은 현실적으로 연간 약 25만 유로(약 37만 달러) 이상 든다. 생활비가 비교적 적게 드는 나라에서는 초기비용이 10만 유로(약 15만 달러) 정도다. 여기서 고려해야 할 점은 프로그램을 몇 개의 특정 지역에서만 시작할 것이냐, 아니면 전국적으로 할 것이냐 하는 점이다. 전국적인 프로그램이라면 당연히 돈이 더 든다.

다국적으로 추진하는 간판 글로벌 기업사회참여 프로그램의 예산은 해당 국가가 몇 개국이냐에 달려 있지만, 적어도 연간 수백만 유로를 쓰게 된다. 물론 여러분이 무슨 일을 벌일지에 달렸다. 연간 50만 유로(약 75만 달러)를 쓰고 크게 성공한 다국적 기업사회참여 프로그램이 있기는 하지만, 그건 매우 드문 사례다. 대부분은 훨씬 더 많이 든다.

마지막으로 선도적이고 이목을 끌만한 프로그램 개발에 착수하기 위해서는 일종의 기업사회참여 개발비 투자가 필요할 수도 있다. 노키아가 '브리지잇(BridgeIt)'[2] 기업사회참여 프로그램을 개발할 때 CEO는 상당한 금액의 착수비를 R&D에 이용할 수 있도록 해줬고, 덕분에 기업사회참여에 필요한 기술 솔루션을 개발할 수 있었다.

무엇이든 가능하다. 하지만 자선단체들이 함께 일하고 싶어하지 않거나 여러분을 진지하게 여기지 않을 정도의 하한선은 있기 마련이다. 그러나 여러분이 쓸 수 있는 한도가 낮더라도 상관없다. 한 가지 확실한 점은, 기업의 입장에서는 비용이 늘면 그에 상당하는 사회적·사업적 보상도 커져야 한다는 사실이다.

2. 기업기부활동과 기증

이 두 부류의 활동에 대해선 여러분의 예산 영역에 포함될 일이 없더라도 잘 알아둬야 한다(4장에서 더 자세히 설명하겠다).

기업기부활동, 즉 자선단체에 돈을 대는 일은 CEO 집무실이나 커뮤니케이션 부서를 거치면서 조정할 수도 있다. 일반적으로 기업들이 기업기부활동에 돈을 써서 얻을 수 있는 이득은 거의 없다. 그래서 기업사회참여 매니저의 역할은 회사가 단순한 기업기부활동에 지나치게 많은 돈을 쓰지 않고, 기업사회참여 프로젝트들에 더 많이 쓰게 하는 것이다.

자선적 기부금은 회사의 규모와 어떤 자선적 계획에 기부하려는 지에 달렸다. 하지만 일반적으로 수백 유로(달러)에서 2만 5000유로(약 3만 7000달러) 사이가 적당하다. 만약 회사가 그 이상의 돈을 자선단체에 기부하려고 한다면 훨씬 더 튼튼한 파트너십을 맺도록 노력해야 한다. 이를테면 직원이나 고객이 자선 모금에 참여하도록 만드는 일과 같이 말이다.

기증은 기업이 지역사회에 시설이나 물품 또는 비금전적인 기부를

---

2 www.nokia.com/corporate-responsibility/society/universal-access/bridgeit

하는 활동을 말한다. 컴퓨터나 사무장비 또는 회사 제품을 이용할 수 있다. 제약사가 개발도상국에 약품을 무상 혹은 할인한 가격으로 제공하는 일처럼 말이다. 대부분의 기증은 기업사회참여 부서 예산에서 나오지 않는다. 그러나 이러한 부류의 기업기부활동도 확인하고 각 항목의 가치도 조사해둬야 한다. 그 분야에 얼마를 썼는지 다른 이해관계자들에게 보고하고 알려주는 책임경영의 목적을 위해서다.

3. 임직원참여활동

임직원참여활동에는 세 부류가 있다. 임직원자원봉사, 시간매칭, 그리고 기금매칭이다(8장에서 이를 조직화하는 방법에 대해 설명한다). 임직원참여활동의 미덕은 비교적 비용이 적게 들면서 회사에 많은 이득을 준다는 점이다.

임직원자원봉사

회사에 의해 조직된 자원봉사로 대개 근무시간에 이뤄지는 활동을 말한다. 참여하는 인원이 늘어날수록 예산은 증가하겠지만(이건 성공적이라는 신호다!), 한 팀이 자원봉사활동을 하도록 꾸리는 비용은 몇백 유로(달러)에 불과하다.

예를 들어 여러분이 50명이나 100명가량의 직원을 대상으로 자원봉사의 날을 운영하기로 하고 학교 한 곳을 개량하기 위한 건자재가 필요하다면, 비용은 수천 유로(달러)로 올라갈 수 있다. 그러나 자원봉사의 일부로서 자원봉사활동 장소에 추가적으로 비용을 투자하지 않는 한, 이를테면 직원들이 아이들의 놀이 장소를 대체해주고 새 놀이터를 위한 기금을 마련해주려는 경우가 아니라면, 그보다 더 많은 돈을 쓰기는 매우 어렵다.

개별적인 자원봉사는 비용이 훨씬 덜 든다. 자원봉사활동을 하러 가는 데 드는 교통비 정도다. 학생 멘토링 프로그램의 일부로 학교에 가야 하는 직원의 경우처럼 말이다.

임직원자원봉사와 관련해 고려할 유일한 다른 항목은 자원봉사활동을 지원하는 '홍보물(marketing collateral)'이다. 여기엔 직원들을 끌어들이기 위한 홍보 예산(여러분의 활동을 외부적으로 널리 알리고 싶다면) 또는 회사 브랜드를 새긴 티셔츠 등이 포함된다. 전체적으로 여러분의 회사가 수천 명의 직원을 자원봉사활동에 참여시키고 있다 하더라도, 연간 10만 유로(약 15만 달러) 이상 쓸 일은 없고, 아마 그보다 훨씬 덜 들 것이다. 중소기업이라면 총 5000유로(약 7500달러) 이하면 수백 명의 직원을 참여시킬 수 있다.

임직원자원봉사 비용이 예외적으로 많이 드는 경우는 간판 프로그램으로 조직할 때다. 예를 들어 유엔과 함께 국제적인 재난구호 프로그램을 운영한다든지, 자선단체 파트너와 함께 직원들을 한 달에서 석 달 정도 다른 나라로 파견하는 자원봉사 프로그램을 운영하는 경우다. TNT와 에릭슨(Ericsson)은 이러한 길을 따랐던 기업이다(1장 60쪽과 7장 130쪽 참조).

이런 종류의 프로그램은 비교적 소수의 직원만 참여할 수 있지만, 한편으로는 가장 강력한 부류의 자원봉사가 될 수 있다. 그런 프로그램의 운영비는 대개 수십만 유로(달러)쯤 된다. 비용은 활동 기간이나 지역, 그리고 참여시킬 직원의 수에 따라 늘어난다. 교통, 숙박, 직원 보험료 같은 추가적인 운송비를 고려하라. 그래야만 전체적인 프로젝트 비용을 산출할 수 있다.

직원 주도적인 참여활동 프로그램이다. 시간매칭이란 직원들이 연간 50시간이든 100시간이든 일정한 개인 시간을 자원봉사에 할애하면 회사는 그들이 봉사한 자선단체에 그 시간에 해당하는 만큼 기부하는 방식이다. 기금매칭은 직원들이 모은 자선기금에 일정한 형식으로 금액을 보태 기부액을 늘려가는 방식이다. 두 방식 모두 직원과 지역사회의 욕구에 맞게 예산을 조정해 쓰고, 동시에 회사는 쓴 돈 만큼의 인지도를 대중으로부터 얻는 기술이 필요하다.

우리는 시간매칭에 좀 더 많이 투자하기를 권한다. 직원들에게 상당한 개인적 책임성을 요구하고 직원과 고용주 간의 관계를 강화시켜주기 때문이다.

예를 들어 개인 시간을 이용해 자선단체와 자원봉사를 한 시간이 연간 50시간(또는 그 이상) 되는 직원만 회사에 시간매칭 지원을 요청할 수 있도록 정해둔다면, 여러분은 정말로 헌신적인 직원들만 지원하고, 그들의 자선활동이 사회를 진정으로 변화시키는 셈이다.

50명의 직원이 연간 50시간 이상씩 자선단체와 함께 자원봉사를 하고 여러분은 각 자선단체에 500유로(약 750달러)를 주기로 한다면, 필요한 예산은 2만 5000유로(약 3만 7500달러)다. 제대로 운영된다면 그보다 훨씬 더 가치 있는 직원들의 호의와 기업의 외부 홍보 효과를 이끌어낼 수 있다. 때로는 이런 식으로 '계산하는 법'이 중요하다. 이를테면 여러분이 속한 회사의 인사관리 부서 최고 책임자에게 그 비용의 가치를 확신시켜줄 필요가 있다면 말이다.

기금매칭은 좀 더 조심스럽게 하는 편이 좋다. 직원들이 실제로 참여할 수 있는 활동만 지원해야 한다. 직원들의 자선 마라톤 팀을 지원한다고 해보자. 그들이 5000유로(약 7500달러)를 모았다면 회사는 그것을 두 배로 만들어서 자선단체는 총 1만 유로(약 1만 5000달러)를 받게 된다.

문제는 기금매칭 금액은 급격히 증가하는데 반해 회사가 얻는 이익은 비교적 적다는 점이다. 자선단체는 가욋돈을 얻고, 어쩌면 여러분은 대내외적으로 한두 개 정도의 뉴스거리와 직원들의 호의를 좀 얻을 수 있을지 모른다. 하지만 그게 과연 5000유로의 값어치가 있을까?

이런 투자의 초점을 맞출 방법이 있다. 회사의 공익마케팅 계획에 맞춰 기부금을 낼 '올해의 자선단체' 같은 걸 정하는 방식이다. 또 다른 방법은 기업이 추가적인 금액을 기여할 수 있는 일종의 급여공제기부(Payroll Giving, 근로자가 급여 중 일정액을 스스로 선택한 자선단체에 기부하기로 하면, 기업도 그 액수만큼 자선단체에 추가 기부하는 방식—옮긴이)를 운영하는 것이다. 여러 나라가 급여공제기부에 조세혜택도 주고 있어서 자선단체는 추가적인 이익을 얻는다. 정리해서 간략히 조언한다면 이렇다. 기금매칭을 무시하지는 마라. 그러나 쓸 돈의 한계는 정해둬라.

4. 인력

여러분이 속한 나라나 회사의 급여 범위에 따라 기업사회참여 직원들의 급여와 수당 등으로 지불해야 할 돈도 정해진다. 일반적으로 기업은 기업사회참여 부서 직책을 최대한 3단계로 나눈다.

- 선임 매니저에 해당하는 이사, 부사장, 또는 부서장
- 중간 관리자에 해당하는 기업사회참여 매니저나 임직원참여활동 매니저

- 좀 더 하급자인 기업사회참여 코디네이터 또는 전문가

예산 수립을 위해 인사관리 부서와 논의해 지침을 받고 직원들의 급여 등급에서 중위점을 찾아보라. 회사에 적합한 직책이 없다면 커뮤니케이션이나 영업부 직원의 급여와 비교하라. 아니면 외부에서 벤치마킹을 해도 좋다. 구인(求人)회사나 이미 그런 직책을 두고 있는 기업에 알아보라. 몬스터(www.monster.com) 같은 온라인 구인 사이트에서 확인하는 방법도 있다.

교육·개발비를 약간 남겨두는 것을 잊어선 안 된다. 하루 또는 이틀 정도로 진행되는 외부 교육 프로그램은 1인당 500~2000유로(약 750~3000달러) 정도 든다. 아니면 전문 교육 기관을 이용해 사내에 맞춤 프로그램을 만들어라. 그렇게 하면 여러분의 조직과 더 관련성이 있을 뿐 아니라(다른 회사의 모범사례를 차용하려는 게 아니라면), 돈도 훨씬 적게 든다. 비슷한 상황에 있는 동료를 함께 모아놓는 데서 생기는 이점도 있다. 외부 교육 전문가에게 드는 비용은 (준비·교통·교육 등에 대해) 5000~1만 5000유로(약 7500~2만 2500달러)쯤 된다. 일반적으로 이런 프로그램에는 15~30명 정도가 참여할 수 있다.

5. 컨설턴트

외부적 도전과제와 관점을 알아보기 위해 책임경영이나 기업사회참여 전문 컨설턴트들을 이용하면 좋다. 그들은 전략을 개발하고 계획을 수립하고 프로젝트를 이행하는 데 도움을 준다. NGO들과 대화하게 하거나 사회영향평가를 수행하는 식으로 전문가적인 영역에도 도움이 된다.

컨설턴트들에겐 의뢰비를 월별로 줄 수도 있고, 일당이나 프로젝트

별로 줄 수도 있다. 이 분야의 전문가들은 대개 큰 조직에 속해 있기보다는 자영업자이므로 비용은 협상할 여지가 있다. 3개월이나 6개월 혹은 그 이상의 장기 계약을 제안한다면 더욱 그렇다. 그들의 경력이나 제안하는 기술 등에 따라 임금을 지불하면 된다. 전문성이 있는 컨설턴트라면 하루당 750~2000유로(약 1100~3000달러), 인기 있는 분야의 전문가라면 더 줘야 한다.

6. 커뮤니케이션

기업사회참여 활동을 어떻게 홍보하느냐는 이미지와 평판을 위해 중요하다. 10장에서 커뮤니케이션 방법에 대해 좀 더 살펴본다.

커뮤니케이션은 사내 동료가 담당할지도 모른다. 그들이 여러분을 지원하기 위해 충분한 시간을 할애해주기만 한다면, 외부 대행사를 이용하는 방법보다 훨씬 저렴하다. 한 명의 상근직원 비용과 사진이나 자료 인쇄 등 회사에서 일반적으로 드는 비용 정도면 된다.

아니면 사내 관련 팀의 소개를 받아 외부의 커뮤니케이션이나 홍보 대행사를 이용할 수도 있다. 그렇게 하면 뉴스 가치가 있다고 생각하는 일을 외부의 관점에서 짚어주는 이점이 있다. 그 사람들은 확실히 여러분의 프로젝트를 지원하는 데 최선을 다할 것이다. 그러면 사내 커뮤니케이션 자원은 다른 이슈를 다루는 데 이용할 수 있다.

하지만 대행사는 그들이 홍보하는 부분에 대해서만 결과를 낼 수 있으며, 초년병들을 거래에 투입하지 않는다는 점을 명심하기 바란다. 또 수수료로 드는 가외 비용이나 그들이 홍보를 위해 지출하는 비용도 신경 써야 한다. 그들이 사용하는 물품에 대해 판매업체로 하여금 여러분에게 직접 비용을 청구하게 하면 예산을 조금이나마 줄일 수 있다.

어떤 방식을 택하든지 기업사회참여 예산 중 커뮤니케이션에 5~10퍼센트 정도 쓰는 편이 적당하다. 그보다 덜 쓴다면 할 수 있는 일이 많지 않으며, 그보다 더 쓴다면 프로젝트의 목적에 어긋나 사회 또는 지역사회에 영향을 주기보다 홍보를 위한 프로젝트가 될 위험이 있다. 이해관계자들 특히 그 기업에 비판적인 사람들은 금세 그것을 알아챈다.

7. 평가

평가는 성공적인 기업사회참여활동을 위해 커뮤니케이션만큼이나 필수불가결하다. 어떤 프로젝트를 운영하든 그것이 지역사회와 기업을 위해 무엇을 했는지 측정하고 평가하기 위한 예산을 편성하는 일은 매우 중요하다. 그렇지 않으면 그 프로젝트가 내놓은 결과의 가치를 어떻게 독립적으로 보여줄 수 있겠는가? 9장을 보면 측정과 평가에 관해 자세히 알 수 있다.

시장조사 대행사나 학술 연구소 또는 다른 외부 평가기관을 이용할 수도 있다. 내부에서 하든 외부에서 하든 반드시 활동을 평가해야 한다는 점이 중요하다. 평가 예산은 커뮤니케이션과 비슷한 수준인 5~10퍼센트 정도로 잡아라. 그리고 사내 시장조사 담당자에게 조언을 구하라.

8. 기업사회참여 전문 기관 가입 및 회원권 비용

최신 정보를 꾸준히 접하고, 네트워크를 만들고, 벤치마킹하고, 영감을 얻기 위해 가입해볼 만한 책임경영 또는 기업사회참여 관련 기관이 제법 있다.

보스턴 대학 기업시민활동센터(미국 관련 정보에 특히 강하지만 국제적으로도 매우 좋은 학술 자료들을 보유하고 있다), 국제기업리더포럼(IBLF), 지역사회 속의 기업(BITC, 여러분이 영국에 있다면), 또는 브뤼셀에 있는 CSR 유럽 등은 비교적 적은 비용으로도 매우 알찬 소식과 정보를 제공받을 수 있다. 대기업이라면 그런 기관들과의 네트워킹에 연간 5000~1만 5000유로(약 7500~2만 2500달러) 정도의 예산을 편성해야 한다. 중소기업이라면 그보다 적게 잡아도 된다.

9. 조직의 기업사회참여 분야 발전

마지막으로 여러분이 속한 회사의 기업사회참여 분야를 발전시키기 위해 더 고려할 만한 영역이 있다.

기업사회참여 활동 보고

이건 여러분이 혼자 해야 할 일일 수도 있고, 책임경영 보고과정의 일부가 될 수도 있다. 사내에서 기업사회참여활동 보고를 보조할 특정 IT 도구들을 구매할 필요가 있는지 생각해보라.

다국적 팀 소집하기

연례 워크숍 같은 형식으로 세계 각 지사에 있는 동료와 그들의 NGO 파트너를 한자리에 모으고 싶다면, 본부는 교통이나 숙박에 드는 예산을 집행해야 한다. 큰돈이 들지는 않겠지만—몇천 유로(달러)면 충분하리라고 보지만—본부에서 지원해주면 좋다.

법, 세금, 회계

'평균적인' 기업사회참여 전문가라면 이 부분은 "지루하다"거나 "이해할 수 없다"고 여길지도 모르겠다. 신비로울 만큼 복잡한 내용의 조세

법 전문가가 되기 위해 기업사회참여활동 관련 직업을 택한 것은 아니었을 테니 말이다. 그렇지만 이 부분은 여러분이 기업사회참여 프로젝트에 쓸 예산을 최대화하는 데 도움이 될 수 있다.

그리고 이것은 정말 중요한 핵심이다. 세금 문제를 어떻게 다루느냐에 따라 여러분이 써야 할 돈은 엄청난 차이가 날 수 있다. 일부 국가에선 세금으로 발생하는 지출이 예산의 5퍼센트에서 30퍼센트 이상까지도 될 수 있다.

조세법은 복잡하다. 여러분은 물론 우리도 이 주제를 충분히 알 만큼 공부할 시간이 없다. 우리가 회계사나 변호사 출신이라 해도 그 지식은 낡아서 쓸모가 없을 것이다. 따라서 우리의 조언은 아주 간단하다.

"전문가와 상의하라!"

이것이야말로—사내든 사외든—그들의 존재 이유다. 여러분이 전문가와 함께 쓴 시간은 회사가 그 프로젝트로부터 얻어낼 이익을 훨씬 더 크게 해준다. 이 말은 프로젝트가 법적으로 가능한 프레임워크 내에서 목표를 달성하게 되고, 돈이 정부의 세금 금고로 가거나 최악의 경우 역외의 은행계좌로 빼돌려지는 대신 적재적소에 활용할 수 있게 된다는 이야기다.

물론 나라별로 고려할 필요는 있다. 법과 조세 체계는 시장마다 매우 다르다. 따라서 지역별로 사정이 어떤지 살펴보라. 예를 들어 핀란드에서는 직원들에게 기금매칭에 따른 조세혜택을 주지만 일반적으로 다른 나라에선 그렇지 않다. 이런 차이는 여러분이 제안하려는 임직원 참여활동에 영향을 줄 수 있다. 여러분이 전문 서비스 기업에서 일하고 있다면, 전문 서비스에 대한 무료 자원봉사를 각국에서 어떻게 간주하는지 살펴보기 바란다.

기업사회참여활동을 위해 기업재단을 활용하는 방법도 세제 혜택 효과가 있다(4장 참조). 하지만 재단 역시 각 나라의 조세법에 영향을 받으므로 각국 전문가의 조언을 따르는 편이 낫다.

기업사회참여 파트너들의 경비 관리

이 제목은 좀 도발적으로 보일지도 모르겠다. 왜냐하면 파트너들의 경비 관리는 여러분이 아닌 그들 소관이기 때문이다. 하지만 선도적이고 전략적 기업사회참여 프로젝트를 만들었을 때 회사의 돈이 이사회에 보고한 대로 사용되는지 책임지고 확인할 사람은 바로 '여러분'이다.

기업사회참여 프로젝트의 지출이 제대로 쓰이도록 재무 통제를 해야 할 일은 여러 가지다. 쓸 돈이 많을수록 더욱 철저하게 해야 한다. 이에 관해 파트너들과 '함께' 일하는 방식이 중요하다. 필요하다면 여러분 쪽에서 재무 전문가를 데려오겠다고 제안하라. 또는 외부 전문가를 이용해 파트너들에게 원칙과 절차를 만드는 최선의 방법을 조언하라.

기업사회참여 프로젝트의 예산 전망과 리뷰 과정 관리에 관한 명확한 원칙을 파트너와 협의하고 동의하고 결정하기 바란다. 기업사회참여 프로젝트들은—특히 뭔가 새로운 일일 때—예상했던 바와는 다른 액수의 돈을 쓸 일이 분명히 생긴다.

그것이 문제라고 볼 수는 없다. 하지만 여러분이나 파트너 양쪽 모두 그 차이를 어떻게 다뤄야 할지 알 필요가 있다. 기업 측에서는 모든 예산 변경 내용에 대해 그것이 적절한지 이해하고 만족할 수 있어야 한다.

모든 기업사회참여 파트너십에 적용해야 할 원칙이 두 개 있다. 재정적 투명성과—예산에만 적용되는 건 아니지만—신뢰다. 파트너들이 약속한 일을 해내리라고 신뢰할 수 있어야 한다. 그렇지 않다면 그건 전혀 다른 문제다. 적어도 여러분이 해당 파트너와 관계를 맺게 한 근본적인 이슈에 대해 재무적인 통제 방법을 이용할 수는 없다. 하지만 재무적 투명성은 전반적인 파트너십 관계에서 중요한 부분이다. 이를테면 여러분과 함께 일하는 지역사회 파트너는 기업처럼 연례보고의 하나로서 외부 감사를 이용해 지출내역을 입증하는가?

엄격한 재무구조를 갖추는 일은 바람직한 사업경영의 일부다. 여러분이 공장을 짓고 있든, 기업사회참여 프로젝트를 운영하고 있든, 회사가 돈을 쓰는 원칙은 똑같이 적용되어야 한다. 여러분이 프로젝트를 주로 개발도상국에서 펼친다면, 바람직한 재무 프로세스를 확립하는 일은 더욱 중요하고 도전적인 일이라고 본다.

뭔가 잘못되었을 때 어떻게 해야 할까

이런 일이 일어나지 않길 바란다. 사실 수천 개의 기업사회참여 프로그램이 이런 일에 대한 고민 없이 진행되고 있다. 그러나 재무적 오남용의 위험은 언제든지 있다. 부정부패가 심한 나라에서 프로젝트를 진행할 때는 더욱 그렇다.

기업사회참여 프로젝트 관계자 중 한 사람이 자금을 횡령하고 있다면 어떻게 해야 할까? 여러분과 프로젝트 파트너들은 조사를 진행하는 동안 용의자의 업무를 잠시 중지할 수 있도록 신속하게 행동할 준비가 되어 있어야 한다. 회계 전문가를 데려와 그 돈이 어떻게 되었는지 추적하게 할 수도 있고, 필요하다면 수사 당국을 개입시켜야 한다.

최악의 경우 해당 파트너와 계속 일할지, 또 전체 프로젝트를 계속할지를 결정해야 할 수도 있다. 그런 상황에서 프로젝트를 끝내려면 계획, 관리 그리고 외부적으로 뉴스를 처리하는 위기관리 커뮤니케이션 준비를 면밀히 해야 한다.

잘못된 부분을 법정에서 바로잡을 수 있으리라고 기대하지 마라. 파트너가 법적으로 계약을 위반했다 하더라도 보상받기 위한 법적 절차를 밟거나 손해보상 소송을 제기하려면 시간이 많이 걸린다. 더구나 그것은 프로젝트 파트너가 보상해줄 만한 자원을 갖고 있을 때 얘기다. 하지만 그런 NGO는 거의 없다. 큰 다국적기업이 조그만 자선단체를 '못살게 구는' 것처럼 보이는 건—여러분의 회사가 그 상황의 잘잘못을 아무리 잘 알고 있다 해도—결코 좋은 일이 아니다.

분명히 이런 상황은 매우 암울한 전망이다. 그러나 명심해야 할 얘기다. 사전 점검과 재무적 투명성과 프로세스를 잘 정립해둘수록, 이러한 상황을 피할 가능성은 커진다. 만약 재무적 오남용이 일어났다는 의심이 든다면, 최악의 경우 회사의 평판까지 망치지 않도록 그 프로젝트의 나머지 부분을 신속하고 공개적으로 그리고 철저하게 중단하기 바란다.

부록 3.1 예산이 필요한 기업사회참여 영역과 참고할 만한 비용

이 수치는 서유럽이나 북미에 있는, 중간 규모에서 대기업(직원 1000명 이상) 정도인 회사들의 일반적인 지출을 토대로 작성했다.

	얼마나 드나?	유용한 팁
기업사회참여 프로젝트	• 연간 5만 유로(약 7만 5000달러)에서 수백만 유로 • 선도적인 프로젝트를 만들기 위해서 R&D 등의 개발자금이 필요한지 고려하라.	• 투자 금액에 상당하는 지역사회와 사업적 가치를 동시에 얻도록 하라. 투자에 대한 보상은 프로젝트로 얻을 긍정적인 이미지와 평판 측면에서 계산하라.
기업기부활동과 기증	• 기부액은 각 자선단체별로 수백 유로(달러)에서 최대 2만 5000유로(약 3만 7500달러) 정도	• 어떤 종류의 현물기증도 내역을 확인해둬야 한다(일반적으로 여러분 부서 소관 예산이 아닐지라도). • 기업기부활동에 큰돈을 쓰고 있다면 더 많은 이득을 얻을 수 있도록 하라. 즉 그 돈을 전략적 기업사회참여 파트너십 쪽으로 돌려서 직원과 고객을 더 많이 끌어들여라.
임직원참여활동	• 자원봉사: 연간 1만~10만 유로(약 1만 5000~15만 달러) • 선도적인 자원봉사 파트너십일 경우 수십만 유로(달러) • 기금매칭: 연간 2만 5000~20만 유로(약 3만 7500~30만 700달러) • 시간매칭: 연간 1만~3만 유로(약 1만 5000~4만 5000달러)	• 시간매칭과 기금매칭 활동에 대한 명확한 한도를 정해서 지출을 합리적으로 제한하라.
인력	• 임금 및 수당은 세 직급으로 나눠 산정할 수 있다. –이사, 부사장, 기업사회참여 부서장 –매니저 –코디네이터, 전문가 • 이들에 대한 사내외 교육 예산을 잊지 마라. –1인당 2000유로(약 3000달러) 이상	• 사내나 다른 기업의 비슷한 직급을 참고하라. 마케팅과 커뮤니케이션 부서의 직책을 비교해보면 좋다.

컨설턴트	• 필요한 컨설턴트와 전문성에 달렸다. 일반적으로 1일당 750~1500유로(약 1100~2250달러)다. 사회영향평가처럼 수요가 많은 분야의 전문가들은 좀 더 많이 줘야 한다.	• 일당으로 지불하는 방식은 되도록 피하라. 전체 비용을 줄이고 싶다면 착수금을 활용하거나 특정 프로젝트만 한정해 의뢰하라.
커뮤니케이션	• 필요한 지원 내용에 달려 있다. 사내의 커뮤니케이션 부서 지원을 받을 경우 직원 임금에 사진·자료 등의 비용이 추가된다. 연간 1만~2만 5000유로(약 1만 5000~3만 7500달러)의 추가비용을 감안하라.	• 확실한 프로젝트 한도를 정하라. • 적절한 커뮤니케이션 전문성을 가진 사람들을 둬야 한다. 수습생 때문에 일을 그르치지 마라. • 홍보 결과를 측정하고 평가하라. • 신선한 사고를 위해 대행사들과의 계약을 2~4년 마다 갱신하라.
평가	• 기업사회참여 프로젝트 예산의 5~10%	• 먼저 측정 · 평가하고 싶은 내용이 무엇인지 명확히 정하라. • 사내 시장조사 전문가들에게 조언을 구하라. • 대행사나 학술기관 등 다른 형태의 평가 전문가들을 이용해보라.
멤버십 비용	• 연간 5000~2만 유로(약 7500~3만 달러)	• 그 기관으로부터 얻을 게 분명해야 한다. • 먼저 무료회원 가입을 요청하라. • 멤버십을 제대로 활용하지 않는다면 탈퇴하라.

4
:
기업기부활동, 재단, 그리고 재난구호활동 관리법

여기서는 기업이 추구할 수 있는 다양한 형태의 자선적 지출에 관해 다루겠다. 이 형태의 지출을 보면 많은 기업이 별다른 기준 없이 기부하고, 기부를 결정할 때도 자선단체나 기업의 상호이익을 생각하지 않고 있음을 알 수 있다. 그러나 그런 지출의 일부는 전략적이어야 하고, 기업이나 사회를 위해 가치 있는 투자여야 한다.

4장은 크게 세 개의 영역으로 나뉘어 있다.

1. 기업기부활동 관리. 단순히 '자선단체에 수표 끊어주기'가 아니라 더 전략적인 활동으로 만들려면 어떻게 할 것인가?
2. 기업재단: 설립의 이유, 정체성 그리고 방법. 이런 방식의 기업기부활동에 대한 찬반론은 무엇인가?
3. 기업 입장에서의 재난구호활동 관리. 가장 좋은 참여 방법은 무엇인가?

세 영역 모두 기업의 핵심사업과는 별개로 다뤄질 수 있다. 하지만 재무적 위기나 예산 삭감 상황에서는 계획적이고 구조화된, 그리고 잘 조직화되고 관리된 접근방식이 항상 최고인 법이다. 구체적인 이야기를 하기 전에 표 4.1에 세 가지 지역사회 공헌활동의 핵심요소를 요약해놓았다. 이와 더불어 한 기업의 모범사례를 인터뷰한 내용은 좋은 본보기를 제시해준다.

표 4.1 기업기부활동, 재단, 그리고 재난구호활동: 핵심 요소 요약

	기업기부활동	기업재단	재난구호활동
정의	자선사업, 자선단체에 수표 끊어주기.	사회 개발을 돕기 위해 기업과 분리되어 설립된 하나 또는	자연재해나 인재(人災)가 났을 때 기업의 행동. 다음의 두 경우를

	초점이나 기준 없이 행해질 수도 있고, 전략적으로 사업적 이해관계에 맞춰질 수도 있다.	그 이상의 조직. 활동 영역은 광범위할 수 있고('더 나은 사회를 위해'), 초점이 맞춰져 있거나('10대 소녀를 위한 스포츠 활동 지원') 전략적일 수 있다.	고려할 수 있다. • 사업을 하고 있는 나라에서 재난이 발생했을 때 • 사업이 진출하지 않은 나라에서 발생했을 때
필수적인 투입	아주 적다. 종종 각 부서 매니저에게 일상적 업무의 일부로서 위임된다. 집중화되어 있다면 한 사람이 감독한다.	이사회 단계부터 좀 많고 장기적인 책무가 있다. 재단 설립을 위해선 현행 인력과 필수 보고 요건들 외에도 전문가 자원이 필수적이다.	이사회 단계의 시간을 포함, 집약적이다. 선임 매니저가 필요하지만 재난구호프로그램의 기간에 따라 한시적이다(더 장기적인 전략적 지역사회 계획으로 전환하지 않는다면).
대기업의 경우	기업의 사업에 맞춰 전체적이고 전략적 프레임워크를 정하되, 지역 매니저들이 현지 욕구에 부응하기 위해 조절할 수 있는 여지를 남겨라.	재단의 목적을 반드시 전략적으로 접근하라. 본사에서 이끄는 국제적 재단 하나만 갖는 편이 좋다.	현지 사업체가 신속하게 대응하는 능력을 키워줘라. NGO들과의 파트너십에 그룹 전체의 인력이나 전문가 등 추가적인 지원을 제안하라.
중소기업의 경우	사업적 이해관계에 초점을 맞춰라. 즉 사업을 하고 있거나 고객이 있는 지역에 이익이 되는 활동을 지원하라. 그리고 그것을 관계 강화에 이용하라.	재단이 주안점을 갖고, 그 기업의 사업에 밀접하게 연계될 수 있게 하라.	기업이 활동하는 지역에 집중하라. 자원과 자금은 운용 가능한 수준에서 지원하라. 자원이 너무 한정적이라면, 변화를 이끌기 위해 다른 중소기업이나 NGO, 지방이나 중앙정부와도 손잡아라.
인력	감독할 상근직원 한 명이면 충분하다.	적어도 두 명의 상근직원과 외부 지원(법이나 회계, 세금 등). 재단의 규모와, 사내의 다른 직원들의 시간제 지원 기회가 얼마나 되는지에 따라 훨씬 더 많이 필요할 수 있다.	선임 매니저가 기존 업무의 일부로, 예를 들면 책임경영부서 매니저가 부하직원의 지원을 받아 겸임으로 할 수 있다.
구조: 지역적인가 국제적인가	둘 다 될 수 있다. 지역적일 확률이 더 높다. 다국적 대기업들은 글로벌 전략의 초점을 현지 기업기부활동에 맞추는 편이 이롭다.	국제적 활동을 소관하는 하나의 재단이 이상적이다. 하지만 국제적 기업기부활동은 제한적일 수 있다. 즉 다른 나라에 있는 최종 수혜자에게 직접 기부하지 못하고 다른 재단을 통해서 해야 할지도 모른다. 각 나라에 재단을 하나씩만 두는 편이 좋다.	대개 현지에서 주도하고, 그 나라의 주력부서가 이끈다. 본사나 다른 시장의 계열사들도 재난의 심각성에 따라 지원하고 싶어할 수 있다.
필요한	적을수록 좋다!	해당 국가와 재단의 소관에	대개 일회성 비용이지만,

투자 규모	사회를 향상시키기 위한 회사 돈은 다른 곳, 즉 전략적 기업사회참여 프로젝트나 지역사회에 영향을 미치는 스폰서십, 공익마케팅 캠페인, 또는 직원들이 추천한 자선 계획 등에 사용해야 한다.	달려 있다. 초기비용은 (특히 덜 풍요한 나라에서는) 적게 들 수 있다. 그러나 그 다음에는 지속적인 재정 지원이 필요하다. 활동의 유의미성과 가시성을 높이길 원하는 서구의 대형 재단들에겐 장기적인 지역 활동에 1000만 유로(약 1500만 달러), 전국적 활동에 5000만 유로 이상, 국제적 활동에 1억 유로 이상이 필요하다.	프로젝트로 지속할 경우 (최대 1~5년) 장기적으로 비용이 발생한다. 발생 국가와 규모, 회사가 현물기증을 할 수 있는지 여부에 달려 있다. 5만~500만 유로(약 7만 500~750만 달러) 또는 그 이상이 될 수도 있다. 어떤 프로젝트든 많이 쓸수록 파급력은 커지고, 전문가적인 접근이 더 많이 필요해진다.
일반적인 이점	현지 이슈를 다루는 데 좋다. 적절히 집행한다면 현지 관계 수립에 강력한 힘을 발휘한다. 수표를 그냥 보내는 걸로 끝내선 안 된다. 그 돈이 어떻게 쓰였는지 확인하라.	회사의 기업기부활동에 일정 수준의 독립성을 가져다준다. 재무적 급락이 있더라도 사회이슈를 다루는 장기적인 활동을 보장하는 데 좋다.	기업으로서는 앞으로 치고 나갈 수 있는 기회가 된다. 사람들이 회사에 기대하는 일을 해야 한다. 약속한다고 말하면 정말 그대로 보여주어야 한다.
평판 이익	제한적, 지역적. 그 이상 얻기는 어려움.	의미가 크다. 재단의 규모와 초점, 브랜드화할 기회, 합치성, 기업과의 연계성에 따라 다르다. 기획과 착수가 열쇠다.	의미가 크다. 열쇠는 동시에 활동하고 있는 다른 기업들과 차별화할 방법을 찾는 것이다. 그저 돈을 주고 끝내지 마라. 좀 더 장기적인 사회적 복구 활동을 하는 편이 바람직하다.
위험	매니저들이 별다른 기준 없이 기부할 경우 조정하기 어렵다. 기업은 전략적 초점을 정하고 진정한 지역사회 파트너십을 구축하는 기회를 놓칠 수 있다. 나라에 따라 자선적 기부가 현지 뇌물로 둔갑하지 않도록 조심해야 한다.	기업과 너무 동떨어져 보여서 기업사회참여활동을 외부에 위탁해왔다는 의심을 살 수 있다. 반대로 기업이 재단을 마케팅에 이용하는 일이 '상호이익'에 관한 법적인 이슈가 될 수도 있다.	특별한 위험 요인은 없다. 그러나 몇 가지 금기 사항이 있다. 돈의 쓰임새에 대한 구상이 없다면 돈을 단체들에 주지 마라. 돈만 건네고 가버리지 마라. 가식적으로 그저 홍보를 위해 하지 마라.
임직원 자원봉사 가능성	기업기부활동과 자원봉사를 결합하는 것은 가능하다. 더 전략적 관계가 전개될 잠재력이 있다.	재단에 달려 있다. 이상적으로는 가능하다.	가능하다. 그러나 안전을 보장해야 한다.

리마 퀴레시와 나눈 인터뷰:
"인생에서 가장 놀라운 경험 중 하나였다"

리마 퀴레시(Rima Qureshi)는 현재 북미지역에서 에릭슨 선임 프로그램 매니저로 일하고 있으며, 글로벌서비스 사업부문장에게 보고하는 글로벌 고객지원팀 책임자였다. 퀴레시는 15년 이상 통신사업계에서 일한 경험으로 2006년 6월부터 '에릭슨 리스폰스(Ericsson Response, 에릭슨 긴급구호팀—옮긴이)' 책임자로 일해왔다.

기업의 재난구호활동에 모범적 전형을 만든 에릭슨 리스폰스는 재난으로 말미암은 인간적 고통에 좀 더 빠른 대응책을 전개할 수 있도록 하는 글로벌 재난구호활동이다. 에릭슨의 기술력을 이용해 통신 솔루션을 재빨리 배치하고, 구호 노력을 지원해줄 장비와 직원들을 제공한다. 유엔(유니세프, 세계식량계획, 인도주의업무조정국), 국제적십자연합, 그리고 스웨덴 구호서비스 에이전시와 함께 일한다.

어떻게 에릭슨 리스폰스에서 일하게 되었나?

— "에릭슨 리스폰스는 현재 10년째 운영되고 있다. 책임경영이 '유행'하기 전부터 있었다고 할 수 있다. 2001년 몬트리올에서 그것에 관한 이야기를 처음 들었을 때 나는 에릭슨 기술지원센터 총책임자였다. 미국이 아프가니스탄에 파병한 직후였는데, 한 직원이 '제가 무엇을 할 수 있을까요?' 하고 물었다. 그는 매우 신속하게 아프가니스탄행 비행기에 올랐고, 곧 우리는 에릭슨 리스폰스 미션을 띠게 되었다.

내가 에릭슨 리스폰스를 이끄는 역할을 맡는 일을 고려하고 있을 때 나의 이전 책임자는 '네가 정말로 그 일을 하고 싶어하는 게 분명하다'

고 말해줬다. 정말로 그때도 그랬고 지금도 그렇다. 나에게 촉매제는 2005년 12월에 발생한 파키스탄 지진이었다. 나는 가족을 잃었고, 에릭슨이 유엔과 함께하는 일에 관해 들었다. 6개월이 지나 내게 기회가 왔을 때 나는 그 일을 이끌 수밖에 없었다."

에릭슨은 스웨덴에 본사가 있고 당신은 캐나다에 있으며 에릭슨 리스폰스는 전 세계에 있다. 그런 지리적인 상황이 문제가 되나?

—— "가끔 문제가 될 수는 있다. 그러나 좋은 점도 있다. 나는 자원봉사자들이나 파트너들과 더 가까이 있다. 뉴욕에 있는 유엔 사무실은 비행기로 한 시간밖에 걸리지 않는다."

NGO들과 함께 일해본 경험에서 조언해줄 게 있다면?

—— "인내심이 가장 중요하다. NGO들과 현장 경험이 있는 자원봉사자들을 한자리에 모아 보면 서로 이해하는 데 매우 좋다.

더 일반적인 얘기를 하자면, NGO들은 민간기업들에 대해 좀 경계할 수 있다. 그건 민간부문과의 상호작용이 제한되어 있었기 때문이다. 공공부문과 민간부문 간의 상호작용이 늘어나면 나아지리라고 본다.

또한 NGO들이 어떻게 조직화되어 있는지를 이해하는 일도 중요하다. 그들이 일하는 우선순위와 방법은 민간기업들과는 다를 수 있다. 다양한 기관과 만나게 될 텐데, 누가 힘을 갖고 있는지 파악하는 게 중요하다. 그런 다음엔 스스로 이런 질문을 던져본다. 어떤 식으로 관계를 맺어야 할까? 어떻게 합의를 얻어낼까?"

무슨 말인가?

—— "구체적인 예를 들어보겠다. 만약 에릭슨 사무실이 없는 재난지

역에 직원을 파견한다면 무엇보다 안전이 중요하다. 파트너가 유엔이라면 우리 직원이 유엔 직원으로 대접받을 수 있도록 만들어야 한다. 그들이 거기 있을 때 의료적 문제가 생긴다면 유엔에 의해 치료를 받을 수 있다. 대신 우리는 직원의 개인적인 경비나 임금, 추가적인 비용 등을 모두 책임진다. 그들이 돌아와야 할 필요가 있다면, 우리는 파트너들의 도움으로 그들이 빨리 복귀할 수 있도록 해준다."

어떤 프로젝트들에 개입하고 있나?

— "프로젝트라는 걸 어떻게 정의하느냐에 달려 있다. 대형 재난도 있지만 지속적인 활동도 있다. 이를테면 자원봉사자를 위한 기본교육, 파트너들과의 합동 연습, 그리고 진행 중인 구호 프로젝트 등이다. 최근 우리가 사람들을 파견하고 있는 곳은 수단에 있는 난민캠프다(2009년 6월 현재)."

얼마나 많은 직원이 참여하고 있나?

— "에릭슨 리스폰스 자원봉사자 중 10퍼센트는 언제든 외부에서 임무를 수행하고 있다. 그러니까 제대로 훈련받은 인원 150여 명 가운데 10~15명 정도다. 또 중요한 후방 지원을 해주는 동료도 있다. 예를 들어 커뮤니케이션이라든지, 자원봉사자 커뮤니티 운영, 그리고 웹페이지 업데이트 등을 해준다."

직원들을 어떻게 참여하게 하고, 그들에게서 무엇을 기대하나?

— "자연스럽게 참여한다. 직원들은 스스로 부서 매니저와 계약을 맺는다(해당 부서 매니저는 직원들이 자원봉사 임무를 수행하는 동안에 임금과 수당을 받을 수 있도록 해주어야 한다). 자원봉사자로 받아들여진 사람들

은 회사로부터 큰 메시지를 받는다. 즉 '우리는 이 일을 제안할 만큼 여러분을 가치 있게 여긴다. 돌아올 때 우리는 여러분을 위해 여기에 있을 것이다.' 참여자가 비교적 적다는 점을 고려하면, 그것은 사내에서 확실한 영예다.

훈련을 받고 나면, 그들은 1~2개월간 파견을 나간다. 일부 파트너들은 그들이 더 있길 바라지만, 그런 경우 다른 사람으로 교체해준다. 사실 우리는 신청하는 사람 모두를 자원봉사자로 받아들인다고 했다. 그러나 일을 해보니 개인적인 품성도 중요하지만 적절한 전문적 능력이 정말 중요하다는 사실을 알았다. 비전문적인 사람은 다른 건 완벽할지 모르지만 아무리 하고 싶어도 전문 기술이 없다. 우리는 그런 이들을 다른 종류의 자원봉사활동에 참여하게 한다.

자원봉사자들이 현장에 나가면, 그들은 여러 가지 원격통신 시스템 중 하나를 설치한다. 이를테면 난민캠프에서 운영하고 있는 완벽한 원격통신 네트워크(GSM 시스템)라든지, 우리가 유엔과 함께 개발한 WIDER(위성과 연결해 그 지역에 기본적인 이메일 시스템을 제공해주는 무선랜 시스템) 등이다. 요즘에는 위성에 연결해 쓸 수 있는 완벽한 3G시스템(QuickLink)을 검토하고 있다. 일단 통신을 설치하면, 자원봉사자들은 어디든 도와주러 갈 수 있다. 옮겨야 할 밀가루 부대가 있다면 그들은 그것을 옮겨준다."

프로그램이 인기가 있나?

—— "미션에 참가했던 사람들은 그들의 인생에서 가장 놀라운 경험 중 하나였다고 말한다. 그렇다. 신청자가 너무 많다. 그런 관심을 관리하는 게 우리의 어려움 중 하나다. 또한 언제든 참여할 준비가 된 자원봉사단도 넉넉하게 유지하면서 운영상 균형을 맞춰야만 한다.

나는 한 사람이 필요하면 10명의 자원봉사자들에게 요청해야 할지도 모른다는 생각으로 일한다. 누구나 적합한 기술을 갖추고 있는 건 아니고, 또 아무리 훈련이 잘되어 있고 의욕 있는 사람이라 해도 개인적 혹은 근무 여건 때문에 모든 일을 중단하고 언제든 현장으로 갈 수 있는 상황이 아니다. 에릭슨 리스폰스뿐 아니라 우리 회사의 모든 자원봉사자에게 우리는 1년 단위로 자원봉사단의 상태를 확인하고 혹시 프로그램을 관두려는 사람이 있는지 물어본다."

프로그램을 어떻게 관리하며, 필요한 자원은 무엇인가?

—— "나에게는 따로 상근 업무가 있다. 그러니까 이것은 그냥 좋아서 하는 일이다. '자원봉사'라고 할 수 있다. 이 일을 위해 우리는 두 명의 상근 직원을 두고 있다. 한 사람은 교육과 자원봉사를 감독한다. 그는 유엔 직원 출신으로 야전 사령관이 될 수 있는 정도의 경험을 갖추고 있다. 또 다른 사람은 전화라든가, 원격통신 시스템 같은 우리 기업의 발명품들을 관리한다.

또 우리는 지역 에릭슨 리스폰스 자원봉사자 대표들과 네트워크를 맺고 있다. 그들 역시 다른 상근 업무가 있지만 적극적인 자원봉사자가 되어줄 사람들이다. 예를 들자면, 몬트리올에는 캐나다와 북미 지역 자원봉사자 관리를 맡고 있는 사람이 있다. 남미에도 한 명 있고, 유럽에도 그런 사람들이 있다. 현재 나는 아시아에도 그런 네트워크를 조직하는 중이다. 특히 그 지역에 재난이 증가하고 있기 때문이다.

비용은 얼마나 드나?

—— "에릭슨 리스폰스와 10년간 일해왔기 때문에, 재단들과 파트너들의 네트워크가 자리를 잡았다. 그런 상황에서 비용은 무의미하다.

중요한 건 피해자들의 고통을 줄일 수 있도록 최대한 짧은 시간 내에 파견하는 과정과, 앞서 말한 대로 자원봉사자들의 업무 만족도다."

개입하고 싶지 않은 영역이 있나?

—— "먼저 우리는 완전히 비상업적인 맥락에서 이뤄지는 활동인지 확인한다. 누군가 우리에게 전화해서 '○○ 국가에 가서 도와줄 수 있습니까? 그러면 우리가 네트워크를 설치해서 돈을 벌 수 있을 텐데요.' 하고 말한다면 우리는 거절할 것이다.

우리는 또 어느 한편을 들어야 한다든지, 아니면 그런 것처럼 간주될 수 있는 분쟁지에는 가지 않는다. 예를 들어 팔레스타인과 이스라엘에 폭격이 발생했을 때 유엔은 도와주길 원했지만 우리는 가지 않았다.

최근 우리가 다시 고려하고 있는 분야는 장비 기부다. 요즘 우리는 장비와 자원으로 이루어진 완벽한 솔루션을 제공하는 활동을 선호한다. 우리는 일반적으로 임무가 끝난 후 장비들을 남겨두지 않는다."

에릭슨에는 어떤 영향을 미치나?

—— "매우 긍정적이다. 내부적으로 그 일은 엄청난 동기부여 요소다. 외부적으로도 언제나 우리가 하고 있는 일에 대해 설명을 듣고 싶어 하는 매체에서 큰 관심을 보였다."

에릭슨의 다른 CSR 활동과는 어떻게 맞추나?

—— "에릭슨 리스폰스는 시간이 흐름에 따라 변화해왔다. 내 역할은 에릭슨 리스폰스에 관련된 것이지만, 우리 그룹의 책임경영 부서 책임자와도 긴밀하게 연락하고 있다.

에릭슨 리스폰스는 우리 회사의 핵심가치, 즉 끈기·존중·전문성을 완벽하게 보완해줘야 하고, 실제로 그렇게 하고 있다. 이 일은 그런 가치들을 실천하는 살아 있는 사례다. 그러나 그 활동은 또한 경영활동의 일부여야만 한다. 그 반대가 아니다. 궁극적으로 우리는 우리 직원들을 위해 활동한다. 그들은 이 일을 하고 싶어하고, 그들의 기술을 이용해 사람들을 돕고 싶어한다.

어떤 사업체든지 기업은 기본적으로 자사 직원들의 능력을 강화하는 여러 가지 방법을 갖고 있다. 나는 그것이 더 많은 임금을 의미하는 게 아니라고 믿는다. 임직원자원봉사는 회사와 우리 직원, 그리고 에릭슨을 분명히 차별화해주는 요인이다."

기업기부활동 관리

'Philanthropy(자선활동, 박애주의)'라는 용어는 '사람들을 사랑하다'라는 뜻을 가진 고대 그리스어에서 유래를 찾을 수 있다. 기업들이 대개 하고 있는 방식을 보면, 이것은 좀 어울리지 않아 보인다. 자선활동은 돈이나 상품, 서비스, 시간, 또는 사회적으로 혜택을 주는 대의명분을 돕기 위한 노력 등을 포함한다. 정해진 대상이 있고, 기부자에게는 아무런(또는 약간의) 재무적 · 물질적 보상이 없다.

기업기부활동—또는 기업자선활동, 기증활동 또는 '자선단체에 수표 끊어주기'—도 비슷하다. 기업이 그들의 이윤 중 일부 또는 그들의 자원을 비영리 기관들에게 기부하는 행위다. 전통적인 수혜 대상은 예술 · 종교 · 스포츠 · 자선 또는 인도주의적 대의명분과 교육기관들이다.

기업들은 종종 금전적인 기증품, 장비, 물품, 또는 다른 기여 방법으로 자선기관들을 돕는다. 기업이 직접 기업기부활동을 할 수도 있고, 기업재단이 할 수도 있다(149쪽 참조). 기업이나 재단들은 임직원 자원봉사단을 만들어 직원들이 시간이나 기술을 기부할 수 있게 해주기도 한다.

기업기부활동을 전략적 기업사회참여와 마케팅 활동에 어떻게 맞출까

들어가는 말에서 설명한 대로 많은 기업이 다양한 지역적 '대의명분'에 별 기준 없이 돈을 기부한다. 이것도 좋지만, 지역사회에서 여러분이 하고 있는 일이 진지하게 받아들여지길 원한다면 그보다는 더 강력한 근거가 있어야 한다. 사실 이사회에서 '아주 좋다고 생각합니다' 하고 테스트를 통과하는 사업계획은 거의 없지 않은가!

요즘 선도적인 기업들은 지역사회에 참여하는 일에 더욱 정교하고 전략적 방식을 취한다. 이 책이 바로 그런 활동에 관한 내용이다.

그래서 기업기부활동(다른 이득이나 장기적 관계없이 자선단체를 지원하는 일) 대신 마케팅 또는 커뮤니케이션 부서가 사회적 영향이 있는 계획을 후원한다든지, 고객들에게 자선적 의미를 갖는 생산품을 제안하는 것(공익연계 마케팅—CRM)에 관해 이야기하기도 한다.

전략적 기업사회참여에는 스폰서십이나 공익연계 마케팅의 요소가 일부 있을 수도 있다. 그러나 전략적 기업사회참여는 그 이상이어야 한다. 강력한 사회적 초점이 있어야 하며, 상호이익을 얻을 수 있는 장기적인 파트너십을 토대로 구상해야 하고, 기업의 핵심 이해관계와 밀접하게 연계해야 한다. 6장에서 이렇게 하는 방법을 상세하게 다루고 있다.

LBG에 회원으로 가입한 100여 개의 글로벌 기업은 서로의 기업사회참여활동에 관해 협력하며 평가하고 있다. 이런 평가는 기업사회참

여에 전반적으로 유용한 자원일 뿐 아니라, 평가측정에 관한 귀중한 정보를 제공해준다. 그들의 모델(도표 4.1 참조)은 기업이 지역사회에서 할 수 있는 자선적 기여와 다른 활동 간의 관계를 보여준다.[1]

왜 기업기부활동에 신경을 쓰는가

기업기부활동의 중요성을 이해하려면, 19세기 산업화 사회에서 일부 기업의 역할을 되짚어 보면 좋다. 당시 자선활동이라고 하는 기업기부활동은 직원들의 생존을 돕기 위한, 필수적인 방법인 사례도 있었다. 이를테면 직원들에게 주거 자금을 제공하거나, 그들의 자녀를 위해 학교를 세워줬다(그 일은 직원들이 나와서 일하게 한다는 점에서 기업에게도 이익이었다). 하지만 사업이 시장 중심적으로 바뀌고 특히 서구에서 정부의 역할이 커짐에 따라 기업기부활동을 촉발하는 동기는 바뀌었다.

때때로 기업기부활동은 예산이 거의 삭감되거나, 열외로 취급되어 조직의 애매한 부분에 놓여 있었다. 공통점은 그것이 전혀 '관리되지' 않았다는 사실이다(지금도 종종 그렇지만). 개인적인 성향에 따라 일부 매니저들은 기업기부활동을 관리하지만, 또 다른 이들은 그렇지 않다. 기업의 기부는 경영층 임원이나 CEO의 배우자가 어떤 대의명분을 돕고 싶어하느냐에 달려 있을 수도 있다.

돈을 기부하는 행위는 여러분이 사업하고 있는 그 지역사회를 돕는 방식에 중요한 기초요소다. 그러나 그것은 기초요소일 뿐이다. 가끔은 사업 내용과 상관없는 이슈나 대의명분을 돕는 일에 회사가 관심을 보일 수도 있다. 이를테면 여러분이 도움 받고자 하는 현지 이해관계자(마을 군수 등)에게 어떤 특별한 대의명분이 매우 중요하다면, 여

---

1 www.lbg-online.net

러분은 책을 파는 사업을 하지 않더라도 마을 도서관 재건축을 도울지도 모른다.

그림 4.1 자선적 기업기부활동과 다른 기업사회참여활동 간의 관계를 보여주는 LBG 모델

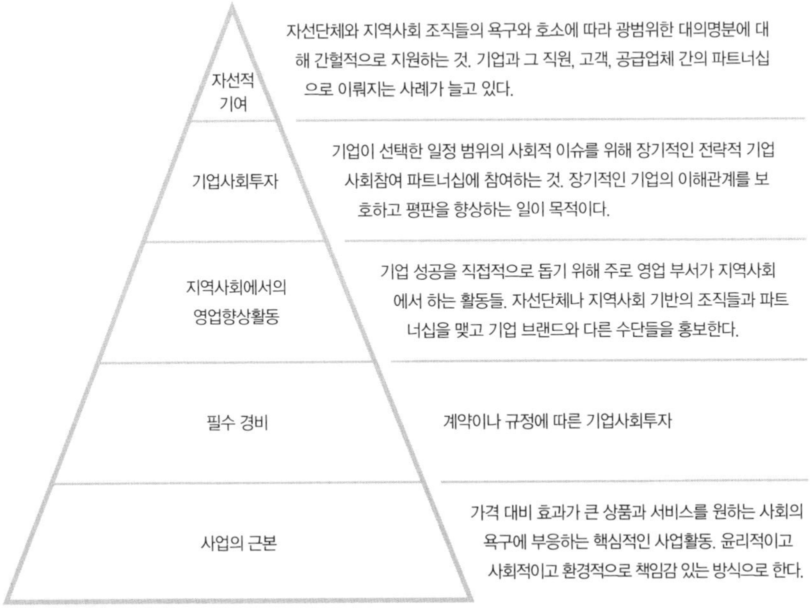

자선적 기여
자선단체와 지역사회 조직들의 욕구와 호소에 따라 광범위한 대의명분에 대해 간헐적으로 지원하는 것. 기업과 그 직원, 고객, 공급업체 간의 파트너십으로 이뤄지는 사례가 늘고 있다.
기업사회투자
기업이 선택한 일정 범위의 사회적 이슈를 위해 장기적인 전략적 기업사회참여 파트너십에 참여하는 것. 장기적인 기업의 이해관계를 보호하고 평판을 향상하는 일이 목적이다.
지역사회에서의 영업향상활동
기업 성공을 직접적으로 돕기 위해 주로 영업 부서가 지역사회에서 하는 활동들. 자선단체나 지역사회 기반의 조직들과 파트너십을 맺고 기업 브랜드와 다른 수단들을 홍보한다.
필수 경비
계약이나 규정에 따른 기업사회투자
사업의 근본
가격 대비 효과가 큰 상품과 서비스를 원하는 사회의 욕구에 부응하는 핵심적인 사업활동. 윤리적이고 사회적이고 환경적으로 책임감 있는 방식으로 한다.

자료: LBG(www.lbg-online.net)

회사가 제대로 활동하고 있는지 확인할 필요도 있지만, 비교적 적게 쓰도록 하라. 여러분이 속한 회사의 사업과 어울리게 기부한다면 그 기부는 좀 더 유익한 결과를 가져올 수 있다. 달리 말하면 '전략적' 기업기부활동을 하라는 뜻이다.

기업기부활동도 더 전략적으로

여기서 초점은 지역사회에 어떻게 기초적인 지원을 제공할지 프레임워

크를 짜고, 그 과정을 적절히 관리하도록 하는 일이다. 하지만 어떤 방법이 적합할지는 여러분의 회사나, 업종, 국가, 그리고 어느 정도는 해당 지역사회의 상황에 따라 달라질 수 있다는 점을 알아두기 바란다.

우선 회사가 받은 기부 요청에 대해 명확하고 엄밀한 검토과정을 거치도록 만들어라. 여러분의 회사가 많은 나라에서 사업하고 있다면, 종합적인 프레임워크를 만들길 원하리라고 본다. 하지만 각국은 현지 상황에 맞는 구체적인 가이드라인이 필요하다.

그럴 때 다음 두 가지 핵심 요소를 명심해야 한다.

- 적합한 기준을 정하라.
- 적절한 기업기부활동 프레임워크를 만들어라.

지원하려는 대의명분에 맞는 기준을 정하라

바클레이즈(Barclays)[2] 은행 홈페이지는 그들의 기업기부활동에 관한 기준을 잘 보여준다. 웹사이트의 간단한 프로세스로 사람들이 어디로 기부 요청을 해야 하는지 알 수 있게 해주면, 회사는 많은 돈을 절약할 수 있고 외부인들에게 전문적인 인상을 줄 수 있다. 비록 프로세스의 마지막 결과가 "죄송합니다. 우리는 요청하신 기부금을 드릴 수 없습니다"일지라도 말이다.

온라인 응용 프로그램을 설치할 수도 있다. 이런 프로그램은 시간 낭비 요소를 없애주고 여러분 회사와 가장 관련 있는 단체들을 판별할 수 있게 해준다. 스폰서리엄(Sponsorium)은 구매 가능한 온라인 평가

---

2 group.barclays.com/Home

도구로, 스폰서십에 대해 이러한 일을 해준다. 일부 기업은 지역사회 조사용으로 이 프로그램을 쓰고 있다.[3]

회사가 지원하기에 알맞은 대의명분이 뭔지 적절히 평가하려면, 우선 몇 가지 기본사항을 고려하라.

회사의 사업전략을 살펴보라. 책임경영전략이 있다면 그것도 참고하라. 거기에 여러분이 기업기부활동을 할 때 고려할 만한 특정한 주제가 있는가? 예를 들면 에이본(Avon, 미국의 화장품 회사—옮긴이)은 고객과 직원 대부분이 여성이다. 따라서 이 회사가 유방암과 가정폭력 같은 이슈에 대한 자선계획에 적극적으로 나서는 일은 타당하다.[4]

마찬가지로 여러분이 주제를 정하고, 거기에 맞춰 자선적인 파트너십을 집중적으로 개발하거나 '올해의 자선단체'를 선택할 수도 있다. 그때 회사의 자선 업무가 기업기부활동에서 기업사회참여가 되도록 하는 방법의 일환으로 그 대의명분에 직원들이 참여하도록 해보라. '올해의 자선단체'는 영국에서는 매우 인기 있는 방법이지만 미국에서는 별로 그렇지 않다.

'올해의 자선단체'는 기업기부활동의 초점을 맞추는 하나의 방법이 될 수 있지만, 다른 계획을 훨씬 오랫동안 성공적으로 운영하고 있는 기업도 많다. 브리티시 에어웨이(British Airway)가 성공적으로 진행하고 있는 '사랑의 동전 모으기(Change for Good)'는 1994년 유니세프와 함께 시작한 활동으로, 고객과 직원들이 잔돈이나 외화를 기부하게끔 한다.[5] 특별한 건 아니지만 계절별 자선계획을 선택하는 방법도 있다.

---

3 www.sponsor.com

4 에이본사와 에이본재단에서 두 가지 프로그램을 모두 운영한다.

5 www.britishairways.com/travel/15-years/public/en_gb

예를 들어 직원들이 회사의 지원을 받아 돈을 모으는 크리스마스 기금은 긴급한 상황의 개인이나 가족을 돕는 데 쓰인다. 영국에 본부를 둔 자선지원재단(Charities Aid Foundation)은 풍부한 아이디어와 함께, 다양한 회사가 어떻게 기업기부활동에 생기를 불어넣었는지에 관한 많은 사례연구를 축적하고 있다.[6]

2008년 7월 영국의 식료품점 체인인 웨이트로즈(Waitrose)는 지역에 초점을 맞춘 기업기부활동 프로그램을 시작했다. 고객에게 집에서 가까운 특정 이슈들에 대해 도움을 요청하는 방식이었다. 웨이트로즈의 이 '커뮤니티 매터스(Community Matters)' 프로그램은 각 매장이 매달 1000파운드(약 1100유로, 1600달러)를 지역사회 그룹이나 학교, 또는 전국적인 자선단체의 지부와 같은 지역단체 세 곳에 기부하도록 배정했다. 먼저 고객이 기부할 단체를 추천하면, 웨이트로즈의 지역모금조직(파트너보이스[PartnerVoice] 포럼이라는 것으로, 모회사인 존 루이스 파트너십[John Lewis Partnership]에 토대를 두고 있다)이 세 곳을 최종 선정한다. 그러면 고객은 쇼핑할 때마다 선정된 단체를 뜻하는 세 개의 투명 아크릴 통 가운데 하나에 동전을 넣도록 요청받는다. 월 말에는 이렇게 단체별로 기부된 동전더미의 무게를 달아 1000파운드를 그 비율로 나누어 각 단체에 전달한다.

미국의 식료품점 체인인 홀푸드(Whole Foods)도 비슷한 프로그램을 운영하고 있다. 쇼핑 가방을 직접 가져오는 고객은 나무로 만든 동전을 받아 지역 자선단체에 배정한 상자에 넣을 수 있는데, 이렇게 모인 나무 동전은 나중에 현금으로 기부된다.[7]

---

6 www.cafonline.org

7 trendwatching.com/trends/generationg

어떤 기관이 여러분의 기준에 맞는다면, 그다음에는 그곳의 이력을 주의 깊게 살펴보라. 다음 조건을 갖춘 기관하고만 관계를 맺는 편이 좋다.

- 뛰어난 평판
- 좋은 프로젝트 실적
- 건전한 재무관리(크고 작은 단체에 똑같이 적용된다.)

앞의 두 항목에 관해서는 배경조사 같은 방법으로 알아낼 수 있다. 그 기관을 잘 알거나 그곳과 함께 일해본 적이 있는 이들에게 조언을 구하라. 셋째 항목에 관해서는 그들의 재무보고서나 회계장부 등을 구해보라.

기부 배제 대상을 판별하라

기부 대상 영역을 집중할수록, 그 분야에서 회사의 평판을 세우기는 쉬워진다. 아무에게나, 누구에게나 기부하는 회사가 아니기 때문이다. 회사가 지원 대상에서 제외할 대의명분과 기관의 리스트를 국제적으로도 적용할 수 있게 만들어보자. 일반적으로 다음과 같은 대상이 포함된다.

- 종교적 혹은 정치적 관심 촉구와 관련된 활동
- 테러조직을 지원하거나 함께 일하거나 자금을 대는 자선단체(분명히 안 된다!)
- 영리기관
- 부채 상환이나 소급 보조금(이미 맡겼던 일에 대해)

• 운동선수나 아티스트, 정치적 후보, 또는 정치 사무실 소유자 같은 특정 개인

이 밖에도 회사의 사업 내용에 따라 기부 대상에 포함하거나 배제하고 싶은 범위가 있을 것이다. 예를 들어 여러분이 애완동물용 식품회사에서 일한다면 동물 자선단체를 지원할 수 있고, 의약품을 만드는 회사에 일한다면 의학연구를, 군대가 주 고객이라면 참전용사 단체를 지원할 수도 있다.

흔히 배제하는 대상 중 하나는 종교적 그룹이나 프로그램이다. 회사가 종교적으로 중립적이라면 어떤 종교적 목표를 수행하거나 성공시키기 위해(이를테면 특정 종교단체의 회원을 늘리는 것) 고안된 대의명분에는 개입하고 싶지 않을 것이다. 하지만 회사가 매우 튼튼한 종교적 뿌리를 내리고 있고, 특정 종교와 확실한 연대를 형성하고 있다면, 그 종교의 사회적 관심이나 초점에 따라 회사의 모든 기업사회참여활동을 이끌 수 있다. 그렇다면 여러분은 그저 돈을 기부하고 가버리는 방식이 아니라 강력한 기업사회참여 파트너십을 맺고 싶을 것이다. 그런 경우 6장으로 넘겨 전략적 기업사회참여 파트너십에 관해 더 알아보기 바란다.

흔한 문제 중 하나는, 회사 직원들이 열의를 보이는 대의명분은 회사가 지원할 수 있는 것보다 훨씬 더 많고, 여러분은 그 모든 대의명분을 기업기부활동으로 지원하고 싶지 않은 경우다. 이때 한 가지 해결책은 외부 이해관계자들의 요청에 대해서는 엄격한 기부 기준을 세우되, 직원들이 참여하고 싶어하는 대의명분에는 좀 더 폭넓은 기준을 두는 것이다. 대신 시간매칭이나 기금매칭과 같은 임직원참여활동(이것에 관해서는 8장을 참조하라) 방식으로 그런 대의명분을 지원하면 된

다. 사회에 기여하는 데 정말 열성적이고 노력하는 직원들은 이런 식으로 지원받고 동기를 부여받는다. 동시에 회사는 기업기부활동의 초점을 유지할 수 있다.

비금전적 기업기부활동

항상 그렇지는 않지만 이것은 대개 돈에 관한 얘기다. 현물기증이라고도 부르는 비현금성 기증품은 장비나 물품, 또는 부동산 등을 말한다. 비현금성/현물기증품은 기업기부활동 프로그램에 의해 현금 보조금과 함께, 또는 그것을 대신해서 제공되곤 한다.
지원하는 기증품으로는 생산품, 물품, 장비(가구나 컴퓨터 등)는 물론, 기업의 서비스/시설(모임이나 이벤트 장소, 우편 서비스, 컴퓨터 서비스, 인쇄와 사진 복사 등)을 이용하는 방안도 포함될 수 있다. 비금전성 기증품이 무엇이든 간에 수혜기관과 그들이 처한 상황에 적합한 것이어야 한다.

기업기부활동의 프레임워크를 만들어라

기업기부활동의 기준을 정했으면 그 프레임워크도 만들 수 있다. 우선 사내에서 다른 곳의 승인 없이 현지의 기업기부활동 규모를 정할 수 있는 사람들을 단계별로 정하라. 이것은 여러 지사를 두고 있거나, 위임 관리구조에 따라 현지 매니저들이 매우 자율적인 회사에 특히 적합한 방법이다.

예를 들어 500유로(약 750달러) 이하 또는 회사에서 적절해 보이는 어떤 범위의 금액에 대해서는 매니저나 부서 단독으로 기업기부활동을 할 수 있다. 물론 이것도 중앙에 투명하게 보고되어야 한다. 하지만 그보다 많은 금액에 대해서는 현지 기업사회참여 책임자나, 더 광범위한(경영 담당 임원이 있는) 기업기부활동팀(아래 참조)의 승인을 받아야 한다.

사내에서 누군가는 이것을 감독해야 한다. 대개 기업사회참여 매니저가 담당하는데, 그의 역할에는 다음과 같은 일이 포함된다.

- 기업 전체와 지원을 요청한 단체에게 회사의 기업기부활동 프레임워크에 대해 확실히 이해시키기
- 기업기부활동이 반드시 그 프레임워크 내에서 수행되도록 하기
- 기부한 것에 대해 추적하고 감시하고 투명하게 보고하는 과정 확립하기

각각의 기부에 대해 최대 한도(예를 들어 5만 유로/달러 등)를 정하는 일은 중요하다. 기업기부활동에서 이 수치를 넘겨서는(아주 드물게 넘기는 경우도 있지만) 안 된다.

경쟁사가 이미 지원 중인 대의명분이라면 어떻게 할까

같은 업계에 있는 기업들이 비슷한 대의명분을 지원하는 것은 특별한 일이 아니다. 특히 그 대의명분이 그들의 핵심사업과 일치하고, 핵심 이해관계자층이 공통적일 때 더욱 그렇다. 여러분 회사에 가장 유의미한 대의명분을 지원하는 일을, 단지 다른 회사가 같은 공간에서 활동하고 있다는 이유만으로 회피한다면 실수가 될 것이다. 어카운터빌러티(AccountAbility)의 사이먼 자덱(Simon Zadek)이 지적한 대로,[8] 하나

8 컨퍼런스 이사회(Conference Board)가 운영하는 한 책임경영 컨퍼런스 연설 중에서, 뉴욕, 2002년 2월.

의 공통된 대의명분에 여러 기업이 발판(platforms)을 깔아주는 일은 이따금 매우 효과적이다. 기업들은 적게 지원하고도 훨씬 많은 결과를 성취할 수 있기 때문이다.

대의명분을 선택할 때 경쟁사는 물론, 그 지역/국가의 다른 기업이 지원하는 활동이 뭔지 살펴보는 것은 좋은 생각이다. 벤치마킹도 하라. 중요한 건 뚜렷이 구별되는 대의명분, 더 넓은 협력관계를 맺을 수 있고 더 큰 영향을 미치는 기회가 될 대의명분을 찾는 일이다. 다음을 고려하라.

1. 회사의 기부활동이 이미 그 시장에 있는 다른 회사들과 차별화될 수 있는가?
2. 다른 회사들와 함께 그 대의명분을 공동지원하고 집중된 노력을 보여주며(당신의 사업적 위상을 위태롭게 하지 않고) 일할 기회가 있는가? 그것이 그 대의명분에 유익한가? 회사에도 여전히 이로운가?

기업기부활동을 믿을 만하게 만들기

여러분이 해야 할 일이 두 가지 더 있다. (1) 경영진을 끌어들여라. (2) 투명하게 운영하라.

기업기부활동 정책에 신뢰성을 부여하고 고위 경영진을 끌어들이려면 (기업사회참여 매니저가 위원이자 코디네이터 역할을 하는) 기업기부활동 위원회를 발족하라. 169쪽 부록 4.1의 대의명분 평가표는 지원하기에 적합한 대의명분을 선택하도록 도와주는 유용한 도구다. 또 여러분이 재무적 지원 요청을 거절하기 쉽도록 171쪽의 부록 4.2에는 "죄송합니다만 우리는 지원할 수 없습니다"와 같은 기부 요청에 대한 답장용

편지 예문도 실었다.

마지막으로 여러분이 개발도상국에서 일하고 있다면 투명해야 한다. 기업기부활동—사회 발전을 도우면서 사업에 이익이 되도록 하는—과 뇌물은 종이 한 장 차이다. 여러분의 회사가 자금을 지원하는 프로젝트들이 사회의 이익을 위한 일이지, 현지의 어떤 개인을 위한 일이 아니라는 사실을 확실하게 하라. 2008년 지멘스(Siemens, 독일 베를린과 뮌헨에 본사를 두고 있는 세계적인 전기전자기업—옮긴이) 사례에서 드러났듯이 그런 스캔들은 지대한 영향을 미칠 수 있다.[9] 우리는 투명성에 대한 지침이 매우 유용하다는 사실을 확인해왔다. 만약 수혜 단체들이 여러분 회사의 기여 내용을 보고하거나 홍보하지 않으려 한다면, 혹은 여러분이 기부한 돈의 사용 결과를 알 수 없다면 수상한 뭔가가 있다. 반면 수혜 단체들이 제대로 보고하거나 홍보한다면 아마도 잘 쓰이고 있다는 뜻이다.

기업기부활동으로 사용한 회사의 지역사회 기여는 여러분이 책임경영 보고서에 공개할 총 기부액에 모두 포함해야 한다.

유용한 정보제공 기관

• 보스턴 대학 기업시민활동센터(www.bcccc.net)

---

9 지멘스는 1990년대 중반부터 프로젝트들을 위한 정부 계약을 따내기 위해 외국 관리들에게 뇌물과 사례금을 제공했다. 그 회사는 14억 달러를 아시아와 아프리카, 유럽, 중동, 그리고 라틴아메리카의 정부 관리들에게 뇌물로 썼다고 추정된다. www.nytimes.com/2008/12/16/business/worldbusiness/16siemens.html

- 지역사회 속의 기업(www.bitc.co.uk)
- 자선지원재단(www.cafonline.org)
- 국제기업리더포럼(www.iblf.org)

기업재단: 정체성, 이유, 설립 방법

기업사회참여 활동을 시작하다 보면 재단을 설립하는 편이 합당하지 않을까 하는 의문이 들지 모른다. 많은 기업이 그런 움직임의 찬반론을 검토하는 과정을 거친다. 하지만 적극적인 기업사회참여는 여전히 사내에서 직접 이끌 필요가 있다.

많은 기업이 재단을 설립했다. 보다폰(Vodafone) · 시티그룹(Citigroup) · 쉘(Shell) · 유피에스(UPS)재단과 같은 고전적인 기업재단에서부터, 포드(Ford)재단과 베르텔스만(Bertelsmann)재단처럼 그 자체로 강력한 사회적 기관이 된 곳도 있다. 보쉬(Bosch)재단처럼 심지어 기업을 소유한 재단도 있다.

세계적으로 수만 개의 재단이 있다. 유럽재단센터(European Foundation Centre)는 이를 네 개의 큰 범주로 분류한다.

- 독립적인(혹은 개인적인) 재단—한 사람이나, 개인의 그룹이나, 한 가족이 설립한 경우
- 기업재단
- 정부와 연계된 재단

• 지역사회 재단과 다른 기금모금 재단

최근 몇 년간 우리는 많은 재단이 그들의 뿌리로 돌아가는 모습을—개개인의 자선적인 헌신에 의해 이끌려—봐왔다. 이러한 사람들(빌 게이츠 같은)은 사업으로 돈을 벌었을지 모르지만, 이제 세간의 이목을 끄는 박애주의자가 되었다. 빌앤드멜린다게이츠재단의 엄청난 자원과 포부, 그리고 말라리아나 사상충증(강에 사는 일부 파리의 기생충으로 감염되는 열대 피부병으로, 사람의 눈을 멀게 할 수도 있음—옮긴이) 퇴치 캠페인처럼 전문성 높은 활동방식을 생각해보라. 억만장자 투자가이자 버크셔 해서웨이(Berkshire Hathaway) 의장인 워런 버핏은 2006년 빌앤드멜린다게이츠재단에 310억 달러를 기부했다.

많은 책이 이 분야를 다루고 있다. 여기에서 우리는 여러분이 회사재단을 만들려고 할 때 알아야 할 기본 정보를 알려주겠다.

왜 만드는가

가장 중요한 질문이다. 사내에서 토론할 때 잊어서는 안 될 질문이기도 하다. 다음의 구체적인 질문에 대해 답해보면서 사내 관련 정책결정자들에게 자문(諮問)하라.

• 재단을 설립하려는 목적은 무엇인가?
• 그 목적을 달성하기 위해 다른 선택의 여지가 있는가?
• 이러한 목적이 본질적으로 장기적인가? 아니면 단기적인가? 중요도 측면에서 그 서열은 어떻게 되나?
• 다른 형태의 기업기부활동이나 기업사회참여로는 할 수 없는, 재단만이 만들 수 있는 부가가치는 무엇인가?

근본적으로 여러분이 던져야 할 질문은 바로 이런 것이다: 왜 우리는 재단을 원하는가? 무엇을 성취하기 위해 재단을 설립하려고 하는가? 두 가지 관점, 즉 사회적 관점—지원이 필요한 대의명분에 보조금을 만들어주기 위해—과 기업적 관점—좋은 이미지라든지 세금감면과 같은 혜택 등—에서 이것을 생각하기 바란다.

재단 설립에 대한 찬반론은 무엇인가?

찬성론

재단은 다음과 같은 일을 할 수 있다:

- 기업기부활동의 프레임워크와 초점을 제공한다.
- 기업기부활동에 일정 수준의 독립성을 부여해준다.
- 특정한 사회적 욕구나 도전과제에 대응하고, 새로운 계획에 '시동을 거는' 역할을 한다.
- 지속적인 기간 동안 핵심자금을 제공함으로써 일회성 자선기부가 아니라 기업기부활동의 지속성을 보장한다.
- 기업기부활동 조정 업무에 대한 행정 부담을 기업으로부터 덜어준다.
- 일부 시장에서는 임직원참여활동의 초점과 차별성을 제공한다. 다만 재단 운영이나 조정 업무에 소요되는 행정적 부담이 있고 외부 지원 자원(회계 감사나 자문 등)이 필요하다.
- 어렵고 인기 없는 사회적 이슈들을 지원할 때 기업과의 연관성을 줄여줄 수 있어 합리적이고 덜 위험한 방법이 된다.

- 자금을 구하는 자선단체들에게 선명한 기준을 제시해준다. 기업은 주로 외부 사람들이 접근하기 어려운 내부 기준을 갖고 있는 반면, 재단은 목적을 명시한 규정에 의해 운영되기 때문이다.
- 조세 혜택: 가시화되기는 쉽지 않으므로 이에 관해서는 항상 전문가의 조언을 구해야 한다.
- 재단은 대개 그 기업에 대한 대중적 관심을 높이는 가시적 효과를 준다. 지역사회에 꾸준하고 참을성 있게 헌신하는 모습을 보여야 한다. 그리고 지역사회의 욕구에 즉각적으로 반응하며 자선활동을 하는 존재가 되어야 한다.

반대론

- 재단은 복잡하고, 시간 낭비적이며, 신뢰를 얻기 위해서는 매우 탄탄하고 투명한 관리구조를 요구한다.
- 기업사회참여는 기업에 더 필수적인 영역인데도 이해관계자들이 재단을 기업사회참여활동의 위탁 기관으로 여길 위험이 있다.
- 일부 기업은 기업사회참여활동이 그들의 핵심사업에 더 일치되기를 강력히 원하는데, 재단은 그렇게 하지 못한다.
- 전략적 기업사회참여활동을 한다면 기업 내부에서 하는 방식과 같은 결과를 얻어야만 한다.
- 어떤 나라에서는 재단이 할 수 있는 일과 할 수 없는 일에 대해 매우 엄격한 조세제약이 있다. 재단을 세우는 목적을 달성하려면 그러한 제약을 잘 파악해두어야 한다. 특히 회사의 사업과, 그것으로부터 얻을

수 있는 평판 간의 관계를 잘 연결시키는 프로젝트를 얼마나 잘 지원할 수 있는지 고려해야 한다.

- 재단을 출범시키는 일이 쉬운 길은 아니다. 재단 설립에는 꽤 큰 재무적 투입이 필요하고, 인력도 상당히 투입되어야 한다. 성공적인 운영을 위해서는 재단 자체의 행정 부서와 그 재단을 지원하는 기업 내부에 담당 인력이 있어야 한다.
- 재단은 오래도록 존재하며 일단 설립하면 해체하기 어렵다. 따라서 결혼과 마찬가지로 어떤 책임이 뒤따르는지 명확하게 알아야 한다.

어떻게 만들면 되나

일단 '왜'라는 질문의 답을 구했다면, '어떻게'라는 질문에 대해 생각해야 한다. 재단이 회사를 위해 어떻게 일할 수 있을지, 또한 여러분이 위험요인을 어떻게 처리할지 알아냈다면, 이제는 재단 설립에 필요한 실질적 문제를 고려할 차례다. 그것은 다음과 같다.

- 기업재단을 만드는 법은 나라마다 매우 다르다. 전문가에게 자문하라.
- 재단을 회사의 책임경영전략, 사업전략, 그리고(또는) 브랜드전략과 어울리게 하는 법.
- 재단과 회사를 위해 회계이익과 평판이익을 극대화하는 법.

가장 좋은 재단 구조는 무엇인가

지역사회 속의 기업(BITC)이 만든 한 보고서[10]에 따르면 많은 기업재단이 설립되고 조금씩 다르게 운영되지만, 가장 중요한 구분요인은 그

표 4.2 통합적 재단과 독립적 재단의 속성 비교

구분	통합적 재단	독립적 재단
지배구조/이사들	모든 이사가 기업의 임원임	이사 모두 직원이 아님(또는 섞여 있음)
투입된 자금의 기준	없음	있음
기업기부활동의 초점	사업전략 또는 사업의 지역성에 연계되어 있음	사업에 연계되어 있지 않음
임원	기업에서 파견됨	기업에 연계되어 있지 않음
임직원자원봉사와의 연계성	있음	없음
고위 경영층의 개입	있음	없음

자료 : 지역사회 속의 기업, 《기업재단들: 기업기부활동을 위한 지속가능한 재단 만들기(Corporate Foundations: Building a Sustainable Foundation for Corporate Giving)》(런던: BITC, 2003)

재단이 통합적 구조냐, 아니면 독립적 구조냐 하는 점이다. 기업재단 대부분은 이 양극 사이 어딘가에 있다. 표 4.2는 그 두 구조의 서로 다른 속성들을 보여준다.

'최적'의 모델로, BITC 보고서는 표 4.2에서 회색 배경으로 표시한 부분의 혼합형을 추천했다. 그런 모델은 모(母)회사의 가치로부터 독립적이면서도 통합할 수 있고, 임직원들도 쉽게 참여활동을 할 수 있게 해준다.

BITC는—특히 영국의 관점에서—기업재단들이 대규모의 기업기부활동을 위한 공식적인 구조라는 점에서 '좋은 것'이라고 결론지었

10 지역사회 속의 기업, 《기업재단들: 기업기부활동을 위한 지속가능한 재단 만들기(Corporate Foundations: Building a Sustainable Foundation for Corporate Giving)》(런던: BITC, 2003) www.bitc.org.uk/resources/publications/corporate.html

다. 사실 우리는 전략적 기업사회참여를 더 많이 하고, 기업기부활동은 더 적게 하라고 주장해왔다. 여러분은 왜 우리가 기업재단을 이용하는 방안에 대해 의구심을 가져왔는지 곧 알게 될 것이다. 왜냐하면 여러분이 일하고 있는 나라가 어떤 곳이냐에 따라 복잡해질 수 있기 때문이다.

통합과 독립의 문제는 오래된 논란이다. 통합적·독립적 모델 간의 차이가 불분명할 때는 더 복잡하다.

누가 이사를 정하고 임명하는지도 생각해봐야 할 핵심사항 중 하나다. 완벽한 독립과 투명성을 위해서는 완전히 분리된 금융과 법적 체계를 갖추고, 이를 위해 전문가에게 자문하는 일도 중요하다. 자금 또한 독립성에 영향을 미친다. 대규모의 일회성 기부금은 재단이 스스로 결정할 수 있게 해준다. 반면 기업의 기부금을 매년 협의해서 받는 방식의 자금 체계는 독립체로서의 재단 운영 측면에서 더 많은 타협을 요구할지 모른다.

재단에 자금을 제공하는 방법

두 가지 기본적인 형태가 있다. 기부금 또는 출연금이다. 출처와 금액, 그리고 지불 일정 등은 다음과 같이 다르다.

- 기업이 규칙적으로 합의한 금액(매년 '약속한' 기부금 등) 제공. 여러 나라에 있는 보다폰재단은 보다폰의 현지 사업체로부터 연례 기부금을 받는다. 보디숍(Body Shop)재단은 보디숍 인터내셔널에서 약 66만 파운드(약 66만 500유로, 110만 달러)의 연례 기부금을 받는다.[11]

---

11 thebodyshopfoundation.org/what-we-do/faqs

- 세전 수익의 일정 비율에 연계된 출연금. 노던록(Northern Rock)재단은 노던록 은행의 연간 세전 수익 중 5퍼센트를 받았다. 2008년 금융위기 때 노던록 은행이 파산하면서 유감스러운 일이 생길 뻔했는데, 영국 정부의 개입으로 은행이 임시 국유화되어 재단은 2008~2010년에 연간 1500만 파운드(약 1650만 유로, 2500만 달러)씩 받게 되었다.[12]
- 기업의 정기적 그러나 꼭 연례적이지는 않은 기부금.
- 출연기금재단들: 재단은 기업으로부터 한 번의 '설립' 기부금을 받고, 그 돈에서 생기는 연 이자만을 쓸 수 있다. 쉘재단은 2000년 12월 쉘에서 2억 5000만 달러(약 1억 6500만 유로)의 출연금을 받아 설립되었다.[13]
- 재단들은 예정된 기간 동안 자본금을 다 써버릴 수 있다. 2007년 미국의 홈데포(Home Depot)재단은 일하는 가정을 위한 집짓기로 지역사회를 향상하는 활동에 10년간 4억 달러(약 2억 6480만 유로)를 쓰겠다고 밝혔다.[14]
- 기업의 고객이나 직원이 모금한 돈. 취리히 금융서비스 그룹(Zurich Financial Services Group)의 직원들은 '벌 때 기부하기(Give as you Earn)' 캠페인으로 매년 50만 파운드(약 55만 유로, 83만 1000달러) 이상을 모아 취리히 커뮤니티 트러스트(Zurich Community Trust)에 전달한다.[15]

---

12 www.nr-foundation.org.uk/about_history.html
13 www.shellfoundation.org/images/origins/Shel_Foundation_origins.pdf
14 www.homedepotfoundation.org/pdfs/08_thdf_fact_sheet.pdf
15 www.zurich.co.uk/home/aboutus/Community/introduction.htm

기술, 구조, 능력, 비용

재단은 매우 탄탄하고 투명한 지배구조를 가진, 잘 관리되어야 할 복잡한 조직이다. 그 외에도 대중적 신뢰와 고유의 위상을 얻으려면 기업재단은 구체적인 사회적 이슈를 택해 스스로 활동 이력을 만들어내는 기나긴 과정을 거쳐야 한다. 사실 하는 일에 대해 인정을 받고자 한다면 재단보다 사업체 내부에서 하는 직접적인 기업사회참여가 더 빠른 보상을 줄지도 모른다.

출연기금재단은 대규모의 초기 투자가 필요하다. 전국적 또는 국제적으로 활동하는 서유럽 국가의 재단을 보면, 정말 돋보이는 재단이 되기 위해서는 약 1억 유로(약 1억 5000만 달러), 또는 그 이상을 투자해야 한다. 그보다는 관심을 덜 끄는 전국적 재단이라도 출연 자본금이 약 1000만 유로쯤 있어야 제대로 굴러갈 수 있다. 최근의 예로, 지멘스가 기업시민활동을 관리하기 위해 2008년 지멘스재단을 설립할 때 3억 9000만 유로(약 5억 7500만 달러)를 출연했다.[16]

대규모로 재단을 설립하는 일은 지루하고 복잡하며 시간이 오래 걸리는 과정이다. 거기에는 해당 기업의 법무 부서, 재단 운영과 자문 이사회에 적합한 이사 선정, 유능한 행정직원 모집과 고용과 같은 일이 포함되어 있다. 기업의 정기적인 책임경영 보고 외에도 복잡한 보고과정이 있다. 이러한 보고과정은 기업의 자선적 기업기부활동에 진정한 신뢰와 투자를 보장해준다. 그러나 사내에서 기업기부활동을 관리하는 경우보다 해야 할 일이 훨씬 더 많아진다.

대규모로 재단을 설립하려는 기업은 그런 시도를 위한 준비가 되어 있는지 또는 준비하려고 하는지 자문(自問)해봐야 한다. 적절한 구조를

---

16 www.siemens-stiftung.org/en/about-us/at-a-glance.html

만드는 과정에는 일정 수준의 기술이 있어야 하기 때문에 사내에서 이용할 수 없다면 외부의 도움을 받아야 한다.

마지막으로, 기업사회참여활동과 마찬가지로 각각의 프로젝트는 물론 프로젝트 전반에 대해 재단의 효율성을 측정할 방법을 항상 고민하라. 재단 설립을 위한 준비가 모두 끝났다면, 탄탄한 측정평가 프로세스를 확립하는 일이 중요하다. 기업사회참여 프로젝트를 측정·평가하는 것에 대해 좀 더 알고 싶다면 9장을 참고하기 바란다.

재단의 전반적인 목적을 전체적인 시각으로 바라보라. 원한다면 별개의 몸체를 가진 그 존재는 스스로도 강력한 힘이 될 수 있다. 여러분 회사가 설립하려는 재단은 그러한 잠재력을 펼칠 수 있는가?

인지도와 평판이익, 그리고 한계

몇몇 나라에서(특히 서유럽에서) 재단들은 자금을 지원하는 기업에 관해 알리거나 개입시킬 수 있는 수준에 한계가 있다. 즉 이런 나라에서 기업은 재단활동에 직접 참여해 사회적 대의명분을 지원하거나, 그 관계를 공익연계 마케팅이나 대중매체 행사 등으로 강력하게 알리고 홍보할 수 없다는 뜻이다.

여러분 회사의 평판에 관련된 다음 질문을 생각해보라.

- 재단 관련 소식을 어떻게 알릴 것인가?
- 회사의 이해관계자들은 어떻게 그것에 관해 알 수 있는가?
- 어떻게 하면 오랜 시간에 걸쳐 평판과 신뢰를 세워 가며 이해관계자들과 밀접한 관계를 유지하겠는가?

마지막으로 고려할 점

사실 기업재단과 재단 사업으로 기업사회참여활동을 하는 일은 거의 선택의 문제가 아니다.

대규모든 국가 단위 규모든 궁극적으로는 국제적 규모든, 기업재단을 설립하게 하는 동인(動因)은 대개 사회를 위해 '선행'을 할 만큼 충분한 자금을 보유한(출연금이든 정기적인 기금으로든), 독립적인 조직을 만들고 싶은 열망이다.

재단의 이미지는 주로 자선활동과 관련 있다. 최근 기업사회참여활동 패러다임에 변화가 생기면서, 재단이 여전히 한 기업의 사회에 대한 헌신성을 드러내고 기업을 대신해 기업사회참여활동을 해주는 적절한 도구인가 하는 의문이 일고 있다.

기업들이 심각한 사회문제 해결에 그들의 핵심역량을 기여하는 활동이 점점 강조됨에 따라 기업사회참여 프로젝트에 경영 노하우를 기여하는 사례가 늘고 있다. 사실 이것이야말로 기업이 가장 잘할 수 있는 일이다. 따라서 의미심장한 사회적 영향을 만들어내는 일은 기업재단을 통해서보다는 기업 스스로 하는 편이 더 효과적이라는 주장이 늘고 있다.

전략적 기업사회참여 투자와 재단을 통한 기업기부활동은 상호배제적인 일이 아니다. 둘 다 할 수 있고 충분히 용인된다. 하지만 두 가지 모두 한 기업의 전체적이고 전략적 기업사회참여 프로그램의 일부로 확고히 자리매김해야 한다.

이러한 점은 자선지원재단을 위한 2007년 SMART 컴퍼니의 한 보고서에 잘 반영되어 있다.

기업들이 책임경영활동을 계속 전략화하면서, 기업재단은 기업들이 자선적 공헌활동을 지속할 수 있는 수단으로서 더욱 인기가 많아졌다. …… 반면 기업들이 자선활동에서 완전히 손을 떼고 싶어한다면 재단은 인기가 줄어들 것이다. 그래서 이미 존재하는 재단들은 조용히 사라지거나 완전히 독립적인 모델로 바뀌게 될 것이다.[17]

여러분이 속한 회사가 그래도 재단을 설립하려는 게 확실하다면, 가장 성공적인 기업재단들은 설립자가 아닌 대중을 위해 일하는 구조를 갖추고 있다는 점을 명심하기 바란다. 그 재단들은 또 명확한 사회적 목적에 의해 인도되며, 자체적으로 의사결정을 할 수 있다. 왜냐하면 그런 재단들은 차별화를 이루려면 어디에 초점을 맞춰야 하는지 잘 알기 때문이다.

재단을 세워라. 그리고 기업과 직원과 지역사회를 위해 일할 수 있도록 제대로 운영하라. 이것은 윈-윈-윈 상황이 될 수 있다. 그러려면 시간과 노력과 진지한 관심을 쏟아야 한다.

여러분의 회사를 위해 최선의 길을 찾도록 행운을 빈다!

유용한 정보제공 기관

- 유럽재단센터(The European Foundation Centre, www.efc.be)
- 지역사회 속의 기업(Business in the Community, www.bitc.co.uk)

---

17 The SMART Company, 〈책임경영의 본질적 변화: 기업재단의 역할은 무엇인가?〉(자선지원재단을 위한 SMART 컴퍼니의 보고서, 런던: The SMART Company, 2007) www.cafonline.org/PDF/CorporateFoundations.pdf

- 보스턴 대학 기업시민활동센터(Boston College Center for Corporate Citizenship, www.bcccc.net)

기업을 대신해 재난구호활동 관리하기

'재난'이라는 말은 넓은 의미에서 자연과 인간에 의한 재앙을 모두 뜻한다. 자연적인 재난은 세 개의 범주로 구분할 수 있다.

- 허리케인이나 해일, 토네이도, 태풍, 눈보라, 가뭄, 한파, 폭염 같은 기상적인 재난
- 지진, 사태, 눈사태, 홍수 같은 위상적 재앙
- 곤충 떼나 전염병 같은 생물학적 재난

최근에 일어난 자연적 재난 중 가장 끔찍한 사례는 2004년 12월 인도양에서 20만여 명의 사망자를 낸 지진해일이었다. 많은 사람과 NGO, 각국 정부, 그리고 기업이 즉각적으로 나서서 재난구호를 위해 지대한 공헌을 했다.

인간에 의한 재앙은 다음과 같은 범주로 구분할 수 있다.

- 교통, 채광, 오염, 화학물질, 핵물질 사고 등
- 국경 너머로 강제 이동하는 난민 위기: 폭동과 시위 같은 국내 소요
- 게릴라 활동과 테러처럼 전쟁과 관련된 격변

지난 10년 사이에 가장 관심을 끈 인재는 2001년 9월 11일 미국에서 발생한 테러일 것이다. 셀 수 없이 많은 사람과 NGO, 정부, 그리고 기업이 즉각적으로 나서서 피해를 본 가족들을 위한 재난구호활동에 지대한 공헌을 했다.

지역이나 지방, 그리고 중앙 정부는 다양한 의무를 띠고 있어서 재난구호 노력은 대개 정부에 의해 조직화된 활동이다. 정부 법령은 재난선포 및 긴급명령에 대해 적절한 절차를 정의해놓고 있다.

각 정부는 국제적십자사연맹, 세이브더칠드런(Save the Children), 케어인터내셔널(CARE International), 또는 세계식량계획 같은 주요 재난구호단체로부터 지원을 받는다. 정부 법령은 이러한 전문 구호기관에 자율권을 주어 이들이 '현장 도착 1호'가 되어 의료구호나 비상사태 동안의 임시주거 마련과 같은 즉각적인 조치를 취할 수 있게 한다. 이것이 바로 기업들이 자체적인 기부와 더불어 적절한 구호기관들을 지정해 지원하고, 무엇보다 방해가 되지 않도록 해야 하는 이유다.

유용한 정보제공 기관

- 국제적십자사연맹(www.ifrc.org)
- 케어인터내셔널(www.careinternational.org)
- 세이브더칠드런—국제세이브더칠드런연맹(International Save the Children Alliance, www.savethechildren.net/alliance/index.html)
- 세계식량계획(World Food Programme, www.wfp.org)
- 국제재난정보센터(Center for International Disaster Information,

www.cidi.org)는 적절한 국제적 재난구호활동을 돕기 위한 정보와 지침을 제공한다. 기업을 위한 가이드라인도 있다.

- 재난성전염병연구센터(Center for Research on the Epidemiology of Disasters, www.cred.be)는 재난에 관해 공중보건, 전염병학, 그리고 구조적 · 사회경제적 측면에 초점을 맞춰 연구, 교육, 정보 보급 등에 힘쓰고 있다. 이 센터는 정책중심의 연구를 발전시키는 것뿐 아니라 개발도상국이 재난관리능력의 효율성을 향상하도록 노력하고 있다.
- 재난관리연맹(Disaster Management Alliance, www.padf.org)은 범아메리카개발재단(the Pan American Development Foundation)과 미국국제개발처(USAID: the US Agency for International Development)의 해외재난지원국(OFDA)의 한 계획으로, USAID가 주 기부자다. 재난 관리의 모든 국면에서 민간부문 자원을 움직이는 통로 역할을 한다.

재난이 발생했을 때 재무적인 지원을 하려면 견실한 실적을 쌓은 인지도 있는 구호기관과의 협력이 가장 쉬운 방법이 될 수 있다. 그들은 여러분의 나라에 지부를 두고 있을 수도 있고, 그들의 지역 파트너 가운데 하나를 추천해줄 수도 있다. 지원할 기관을 정했다면, 그들과 함께 회사가 어떠한 방식으로 기여할 수 있는지 결정하라.

회사는 무엇을 해야 하는가

재난구호활동은 회사의 기업기부활동을 위한 주춧돌이 되어야 한다. 회사가 영업하고 있는 지역이나 국가에서 재난이 발생한다면 그 지역사회의 이해관계자들은 긴급한 지원이 필요하다. 여러분 회사는 최소한 그 일부를 해야만 한다.

그런 상황에서 좀 부적절해 보이는 얘기일지 모르지만, 중요한 시기에 회사가 의지할 만한 대상이라는 점을 사회에 입증할 기회가 될 수 있다는 사실도 인식하고 있어야 한다. 물론 우선순위는 고통을 완화하도록 돕고 진지하게 실천하는 일이다. 그러나 제대로만 한다면 그 지역사회와 이해관계자 사이에서 위상을 향상할 수 있다는 것도 엄연한 사실이다. 그런 결과를 이끌어내려면 단순한 송금보다 훨씬 많은 활동을 할 필요가 있다.

회사가 진출해 있지 않은 지역이라면 지원할지, 한다면 어떤 이유에서인지 고려해야 한다. 이 일은 여러분이나 회사의 고객, 직원, 그리고 그들의 가족이 직접 영향을 받을 때와는 엄연히 다르다. 대중적 관심이 높은 분위기 속에서(이를테면 경쟁사처럼 주변의 많은 회사가 참여하고 있는) '해야 할 일'처럼 보이기 때문에 나서려고 하는가? 아니면 여러분 회사의 직원 중에 우연히도 그 나라 출신이 많기 때문인가?

또 어떻게 참여하는 게 좋을지도 고려해봐야 한다. 돈만 기부할 것인가, 직원들을 지원할 것인가? 아니면 그 이상 할 일이 있는가? 여러분의 기업사회참여전략을 살펴보면, 리마 퀴레시가 에릭슨 리스폰스 프로그램에 관해 밝힌 인터뷰 내용처럼 회사 사업과 직접적인 관련이 있으면서 여러분이 초점을 맞출 만한 주제가 있을 것이다(130쪽 참조).

후자는 신뢰할 만한 방법이다. 여러분은 직원들에게 직접 개입할 기회를 주면서 그 이상의 일을 할 수 있다(물론 적절한 지원단체들과 함께 일하면서). 이것은 엄청난 동기유발이 될 수 있고, 직원들의 사회적 경쟁력을 키워줄 수 있다. 좋은 사례 중 하나는 유엔 세계식량계획과 TNT의 협력 작업이다. 8장에서 임직원참여활동의 이러한 면을 더 자세히 다루고 있다.

상황의 우선순위 정하기

여러 단계를 밟으며 여러분은 돈을 얼마나 써야 하는지 계산해볼 수 있다.

먼저 직원들이 직접적으로 영향을 받는지 물어보라. 그렇다면 그들과 가족의 안전을 보장할 수 있는 일을 하라.

다음으로 더 넓은 의미의 이해관계자, 특히 고객과 핵심적인 사업 파트너들은 어떤가? 그들의 일이 큰 영향을 받는다면 여러분은 어떻게 대응할 것인가? 그런 상황이 회사에 주는 위험요인은 무엇인가? 예를 들어 그들의 일이 복구되기까지 청구를 연기하거나 취소해야 하는가? 구호작업을 지원하기 위해 돕거나 함께 일할 다른 방법이 있는가?

여러분이 일하고 있는 지역사회를 고려하며 가장 효과적으로 참여할 수 있는 방법은 다음의 두 가지다.

전문성을 활용한 지원

긴급 상황에서 회사는 어떻게 핵심역량을 연결하여 지원할 수 있는가?

우리는 원격통신과 물품조달에 관해 이야기한 바 있다. 그렇다면 전기 기술자가 전력을 다시 연결해준다든지, 의류 제조업자가 추위를 막아줄 옷을 제공한다든지, 제약사가 무료 백신을 제공한다든지, 요식업자가 음식을 제공하는 일은 어떤가?

여러분이 생각해낼 수 있는 것보다 많은 선택의 여지가 있다. 두 건의 최근 사례를 들어보겠다. 페덱스(FedEx)는 허리케인 카트리나로 말미암은 재난 상황에서 유통시스템과 물류에 대한 전문성을 활용하여 피해자들을 지원하고 물품을 전해줬다. 화이자(Pfizer, 미국의 대형 제약회사—옮긴이)는 지진해일로 발생한 재난 상황에서 회사의 건강 및 질병 전문가들과 환경보건 및 안전 전문가들을 동원해 NGO들과 함께 복구 작업에 참여했다.

구호 지원을 위한 기부

기업의 자체 역량과 별도로 재난 피해자들의 고통을 덜어주기 위해서는 즉각적인 재정 지원이 필요하다.

여러분 회사는 자선적인 방법으로 재난구호 노력을 지원할 수 있다. 이를테면 재정이나 인도주의적인 서비스, 교통수단, 음식·의류·의약품·침대·침구 공급, 임시 대피소와 주택, 의료품과 의료·기술 전문가 공급, 필수 서비스 복구활동에 자선적 기여를 할 수 있다.

회사가 해당 국가와 어떤 관계를 맺고 있느냐에 따라 업무 책임자는 정부 고위 대표에게 지원을 제안하고 적절한 방법을 논의하기 위해 만날 수도 있다. 회사 본부가 그 나라에 있지 않다면, 그 나라 출신의 외교 대표자와 일하는 것도 좋다.

돈을 기부하는 방법은—물론 좋은 행위이고 매우 중요하지만—거의 언제나 충분치 않다. 심지어 필요한 게 아닐 때도 잦다. 부유한 나라인 이탈리아에서 2009년에 발생한 지진을 생각해보라. 이틀도 지나지 않아 이탈리아 정부는 더 이상 긴급지원이 필요치 않다고 발표했다. 그 대신 구호단체들이 장기적인 복구작업에 참여를 고려해주면 좋겠다고 했다.

이것은 중요한 측면이다. 종종 긴급지원은 한 장소로 몰린다. 그런데 광분이 사그라들면 그 지역은 장기적인 복구 문제를 안은 채 홀로 남겨진다. 예를 들어 보겠다. 지진해일으로 많은 아이가 부모를 잃었다. 그들의 장기적인 교육문제는 어떤가? 누가 그들을 돌보고 교육비를 대는가? 지속가능성의 관점에서 여러분 회사가 재난 피해를 입은 곳에서 그런 장기적인 이슈를 살펴보면 좋을 것이다.

폭동이나 시위와 같은 국내 소요의 영향에 관해 말하자면 여러분은 회사를 위해 적절한 접근방식을 결정해야 한다. 참여를 해야 하는가? 그렇다면 어떻게 해야 하는가?

불안정한 정치 상황에 처한 나라에서 여러분은 회사가 부패한 정권을 돕거나 정권 교체에 개입하지 않게 할 방법이 있는가? 그런 일이 한 번이라도 일어난다면, 논란과 국제적인 비난을 야기한다. 불확실성과 위험이 따를 때 믿을 만한 NGO들과 일하며 적절한 접근방식을 찾는 일이 특히 중요하다. 이는 재난 상황뿐 아니라 가난한 지역사회에서 사업을 하고 있을 때도 적용되는 진실이다.

현지의 기부 관련법이 여러분의 기여에 어떻게 영향을 끼치는지도 점검해보라. 그리고 항상 회사와 해당 기관 간에 서면 계약서를 만들어 두는 편이 낫다.

직접적인 자원봉사

임직원자원봉사로 다음과 같은 일을 할 수 있다. 폭풍이 지나간 숲·공원·해변 청소, 홍수로 피해를 본 학교나 지역사회센터 개보수, 토네이도가 휩쓸고 지나간 산림 재건을 위한 나무 심기 등.

직원들을 재난구호활동에 참여시키기

직원들이 피해 국가에 살고 있다면 대개 돕고 싶어할 것이다. 8장에서 임직원참여활동에 대해 자세히 설명해놓았다. 직원들을 끌어들이는 가장 확실한 방법은 조금이라도 돈을 모아 오면 거기에 회사가 매칭해주거나, 에릭슨 리스폰스 사례처럼 직접 자원봉사에 참여하게 하는 것이다.

하지만 직원들로 하여금 재난구호활동에 직접 나서게 하는 일은 다른 자원봉사활동에 비해 훨씬 더 조심해야 한다. 현지 재난구호 단체들과 함께, 어쩌면 재난이 일어나기 전부터 적절한 훈련과 계획을 준비해둬야 한다. 조직화하는 데 더 많은 노력이 필요하지만, 대신 여러분 회사나 참여자들은 새롭고 흥미진진한 지역사회 관계를 형성할 수 있다. 어떤 경우일지라도 다른 무엇보다 직원의 안전이 중요하다. 따라서 그들이 정말 무엇을 할 수 있는지를 결정하기 전에 직원 안전에 관한 이슈를(이것 역시 현지 재난구호단체들과 얘기해서) 챙겨야 한다.

부록 4.3(172쪽)은 재난구호활동에 접근하는 사례를 보여준다.

부록 4.1 대의명분 평가표

프로젝트 이름:

프로젝트가 (회사 또는 책임경영) 전략과 관련된 이슈를 다루고자 하는가?

- 아니다 → 성공할 수 없음
- 그렇다 → 배점 기준: 아니다=0, 약간=1, 대개=2, 그렇다=3

1

이해관계자에 대한 책임
진정한 사회적 욕구에 부응하면서 이해관계자 그룹을 지원할 수 있는 프로젝트인가?

2

지속가능성
회사의 지원이 끝난 후에도 지속가능한 프로젝트인가?

3

영향력
회사에 끼치는 위험은 적으면서 사회에 큰 영향을 미치는 프로젝트인가?

4

장기적 관계
장기적으로 해당 단체(대의명분)를 지원하는 일이 잠재력을 지녔는가?

5

홍보
회사 인지도를 높이는 데 긍정적인 프로젝트인가

6

임직원참여활동
임직원참여활동의 기회를 진작하는 프로젝트인가?

총점

도표 이용법

이 평가표는 기업기부활동의 적용을 지속적으로 평가하기 위해 개발되었다.

여러분 회사에 맞는 기업기부활동의 전략적 대상범위가 있는데 평가 대상 프로젝트가 그것에 관한 내용이 아니라면, 해당 프로젝트 적용은 자동적으로 실패로 간주된다.

기업기부활동의 집중대상 범위에 든다면, 평가표를 계속 작성하라.

각각의 항목은 똑같은 비중을 갖는다. 점수를 매겨 왼쪽 상자에 적어라. 엑셀로 만들면 점수를 합산하기 쉽다. 총점이 12점 이상이면 프로젝트를 진행하라.

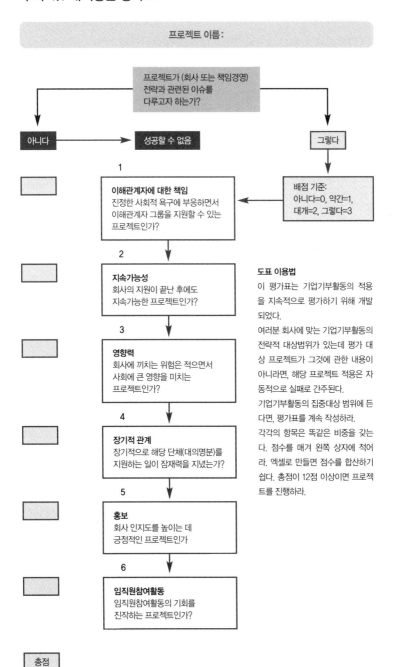

이 도표는 여러분의 선택을 평가하는 데 도움을 준다. 여기의 기준은 어떤 지원 요청을 받아들일지 결정할 때 고려해야 할 기본 사항들이다. 또 회사가 기업기부활동으로 지원하고 있는 대의명분이 무엇인지, 왜 그렇게 하고 있는지를 회사 동료에게 쉽게 홍보할 수 있게 해준다.

부록 4.2 지원 요청을 거절하는 편지 예문

존경하는 (수신인 이름)께

지난 (날짜)에 (보조금 목적)에 대한 지원을 요청하며 (요청편지 수신자)에게 보내신 편지를 잘 받았습니다.

저희 (회사명)는 생활하고 근무하는 지역사회에 많은 투자를 하고 있습니다. 이를 위해 임직원참여활동과 기금매칭 프로그램에 아울러, 조직적인 기업사회참여활동을 수행하고 있습니다.

저희는 기업사회참여에 대한 투자를 (책임경영이나 기업사회참여전략의 개요)에 맞춰 집중하고 있으며, 이를 위해 일련의 기업사회참여 프로그램을 운영하고 있습니다. 저희 임직원자원봉사활동 계획도 기업사회참여를 지원하기 위한 방식으로 독려하고 있습니다. 저희는 또한 직원들이 추천한 자선단체들을 기금매칭이나 급여공제기부 같은 방법으로 지원하고 있습니다.

지역사회와 자선단체에 이러한 식으로 접근하는 이유는 좋은 프로젝트를 장기적으로 지원하기 위해서입니다. 이는 또한 저희 직원들이 가장 의미 있는 자선단체들을 돕는 길이기도 합니다.

그러므로 귀하가 요청하신 지원에 재무적인 도움을 드릴 수 없음을 매우 유감스럽게 생각합니다.

귀하의 단체가 하는 모든 일이 잘 이뤄지길 바랍니다.

(회사명) 기업사회참여 매니저
(이름)

부록 4.3 재난구호활동 접근방식의 예

상황	근무하고 있는 나라에 폭우로 대홍수가 발생해 심각한 피해가 발생했다.
구호 노력	잘 알려진 재난구호단체들이 구호 전문가들을 파견해 사람들을 대피시키고 임시 숙소를 마련해주고 있다.
미디어 반응	재난 상황과, 구호활동을 벌이는 기관들, 그리고 피해자들을 돕는 데 필요한 자금에 대해 보도한다.
기업의 반응	미디어는 재난구호활동에 대한 기업들의 기부(적십자사나 적신월사 등)에 관해 보도한다.
이해관계자 요구	회사는 이해관계자들(여러분 회사의 직원일 수도 있다)로부터 지원 요청을 받는다. 그 나라 담당 경영진이 기부를 하는 편이 좋겠다고 이미 결심했을지도 모른다.
기업사회참여 매니저/경영 이사회	기업사회참여 매니저로서 상황을 가늠하기 위해 경영 이사회와 협력해야 한다.
주의 : 야심에 따라 결정을 내리지는 마라	재난으로 말미암아 미디어를 포함해 사회 전체 분위기가 감정적일 수 있다는 점에 주의하라. 감정에 휘둘리거나 단순한 홍보 효과를 위해 서둘러 결정하지 않도록 하라. 3년 후에 돌아보더라도 '참 잘한 일'이라고 여길 만한 결정을 내리도록 노력하라.
의사결정	지역사회 매니저와 경영 이사회가 함께 결정해야 한다. • 어떤 단체를 지원하는 편이 적절한가? (그 나라의 적십자사/적신월사일수도 있다. 혹시 생각해본 다른 재난구호단체가 있는가?) 확실히 짚어볼 점은 다음과 같다. –평판 –프로젝트 실적 –재무 실적 • 지원 금액은 얼마가 적절한가? 다음 중 어떤 범위 안에 드는가? –2만 유로(3만 달러)? –20만 유로(30만 달러)? –200만 유로(300만 달러)? 다른 기업들(경쟁사나 비슷한 규모의 회사)의 기부금 수준을 알아봐도 좋다. 회사가 선택한 구호기관과 적절한 금액이나 사용 용도에 관해 의논해볼 수도 있다. • 더 할 수 있는 일이나, 피해 지역 NGO들과 파트너십을 맺고 일할 기회가 있는가?

	주의할 점: 재난구호활동으로 지원할 때 대상 기관과 반드시 서면으로 계약하고 기부금이 어떻게 쓰일지에 대해 상세한 정보를 받아둬야 한다. 그래야만 이후에 사내외 이해관계자에게 보고할 때 그 돈을 어떻게 썼는지 증명할 수 있다.
임직원 참여시키기	임직원참여활동은 중요하다. 최선의 방법을 결정하는 것은 바로 여러분에게 달려 있다. 가장 쉬운 방법은 기금매칭으로 직원들의 자발적인 모금을 지원하는 것이다(8장 참조). 직원들이 적절한 기술을 갖추고 있다면, 유급휴가를 줘서 구호활동에 실질적으로 참여하게 할 수도 있다. 전문성을 활용하여 사람들을 지원하게 하는 방법이다. 이때 현지 구호단체에 문의하고, 언제나 직원들의 안전을 먼저 고려하라.
회사 중심부로부터의 기금매칭	여러분이 근무하고 있는 곳이 본사가 아니라면, 본사에 추가적인 지원을 해줄 수 있는지 알아보라. 해주지 못한다 해도, 물어볼 필요는 있다. 어떤 기업들의 본사는 지사가 구호활동에 지원하는 금액의 100퍼센트를 매칭해 지원하기도 한다.

5

기업사회참여와 핵심사업의 통합: 사업 · 마케팅 · 인사관리 부서와 일하는 방법

책임경영 리더십에서 기업사회참여를 사업의 모든 부문에 통합하는 일은 매우 중요하다. 이에 대해 세 가지 관점에서 다루겠다.

- 사업적 측면: 기업 제품이나 서비스를 제조·생산·상품화하는 사업 파트를 말한다.
- 마케팅 시각: 기업사회참여가 공익연계 마케팅이나 스폰서십 프로그램을 얼마나 잘 통합하고 있으며, 그것들을 향상하는가.
- 인사관리 관점: 기업사회참여가 회사에 대한 직원들의 자부심을 키워 주는 역할을 하는가. 직원 모집과 교육에 도움이 되는가.

기업사회참여를 이 세 가지 관점과 통합하는 일은 일부 기업이 기업의 사회적 책임(CSR)이나 책임경영으로 여기는 내용과 비슷하다. 여러분이 속한 회사가 그것을 어떻게 바라보느냐에 달려 있다. 우리는 바람직한 기업사회참여란 회사에서 모든 사업 영역의 일부가 될 수 있고, 또 되어야 한다고 믿는다. 여기에 실은 인터뷰는 세계적인 통신회사 중 하나이자 CSR의 리더로 인정받는 기업의 모범사례를 보여준다.

알베르토 앤드류 피니요스와 나눈 인터뷰: "사내에 신뢰할 만한 분위기를 만들어라"

텔레포니카(Telefonica)는 세계적으로 가장 큰 통신회사 중 하나다. 직원만 해도 25만 명이 넘고, 전 세계 25개국에 진출해 2억 6000만여 명의 고객과 관계를 맺고 있다. 텔레포니카의 성장전략은 강하고 튼튼한 기반을 가진 시장에 집중하는 것이다. 스페인, 유럽, 남미 시장이 그곳이다.

알베르토 앤드류 피니요스(Alberto Andreu Pinillos)는 기업평판과 정체성 및 지속가능성 담당 이사다. 그는 지난 8년간 텔레포니카에서 CSR 개발업무를 맡아왔다. 텔레포니카는 2009년 다우존스지속가능성지수(DJSI) 평가에서 가장 점수가 높은 전기통신회사였다. 학계와 정유업계, 은행 등에서 경력을 쌓은 피니요스는 텔레포니카에 입사하기 전, 스페인의 대표적 은행인 산탄데르(Santander)에서 기업정체성 및 문화 담당 이사였다. 그는 또 엠프레사(Empresa) 연구소에 있는 조직행동과 기업정체성 및 문화 전공 부교수다.

2008년 텔레포니카는 사회·문화 활동에 1억 1400만 유로(약 1억 7100만 달러)를 투자했다. 그중 6900만 유로는 텔레포니카의 기업사회참여에 중요한 부분인 텔레포니카재단을 위해 사용되었다. 그 재단은 텔레포니카 그룹 계열사들의 장기적인 사회·문화 프로젝트들을 조정하기 위해 1998년에 설립되었다.

CSR에 대한 텔레포니카의 전반적인 접근방식은 무엇인가? 기업사회참여는 그것에 어떻게 맞추는가?

—— "일반 대중은 CSR을 자선활동에만 관련된 일로 오해할 수 있으나 사실은 그렇지 않다. 그것은 훨씬 더 많은 활동을 의미한다. CSR에 대해 텔레포니카는 전반적으로 투명성과 신뢰, 그리고 모든 이해관계자와 바람직하고 효율적인 관계를 구축하는 일에 특히 중점을 둬왔다. 우리는 투자자들과 지역이나 국제적 NGO들, 그리고 직원들을 위한 주요 조직에 주의를 기울여 왔다. 사실 우리는 최종 소비자들과 관련하여 그들에게 영향을 줄 수 있는 모든 그룹에 초점을 맞추고 있다.

전반적인 접근방식의 핵심은 우리가 다우존스지속가능성지수에서 리더로 인정받는 데 초점을 맞춰왔다는 사실이다. 거기에서 출발해 우리의 CSR전략은 세 개의 주요 영역, 즉 환경적 지속가능성과 사회·경제적 이슈들, 그리고 그것들을 어떻게 우리의 사업에 연관시킬 것인지를 다룬다.

환경문제로는 기후변화와 에너지 효율성에 초점을 맞추고 있다. 경제적 접근은 위기와 기업 거버넌스, 그리고 고객과의 관계를 어떻게 관리하느냐에 관한 일이다. 사회적 이슈는 적합한 직원을 모집하는 일에서부터 이해관계자들과의 협력, 지역사회에서 우리 제품과 서비스가 지니는 영향력에 이르기까지 모두 포함한다. 또한 공급망과 관련된 윤리적 이슈와 인권지지 등도 포함한다. 우리의 기업사회참여와 재단 자선사업과의 연계는 바로 이 사회적 이슈 영역에 속한다."

텔레포니카재단과는 어떻게 일하는가?

—— "지난 3년간, 기업과 재단의 협업 방식은 많이 발전했다. 나는 이것이 기업재단에 관한 좋은 사례가 될 것으로 생각한다. 과거 오랫동안 텔레포니카재단은 가치 있는 비영리 프로그램들에 초점을 맞춰왔다. 하지만 우리 회사의 사업과는 거의 관련이 없었다. 그것은 잃어버린 기회였으므로 우리는 모두 뭔가 연결고리를 찾아야 한다고 생각했다. 사실 어떤 파트너십이든 서로 경계를 정하고 힘을 겨루는 문제가 생긴다. 그러나 우리는 잘해왔다. 올해 처음으로 CSR과 재단의 보고 프로세스를 함께 실행했는데 아주 잘 진행되었다. 예를 들면 우리는 텔레포니카의 CSR 보고서와 텔레포니카재단의 연례 보고서를 하나로 묶었다.

재단이 하는 일이 중요하긴 하지만, 텔레포니카가 사회에 끼치는 전반적인 영향은 사회적일 뿐 아니라 경제적이라는 사실을 알고 있다.

우리 회사는 각종 구매비로 연간 300억 유로(약 450억 달러)를 쓴다. 우리 회사가 지역사회의 구매와 관련하여 미치는 영향도 전부 봐야 한다. 따라서 우리는 구매 부서와도 협력한다. 연간 전체 구매비의 0.7퍼센트를 우리 재단의 사업과 연계해 사회적 배려를 목표로 정한다면, 우리는 1년에 지역사회에 1억 8200만 유로(약 2억 7400만 달러)어치의 영향을 줄 수 있는 셈이다. 그런 식으로 우리는 책임감 있는 공급망을 발전시킴으로써 지속가능한 지역사회가 되도록 영향을 준다. 우리는 재단이 사회 변화를 이루도록 돕는 동시에 우리의 사업방식을 개선한다."

재단이 적극적으로 개입하고 있는 분야는 어떤 것들인가? 재단은 기업의 사업과 어떻게 연계하고 있나?

—— "재단은 네 개의 주요 활동영역이 있다. 가장 큰 영역은 '프로니노(Pronino)' 프로그램으로, 2009년만 해도 15만여 명의 아이를 도왔다. 둘째 영역은 '교육적십자(EducaRed)'라고 부르는데, 최신 기술로 교육을 개선하는 활동이다. 여기서 사업적인 측면에 아동보호를 위한 콘텐트를 도입했다. 즉 아이들이 휴대폰을 안전하게 사용하고, 인터넷에서 주의 깊고 책임감 있게 행동하도록 돕는 일이다. 셋째 영역은 지역사회에서 정보통신기술을 이용하는 일과 관련된 부문이다. 우리는 기후변화 관련 업무, 사회화와 정보화 관련 이슈들과 재단을 연계했다. 마지막으로 재단은 텔레포니카 임직원자원봉사 프로그램을 관리한다. 여기서 우리 역할은 재단이 회사의 핵심사업과 관련된 자원봉사 영역을 찾아내도록 돕는 일이다. 예를 들어 임직원자원봉사자들은 노인들이 인터넷 서비스를 이용할 수 있도록 도와준다."

당신이 속한 부서는 기업의 사업 파트와 어떤 식으로 협력하는가?

— "우리는 일을 쉽게 만들어주는 조력자, 즉 퍼실리테이터라고 생각한다. 사회가 정보통신기술 서비스에서 무엇을 원하는지 회사로 하여금 이해하게 하고, 그것으로 삶을 향상하고 사업을 창출할 방법을 찾아내고자 함께 일한다. 이를테면 노인들을 지원하거나 장애가 있는 고객들을 돕는 방식으로 말이다.

예를 들어 보겠다. 청각장애인을 위해 우리의 CSR과 혁신 부서들은 스페인의 전국청각장애인연합회(CNSE: The Confederación Estatal de Personas Sordas)와 협력관계를 맺었다. 텔레포니카 사업부는 수화 통역사들이 있는 콜센터와 연결된 정교한 형태의 화상회의 플랫폼을 개발했다. 이로써 청각장애인은 병원에 가서 의사와 얘기할 수 있고, 비상 시 경찰에 연락할 수도 있다. 우리 회사 사업부가 병원에 가서 이 시스템을 제안했을 때, 병원은 우리가 CNSE와 공동사업을 하고 있는지 알고 싶어했다. 만약 그런 관계가 없었다면, 우리 제품은 정당성을 얻을 수 없었을지도 모른다. 현재 우리는 그 플랫폼을 여러 공공병원과 민간병원에 판매하고 있다."

기업의 사업 파트와 관계를 맺는 방법에 대해 어떤 조언을 해주고 싶은가?

— "가장 중요한 건 사내에 신뢰하는 분위기를 만드는 일이다. 적절한 리듬과 속도를 찾아야 한다. 천천히 가는 편이 도움이 될 때도 있다. 천천히 가더라도 확신한다면 일은 잘 풀릴 것이다. 앞서가려고 하면 사람들은 잡아끌면서 여러분의 저의를 의심하고, 심지어 일을 가로채려고 하는 건 아닌가 하고 경계할지도 모른다.

그러니 앞에 나서려고 하지 마라. 트렌드를 파악하고 새로운 기회를 찾아내어 준비하면서 일을 쉽게 만들어주는 촉진제 역할을 하라. 앞선 예에서 회사 측이 청각장애인 관련 협회와 공조할 필요가 있을 것 같다고 했을 때, 우리는 이미 준비가 되어 있었다. 우리의 역할은 문을 열고, 회사가 사회와 적절한 관계를 형성하도록 돕는 일이다."

텔레포니카는 매우 다양한 지역에서 사업을 벌이고 있다. 그런 국제적인 성격이 CSR과 기업사회참여전략의 형태에 어떤 영향을 주었는가?

── "지구상의 모든 지역은 그들만의 시각, 대중적 의제와 우선순위를 갖고 있다. 그러니 세계 전체에 맞는 단 하나의 주제를 찾아내기란 불가능하다고 생각한다. 처음 우리가 초점을 맞췄던 'DJSI에서 리더십 획득'은 회사 전반에 걸쳐 전달된 하나의 단순한 메시지에 불과했다. 이후 8년 이상 흐르는 동안 우리는 전략의 형태를 만들어왔고, 그 결과 3단계의 접근법을 갖췄다.

첫째, 전 세계에 퍼져 있는 우리 회사의 지사들은 유엔 글로벌콤팩트와 글로벌 리포팅 이니셔티브(GRI)[1] 지수를 이용해 그것에 관해 보고한다.

둘째, 통신회사들에게 우선순위가 있는 주요 영역이 무엇인지 파악한다. 이를 위해 우리는 세계 통신사들의 지속가능경영포럼인 세계 e-지속가능성 이니셔티브(GeSI)[2]에 참여하고 있다. GeSI는 접근성, 아동보호, 기후변화, 전자장과 같이 우리 업계가 앞으로 맞닥뜨릴 논란적인 주제를 알려주었다. CSR과 지역사회 이슈들은 완전히 섞여 있다.

셋째, 각각의 시장은 또 그들의 현지 프로젝트에 초점을 맞출 수 있다. 이러한 관점에서 각국은 중점지역과 기업사회참여 관련 프로젝트

---

1 Global Reporting Initiative, www.globalreporting.org/AboutGRI

2 Global e-Sustainability Initiative(GeSI)는 혁신으로 정보통신기술(ICT)의 지속가능성을 이루고자 힘쓴다. www.gesi.org

를 정한다. 아동보호가 유럽에서는 논란적인 주제이지만, 일부 남미 국가에서는 그렇지 못한 게 현실이다. 또한 기후변화가 북유럽에서는 큰 이슈이지만, 스페인에서는 보통 수준의 의제일 뿐이고 남미에서는 관심이 더 떨어진다. 이런 식으로 각국은 지역적으로 의미 있는 이슈에 적절히 집중할 수 있다.

그렇다고 모든 시장에서 그들이 원하는 일만 한다는 뜻은 아니다. 우리의 CSR전략은 2012년까지 모든 시장에서 실행해야 할 13개의 주요 프로젝트를 갖고 있다. 여기엔 인권이나 아동보호, 공급망, 기후변화 같은 영역이 포함되어 있다."

그렇게 많은 프로젝트를 진행하는 일이 복잡하지 않은가?

―― 이것은 "우리 회사의 사업적 위험요인을 감소시키고자 이해관계자들과 신뢰관계를 구축하는 데 초점을 맞춘 하나의 커다란 우산이다.

사람들의 기대 내용이나 수준은 바뀐다. 6년 전에는 아무도 아동보호에 관해 이야기하지 않았으나, 지금은 논의하고 있으며 앞으로는 필수조건이 되리라고 본다. 차량의 에너지 효율성도 마찬가지다. 지금은 그저 좋은 것이지만, 3년 내에 필수적인 사안이 될 수 있다. 중요한 문제는, 투명해야 하고 우리가 매년 진화하고 있다는 사실을 이해관계자들에게 보여주는 일이다."

고위 경영진에게서 어떻게 지지를 얻고 있나?

―― "우리는 2002년부터 이사회에서 CSR과 평판에 관한 일을 맡고 있다. 8년 전 우리가 이 분야의 일을 시작했을 때 사내에서 공식적으로 책임을 지는 사람은 아무도 없었다. 그런데 이제 모든 국가에 우리는 두세 사람으로 구성된 팀을 갖추고 있다. 대단한 진전이다. 하지만 여

전히 과제가 남아 있다. 나는 고위 경영진이 CSR의 중요성에 충분히 깊은 믿음을 갖고 있다는 데 만족하지만, CSR과 지속가능성 이슈에 대한 우리 회사의 문화가 더 개선되길 바란다. 물론 우리는 공식적인 프로세스로 이 문제를 다루고 있다. 그러나 여기에는 비공식적인 면도 있으므로 여러분은 그 문제에 관해 매일 영향을 끼칠 수 있도록 해야 한다.

이것은 모든 '무형'의 기능에 따르는 속성이라고 생각한다. DJSI의 정상에 도달하는 일은 투자자들에게 중요한 논쟁거리가 되는 만큼 우리에게도 도움이 된다. CSR과 지속가능성을 투자자들과 연계하는 일은 여러분이 우리 회사뿐 아니라 그 어떤 이사회라도 이해할 만한 언어로 말할 수 있다는 점을 의미한다. 그렇게 할 수 있다면 언제나 그들로부터 지지를 받을 수 있다. 그것이야말로 우리가 해야 할 일이자 중요한 도전과제다. 모든 사업 부서를 위해 우리는 역량개발자가 되고, 시장에서는 텔레포니카에 대한 신뢰를 창조하는 도구가 되어야 한다."

핵심사업과 관계 맺고 일하기

부서 안에서 문을 닫고 앉아 회사를 위해 뭔가 좋은 기업사회참여 프로젝트들을 만들고 만족할 수도 있다. 그러나 이것으로는 충분치 않다. 더 많은 일이 필요하다. 여러분에게는 사업적 통합이 필요하다. 왜 그럴까?

책임경영의 관점에서 볼 때, 기업사회참여활동을 아무리 탄탄하게 하더라도 그 일을 기업의 핵심 비즈니스나 사업에 통합하지 못하면 결코 리더가 될 수 없다. 더군다나 여러분이 하는 일이 좋은 '경영사례'로 남지 못한다면, 무엇 때문에 회사가 그런 활동을 하려고 애쓰겠는가? 기업사회참여의 진정한 리더십은 주변부에 머물러 있을 게 아니라 회사의 모든 부문에 통합되어야 한다는 사실을 잊지 말기 바란다.

먼저 사회적 영향에 초점을 맞춰라

기업은 이윤을 얻기 위해 존재하지만 이제 사업의 결과를 더는 무시할 수 없다. 사업을 벌이고 있는 핵심지역에 미치는 범사회적—지역사회를 포함해—영향을 앞서서 관리해야 한다. 기업사회참여와 사회적 영향의 차이는 후자가 더 큰 그림을 다룬다는 데 있다. 이는 사회에 한 기업이 끼치는 전반적인 영향을 말한다. 예를 들어 기업은 지역사회와 맺는 관계는 물론 생산제품이나 납부하는 세금, 공급망을 관리하는 방법 등으로 사회에 영향을 줄 수 있다.

여러분이 속한 회사가 지역사회에 미치는 영향을 볼 때는 긍정적인 면과 부정적인 면을 함께 고려하기 바란다. 어디에 위험요인이 있는지 살펴보라. 그와 함께 기업사회참여가 사업과 사회 발전을 위해 기여할 수 있는 기회는 무엇일지 스스로 질문을 던져보라.

회사의 모든 영역을 고려하라. 기업들의 시스템은 서로 다르지만, 여기서는 공통적이라고 생각하는 세 영역을 다루겠다. 각 영역은 기업이 벌이는 활동이 이미 지역사회에 영향을 미치고 있거나, 어떤 기업이든 많이 할수록 이익을 얻는 영역이다. 세 영역은 다음과 같다.

1. 지사 설립과 운영이 현지 지역사회에 주는 영향

생산, 제조, 산업적 활동만을 말하는 게 아니다. 회사가 사무실과 근로자를 두는 곳에 관한 이야기다. 회사는 지역사회에 영향을 주므로 이에 대해 책임을 느껴야 한다. 간단히 말하자면 '좋은 이웃'이 되어야 한다는 뜻이다.

지역사회의 관점에서 본다면 비교적 간단할지 모른다. 예를 들어 언젠가 여러분 회사가 잉글랜드 맨체스터 외곽의 비즈니스 파크에 새로운 사무실을 지으면서 1000명을 고용할 수도 있다. 또는 아프리카의 적도 기니에 들어가 가스 탐사와 생산활동을 시작할 수도 있다. 훨씬 더 위험한 일이긴 하지만 말이다.

2. 회사 제품이나 서비스 마케팅

여기에는 기업사회참여와 관련된 두 가지 주요 분야가 있다. 공익마케팅과 스폰서십이다. 회사가 이러한 활동 중 어느 한 가지라도 이미 하고 있다면, 어떻게 그것을 더 정교한 기업사회참여 활동이 되도록 할 수 있을까? 그런 활동을 아직 하고 있지 않다면, 기업사회참여 아이디어들을 발전시켜서 회사의 마케팅이나 판매부서 동료가 여러분과 함께 뭔가 만들어내고 싶도록 자극할 수 있지 않을까?

3. '사람들' 측면, 즉 인사관리

기업사회참여는 회사에 대한 직원의 자부심과 일체감을 높여준다. 이는 직원 모집을 쉽게 해주고, 직원의 자기계발에도 도움을 준다.

사업개발과 R&D 부서 동료도 끌어들이는 편이 좋다. 하지만 그런 부서와 일하는 이유가 기업사회참여를 그들의 일상 업무에 통합해야 하기 때문만은 아니다. 그보다는 기업사회참여전략과 중요한 프로젝트들을 개발할 때 그들도 참여하도록 이끌기 위해서다. 이에 대해서는 6장에 더 자세히 소개했다.

사업적 이익은 매우 중요하다

CEO나 부사장 또는 함께 일하고 싶은 사업 분야의 담당이사가 여러분이 하려는 기업사회참여계획에 대해 (그것이 무엇이든 간에) 전폭적으로 지지하게끔 만들어야 한다. 그 사람들이 그 계획에 개인적인 열정이 있기 때문에 그러는 것만은 아니어야 한다. 그 일이 사업에 어떻게 기여할 수 있는지를 그들에게 보여줌으로써 그렇게 하도록 이끌어야 한다.

먼저 끌어들이고 싶은 부서들의 관점에서 생각해보자. 그들 머릿속에 어떤 우선순위가 자리 잡고 있는지, 어떻게 그것에 기업사회참여활동의 맥락을 집어넣을 수 있을지 생각해보라. 스스로 물어보기 바란다. 그들 안에는 무엇이 있을까?

이 질문을 함께 일하고 싶은 사람들(CEO, 부사장, 또는 이사 등)의 부서 또는 개인 차원에서도 생각해보라. 거기에 답할 수 없다면—두 가지 시각 모두에서—그들이 함께 일하는 데 관심을 보이지 않는다고 해도 놀라지 마라.

어떤 사업 영역을 끌어들이든 다음의 6단계를 밟기 바란다.

1. 이슈가 무엇인가? 특정 사업영역이 관심을 둬야 할 이해관계자나 지역사회 관련 이슈들은 어떤 것인가? 그것에 관해 전국적으로 혹은 지역사회 내에서 사업활동을 위험하게 할 논쟁이 있는가? 전국이나 지역 단위 언론의 보도 내용을 조사해보고, 인터넷에 어떤 이야기들이 오가고 있는지 살펴보라. 그렇지 않으면 현지 지역사회로부터 어떤 반응이 있는지 보라. 회사가 지역의원이나 정치인들과(아마도 여러분 회사의 정치적 로비 관련 부서를 통해서) 만난 적이 있는가? 만나서 이야기해야 할(그런데 그렇게 하지 못한) 현지

NGO가 있는가? 나가서 어떤 이해관계자든 만나기 전에, 먼저 회사의 동료와 여러분의 접근방식을 조율하라. 그들과 친한 관계가 아니라면 커뮤니케이션이나, 홍보, 전략 부서의 동료를 불러 차 한잔을 나눠야 할 때다.

2. 이렇게 물어보라. 무엇이 기회인가? 지금은 놓치고 있지만 회사가 할 수 있는 일들이 있는가? 경쟁사들과 다른 업계의 기업들이 무엇을 하고 있는지 살펴보라. 여러분의 시장 또는 다른 나라에서, 누군가, 어디선가, 전에 비슷한 상황을 겪은 적이 있는지 살펴보라.

   경쟁사들이 하고 있는 일을 고려하면서 다음 세 가지 길을 따르도록 하라. 우선 그들과 같은 실수를 하지 않도록 하라. 다음으로 그들의 모범적인 기업사회참여 사례를 차용하라. 마지막으로 그들과 협력을 고려해보라. 적절한 방법은 회사의 상황에 달려 있다. 그들이 회사의 숙명적 경쟁자들일지라도, 업계의 모든 기업이 힘을 모아 함께 일하는 게 당연할 때도 있다.

   예를 들어 보자. 여러 정유사가 같은 나라에서 탐사하고 있다면, 그 업계의 종사자들로 하여금 필요한 전문기술을 발전시키도록 현지 대학 공학과에 함께 기금을 마련해줄 수도 있다. 이에 참여하는 회사들은 비용을 나누고, 경쟁적 이점도 잃지 않고, 결국 모두 혜택을 누린다. 그렇지만 회사를 위한 그런 생각이 동료로부터 확실한 지지를 받을 수 없다면 경쟁사에 가서 이야기하지 마라.

3. 기업사회참여 관점에서 여러분이 확인한 바를 토대로 사업영역을 도울 솔루션에 관해 자유롭게 의견을 나눠보라. 이렇게 하면 그 영역의 동료와 상의하기 전에 여러분의 일이 가져올 변화에 대해 최소한 대강의 아이디어라도 얻을 수 있다.

4. 그렇게 하고 난 다음에 목표로 삼았던 사업영역의 동료를 끌어들여라. 처음에는 부하직원급과 접촉하는 편이 그들의 당면 과제를 이해하는 데 더 나을 지도 모른다. 물론 고위 경영진과 상의할 수 있으면 더욱 좋다. 여러분은 그들의 투자가 필요하다. 따라서 고위급 인사를 너무 늦게 끌어들여서는 안 된다. '책임자'로부터 위임을 받으면 여러분이 마주할 프로젝트 매니저들이 훨씬 더 협조적으로 변한다. 성공의 열쇠는 동료의 주의를 끌 만한 적절한 방법을 찾아내는 데 있다. 비슷한 업체나 경쟁사에 어떤 일이 있었는지에 관해 조사해볼 수도 있다. 조사를 거쳐 그들에게 다가설 완벽한 기회를 얻을 수도 있다. 그들이 세운 계획들을 추진할 때 어떤 일만큼은 여러분 회사에서 일어나지 않도록 해야 하는지 질문하라. 그리고 가능성 있는 해결책을 몇 개 준비하기 바란다.

팁

특정 사업 영역의 사람들과 함께 일할 때 그들이 기업사회참여 솔루션을 스스로 개발하지 않았더라도 뭔가 좋은 경험을 쌓았다는 사실을 명심하라. 그걸 찾아내서 이용하라. 이전에 했던 일들의 긍정적인 측면을 찾아내는 편이 그것을 무시하거나 비판적으로 보기보다 낫다.
이 책의 다른 부분들도 이것에 관해 생각하는 데 도움을 준다. 11장은 도전을 극복하고 변화를 도입하는 일에 관해 다루고, 커뮤니케이션을 다루는 10장은 사내 커뮤니케이션과 참여전략에 관한 방법을 제시해준다.

5. 일단 그들에게서 참여하겠다는 '허가'를 얻으면 사업영역과 관계를 맺고 일을 시작하라. 필요한 일을 전개할 때 체계적인 접근방식을 취하라. 특정한 기업사회참여계획 외에도, 여러분이 시행하는 기업사회참여 프로젝트를 잘 진행하고 있는지 점검할 시스템은 물론, 지역사회나 사회 정책 또는 기준이나 가이드라인 중 어떤 것이 필요한지도 잘 살펴보라.
6. 여러분이 그들과 일찍부터 관계를 맺고 있었다 해도, 계획을 가동하기 전에(최소한 프로젝트가 매우 중요한 전환점에 이르기 전에) 고위 경영진의 투자를 확인하라. 다른 직원들에게 이 일이 회사를 위해

중요한 활동이라고 보여주려면 그들의 지지가 필요하다.

끌어들일 고위 경영자의 직급은 프로젝트의 대상이 되는 지역사회 영역에 달렸다. 현지나 사업영역의 책임자가 될 수도 있고, CEO가 될 수도 있다. 필요하거나 이익이 된다면 명령체계의 상위 단계로 올라가기를 겁내지 마라.

언제, 어떻게 기업사회참여를 사업영역에 통합해야 하는가

최상의 때란 없지만, '생각하는 것보다는 더 빨리' 하는 편이 좋다. 표 5.1에는 각 사업영역에 따라 지키면 좋을 기본원칙들을 일러놓았다.

지사 설립과 운영

한 기업이 새로운 지사를 만들 때 지역사회와 어떻게 관계를 맺느냐 하는 일은 어떤 프로젝트의 결과를 제때, 예산 내에서, 현지의 지속적인 지지를 받으면서 만들어 내는 데 결정적인 역할을 한다. 일단 지사를 세워 운영하고 있더라도 지역사회와 좋은 관계를 유지하는 일은 여전히 중요하다. 다음과 같은 이유 때문이다.

- 사업을 지속할 수 있도록 지역사회가 인정해준다.
- 현지에서 적합한 인력을 모집할 수 있다.
- 최악의 경우 뭔가 잘못되었다 하더라도 현지 지역사회의 호감을 잃지 않을 수 있다. 사람들은 이해하고 도우려 할 것이다.

표 5.1 기업사회참여를 사업영역에 통합할 만한 시기와 방법

사업영역	조성 시기	조성 방법
새로운 지사 설립	계획 수립 단계, 즉 지사 설립을 시작하기 전. 그 프로젝트를 기획한 사람들과 함께 일하라. 그들이 사회적 위험요인과 기회를 이해하도록 도와줄 것이다.	• 환경평가는 대개 법적 필요조건이지만 사회평가는 그렇지 않다. 기본적인 조사는 스스로 하라. 그런 다음 지사에서 사회영향평가(SIA) 같은 조사를 받아보도록 하라. • 지사가 직면할 지역사회 이슈의 종류에 따라 SIA는 복잡할 수도 있다. 저위험국가에선 컴퓨터 조사로도 가능하지만 심하면 전략적 영향평가가 필요할 수도 있다(BP의 BTC 송유관† 과 같이 여러 국경에 걸쳐 있어 현지 지역사회 이슈뿐 아니라 거시경제적 이슈까지 포함하는 대형프로젝트 같은 경우).
지사 운영	지사를 설립해 운영하기 시작하면 언제라도.	• 기업사회참여가 어떻게 도움이 되는지 보여주라. 다른 방법들로는 일이 잘 풀리지 않는 부분에서 직원들의 기업사회참여 동기를 자극할 필요가 있는가? 지역사회와의 관계에 문제가 있는가? • 지사를 설립한 지 시간이 꽤 지났다면, 현지 매니저는 왜 변화가 필요하지 궁금하게 여길 수도 있다. 그와 함께 지역의 기업사회참여활동을 되짚어보면서 그것을 어떻게 향상하고 확장할 수 있는지 알려주라.
마케팅	마케팅 전략을 개발하는 단계, 즉 계획을 제안하기 전 단계.	• 회사 브랜드 위상, 고객 욕구, 기대 관련 조사결과, 마케팅, 판매 전략을 파악하라. • 다른 기업들의 기업사회참여 관련 마케팅과 판매 프로젝트 사례를 찾아 믿을 만한 모범사례를 동료와 공유하라(고객을 공익문제에 동참하게 한 나이키의 기업사회참여 네트워크 활동인 나이키플러스†† 같은 것).
인사관리	직원 모집이나 인적 개발계획을 세우고 있을 때. 인사관리 프로세스는 캠페인성 일이 아니라 항상 진행되는 일이므로, 마케팅 부서와 관계를 맺을 때보다 시간문제는 덜 중요하다.	• 회사의 인사관리 전략과, 사내 이슈(직원이나 팀의 숙련성 등)나 사외의 변화요인(인구학적 변화나 업계 전체의 적자 등)이 회사의 욕구에 어떤 영향을 미치는지 파악하라. • 회사의 직원 설문조사를 보거나 비공식적인 직원 포커스 그룹††† 을 만들어라.

† 바쿠(아제르바이잔)–트빌리시(그루지아)–세이한(터키) 송유관은 총 1768킬로미터로 3개국을 지난다. http://www.bp.com/genericarticle.do?categoryId=2012968&contentId=2006862

†† www.nikeplus.com

††† 포커스 그룹은 정성적 연구의 한 형태다. 한 그룹의 사람을 모아놓고, 제품 · 서비스 · 광고 · 개념 · 아이디어 또는 사회적 프로그램에 대한 입장을 물어본다. 조사는 상호작용이 가능한 상황에서 이뤄지므로 참가자들은 그룹의 다른 구성원들과도 자유롭게 이야기를 나눌 수 있다.

'선진국'과 '개발도상국'

좋은 기업사회참여의 필요조건은 업계마다 다르지만, 지사가 선진국이 아닌 개발도상국에 있다면 도전은 더 크다. 법치가 안정된 국가, 즉 정치 체계가 민주적이고, 부의 분배 수준이 비교적 높고 평등하며, 기업·사회·정부 간 프로세스가 투명한 나라에서 여러분이 일하고 있다면 성과를 내기가 훨씬 쉬우리라고 본다. 반면 개발도상국에서는 회사가 그런 프로세스나 인프라를 만드는 데 공헌해야 할지도 모른다.[3]

그렇다고 모든 선진국에서 지사 운영이 간단하리라고 생각하지는 마라. 선진국과 개발도상국 양쪽에 지사를 둔 기업들이 어떤 나라의 사회적 도전이 더 클지 위기분석을 해보면, 이탈리아와 호주는 아프리카 국가들만큼이나 위험요인이 큰 나라로 나타날 수 있다.

왜 그럴까? 국제투명성기구(Transparency International)[4]가 평가하는 국가별 부패지수(CPI)에서 2010년 현재 이탈리아는 67위다.[5] G8 국가 중 하나라고 보기에는 매우 낮은 순위다. 호주는 국제투명성기구 순위는 훨씬 높지만(8위), 법이나 유산 관련 이슈가 좀 복잡하다. 원주민의 권리를 보호하고 그레이트배리어리프(Great Barrier Reef, 호주 북동 해안에 있는 세계 최대의 산호초. 1981년 유네스코 세계자연유산으로 지정되었다.—옮긴이)와 같이 경이로운 자연경관을 보존하는 일은 기업들에게 환경적, 사회적 영향을 최소화하도록 최선을 다할 의무를 요구한다

---

3 '개발도상국'이라는 용어는 위에서 말한 요소 중 일부가 부족한 나라를 의미한다. 더 나은 표현이 없어 일반적으로 사용되는 이 단어를 썼다. 좀 길더라도 '소위 개발도상국이라고 불리는'이라고 쓰는 편이 사실 더 낫다. 이런 나라 중에는 소위 '선진국'이라고 부르는 나라들보다 사회적 문제가 더 적은 경우도 있다.

4 반부패 운동을 이끄는 국제적인 시민사회 기구. www.transparency.org

5 http://www.transparency.org/policy_research/surveys_indices/cpi/2010/results

는 뜻이다.

업종에 따라서도 도전은 달라진다. 예를 들어 채굴업계(광업이나 정유·가스 등)는 환경과 현지 지역사회에 가장 크고 직접적인 영향을 준다. 그리고 대개는 사회적 인프라가 세계적으로 가장 취약한 지역에서 사업을 벌인다. 세간의 이목을 끈 많은 논쟁 결과, 이 업계의 기업들은 이제 사회적 이슈를 다루는 데 정교한 접근방식을 갖추게 되었다.

사회적 영향 관리 시스템

많은 일류 기업은 사회적 이슈들을 관리하는 시스템을 발전시켰다. 이 시스템은 사회적 정책, 기준, 가이드라인, 보고 및 검토 프로세스 등으로 구성되어 있다.

그런 시스템이 없는 기업들에게는 국제금융공사(IFC: International Finance Corporation, 세계은행의 산하기관 중 하나로, 주로 개발도상국의 민간기업을 대상으로 투자와 대출업무를 한다.—옮긴이)의 환경 및 사회정책 기준[6]은 매우 좋은 출발점이자 기준이 된다. 환경과 지역사회에 끼치는 영향을 최소화하기 위해 국제금융공사는 재정을 지원하는 모든 프로젝트에 이 기준을 적용한다. 이 기준은 국제금융공사와 그들이 함께 일하는 기업의 역할과 책임을 규정한다.

---

6 http://www.ifc.org/ifcext/sustainability.nsf/Content/EnvSocStandards

BG그룹의 사회적 성과 기준

BG그룹(영국의 에너지기업—옮긴이)은 국제금융공사의 성과 기준을 토대로 만든 그룹 차원의 사회적 성과 기준과 관리시스템을 운영하고 있다.† 그 기준은 BG그룹의 사업원칙에 맞춰 9개 부문으로 구성된다.

- 사회경제적 기준치 평가
- 영향평가
- 지역협의
- 토지 매입과 강제 이주
- 토착민과 취약그룹
- 문화유산
- 사회적 투자
- 사회적 성과 계획
- 관리, 통합, 측정

이 기준은 일련의 가이드라인에 따라 적용된다. 가이드라인은 정책과 기준에 부합하기 위해 '해야 할 일'을 보다 구체적으로 보여준다.

이 기준은 과정과 성과에 대한 일련의 사회적 성과 측정 메트릭스를 포함한다. 이것은 그 기준이 기업에서 얼마나 효율적으로 시행되는지 추적하고, 기업이 빠뜨리고 있을지 모르는 영역에 관해 지도해준다.

†bgara.blacksunplc.com/ara/business_review/society.html

특히 국제금융공사의 사회와 환경적 지속가능성에 관한 정책을 주목하기 바란다.[7] 그것은 여러분 회사의 자체적인 정책을 개발하는 데 매우 좋은 출발점이다. 하지만 적절한(이사회 승인을 받은) 정책은 단지 첫 단계일 뿐이라는 사실을 명심하라. 그다음 단계로 직원들이 그 정책을 이해하고 제대로 시행할 수 있도록 시스템과 프로세스, 교육과정을 만들어야 한다.

BG그룹 기준은 비교적 짧고, 이용하기 쉬우면서도, 포괄적이다. 다른 기업의 기준은 이보다 더 자세하다. 다국적 채굴그룹인 앵글로 아메리칸(Anglo American)은 자체적인 사회경제적 평가도구(SEAT, 다음 페이지 박스 참조)를 적용하여 기준을 만들었다. SEAT가 쉽게 이용하기에는 너무 포괄적이지 않느냐는 논란이 있지만, 앵글로 아메리칸은 기준을 만들고 또 다른 회사들이 그것을 이용할 수 있도록(저작권 위반이 안 되도록) 했다는 점에서 칭찬받아 마땅하다. 사본을 다운로드 받아서 여러분의 기준을 만들어보기 바란다.

개발도상국에서 사업 운영하기

개발도상국에서 좋은 지역사회 관계를 이끄는 원칙은 다른 나라와 똑같이, 그러나 조금은 강도를 낮춰서 적용할 수 있다. 개발도상국에서 사업하는 산업기반 기업들의 경우, 뤼크 잔트블리트(Luc Zandvliet)와 메리 앤더슨(Mary Anderson)이 쓴 참고할 만한 좋은 책이 있다.[8] 이 책은 정부, 지역사회, 기업, NGO에 이르기까지 채굴산업에 연관되어 있거나 그 영향을 받는 거의 모든 이의 통찰을 담았다. 앞서 훑어본 정책과 시스템을 만드는 일과 더불어 저자들은 '제대로 하기' 위한 실용적

---

7 www.ifc.org

8 《제대로 하기: 기업의 지역사회 관계들을 작동하게 만들기(Get it Right: Making Corporate Community Relations Work)》(셰필드, 영국: Greenleaf 출판, 2009)

앵글로 아메리칸의 SEAT(사회경제적 평가도구)

이것은 앵글로 아메리칸 지사들의 사회경제적 영향을 관리하기 위한 종합적 프로세스다.† 2002년에 만들어 2007년 개정한 SEAT는 16개국 60개에 이르는 앵글로 아메리칸의 모든 사업장에 적용된다. 핵심단계들은 다음 내용을 포함한다.

- 기업의 사업 활동과 사업장이 있는 지역사회의 개요 작성
- 핵심 이해관계자 분류, 관계 조성
- 지사의 영향(긍정적, 부정적 측면 모두)과 그 지역사회의 주요 사회경제적 개발 욕구 평가
- 기업 존재의 부정적인 측면을 완화하고 그것이 줄 수 있는 이익을 극대화하는 관리 계획 개발
- 이해관계자나 지역사회, 기업이 없더라도 그들이 당면할 수 있는 개발 문제들에 관해 협업
- 지역사회와 관계를 조성하고 지지를 획득하는 토대를 형성하도록 이해관계자들과 함께 보고서 작성

SEAT는 매년 수백 명의 관련 직원을 지속적으로 교육함으로써 운영하고 있다.

† angloamerican.com/aal/development/social/community-engagement/seat/

인 지침까지 제공한다. 또 지역사회 관계를 분석하는 프레임워크(도표 5.1 참조)도 보여준다. 이것은 세 종류의 정책과 실행 영역, 즉 이익분

배, 기업행동, 부수적 효과에 초점을 맞추고 있다.

- **이익분배**: 이것은 한 기업의 사업활동이 직간접으로 지역사회에 가져올 모든 이익을 포함한다.
  - 직접적 이익. 이익 관련 이슈들을 다루려면 적절한 정책과 시스템을 정착시키는 일이 특히 중요하다. 고용이나 보상, 계약업자들에 관한 정책과 시스템은 더욱 그렇다.
  - 간접적 이익. 예를 들어 어떻게 하면 기업의 존재가 정부의 지역사회 개입을 긍정적으로 이끌거나, 부정적인 개입을 줄이도록 할 수 있을까?

도표 5.1 기업-지역사회 관계 분석 프레임워크

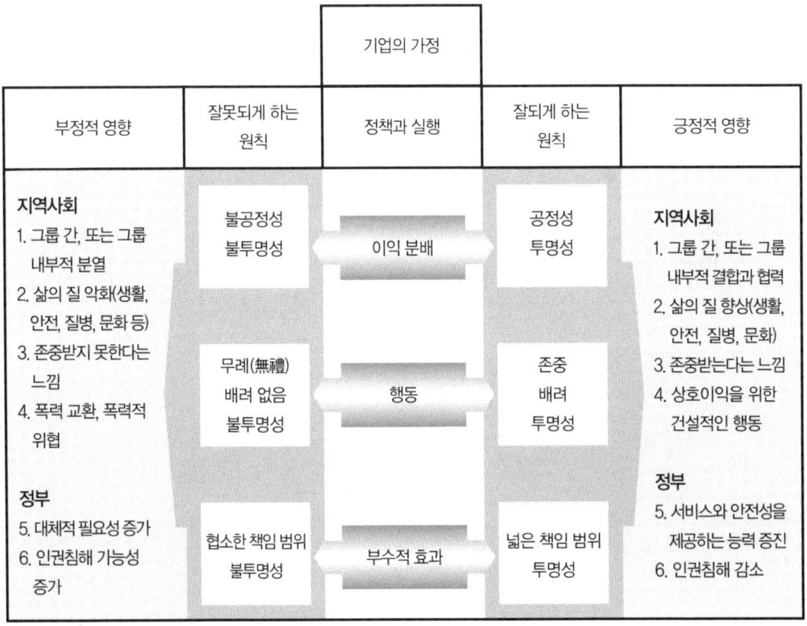

자료: 뤼크 잔트블리트 · 메리 앤더슨, 《제대로 하기: 기업의 지역사회 관계들을 작동하게 만들기》

많은 기업이 놓치곤 하는 중요한 원칙 중 하나는 지역사회에서 장기적인 '공정성'을 보장해야 한다는 점이다. 이것은 공평하게 반드시 '똑같을' 필요 없이, 공정하게 분배하는 일을 말한다. 기업은 그 지역사회가 이를 어떻게 정의하는지 파악해야만 한다. 예를 들어 기업이 최고의 인재를 고용하고 싶어하는 욕구를 지역사회 구성원들이 불공정하다고 여기는 경우가 있다. 당연히 자신들의 것이어야 할 일자리가 '외부인'에게 돌아간다고 느끼기 때문이다. 이에 대해 기업은 접근방식을 설명하고, 그 지역의 장기적인 취업능력을 돕기 위한 단계를 밟아가며 그런 행동을 공개적으로 취해야만 한다.

- **기업행동**. 기업이 행동하고 지역사회와 일상적으로 상호작용하는 방식은 사람들에게 암묵적으로 긍정적인 또는 해로운 메시지를 보낼 수 있다.
  보안문제만 강조해 지역 사람들과 거리를 둔다거나, 시간을 두고 사람들을 찾아가 상의하지 않는 것은 잘못된 행동 중 하나다. 반면 기업과 그 대표자들이 현지 지역사회와 상호작용하며 존경, 신뢰, 배려를 보여주는 활동은 좋은 결과를 낳는다. 이처럼 지역사회와 관계 맺는 행동은 기업의 운영 기준에 반영하여 지표로써 결과를 파악할 수 있다. 예를 들어 기업자산의 절도 사고율이 낮아지고 손실이 감소하고 있다면 기업은 그 지역사회에서 지지를 받고 있다는 뜻이다.

- **부수적 효과**. 지역사회에서 기업의 존재 자체가 이끄는 결과들을 말한다.
  기업이 어떤 지역사회에서 사업을 시작하면 환경적 영향에서부터 지역사회에 갑자기 많은 돈이 유입되는 일에 이르기까지 다양한 간접적

> 변화가 생긴다. 기업은 이에 대비해 지역사회와 함께 미리 계획을 세우고 이러한 영향에 대해 책임을 져야 한다. 예를 들면 갑작스런 부의 증가가 유발할 수 있는 문제와 관련해 기업은 해당 지역사회에 재무관리 강좌를 제공함으로써 한때 가난했던 지역사회가 새로운 부를 어떻게 관리해야 하는지 알려줄 수 있다.

잔트블리트와 앤더슨은 기업이 지역사회의 자문을 얻고 긍정적인 관계를 유지하려면 다음과 같은 세 요소가 필요하다고 말한다.

1. **관계.** 원하는 일을 세부적으로 진행하기 전에 먼저 현지 지역사회와 관계를 맺어라.
2. **절차.** 일단 관계를 형성하고 나면 그 논의를 다룰 투명한 절차를 만들고 지역사회와 합의하여 실행하라.
3. **내용.** 지역사회와 논의하고 합의해야 할 이슈들을 추구하라.[9]

관계를 조성하는 요소는 이 순서를 따라야 한다. 안타깝게도 많은 기업이 결과를 중시하기 때문에 종종 이 순서를 바꾼다. 내용 요소에 먼저 뛰어들었다가 결국 관계를 망치고 장기적인 의견 충돌을 빚고 만다.

---

9 앞서 인용한 책, 9장.

HIV/에이즈 · 결핵 · 말라리아 퇴치를 위한 세계기금(GBC)

지역사회에서 적절한 관계 구축의 첫 단계를 밟을 때 GBC(Global Business Coalition)와 공조할 수도 있다. GBC는 HIV/에이즈 · 결핵 · 말라리아 퇴치를 목적으로 뭉친 220여 개 기업의 연대다. 이러한 질병 문제가 심각한 국가에서 사업하는 기업이라면 근로자들(그리고 지사들)을 보호하고, 그 사회에 대한 책임의 일부로 지역사회 보건에 기여할 필요가 있다. GBC 본부의 기능은 "회원사에 행동 가능한 지식을 전달하고, 함께 행동에 옮기도록 하는 것"이다.†

모든 회원국은 이를 지지하고, 다른 기업이나 비영리 부문과의 파트너십에 참여하며, 예방과 치료를 위해 부문 간 협력을 추구하고, 실질적인 결과를 보여야 한다. GBC는 회원국과 회원사에 맞춤형 지원과 여러 서비스를 제공한다. GBC에는 관련지역에서 사업하는 채굴 · 운송 · 제약업계 기업들뿐 아니라 함께 일하는 제조업체들도 회원으로 가입되어 있다.

자동차 생산업체인 다임러(Daimler)는 GBC의 창립회원이다. 2000년부터 다임러는 남아공에서 여러 질병이 직원과 그 가족, 사업활동, 사회적 · 경제적 발전에 부과한 난관을 극복하기 위한 프로그램을 운영해왔다. 수많은 상을 받은 그 프로그램은 직원들과 그 가족들을 위해 정보, 교육, 예방 수단, 무료 상담, 검사, 그리고 종합적인 에이즈 치료와 간병(항레트로바이러스 치료 외) 등을 제공한다.††

† www.gbcimpact.org

†† http://www.mercedes-benzsa.co.za/sustainable-development/hiv-aids

기업사회참여는 실무자만의 일이 아니다

기업사회참여는 책임경영의 다른 많은 부문과 마찬가지로 회사의 핵심부문이 되어야 한다. 그것은 한 개 부서가 아니라 많은 부서의 책임사항이기도 하다. 특히 사업활동을 벌이는 지역에서는 더욱 그렇다.

이 일을 전문적으로 하기 위해 여러분은 현지 지사의 여러 영역 책임자들과 공조해야 한다. 현지 매니저부터 경비원에 이르기까지 지역사회와 상호작용하는 사람이 많을수록, 적절하게 행동하는 법을 아는 사람이 많을수록, 긍정적인 지역사회 관계를 폭넓게 형성할 수 있다. 여기에 주의를 기울이도록 직원을 설득하기 어렵다면, 현지 이해관계자에게 특정 부서의 활동이 그 기업의 지역사회 관계에 어떻게 해를 끼치고 있는지 알아보고, 그 결과를 사내에 알리기 바란다.

기업에 대한 사회의 기대수준이 높아지면서 기업사회참여도 더욱 전문적으로 운영해야 할 필요성이 그 어느 때보다 커지고 있다.

기업사회참여와 마케팅의 통합

기업사회참여는 기업이 고객과 상호작용하는 데 중요한 역할을 한다. 지난 10년간 진행된 여러 심층적 연구[10]에 따르면, 고객들은 브랜드를

---

10 다음의 연구가 그런 예에 해당한다. 1999년부터 시작된 입소스 모리(Ipsos MORI) CSR 조사(http://www.ipsos-mori.com/Search.aspx?usterms=CSR), 에델만 트러스트 바로미터(Edelman Trust Barometer)의 연례 조사(www.edelman.com/TRUST/2008/TrustBarometer08_FINAL.pdf), 골린해리스(GolinHarris)《변화(Change)》조사, '선행에 의한 성공(Doing Well by Doing Good) 2005(www.volunteermatch.org/corporations/resources)', 독일: 굿브랜드(GoodBrand) 2006년 조사, '윤리적인 고객 행동과 공익마케팅(Ethical Consumer Behavior and Cause-Related Marketing)'

소유한 모 기업들이 사회적 양심에 따라 행동하기를 원한다.

우리는 이제 여러분이 마케팅 부서에서 기업사회참여에 어떻게 관심을 두도록 할 수 있는지, 또는 여러분이 마케팅 부서 출신이라면 무엇을 할 수 있는지에 관해 다루려고 한다. 기업이 마케팅활동에 기업사회참여를 포함하는 방법으로는 두 영역이 있다. 공익연계 마케팅과 스폰서십이다.

공익연계 마케팅과 기업사회참여

우리는 공익연계 마케팅(CRM)의 핵심요소들만 살펴보겠다. 이 주제에 더 관심이 있다면 경영분야 베스트셀러인 《브랜드 정신(Brand Spirit)》[11]을 보면 종합적으로 잘 나와 있다.

CRM은 상업적인 이익을 위해 브랜드 위상을 만드는 하나의 전략적인 도구로 이용된다. 순수한 박애정신으로 하는 활동이 아니다. 브랜드는 하나의 적절한 사회적 이슈와 연결된다. 고객이 구매하는 모든 제품에 대해 기업은 고객을 대신하여 선택한 대의명분을 위해 일정 비율을 기부한다.

이것은 여러 가지 효과를 거둔다. 기업의 경우 브랜드를 차별화하고, 고객의 구매행위에 긍정적인 영향을 주며 제품을 홍보한다. 그 대의명분은 주목을 받고 관련 활동을 위한 자금이 생긴다. 대의명분을 대표하는 비영리 파트너 조직은 공짜로 홍보할 수 있다. 마지막으로 중요한 것은 고객들도 전혀 돈을 들이지 않고 관심을 둔 대의명분에

11　해미쉬 프링글(Hamish Pringle)과 마조리 톰슨(Marjorie Thompson)이 쓴 《브랜드 정신(Brand Spirit)》(호보켄, 뉴저지: Wiley, 1999). 국내에 《공익 마케팅: 영혼이 있는 브랜드 만들기》(미래의창, 2006)라는 제목으로 번역 출간되었다.

기여할 수 있다는 점에서 이익이다. CRM은 소비자 이동이 좀 느린 상품(차나 가구 등)보다는 값싼 소비재(기저귀, 화장실 휴지, 생수 등)에 더 효과적인 편이다.

CRM은 또 고객의 개인적 가치와 브랜드의 가치를 결합해준다. 앞서 언급한 여러 연구에 따르면 고객들은 그들이 인정한 대의명분을 지지하는 브랜드를 선호하고 구입한다. 맥도널드의 '로널드 맥도널드 하우스(Ronald McDonald House)' 자선활동, 브리티시 에어웨이의 '사랑의 동전 모으기' 캠페인, 랜스 암스트롱(Lance Armstrong)의 암재단을 돕는 나이키의 '라이브스트롱(Livestrong)' 캠페인, 또는 볼빅(Volvic, 프랑스 유명 생수 브랜드—옮긴이)의 '10리터를 위한 1리터(One Liter for Ten Liters)' 캠페인 등이 잘 알려진 예에 해당한다.

성공적인 CRM 캠페인을 만드는 기준은 무엇일까? 우선 기부액이 많아지도록 규모가 커야 한다. 그리고 고객의 참여를 유도할 수 있는 단순하고도 창조적인 메커니즘을 갖추고 있어야 한다. 또한 강력한 홍보가 필요하다. 마지막으로 목표에 대해 철저하게 평가해야 한다.

기업사회참여 매니저가 고전적인 CRM 캠페인을 개선할 수 있는 예를 들어보자. 두 개의 매우 뛰어난 공익마케팅 계획이 있다. 하나는 프록터앤드갬블(P&G)의 브랜드인 팸퍼스(Pampers)가 유니세프와 함께 벌였던 '한 꾸러미에 백신 한 개(One Pack, One Vaccine)' 캠페인으로, 기저귀 한 꾸러미가 판매될 때마다 파상풍 백신 한 개 값을 회사가 기부하는 활동이다. 또 하나의 사례는 4장에서 언급한 영국과 미국 슈퍼마켓들의 지역중심 기부 프로그램이다. 이 프로그램의 경우 고객들은 누구에게 얼마나 지원할지 결정할 수 있다.

기업은 고객을 끌어들여 충성도를 높이고, 더 많은 제품을 팔고자 기업사회참여를 마케팅과 결합한다.

기업사회참여는 마케팅팀과의 공조로 이러한 계획을 정교하고 믿을 만하며 이해관계자들에게 매력적으로 보이도록 하는 데 더 큰 역할을 할 수 있다. 다음은 캠페인을 전개할 때 명심해야 할 질문이다.

1. 프로젝트에서 직원들의 역할을 정했는가? 예를 들어 그들은 회사가 지원할 대의명분과 기부 대상이 될 기관을 결정하는 데 참여할 수 있는가? 그들은 동료와 함께 추가적인 모금을 할 수 있는가? 그리고 직원들은 그 프로젝트에 자원봉사할 수 있는가?
2. 고객들이 또 다른 방법으로 프로젝트에 참여할 수 있는가? 프로젝트를 더 많이 지원하는 고객은 기업으로부터 추가적인 혜택을 얻을 수 있는가? 그들이 기업의 직원들과 함께 프로젝트에 자원봉사할 수 있는가? 여러분은 고객이 제품을 살 때 프로젝트를 직접 경험하고 현장에서 자원봉사할 수 있도록 여행 기회를 주는 식으로 기업사회참여활동 요소를 캠페인에 끼워 넣을 수도 있다.
3. CRM을 통한 지원이 사회적으로 어떠한 영향을 주는가? 마케팅 담당자들은 대개 향상된 브랜드 위상이나 고객과의 관계, 증가한 매출액 등을 보여주는 데는 탁월하다. 그러나 사회적 영향에 대해서는 어떤가? 그 프로젝트와 투자가 사회를 어떻게 달라지게 했는가? 이에 관해 더 많이 보고할수록—양적 · 질적으로—모든 이해관계자가 그 계획을 더 믿을 만하다고 생각할 것이다.

마케팅 캠페인에서 뻗어나온 기업사회참여 계획의 또 다른 예로 스킨케어 제품 제조사인 도브(Dove)가 있다. 이 기업의 국제적 캠페인은 상까지 받았는데, 제품 광고에 모델이 아닌 '실제(real)' 여성들을 이용했다. 이 '진정한 아름다움 캠페인(Campaign for Real Beauty)'은 '도브 자부심 기금(Dove Self-Esteem Fund)'을 발족시켜, 젊은 여성을 위한 자부심 워크숍을 지원하는 활동 등을 펼치고 있다. 이 기금은 2010년 말까지 500만 명의 여성에게 도움을 줄 계획이다.[12]

극단적으로 말하자면 성공적인 CRM계획은 기업 전체를 하나로 만들어줄 수 있다. 그런 캠페인이 되려면 기업의 가치를 반영하는 하나의 강력한 주제가 있어야 하고, 기업의 핵심사업에 믿음직스럽게 연계되어야 한다. 이것은 단순한 기업사회참여 이상으로, 기업의 많은 영역이 함께해야 한다. 나아가 기업 전체를 더욱 책임감 있게 하는 슬로건으로 활용할 수 있다.

마케팅 부서와 함께 기업사회참여를 공익마케팅에 통합할 때는 다음과 같은 단계를 밟아라.

1. 사회적 이익을 기존 마케팅 계획에 포함하는 일이 현재의 목표에 부합하거나 더 좋게 할 수 있을지 생각해보라.
2. 이미 기업사회참여를 실행하고 있다면, 어떻게 그 개념을 하나의 슬로건으로 만들어 회사 전체로 확산할 수 있겠는가?
3. 회사가 자선단체/조직(들)과 어떤 수준의 파트너십을 형성하고 있는지 고려하라. 전적으로 계약적인가, 아니면 양쪽에 더 큰 이익을 주면서 더욱 정교하고 사회적인 관계로 발전하게 할 여지가 있는가?

---

12 www.dove.co.uk/campaign-for-real-beauty.html

4. 회사가 투자(금전과 현물 모두)의 결과를 어떻게 홍보하고 있는지 살펴보라. 그 결과를 효율적으로 (사내외에) 문서화하고 있는가? (10장에 더 자세한 내용이 있다.)
5. 고객/소비자들을 그 프로젝트에 더 끌어들일 방법을 생각하라. 단순히 제품을 사고, 기분 좋다고 느끼는 식의 '수동적인' 참여만을 원하는가? 아니면 그들이 참여할 수 있는 더 많은 방법을 제시하고 싶은가?
6. 직원들에 대해서도 똑같은 목적을 생각하라. 어떻게 하면 그들로 하여금 프로그램을 위해 모금하고 적극적으로 자원봉사하면서 참여하게 할 수 있는가? 회사 전체가 그 이면에서 얻는 게 많을수록 성공적이고 믿을 만한 계획이 된다.
7. 고위 경영진이 프로그램을 실제로 볼 수 있게 하라. 이를테면 CEO가 그 프로젝트가 지원 중인 개발도상국의 현장을 방문하게 만들어라.
8. 회사의 공익마케팅에 관해 더 많은 이해관계자의 피드백을 살펴보라. 고객이 생각하는 것 외에도, 다른 핵심 이해관계자들(직원, 정치인, 언론인, 사업 파트너 등)은 그러한 노력을 어떻게 보고 있는가?

수자원 보호에 초점을 맞춘 코카콜라(Coca-Cola)의 사례를 생각해 보자.[13] 이 주제는 그 회사의 생수 브랜드와 밀접한 관련을 맺고 있어 CRM 성격이 강하다. 그런데 기업 회장과 CEO가 음료수 제품 생산에 사용한 만큼의 물을 지역사회와 자연으로 되돌려주겠다고 발표했을 때 그 주제는 CRM을 넘어 확장되었다. 그것은 이제 코카콜라가 지속

13 www.thecoca-colacompany.com/citizenship/index.html

가능경영을 실행하는 방식의 핵심부분이 되었다. 코카콜라가 세계자연보호기금(WWF: World Wildlife Fund, 1961년 자연 생태계 환경을 보호하기 위해 설립된 비영리기관으로 1980년 자연자원 보호의 사명으로 확장하여 전세계 100개국 이상에서 활동하고 있다—옮긴이)과 맺은 파트너십은 또 다른 예가 될 수 있다. 이로써 코카콜라는 물 사용의 효율성을—특히 농업 공급망에서—향상하고 있다.

대기업 얘기만은 아니다

지금까지 세간의 이목을 끈 몇 가지 사례를 보았지만, 기업사회참여를 마케팅과 고객관계에 끌어들이는 일은 어떤 사업체라도 가능하다. 여러분이 사는 지역의 제과업체도 빵을 한 덩이 팔 때마다 이윤의 일부를 기부해 그 지역의 학교급식 프로그램을 지원할 수 있다. 중요한 점은 어떠한 사회적 계획을 만드느냐 하는 것이다. 그 계획은 다음과 같은 목적에 부합해야 한다.

- 사업을 발전하게 해야 한다.
- 회사가 경쟁사 사이에서 차별화될 수 있도록 해야 한다.
- 고객에게 호소할 수 있는 계획이어야 한다.

범지구적인 문제를 풀려고 할 필요는 없다. 그저 여러분의 사업에 관련이 있으면 된다. 마케팅 관점에서는 고객에게 도움이 될 뭔가를 주고, 그들의 가치에 호소하라. 그리고 지역사회를 도와라.

스폰서십과 기업사회참여

기업 스폰서십이라고 하면, 사람들은 대개 거창하고 큰돈이 드는 활동으로 생각한다. 마치 영광을 위해 싸우는 세계적인 스포츠맨이라든지, '(○○ 브랜드가) 여러분께 제공한' 콘서트 같은 큰 문화 행사처럼 말이다.

기업이 스폰서십이라고 생각하는 마케팅 활동은 여러 가지다. 예를 들어 회사 이름이나 제품으로 어떤 기념물을 연상하게 한다든지, 선도적인 자선단체를 후원하는 일도 될 수 있다. 기업사회참여와 스폰서십을 아무리 구별하려 해봐도 이러한 혼동은 계속된다. 여기서는 우리의 시각을 보여주겠다. 그러나 마케팅, 커뮤니케이션, 기업사회참여 부서 간의 논쟁은 세계 곳곳에서 계속되리라고 본다.

먼저 국제상공회의소(ICC: International Chamber of Commerce)의 국제적 규정은 스폰서십을 어떻게 정의하고 있는지 살펴보자.

> 스폰서십: 후원자와 후원받는 쪽의 상호 이익을 위해, 후원자는 계약에 따라 후원자의 이미지·브랜드·제품 등과 스폰서십 대상이 서로 연관성을 갖도록 자금이나 다른 지원을 제공하고, 대신 이러한 연관성을 홍보할 권리와 또는 합의된 직간접적 이익을 갖기로 하는 상업적 협약.

이때 이익에 대한 정의는 매우 광범위하다. 우리의 경험에 비춰보건대, 일반적인 스폰서십에 따른 기업 쪽 이익은 다음과 같다.

- 브랜드 위상 확립과 인지도 향상 — 두 가지 모두 후원 대상과, 계약권 소유자 또는 후원 기업의 추가적인 활동으로 직접 얻는다.
- 고객 참여, 유지, 충성도 — 이벤트와 특별 패키지 또는 고객 시상 등으로 환대/오락을 제공하면서 고객과 다른 이해관계자들을 끌어들일 기회

• 매출 증가

스폰서십에 대한 ICC의 정의는 광범위한 분야를 다룬다. 이번 장의 목적을 위해 우리는 특히 스포츠와 문화예술의 두 영역에 초점을 맞추겠다. 두 분야는 기업사회참여와 관련하여 다양한 활동 범위를 보여준다.

액수로 따지자면 2008년 전 세계적으로 스폰서십에 사용한 돈은 435억 달러(약 287억 유로) 이상일 것으로 추정한다.[14] 그중 88퍼센트를 스포츠, 2퍼센트를 문화예술 분야에 썼고, 방송 후원에 2퍼센트, '명명권(naming rights, 뭔가에 기업 이름 등을 붙일 수 있는 권리)'에 7퍼센트, 그리고 '환경, 지역사회, CSR' 등 명확히 정의할 수 없는 '그 밖의' 분야에 썼다.[15] 스포츠와 문화예술 후원에 쓴 돈은 엄청난 차이가 나지만, 그 두 분야는 기업사회참여 매니저에게 많은 기회를 준다.

기업사회참여는 활성화의 문제다

우리가 강조하고 싶은 점은 마케팅 관점에서 볼 때 기업사회참여는 스폰서십 '활성화'를 위한 중요한 요인이 될 수 있으며 비교적 비용도 적게 든다는 사실이다. 활성화란 기업이 스폰서십에 생기를 불어넣는 방법을 의미한다. 티셔츠나 포스터처럼 기업 브랜드를 새긴 마케팅 용품을 이용하는 방법부터 이벤트, 고객 초청행사, 그리고 그 기업 스폰서십의 일정 부분—주로 기업의 브랜드 위상과 관련된—을 강조하는

---

14 자료: IEG. 더 많은 정보는 www.sponsorship.com 참조.

15 스포츠 마케팅 서베이가 출판한 《TWSM》, www.theworldsponsorshipmonitor.com 참조.

추가적 프로젝트를 운영하는 방법에 이르기까지 다양한 활동을 포함한다. 바로 여기서 기업사회참여 프로그램을 운영할 여지가 생긴다. 이를 위해서는 왜 다른 형태의 활성화 방법이 아닌 지역사회에 참여하는 계획에 돈을 투자해야 하는지, 또 그 돈을 거기에서 어떻게 효과적으로 사용할 수 있는지 정당화해야만 한다.

활성화에 얼마나 써야 할지는 스폰서십 세계에서조차 큰 논쟁거리다. 분명한 건 대체로 기업들이 필요한 양보다 돈을 적게 써서 스폰서십에 생기를 불어넣는 데 실패한다는 점이다. 성공한 사례를 보면 기업들은 최소한 스폰서십 대상을 얻는 데 쓴 돈 만큼을 활성화에 썼음을 알 수 있다.

다양한 기업사회참여활동을 효과적으로 통합하려면 두 단계를 거쳐야 한다. 첫째, 스폰서십 대상을 살펴보고 현지 지역사회와 어떻게 연관할 수 있는지 파악하라. 이때 그 지역사회를 고객이 살고 있고, 사업체가 자리 잡고 있으며, 스폰서십 활동이 일어나는 장소라고 보는 관점이 필요하다. 여러분이 속한 회사가 스폰서십을 체결하려는 애초의 동기가 무엇이든 간에 그것에 우선순위를 두기 바란다.

스포츠 스폰서십을 체결했다면, 선수들이 현지 학교 아이들에게 성공을 위한 '삶의 기술', 즉 연습과 집중, 훈련과 용기, 팀 정신과 인내 등을 들려주도록 할 수 있지 않을까? 그들의 헌신에 대해 적절한 청중에게 이야기하고, 사진을 보여주며 홍보할 수 있지 않을까?

둘째, 이렇게 함으로써 어떤 이익을 실현할 수 있을지 생각하라. 위의 예는 스폰서십을 살아 있고 '심장'이 뛰는 활동으로 만들 것이다. 또 다른 이익은 그 스폰서십의 일부로 강력한 기업사회참여계획을 세움으로써 다른 기업과 차별된다는 점이다. 이것은 회사가 여러 다른 기업과 같은 대형 스포츠 이벤트나, 같은 도시에서 열리는 미술 전시회를 함께 후원하는 경우처럼 아주 인기 있는 대상과 스폰서십을 맺고 있을 때 특히 유용하다.

미술 전시회라면 유명한 예술가(또는 예술가들)로 하여금 현지 아이들과 함께 공공벽화 같은 예술작품을 창조하게 유도해보라. 그런 다음 예술가와 아이들, 그리고 기업의 이해관계자들을 초청한 자리에서 그 작품을 공개할 수 있다. 예를 들어 핀란드의 예술가인 오스모 라우할라(Osmo Rauhala)는 노키아의 후원을 받아 뉴욕 고등학생들과 함께 벽화 작품을 그렸다.[16]

다른 좋은 사례는 휴대전화 회사인 오렌지(Orange)로, 이 회사는 '오렌지 록부대(Orange Rockcorps)'를 운영하고 있다. 젊은이들은 그들이 사는 곳의 오렌지 록부대 기업사회참여 프로젝트에서 4시간 동안 자원봉사하면 콘서트 표를 받을 수 있다. 지금까지 4만 명 이상이 시간을 기부했고(건물이나 놀이터에 페인트를 다시 칠하는 활동 등에), 무료 티켓으로 20여 개 콘서트에 참석하는 혜택을 누렸다.[17]

기업사회참여 요소를 스폰서십에 통합해야 하는 또 다른 이유는 스폰서십과 기업에 신뢰성을 더하기 위해서다. 기업은 점점 그들의 로고를 '내걸기' 위해서만 후원하지 않는다. 신뢰할 만한 기업사회참여 프로그램은 스폰서십이 브랜드 인지도를 높이고 고객과 이해관계자의 참여를 유도하는 기회를 얻는 데 도움이 된다.

일단 스스로 생각하는 시간을 보냈으면, 여러분의 마케팅 동료를 끌어들여라. 그들은 시장조사 전문가이므로 어떤 개념이 고객에게 효과적인지 잘 알고 스폰서십에 기업사회참여를 통합한 사례도 찾아줄 수

---

16 www.osmorauhala.net/index.php?mid=9&pid=25

17 www.orangerockcorps.co.uk

있다. 또 독창적인 마케팅이나 스폰서십 전문 대행사의 도움을 받아 지역사회에서 기회를 끌어오는 방법을 찾아볼 수도 있다. 그런 다음 스폰서십 계약권 소유자와 함께 그 개념들을 확인해보라.

실제로 이런 일이 어떻게 작동하는지 알 수 있도록 스폰서십으로 기업사회참여에 성공한 생생한 사례를 두 가지 더 소개하겠다. 하나는 스포츠, 또 하나는 예술과 관련된 활동이다.

- 패스트푸드 회사인 맥도널드의 영국 지사는 2002년부터 축구협회의 공식적인 지역 파트너였다. 그들이 그렇게 한 동기는 그곳에 매장이 많고, 축구가 매우 인기 있으며, 대다수 고객과 그 자녀가 분명히 참가하리라고 생각했기 때문이다. 이 회사는 2002년부터 전국적으로 1만 3000여 명의 축구 코치 자원봉사자를 모집해 훈련해줬고, 사회의 다른 부문으로 브랜드를 확장했다. 이제 새로운 자원봉사 코치 중에는 어머니, 경찰, 심지어 가톨릭 사제도 있다.[18]

- 다국적 은행인 HSBC가 시행하는 '문화 교류(Cultural Exchange)'는 국제적 규모의 예술 스폰서십 계획으로 20여 개국에서 이뤄지고 있다. 인도네시아에서 '문화 교류'는 다른 프로젝트들과 함께 이모기리 바틱 스쿨(Imogiri Batik School)을 지원한다. 2006년 대지진으로 이모기리에 있는 바틱(초를 녹여 문양을 만드는 인도네시아의 전통적 염색기술—옮긴이) 회화 제작 센터가 붕괴하자, HSBC는 박물관과 작업장 재건을 도왔다. 이로써 100여 명의 바틱 화가가 작업장으로 돌아올 수 있었다.[19]

---

18 www.mcdonalds.co.uk/sports/coaching/coaches.shtml
19 www.hsbcculturalchange.com/indonesia_2.php

스폰서십 세계는 계속해서 책임경영의 개념을 도입하고 있는 중이지만, 모든 스폰서십이 그것을 통합한 것은 아니다. 우리가 알고 있는 다국적 스폰서십 가운데 하나는 책임경영이나 기업사회참여 요소가 전혀 없었다. 유일한 사업모델이 방송권에 관한 것이었기 때문이다.

하지만 이런 상황은 바뀌고 있다. 현명한 스폰서십 계약권 소유자들은 기업사회참여 활성화 요소를 보태는 편이 효과적인 후원을 얻을 기회가 된다고 여긴다. FIFA(International Federation of Association Football)[20]와 같은 계약권 소유자들은 사회적 콘텐트를 그들의 스폰서십에 통합한 다음 그 비용을 후원자들과 나눈다. 이것이야말로 후원자들이 성공으로 가는 길이다. 세계적인 스폰서십 자문조직 가운데 하나인 브랜드라포트(BrandRapport)도 다음과 같이 인정했다. "그렇게 함으로써 (스폰서십 계약권 소유자들은) 장기적이고 윤리적인 시각을 갖춘다. 그들은 스포츠나 지역사회에 도움이 된다면 궁극적으로 사업에도 이롭다는 사실을 깨닫는다."[21]

셋째, 여러분은 스폰서십의 기업사회참여적 요소가 가치 있을 뿐 아니라 변화를 이끌어낸다는 사실을 사회와 기업에 보여줘야만 한다. 우리는 기업사회참여활동의 필수적인 부분으로서 측정평가에 관해 다룬다(더 자세한 내용은 9장 참조). 특히 마케팅과 판매활동 맥락에서는 측정평가 프로세스를 시작 단계부터 적용하는 일이 중요하다. 기업활동으로 사회에 생기는 이익을 보여줄 수 없다면, 그 노력은 헛되고 진지하게 받아들여지지 않는다. 반면 기업사회참여와 브랜드 인지도, 선호

---

20 www.fifa.com/aboutfifa/worldwideprograms/index.html

21 롭 포프(Rob Pope), 〈누가 돈을 지불하는가?(Who pays the Bill?)〉에서 인용, 브랜드라포트(brandRapport), 《SportBusiness International》, 2009년 7월호.

도, 고객의 충성도, 매출 증가 사이의 연관성을 보여준다면 마케팅 파트는 앞으로 지역사회에 더 큰 투자를 하게 될 것이다.

기업사회참여를 마케팅과 판매의 일부로 만들 때 발생하는 진정성과 신뢰성의 문제에 관해 덧붙이겠다. 여러분은 원하는 만큼 얼마든지 많은 마케팅과 판매계획을 전개할 수 있다. 하지만 핵심사업이 지속가능하고 책임감 있고 윤리적인 방식으로 이뤄지지 않는다면, 고객과 더 광범위하게는 사회 전체가 여러분의 기업을 진지하게 생각하지 않을 것이다!

윤리적인 기업으로 보인다는 의미는 업종마다 조금씩 다르다. 그러나 독일의 GfK[22]와 다른 기관들의 조사는 다양한 업종 간에 일관된 유형이 있음을 보여준다. 직원에 대한 공정한 처우와 더불어 윤리적인 브랜드는 다음과 같은 기준에 의해 정의된다.

- 환경 파괴를 피하고 환경적 간섭을 제한한다.
- 좋은 업무 조건을 보장함으로써 생산자와 공급자를 공정하게 처우하고, 지역 생산품에 공정한 가격을 지불한다(광범위하게 '공정무역[fair trade]'이라고 정의한다).
- 기본적인 인권을 보장하지 않는 정부와는 함께 일하지 않고, 그런 기업에 투자하지 않는다.
- 마케팅과 홍보를 정직하게 한다.[23]

22 세계에서 가장 큰 시장조사회사 중 하나. www.gfk.com
23 크리스 데이비스(Chris Davis)·코린 모이(Corinne Moy), 〈윤리적 브랜드의 새벽(The Dawn of the Ethical Brand)〉에서 인용, 《Admap Magazine》, 2007년 6월호.

이 중 어느 하나라도 여러분 회사에 문제가 있는가? 그렇다면 마케팅이나 판매 부서가 회사의 고객중심 기업사회참여활동을 시작하기에 앞서 그 문제들부터 해결하라.

인터브랜드(Interbrand)는 '2010년도 세계 10대 가치 있는 브랜드'[24]로 코카콜라, IBM, 마이크로소프트, 구글, GE, 맥도널드, 인텔, 노키아, 디즈니, 휴렛팩커드를 선정했다. 이들은 전반적인 책임경영과 기업사회참여 측면에서 모두 탁월한 기업이다.

기업사회참여를 인사관리에 통합하기

이번 장의 마지막 카테고리는 인사관리 부서 또는 인사 부서를 통해 기업사회참여가 직원과 맺는 관계다. 좋은 기업사회참여계획은 다음과 같은 세 영역에 긍정적인 영향을 미칠 수 있다.

- 회사에 대한 직원의 자부심과 일체감
- 직원의 기술과 팀 역량 개발
- 직원 모집

회사에 대한 직원의 자부심과 일체감

자부심과 일체감은 기업사회참여 계획의 일차적인 동인이라기보다는 오히려 간접적으로 생기는 긍정적 효과다. 고위 경영진 특히 프로젝트

---

24 www.interbrand.com/en/best-global-brands/Best-Global-Brands-2010.aspx

의 자금을 승인하는 이들로부터 지지를 얻는 일도 중요하지만, 직원들이 회사가 하고 있는 일에 자부심을 느끼고 적극적으로 기업사회참여 프로젝트에 참여할 때 더욱 만족스런 결과를 낳는다. 직원의 열정이야말로 고위 경영진이 프로젝트를 지속하게 하는 기준 중 하나이기 때문이다. 인사관리 부서는 여러분의 활동이 직원의 이직률을 낮추고 충성도를 높여준다는 점에서 만족할 것이다. 이는 특히 인재를 얻기 위해 경쟁하는 기업으로서는 더욱 중요한 부분이다.

그런 지지를 얻는 방법은 두 가지다. 첫째, 누구나 친근하게 느낄 만큼 좋은 계획을 세우는 방법이다. 여기에는 (프로젝트를 잘 설계하고 평가하는 것뿐 아니라) 창조적인 소통이 필요하다. 둘째, 직원들로 하여금 기업사회참여활동을 경험하게 하는 전형적인 방법이다. 여러분이 세운 프로젝트를 임직원자원봉사활동으로 직접 경험하게 할 수도 있고(8장 참조), 그들의 지인을 참여하게 함으로써 간접적으로 경험하게 할 수도 있다. 직원들의 친구나 가족을 참여하게 하는 방법도 좋다. 예를 들어 여러분이 아동 교육 프로그램을 운영한다면, '패밀리 데이' 같은 가족 행사를 만들어 직원의 자녀가 참가하도록 해볼 수도 있지 않겠는가?

프로그램의 중요성에 관해 경험담으로 보여주는 피드백은 직원의 자부심과 일체감을 확인하게 하는 하나의 지표다. 10장에 실어둔 글락소스미스클라인(GlaxoSmithKline, 1830년에 설립된 영국의 제약회사로 세계 제약시장의 약 7퍼센트를 점유하고 있다.—옮긴이)과의 인터뷰는 새로운 CEO의 지지를 받을 수 있는 효과적인 방법을 알려준다.

여러분이 운영하는 프로젝트의 가치를 직원에게 가시적으로 보여줄 탄탄한 측정 프로세스를 정립하는 일은 중요하다. 양적 피드백과 질적 피드백을 함께 얻어보라. 예를 들어 회사의 연례적인 직원 설문조사를 이용해 회사의 ○○ 프로젝트에 관해 알고 있는지, 얼마나 자부심을 느끼고 있는지 물어보라. 다른 방법으로, 자원봉사 참여 전후로 참가자들을 작은 포커스 그룹으로 묶어 피드백을 얻어보라. 9장은 더 실용적인 정보를 제공한다.

직원의 자부심과 일체감은 기업이 지역사회에서 하는 활동에 의해서만 생기는 건 아니다. 임금, 업무 종류, 근무조건, 그리고 유·무형의 이익이 적절치 않다면, 아무리 대단한 기업사회참여 프로그램이라 할지라도 직원의 자부심과 일체감을 북돋지는 못한다. 그러나 이런 일을 이미 잘하고 있는 기업이라면, 적절한 기업사회참여는 좋은 회사를 위대한 회사로 탈바꿈시킬 수 있다.

직원의 능력을 계발해주는 기업사회참여

기업사회참여 프로젝트에 자원봉사하는 일은 직원이나 팀의 역량을 구축하는 데 중요한 역할을 담당할 수 있다. 적은 비용으로 다음과 같은 능력을 계발해주는 수단이 된다.

- 기획과 조직
- 리더십과 관리
- 효과적인 커뮤니케이션
- 팀 작업
- 사람들의 동기화와 참여 유도
- 팀 관리
- 예산관리, 의사결정
- 창조성, 혁신성
- 측정과 모니터링
- 다양성 인식

임직원자원봉사를 회사의 인사관리 교육 시스템에 효과적으로 통합할 수 있다. 표 5.2는 E.ON 영국 지사가 2005년에 활용한 임직원자원봉사 분류표의 일부다. 이 분류표는 E.ON이 핵심적인 기업행동으로 규정한 분야에서 다양한 종류의 직원 멘토링 프로그램이 직원의 기술 강화에 얼마만큼 도움을 줬는지 보여준다.

표 5.2 임직원참여활동의 기술 분류표

자원봉사 임무	할 일	봉사 시간	자격	이점	기술
읽기 지도	초등학교(4~11세) 학생 읽기 지도	한 달에 1시간	모든 직원	• 네트워킹 기회 • 시간 관리 • 소통 • 지도 기술 • 기획과 조직	• 분석과 문제 해결 • 다양성 관리 • 소통 • 관계 구축 • 추진과 주도
학생 멘토링	중 · 고등학생의 친구 되어주기 롤모델이 되어주기	한 달에 1시간	모든 직원	• 대인관계 기술 • 지도 기술 • 롤모델로 행동하기 • 소통 • 기획과 조직	• 분석과 문제 해결 • 다양성 관리 • 소통 • 관계 구축 • 추진과 주도

인사관리 부서의 지지를 얼마나 받을 수 있느냐에 따라 임직원자원봉사 프로그램에 생기를 불어넣는 방법은 다양하다. E.ON와 같이 많은 기업이 제공하는 자원봉사 기회를 기술 분류표에 대입해놓았다. 이로써 직원들은 자기계발 욕구에 적합한 종류의 자원봉사를 하고 있다고 확신할 수 있었다. 여러분도 인사관리를 담당하는 동료와 함께 이렇게 시도해보라. 그리고 직원 계발의 효과성을 측정하는 프로세스를 만들기 바란다.

뛰어난 임직원참여활동계획을 짜는 일은 8장에서 자세히 다루겠다. 정교하게 세분화한 자원봉사 기회를 제공함으로써 회사의 누구든지 이용하게 하는 방법은 생각해볼 만하다. 막 회사 생활을 시작한 새내기부터 기술을 확장하고 싶어하는 노련한 MBA 임원에 이르기까지 모두에게 이익이 되리라고 본다. 우리는 마약중독 상담기관에서 몇 주간 자원봉사했던 BMW 고위 임원을 알고 있다. 그는 그 경험이 자신의 삶과 인생관, 그리고 사회에 대한 태도마저 바꿔놓았다고 말한다.

직원 모집과 미래의 직원 계발

직원 모집과정은 임직원참여활동을 인사관리에 통합할 또 다른 기회다. 마케팅을 담당하는 동료와 일할 때처럼 인사관리부서와 일할 때도 기업사회참여 매니저의 역할은 스스로 어떤 프로젝트를 입안하고 운영하는 것이라기보다는 그들이 기업사회참여에 어떤 기회가 있는지 이해하도록 돕는 일이다.

인사관리부서에서 직원을 모집할 때 일반적인 방법만 이용하지 않도록 하라. 큰 기업들은 구인광고, 직원 모집 대행사, 헤드헌터, 직원의 소개, 일자리 박람회와 같이 정형화된 모집 통로를 많이 갖고 있다. 안타깝게도 '인재' 풀은(특히 서양에서는) 줄고 있는데 모두가 같은 길을 좇아 직원을 모집한다. 예를 들어 독일은 인구의 구조적 변화가 심각하다. 고용조사연구소(IAB)가 추정한 바에 따르면 2010년부터 2050년까지 잠재적 노동력(노동 공급)은 전체 인구의 감소 속도보다 2배나 빠르게 줄고 있다고 한다.[25]

그렇다면 의욕적인 직원을 구할 대안을 찾아봐야 하지 않을까? 지역사회의 전체적인 취업능력을 향상한다면 사회적인 욕구에도 부합하

---

25 푹스(J. Fuchs)·뒤플러(K. Dörfler), "Projektion des Erwerbspersonenpotenzials bis 2050: Annahmen und Datengrundlage," IAB Forschungsbericht 25 (2005).

는 그런 직원을 구할 수 있지 않을까? 몇몇 기업은 일반적으로 '취업 능력이 없다'고 보이는 사람들을 목표로 삼아 길을 찾고 있다. 이를테면 장기간 실업 상태에 있던 이들을 다시 일터로 돌아오게 할 방법이 있지 않을까? 장애인들은 어떤가? 최근 출소한 사람들은 또 어떤가?

이러한 그룹은 큰 잠재력이 있다. 적절한 지원과 기술, 그리고 자신감을 더해준다면 능력 있고 충성스러운 직원이 될 수 있다. 동시에 기업은 사회에 큰 기여를 하는 셈이므로 사회적 평판을 향상할 수 있다.

물론 쉬운 일은 아니다. 그렇게 하려면 일반적인 모집 절차를 바꿔야 하고, 인사 담당자들이 그런 과정을 다룰 능력을 갖춰야 한다. 신입사원 교육도 바꾸고, 직장 내 분위기나 지원 내용도 달라져야 한다. 반면 좋은 점도 있다. 대안적인 직원 채용 방안을 운영한다면 정부와 지역 조직으로부터 전문 교육이나 금전적인 면에서 상당한 지원을 받을 수 있다.

영국에서 선도적인 기업이 운영하고 있는 두 프로그램은 대안적인 직원 모집 사례를 보여준다.

- 막스앤드스펜서(Marks & Spencer)는 2004년부터 NGO들과 파트너십을 맺고 '막스앤드스타트(Marks & Start)'를 운영해왔다. 이는 노숙자, 장애인, 한부모 가정, 그리고 청년 실업자를 위한 현장실습 프로그램이다. 매년 650명이 이 프로그램에 참여해 2주 또는 4주 동안 주로 막스앤드스펜서 매장과 경우에 따라서는 회사 사무실에 배치되어 일을 배운다. 참가자들은 조직적인 훈련뿐 아니라 매일 코치와 '짝꿍'의 지원을 받는다. 교통비와 무료 식사, 그리고 교재도 제공된다. 현재 성인 참가자의 40퍼센트가 취업했다. 짝꿍 또는 코치로 활동한 1000여 명의 직원은 '막스 앤드 스타트'가 매우 보람 있는 일임을 깨달았다. 이

는 또한 기업의 직원 모집과 계발에 도움이 된다.[26]

- 영국과 미국의 에너지 · 전기 회사인 내셔널그리드(National Grid)는 여러 해 동안 선구적으로 범죄자 재교육 프로그램을 운영해왔다. 20여 개 교도소와 손잡고 성인과 청소년 범죄자를 대상으로 한다. 훈련생은 출소를 전후해 일상생활로 돌아갈 때 적응하기 쉽도록 지원과 멘토링을 받을 수 있다. 1000여 명의 범죄자가 참여했다. 사회적 효과는 확실했다. 재범률이 7퍼센트에 불과해 70퍼센트를 상회하는 전국 평균과 큰 차이를 보였다. 범죄자 한 명을 1년 간 수감하는 데 드는 비용은 영국에서 약 4만 파운드에 이르므로 납세자에게도 엄청난 혜택이 돌아가는 셈이다. 2003년 예산 보고 때 재정부 장관은 내셔널그리드 CEO에게 프로그램을 영국의 전 산업계로 확대하도록 요청했다. 지금은 80여 개 기업이 이 프로그램에 동참하고 있다.[27]

이러한 계획은 앞으로 직원이 될 이들의 역량구축에 초점을 맞추고 있다. 기업의 사회적 기여는 단순히 임금을 공정하게 지급하는 고용주에 머무는 게 아니라 훨씬 더 많은 일을 하게 하는 셈이다.

여기서 여러분 회사만 구인난을 겪고 있는지, 아니면 업계 전반의 문제인지 살펴볼 필요가 있다. 업계 전반의 문제라면(서구에 엔지니어가 부족한 문제처럼) 독자적으로든 다른 기업과 공조해서든 더 크고 장기적인 계획을 세울 수 있으리라고 본다.

이를테면 특정 산업 주제에 초점을 맞춰서 학교 교육 프로그램을 계

---

26 http://corporate.marksandspencer.com/howwedobusiness/our_policies/charity_and_community_funding

27 www.nationalgrid.com/youngoffender/index.asp

발할 수 있다. 2009년 E.ON 영국 지사는 국정 교육과정과 연계해 '플러그인2엔지니어링(plugin2engineering)'이라는 교육 프로그램을 시작했다.[28] 목표는 11~16세 학생들에게 과학기술을 전수하고 이와 더불어 그들이 엔지니어링을 하나의 직업으로 인식하게 하는 일이었다. 그 사이 독일에서 엔지니어링 분야의 대기업인 보쉬(Bosch)와 지멘스(Siemens)가 이런 활동을 한 단계 더 발전시켜 유치원 단계에 적용하는 아주 훌륭한 프로젝트를 출범시켰다. 아이들이 어릴 때부터 엔지니어링에 흥미를 갖도록 하는 게 목적이었다.[29]

기업사회참여는 인사관리에서 여러모로 유용한 역할을 한다. 외부적으로는 사회에 회사의 책임감 있는 모습을 보여줄 수 있으며, 내부적으로는 임직원자원봉사 프로그램을 운영함으로써 사회의 한 형태를 만드는 일에 직접 참여하도록 장려할 수도 있다. 사람들은 점점 '그저' 고용되어 일하는 게 아니라 자신의 일이 대의에 기여하고 있다는 기분을 느끼고 싶어한다. 기업의 핵심사업 영역을 기업사회참여와 통합하는 일을 적절히 계획한다면 이번 장에서 다루었듯이 훨씬 더 많은 역할을 할 수 있다는 사실을 보여준다.

---

28 www.plugin2engineering.co.uk

29 www.spiegel.de/wirtschaft/0,1518,560250,00.html

부록 5.1 기업사회참여를 사업에 통합할 지점

사업영역	해당 사업영역의 지역사회/범사회적 영향	해당 사업영역에 어떤 도움을 줄 수 있나?	기업사회참여 행동을 어떻게 개선할 수 있나?
새로운 사업 설립 및 운영	직간접으로 영향을 준다. 삶의 질에 끼치는 직접적 영향: • 고용증가에 따른 금전적 영향 • 환경적 영향 • 건강과 안전 간접적 영향: • 지역사회로 새로운 사람들 유입 • 지역사회 시설 투자	• '설립 인가'와 '운영권' 획득 및 유지	• '절차' 적인 면: 이사회가 규정한 사회적 기준, 정책, 가이드라인 등을 실행하고, 모니터링하며, 관리법을 교육한다. • 행동적인 면: 존중하는 태도를 보여주고 신뢰를 형성한다. • 예상 결과/부수적 효과를 고려한다. • 적절한 기술을 갖춘 적합한 직원을 고용한다.
마케팅과 판매	마케팅 예산을 최소화하거나, 사회적으로 긍정적인 영향을 끼치는 데 예산을 사용할 수 있다.	• 브랜드 이익: 평판, 브랜드 이미지, 브랜드 선호도, 공인 점수† 향상 • 고객관계 증진으로 고객 충성도 향상과 매출 증가	• 마케팅에 공익마케팅 요소를 통합할 수 있다. • 기업사회참여 요소를 포함시킴으로써 스폰서십을 향상할 수 있다. • 마케팅 측면으로만 사업할 때보다 지역사회에 신뢰할 만한 (측정된) 이익을 줄 수 있다.
인사관리	직원 고용과 처우 방식을 통해 이미 영향을 주고 있다. 직원 모집과 역량 구축 프로그램을 기업사회참여 프로젝트와 결합함으로써 사회에 더 큰 혜택을 줄 수도 있다.	• 회사에 대한 직원의 자부심과 일체감 증진 • 직원과 팀의 역량 구축 • 새로운 직원 모집 통로	• 임직원참여활동을 인사관리 부서와 연계하라. • 실업률이 높고 실업이 장기화된 지역에서 어떻게 하면 기업사회참여 프로그램으로 사회적 이슈와 직원 모집을 연결할 수 있을지 살펴보라.

† 공인 점수는 기업의 브랜드 위상을 보여주는 지표다.

6

:

선도적인 기업사회참여 프로그램을 만들고 실행하는 방법: "차별화하라"

이번 장은 이 책의 심장부다. 사회적으로 큰 영향력을 지니고 이해관계자들로부터 인정받을 간판 프로그램을 만들고 실행하는 방법에 관한 이야기이기 때문이다.

이 내용이 책의 중심부에 자리 잡은 것도 우연이 아니다. 선도적인 기업사회참여 프로그램을 창조하고 실행하는 데 필요한 요소를 이 장을 전후해 다루고 있다(도표 6.1 참조).

도표 6.1 선도적인 기업사회참여 프로그램과 관련 요소

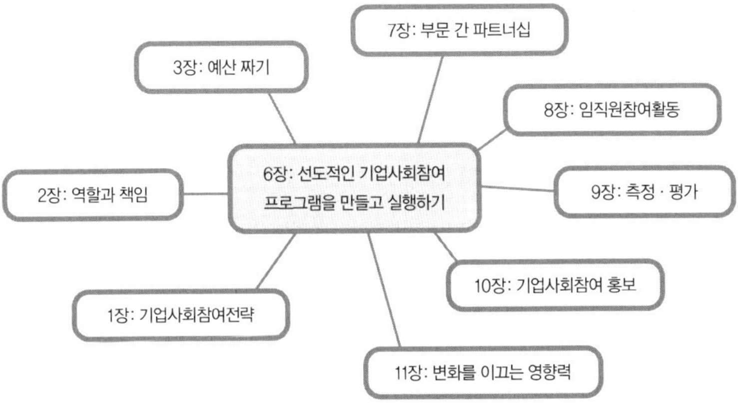

여러분은 다음과 같은 일을 해야 한다. 전략을 설계하고(1장), 프로그램 예산을 짜고 담당 인력을 준비해야 하며(2장, 3장), 다른 부문과 좋은 파트너십을 맺어야 하고(7장), 직원을 끌어들이고(8장), 활동을 측정·평가·보고해야 하며(9장), 결과를 대내외 홍보에 이용하고(10장), 큰 영향을 끼쳐야 한다(11장). 여기서 배우는 내용은 아주 중요하다. 프로젝트가 여러분이 바란 대로 사람들을 고무하고, 산업을 변화시키며, 사회의 모습을 형성하도록 하는 핵심이기 때문이다.

제대로만 한다면 이 프로젝트는 지역사회에서 핵심적 '개성'으로

인식되어, 회사의 이미지를 형성하고 평판을 높여준다. 여러분 회사가 종합적인 사회적 성과관리 시스템을 갖추고 있다면, 선도적인 기업사회참여 프로그램을 만들고 실행하는 일은 뛰어난 사회적 성과의 일부다.

셀리아 무어와 나눈 인터뷰: "더 똑똑한 세상을 만들기 위해 일하기"

셀리아 무어(Celia Moore)는 IBM EMEA의 기업사회참여 책임자다. IBM에 입사하기 전 무어는 자원봉사 부문에서 다양한 직책을 맡으며 기업을 사회적 이슈에 참여하게 하고, 공공-민간 파트너십을 형성하는 일에 폭넓은 경험을 쌓았다. 그녀는 기업사회참여 전문기관인 영국의 행동자원센터(Action Resource Centre)에서 부센터장 겸 운영이사였다. 그 전에는 아펙스 트러스트(Apex Trust)에서 일하며 기업들로 하여금 사무직 출신 전과자들을 고용하게 하고, 경영자들로 하여금 소년범 교화소와 아동보호시설에 가서 인생 조언을 해주게 했다. 거기서부터 시작해 그녀는 사회적 서비스 정책 분야와 정부기금 운영기관인 청소년보호기금(the Intermediate Treatment Fund) 등에서 일하며 청소년 보호 서비스 분야의 전문가가 되었다.

회사에서 맡은 업무는 어디 담당인가?

—— "지난해 IBM은 마케팅, 커뮤니케이션, 기업시민활동 기능을 묶은 새로운 조직을 만들었다. 이런 변화의 배경에는 조직문화와 브랜드를 통합하고—둘 다 우리 기업의 가치에 토대를 두고 있다.—일터와

시장의 전문성을 모두 아우를 새로운 전문 직종을 창출하겠다는 생각이 있었다. 그전까지 우리는 기술·혁신과에 속해 있었다. 우리가 IBM의 기술력을 그것에 비판적인 지역사회의 욕구에 부응하는 솔루션으로 이끌어냈기 때문이다. IBM에는 책임경영이나 지속가능성 부서가 없다. 지속가능성과 관련된 모든 영역은 각 사업 업무에 깊이 뿌리박혀 있다."

회사의 기업사회참여전략은 무엇인가?

—— "우리는 기업사회참여에 IBM의 가장 소중한 능력과 자산, 그리고 자원을 배치한다. 우리의 연구와 기술, 자문과 IT서비스, 그리고 인재 말이다. 이 모든 게 우리가 만든 혁신적인 글로벌 프로그램에 통합되어 있다. 이 프로그램들은 중요한 사회적 이슈 분야에서 전 세계의 지역사회가 진보하도록 돕는다. 각각의 이슈는 우리 사업의 장기적인 성공을 위해 매우 중요하다. 우리는 사업 성장전략에 맞춰 투자 순서를 정하고, 우리 직원들로 하여금 자원봉사에서 중요한 구성원으로 참여하게 한다."

회사가 전략적으로 참여하고 있는 영역은 무엇인가?

—— "우리는 네 개의 주요 영역에 초점을 맞추고 있다. 교육의 성과기준 향상 지원, 경제발전(특히 개발도상국 시장의 발전에 기여), 문화적 다양성에 관한 교육 배양, 인도주의적 욕구 지원이 그것이다. 각각의 영역에 우리는 핵심적 IBM의 역량을 통합하고 지역적 환경에 맞춰 해결책을 조정하는 여러 프로그램을 만들었다. 다음은 몇 가지 사례다.

교육 분야에서 우리 목표는 학교의 제도적 변화에 기여하는 일이다. 우리는 교사들로 하여금 협업하고 정보통신기술을 교실 내 학습활동에 통합하게 함으로써 그들의 관습적 태도를 바꾸도록 도왔다. 우리의 프로그램은 범세계적인 교육 커뮤니티를 형성했고, 우리는 이를 문화 교류에 이용한다. 예를 들어 우리는 유치원 아이들이 활동하는 커뮤니티를 갖추고 있는데, 아이들이 가장 좋아하는 장난감을 해외여행 보냄으로써 다른 나라 아이들과 문화적 시각을 교류하게 한다. 이 프로그램은 2008년 유럽연합의 '문화 간 대화의 해(Year of Intercultural Dialogue)' 프로그램 중 일부였으며, 교사들의 관행을 깨뜨리고 교실을 혁신하는 데 지대한 영향을 주었다.

'월드 커뮤니티 그리드(World Community Grid)'는 장기적인 경제개발에 직접적인 영향을 끼치는 인도주의적 도전에 IBM의 전문기술을 적용한다. 이 프로그램은 그리드 컴퓨팅(컴퓨터의 처리능력을 한곳으로 집중시킬 수 있는 차세대 인터넷망. 지리적으로 분산되어 있는 고성능 컴퓨터, 대용량 데이터베이스, 각종 정보통신 첨단장비 등을 네트워크로 연동해 공유하게 한다.—옮긴이) 기술을 이용해 개인 컴퓨터의 유휴동력을 복잡한 과학적 연구에 활용하게 해준다. 이로써 5년 만에 세계 10대 슈퍼컴퓨터 중 하나가 되어 질병 치료법, 친환경적 관리, 식량 생산 등을 위한 연구 성과를 냈다. 그게 없었다면 제시간에 적절히 할 수 없었을 일들이다. 누구든 PC나 노트북 컴퓨터의 유휴자원을 무상 제공하기만 하면 되는 간단한 프로세스다.[1]

사내·외에서 대단한 관심을 불러일으킨 프로그램은 '기업서비스단(Corporate Service Corps)'으로 우리가 사업적 욕구와 기업사회참여를 어떻게 통합하는지 보여주는 좋은 예다. 우리는 신흥 시장의 여러 기관에 최고의 인재들을 한 달간 보내 컨설팅 업무를 하면서 경제적·사

---

1 www.worldcommunitygrid.org

회적 발전을 돕도록 한다. 그들은 그 나라 정부가 지원하는 일을 하거나 NGO에서 일하기도 한다. 우리는 보통 세계 곳곳에서 모은 10명 정도를 팀으로 엮어 보내며, 그들은 더 작은 그룹으로 나뉘어 일하며 임무를 완수한다. 우리가 지원하는 조직들은 몇 달간의 무료 IBM 컨설팅도 받는다. 여기서 우리 직원들은 양질의 창조적인 실적을 낸다."

직원들이 프로그램에 참가하는 데 얼마나 관심을 보이고 있는가?

—— 'IBM이 '기업서비스단'을 만든 이유는 직원과 고용주 사이의 계약관계에 직원들의 변화된 기대상을 반영하기 위해서다. 젊은 직원일수록 생계만을 목적으로 회사에 다니지 않는 경향이 있다. 우리 직원들은 이제 다른 것을 기대한다. 그들은 유연성을 추구하고, 세계를 다른 방식으로 경험해보고 싶어한다. 동시에 우리는 세상에 변화를 이끌고자 IBM에 입사하려는 이들을 직원으로 뽑고 싶다. 과학적 관점과 기술을 사업 너머로 적용하는 우리의 방식으로 세상을 바꾸려는 이들 말이다. 우리는 전 세계의 고객에게 봉사할 수 있도록 사실상 다문화적인 팀에서도 편안하게 일할 수 있는 사람들이 필요하다.

1년에 200곳에 보내는 것으로 프로그램을 시작했지만, 인기가 높아서 연간 500곳으로 늘렸다. 이는 우리가 매년 서로 다른 신흥 시장의 지역사회를 지원하기 위해 50개의 팀을 보내고 있다는 의미다. 프로그램에서 얻는 이익은 엄청나다. 각 팀은 중요한 프로젝트에 실질적인 업무로 기여한다. 그들은 IBM의 인지도를 높이고, 지역사회의 실세들과 관계 맺으며, 성장하는 시장에서 사업하는 일에 개인적인 통찰력을 얻는다. 동시에 그들은 많은 것을 돌려받는다고 느낀다. 그들의 경험에 대해 물어보면 동료와 유대감을 느꼈으며 '새로운 가족'을 찾았다고 이야기하는 이가 많다. 어떤 이들은 '나는 다른 사람이 되었다. 그것은 나를 변화시켰다'고 말하기도 한다. 그들은 다국적 팀에서 한 달간 생활하면서 많은 걸 배운다. 집약적인 개인 경험과 IBM 동료에 대한 유대감은 큰 동기유발 요인이 된다."

'기업서비스단' 외에 또 다른 임직원참여활동 프로그램이 있는가?

—— "임직원을 참여하게 하는 일은 지역사회 접근을 확대하는 아주 강력한 방법이다. 우리는 범세계적 자원봉사 프로그램인 '맞춤형 커뮤니티(On Demand Community)'를 운영하고 있다. 그것은 자원봉사에 대해 알고 싶어하는 직원과 퇴직자를 위한 웹사이트와, 학교나 지역사회 기관을 위한 IBM의 성공적인 기술 솔루션을 토대로 만든 프로그램이다. 이러한 도구들은 자원봉사자에게 의미 있는 기회와 자원 등을 다양하게 제공하고 더 효율적인 봉사를 할 수 있도록 맞춰 설계한 특별활동도 포함한다. 2003년 도입한 이래 13만여 명의 직원과 퇴직자가 등록하여 전 세계에 걸쳐 600만 시간 이상을 봉사했다."

기업사회참여를 사업활동에 통합하는 방법과 연관해서 하고 싶은 말은 없는가?

—— "IBM에서 우리는 사업과 지역사회 간의 상호의존성, 지역사회가 성공하도록 돕는 일의 가치를 늘 느껴왔다. 그 일은 우리의 혁신, 앞선 사고, 그리고 핵심적 문화에 기여해왔다. 현재의 역동적인 세계화와 경제적 침체를 고려할 때 우리의 기업사회참여전략과 사업전략은 더욱더 하나로 수렴하고 있다. 기업과 사회적 관점에서 볼 때 에너지 효율성, 안정된 물 공급, 식품 안전과 보건 향상 같은 범세계적 문제의 해결책은 반드시 발전시켜야 한다. IBM의 관점에서 보면 이러한 도전과제는 새로운—경제적·사회적·기술적—방식으로 생각하고 행동할 기회를 창출했다. 우리는 전자센서의 확산이 이끄는 가능성을 본

다. 인터넷으로 여러 장비를 연결하고, 발달분석학을 적용해 데이터로부터 새로운 지능을 창조하는 능력과도 결합되어 있다. 이런 가능성은 세상을 더 좋게 만드는, 더 '똑똑한 세상'을 창조할 기회다. 바로 이것이 우리가 핵심사업을 추구하는 전략이면서, 동시에 '내일의 물을 위한 자연보존위원회(Nature Conservancy Council on Water for Tomorrow)'와의 파트너십 같은 기업사회참여 프로그램들을 개발하는 전략이다."[2]

독자적으로 운영하는 프로그램이 있는가? 파트너십을 맺은 기관은 어떤 곳인가?

—— "우리의 '모든' 프로그램은 파트너십으로 추진된다. 파트너들이 주요 영역에 대한 핵심역량을 제공하면 IBM의 전문성이 이를 보완해 준다. 예를 들어 우리의 파트너들은 신흥 시장의 사회적 요구에 대한 깊이 있는 경험을 갖추고 있어, '기업서비스단'에 중요한 역할을 한다. '월드 커뮤니티 그리드'를 위해서는 다양한 연구기관과 함께 일한다. 파트너들이 프로그램을 지속가능하게 해준 덕분에 IBM의 초기 투자는 장기적인 변화를 이끌어낼 수 있었다. IBM은 착수 단계 이후에 자원봉사자를 참여하게 하는 활동 등으로 계속 관여한다. 그러나 장기적으로 프로그램을 운영할 파트너십을 형성하는 일은 매우 중요하다."

회사 최고 경영진은 어떻게 지원해주는가?

—— "CEO는 개인적인 리더십을 제공한다. 기업사회참여는 IBM 이사회, 임원, 기업 거버넌스 위원회의 여러 책임 중 하나다. 각국에서는 지사의 총괄 임원이 직접 CSR을 이끈다. 그들은 기업사회참여 프로그

---

2 http://www.ibm.com/ibm/us/en

램에 매우 적극적이며, 지역사회와 관계를 구축하는 데 우리 파트너십을 이용한다. 또 우리 CFO는 회사를 위한 가치를 창출하는 데 기업사회참여의 관련성을 명확히 인식하고 있다."

각 나라에서 프로그램을 실행하는 일은 어떤가? 차이를 느끼는가?

—— "우리의 전략은 범세계적으로 공통된 욕구에 부합하는 글로벌 프로그램 솔루션에 투자하는 활동이다. 'TryScience.org' 같은 교육 프로그램에 쏟는 대규모 투자는 다양한 일회성 프로젝트에 예산을 뿌려서 얻는 것보다 훨씬 더 큰 가치를 각국에 실현하게 한다. 물론 프로그램을 실행할 때는 구체적인 상황에 부합하도록 지역화한다. 이때 파트너십이 중요하다. 그 때문에 우리는 강한 영향력을 행사하는 데 가장 적합한 위치에 있는 파트너를 선택한다. 예를 들어 신흥 시장에서는 정부가 사회개발의 핵심적 역할을 하는 반면, NGO들은 전략적 단계의 파트너십에 관여할 만큼 발전하지는 못한 사례가 종종 있다."

프로그램의 장기적인 영향을 어떻게 설명하는가?

—— "조기 교육을 위한 '키드스마트(KidSmart)'나 학교의 제도적 변화를 이끄는 '교육 재창조(Reinventing Education)' 같은 주력 프로그램은 각국 단위로 대학이나 전문 대행사를 통해 외부평가를 받게 한다. 예를 들어 하버드 대학교는 우리 '기업서비스단'의 사업평가에 관여하고 있다."

기업사회참여 덕분에 생기는 사업적 이익을 어떻게 실감하는가?

—— "IBM은 최근 '사회적 책임 프로그램들의 가치 측정'[3]이라는 맥킨지(Mckinsey)의 연구에 참여했다. 기업의 가치를 CSR 투자와 연계

할 수 있는지 조사한 연구였다. 보고서는 수익 증가, 위험요인 감소, 그리고 관계 향상에 이르기까지 사업적 이익에 관해 긍정적이었다. IBM은 기업사회참여 투자로 큰 가시적 이익을 얻었다. 예를 들어 IBM 연구팀은 몇몇 기업사회참여 프로그램 덕분에 새로운 어플리케이션을 개발하고 테스트하는 데 도움을 받았다. 기업사회참여로 얻는 사회적 평판은 엄청나다. 언론이 크게 기사화하는 것은 물론 각종 상을 받고 순위에 오르기도 한다. 기업사회투자 분야에서 우리 회사의 선도적인 위치가 우수한 직원을 끌어들이고 장기근속하게 하는 데 중요하게 작용한다는 사실을 안다. 또한 우리는 기업사회투자를 바탕으로 정부 고위급과의 접촉을 포함해 외부 이해관계자들과 가치 있는 관계를 발전시킨다."

기업사회참여가 어떤 방향으로 나아가리라고 보는가?

—— "사업전략과 기업문화(corporate identity)를 통합하는 방향으로 가는 게 확실한 트렌드라고 본다. 많은 기업이 지역사회에 긍정적으로 기여하면서 사업 자체의 성공도 돕는 프로그램을 개발할 가치를 점점 깨닫고 있다. 예를 들어 금융서비스 분야는 이제 중소기업들을 돕고 소액신용대출을 제공하는 일에 많이 개입하고 있고, 금융서비스 회사들은 신흥 시장에서 신상품을 시험하고 있다. 다른 소비재 회사들도 새로운 시장을 찾고, 생산 범위를 혁신하고 있다."

---

3 corporatefinance.mckinsey.com/knowledge/knowledgemanagement/mof.htm

마지막으로, 자신이 속한 회사를 위해 선도적인 기업사회참여 프로그램을 만들고자 하는 이들에게 조언을 해준다면?

—— "네 가지를 이야기하고 싶다. 첫째, 프로그램이 회사의 리더십에 의해 상부에서 이끌도록 해야 한다. 둘째, 여러분이 속한 회사의 핵심 역량과 자산을 이용해 기업사회참여 프로그램이 회사를 표현하는 대표적인 활동이 되게 하라. 셋째, 직원을 참여시켜라. 참여하고 싶어하는 그들의 열망에 맞춰라. 엄청난 기회가 있다. 넷째, 그렇게 리더십, 사업 연계성, 참여를 충족했다면 파트너와 전략적으로 일하라. 프로그램을 효과적으로 만들려면 회사의 전문성과 파트너의 전문성을 잘 결합해야 한다."

전략에서 실행계획으로

1장에서 보여준 프로세스를 따라 여러분은 회사가 원하는 대의명분을 정의했고, 전체적인 기업사회참여전략을 만들어왔다.

이제 선도적인 기업사회참여 프로그램을 만들어야 한다. 프로젝트 관리의 고전적 단계는 다음과 같다.

- 개시
- 계획, 전개
- 실행
- 모니터링, 조정
- 완료

기업사회참여라는 구체적인 맥락에서, 개시와 전개 단계에 포함할 사항은 다음과 같다.

- 기업사회참여 파트너 기관 선정
- 합동 프로젝트 개발
- 초기 프로젝트 계획 설계
- 우선 실행할 시장 고려
- 비용과 지불 책임 주체 정립
- 법적 체계, 프로젝트 의사결정구조 고려

우리는 각각의 측면에 이어, 여러 나라에서 프로그램 운영을 포함한 프로젝트 관리에 대해 살펴보겠다. 그다음 실행에 들어가면 직원을 참여하게 하고, 프로그램을 평가·측정하고, 결과를 홍보에 이용하는 방법을 상기하게 하려 한다.

우리는 다음과 같은 조언을 하고자 한다.

- 성공적인 프로그램의 규모 확대하기
- 프로그램 종료 여부 결정하기

개시와 전개

지역사회 파트너 기관 선정하기

여러분이 관심을 두고 있는 영역에 전문적인 한 개 또는 그 이상의 파트너 기관이 필요하다. 그 파트너들을 어떻게 찾을까? 우선 다른 조직의 도움을 받을 수 있다. 국제적으로는 세계지속가능발전기업협의회(World Business Council for Sustainable Development)[4], 유럽재단센터(European Foundation Centre)[5], 유엔개발계획(UNDP: United Nations Development Programme)[6] 등에 눈을 돌려볼 수 있다. 보스턴 대학 기업시민활동센터[7], 지역사회 속의 기업[8], 국제기업리더포럼[9], CSR유럽[10] 등도 여러분을 도울 수 있다. 현지 정부와 관련 부처, 또는 주요 학술연구소에 자문하라. 그들은 모두 광범위한 네트워크를 형성하고 있고, 여러분이 적절한 조직과 연결되도록 도와줄 수 있을지 모른다.

미래의 파트너 기관들이 협력하기에 딱 맞기를 바란다면, 조사 기간에 다음과 같은 조직을 찾으면 좋다.

- 여러분이 선택한 대의명분에 전념해온 조직
- 여러분이 참여하고자 하는 지역사회의 해당 업계에서 활동적인 조직
- 프로젝트 관리, 성취결과, 재정관리 측면에서 좋은 실적을 갖춘 조직

국가 단위의 프로그램을 실행하려고 한다면, 그 나라 정부나 비영리 파트너에 초점을 둘 것이다. 글로벌 프로그램을 실행하려고 한다면, 한 개의 글로벌 파트너 기관을 두고 현지 여러 파트너 기관에 아웃소싱을 하게 할지, 각국에서 서로 다른 파트너를 찾아 개별적으로 계약

---

4 www.wbcsd.org
5 www.efc.be
6 www.undp.org
7 www.bcccc.net
8 www.bitc.org.uk
9 www.iblf.org
10 www.csreurope.org

을 하는 편이 좋을지 가늠해볼 필요가 있다. 후자는 분명히 시간이 더 걸리며 복잡하고 부담스런 프로세스가 될 것이다.

예를 들어 글로벌 프로그램에서 여러분이 아동과 청소년에 관련된 일을 하고 싶고 하나의 글로벌 파트너와 일하는 방식을 선호한다면, 국제청소년재단(International Youth Foundation)[11]이나 세이브더칠드런(Save the Children)[12], 플랜인터내셔널(Plan International)[13], SOS 아동빌리지(Children's Villages)[14] 등을 찾을 수 있다. 사회적기업을 지원하는 프로그램을 만들고자 한다면 아쇼카(Ashoka)[15]에 눈을 돌릴 수 있고, 환경교육 프로그램에 관심이 있다면 세계자연보호기금(WWF)[16]에 접촉해볼 수 있다.

글로벌 파트너 기관의 장점은 현지 파트너 기관들과 이미 강력한 네트워크를 형성하고 있다는 사실이다. 또한 글로벌 프로그램 관리뿐 아니라 글로벌 기업들과의 협력, 파트너 관계의 관리와 연관된 인상적인 실적을 갖추고 있는 편이다. 이를 과소평가해선 안 된다. 여러분이 기업의 파트너로 일해본 적이 없는 조직들과 파트너십을 맺는다면, 부문간 파트너십 경험을 다양하게 쌓은 조직과 일할 때보다 분명히 더 많은 시간을 파트너십을 구축하는 데 쓸 것이다.

두세 개의 파트너 후보 기관(나라별 또는 글로벌 수준으로)을 평가해보고 다음의 질문에 답해보기 바란다. 그러면 파트너를 최종 선택하는

---

11 www.iyfnet.org
12 www.savethechildren.org
13 www.plan-international.org
14 www.soschildren.org
15 www.ashoka.org
16 www.wwf.org

근거로 삼을 수 있는, 충분히 비교 가능한 데이터를 갖출 수 있다.

부문 간 협력을 전개하고 성공적으로 관리하는 방법에 관한 조언은 7장에 나와 있다.

파트너 후보 기관을 인터뷰할 때 해야 할 주요 질문

파트너 후보 기관이 다음과 같은 사항을 갖추고 있는가?

- 건전한 운영 구조와 관리 구조를 갖추고 있는가?
- 건실한 자금 출처처럼 재정 안정성과 신뢰성을 입증할 기록이 있는가?
- 지역사회에 실질적 영향력을 보인 믿을 만한 프로젝트 실적이 있는가?
- 사업 분야에서 적당한 위상을 차지하고 존중받는가?
- 여러분 회사와 다른 파트너 후보를 보완할 기술과 능력을 갖췄는가?
- 유능한 운영진:
  - 프로젝트 전개와 관리에 충분한 경험을 갖추고 믿을 만한가?
  - 소통과 팀플레이에 능한가?
- 회사의 가치와 부합하는가?
- 대중에게 함께 다가갈 때 이미지가 어울리는가?

합동 프로젝트 전개하기: 선도적 프로그램이란 무엇인가

이제 기업사회참여 프로그램을 함께 설계하고 실행할 차례다. 오늘날 선도적인 기업사회참여 프로그램은 한 기업의 핵심역량과 가능한 한 밀접한 관계를 유지한다는 점을 일반적으로 받아들인다. 여러분이 속한 회사의 핵심역량을 의미 있게 기여하는 일이 중요하다. 그렇다면 그 프로그램은 어때해야 하는가? 어떻게 하면 그렇게 만들 수 있는가? 내부적으로 누가 필요한가? 사업부서든 R&D부서든 또 누구든 간에 회사 내 '최고의 지성들'을 창조적 사고에 참여시켜라.

대중적 관심을 끄는 기업사회참여 프로그램은 미래의 모습을 만드는 활동이다. 선도적인 프로그램을 창조하고자 한다면 작게 생각해선 안 된다. 누구나 하고 있는 일을 해서도 안 된다. 여러분의 목표는 '전체 판을 바꾸는' 일이어야 한다. TNT와 베타팜의 선도적인 기업사회참여 프로젝트에 관해 1장에서 보여준 바 있다. 기업사회참여에 관한 한 전체 판도를 바꾼 인텔, IBM, 마이크로소프트(역시 1장의 인터뷰에서 소개했다) 같은 정보통신기업이 있다. 이 기업들은 각각의 대의명분으로 '놀라운' 변화를 이끌어냈다. 이들이 실행한 프로그램에는 혁신이 있었다. 전에는 어떤 기업도 하지 않았던 일을 해냈다.

1993년에 시작한 인텔의 '컴퓨터 클럽하우스'[17]는 가장 큰 찬사를 받아온 기업사회참여 프로그램 가운데 하나다. 전 세계 16개국과 지역에서 75개 클럽하우스를 네트워크로 구성한 일종의 방과 후 프로그램이다. 지역사회를 기반으로 기술 습득 프로그램을 제공하는 활동으로 시작하여, 10~18세 청소년들이 개인적으로나 전문적으로 성공하는 데 필요한 지식을 습득하도록 도와주었다. 이로써 청소년들은 하이테크 장비들을 이용할 수 있게 되었고, 전문적인 소프트웨어와 자원봉사자 멘토도 제공받았다. 멘토는 청소년들에게 자신감과 열정을 심어줌으로써 미래의 성공을 위해 필요한 바를 배우도록 도와주었다. 인텔의 컴퓨터 클럽하우스 네트워크는 인텔과 보스턴에 있는 과학박물관,

17 www.computerclubhouse.org

MIT 미디어랩이 함께한 프로젝트다.

오늘날 또 하나의 선도적인 프로그램은 IBM의 '교육 재창조'[18]다. IBM은 고급 정보통신기술과 전문적인 조사 기법을 활용해 혁신적인 교육 솔루션을 제공하는데 기여하고 있다. IBM은 교육 재창조 프로그램으로 교육계의 몇 가지 큰 난제를 풀어줄 혁신적 기술 솔루션을 전 세계 학교 파트너와 함께 전개하고 실행해왔다. IBM은 각 학교에 세계적으로 널리 알려진 연구자들과 교육 컨설턴트들, 그리고 기술을 제공함으로써 단순한 돈 이상의 기여를 베풀고 있다. 교육 재창조 프로그램은 상호작용적인 웹을 기반으로 하는 '변화 도구'를 포함한다. 이것은 하버드 대학교 경영대학원 소속 로자베스 모스 캔터(Rosabeth Moss Kanter)[19] 교수의 성과를 토대로 했다. 모든 교육자가 이용할 수 있는 이 도구는 학교 지도자들이 교육을 개혁하기 위한 노력을 지속하고 확장하도록 도와준다. 여기에는 효과적인 변화전략에 관한 정보, 즉 조직적 준비성 진단 도구들과 사례 연구, 자료에 의한 의사결정 및 교육의 질에 관한 지도, 효과적인 개입에 대한 도구 등이 포함되어 있다. 이 프로그램은 또 온라인상으로 협력할 수 있는 포럼을 제공해서 전 세계 교육자가 기술과 전문성을 함께 나눌 수 있도록 한다.

여기서 몇몇 선도적인 기업과 그들의 성공적인 기업사회참여 프로그램에 관해 간략히 소개한다.

---

18 www.ibm.com/ibm/ibmgives/grant/education/programs/reinventing

19 기업경영과 혁신 분야에서 가장 영향력 있는 사상가 중 한 명으로 지속가능한 기업 리더십을 주장한다.

마이크로소프트, '학습파트너들(Partners in Learning)'[20]

마이크로소프트는 IT 커리큘럼 개발과 교사·학생 훈련을 위해 나라별로 다양한 공공-민간 부문 파트너십을 맺고 있다. 이것은 기술의 접근성을 적극적으로 향상하고, 학습에 더 잘 이용하도록 하기 위해 만든 범세계적 프로그램이다. 목표는 여러 학교가 기술적인 접근성을 얻고, 교육학이나 교사의 전문성을 계발하는 방식을 혁신적으로 발전시키며, 교육 지도자들에게 변화를 설계, 실행, 관리할 수 있는 도구를 제공하는 일이다. 비전은 혁신적인 학교, 혁신적인 교사, 그리고 혁신적인 학생들을 양성하는 활동이다. 이 프로그램은 2003년에 시작하여 최소한 2013년까지 진행할 계획이다. 세계 100여 개국에서 300만 명 이상의 교육자가 훈련받았고 8000만 명 이상의 학생이 프로그램을 이용했다.[21]

노키아, '브리지잇(BridgeIt)'을 통한 교육 접근성[22]

노키아는 개발도상국의 교사와 학생에게 원격으로 학습 콘텐트를 전달하는 프로그램에 기존의 휴대전화 기술을 결합했다(예를 들어 휴대전화로 과학 비디오를 요청하면 위성을 통해 전달하는 방식). 브리지잇의 목표는 휴대전화와 디지털 기술을 혁신적인 방법으로 이용함으로써 교사들이 하는 강의의 질과 초등학생들의 수학·과학 성적, 그리고 삶의 기술을 크게 향상하는 일이다. 이 프로그램은 정부와 NGO, B2B 기업 등 다자간 이해관계자의 교류와 협력의 장으로 제공되어 왔다.

---

20 www.microsoft.com/education/pil/partnersinlearning.aspx

21 www.microsoft.com/uk/education/schools/partners-in-learning/history.aspx

22 www.nokia.com/corpoate-responsibility/society/universal-access/bridgeit

라파즈, CARE—WWF의 파트너십[23]

프랑스의 시멘트 제조회사인 라파즈(Lafarge)는 2009년에 CARE(Cooperate for Reliefs Everywhere, 국제구호원조기구)와 새로운 3년짜리 파트너십을 체결했다. 이는 보건 프로그램과 저가의 주거 프로그램, 그리고 여러 참가국의 현장 활동에 대한 평가도구 등을 포함한다. 라파즈는 또한 2000년 WWF의 선도적인 산업계 '보존 파트너'가 되었다. 그들의 새로운 파트너십은 기후변화, 생물 다양성, 지속가능한 건설 등을 포함한 5개 주요 영역을 다룬다.

유니레버, '도시 빈민을 위한 물과 위생(Water and Sanitation for the Urban Poor)'[24]

유니레버(Unilever)는 워터 에이드(Water Aid), WWF, 탬즈 워터(Thames Water), 크랜필드 대학교, UNDP 등 다자간 파트너십을 맺고 물과 하수, 폐수 처리시설 공급 기술을 제공함으로써 찬사를 받아왔다. 특히 이 프로그램은 변화를 위해 다양한 부문이 공조하는 활동을 보여주는 생생한 사례라는 점에서 돋보인다.

액센츄어, 무료 컨설팅과 사업기술 훈련[25]

세계적인 경영컨설팅 전문업체인 액센츄어(Accenture)는 비영리기관에게 '결과 중심의 무료 프로그램'이라고 부르는 현물의(수수료가 없는) 전문 컨설팅 서비스를 제공한다. 언스트앤드영(Ernst & Young), 딜로

23 www.lafarge.com/wps/portal/2_1-En_direct
24 http://www.unilever.com/sustainability/wellbeing/hygiene/index.aspx
25 http://www.accenture.com/us-en/company/citizenship/Pages/skills-succeed.aspx

이트(Deloitte), KPMG 같은 동종 업계의 다른 기업들도 이런 서비스를 한다. 직원들은 종종 휴가를 얻어 '선진국'과 '개발도상국' NGO를 컨설팅해주기 위해 자신의 시간과 전문 기술을 자원봉사할 수 있다. 컨설팅으로 수천 시간이 전 세계 나라 수십 곳의 비영리기관에 기부되었다. 이 프로그램은 효과 있는 하나의 모델이 복제·확산하여 규모가 커진 사례 중 하나다.

사회적기업가 정신

고려할 만한 또 다른 프로그램은 사회적기업가 정신(Social Entrepreneurship)을 지원하는 활동이다. 사회적기업가들은 사회적 문제를 인식하고, 사회적 변화를 위해 벤처기업을 계획하고 만들고 운영하는 데 기업적 원칙을 이용하는 사람들이다. 일반 사업가는 대개 성과를 이윤과 보상으로 측정하는 데 반해, 사회적기업가들은 성공을 그들의 프로그램이 사회에 미친 '영향'이라는 관점에서 평가한다.

사회적기업가들이 성공하려면 상당한 도움이 필요하다. 아쇼카 같은 기관은 다양한 기업을 위해 네트워크와 컨설팅을 제공한다. 세계 최초이자 선도적인 사회적기업가들의 연합인 아쇼카는 전 맥킨지 매니저였던 빌 드레이튼(Bill Drayton)이 설립했다. 아쇼카는 세 단계로 일한다. 첫 번째 단계에서는 선도적인 사회적기업가들을 확인하고, 선정하고, 재정적·전문적으로 지원한다. 두 번째 단계는 사회적기업가들의 커뮤니티를 한자리에 모아 자신들이 끼칠 영향을 저울질해보고, 아이디어의 규모를 조정하고, 서로의 사례를 전파하도록 돕는다. 마지막으로, 사회적 혁신이 세계적으로 뻗어나갈 수 있도록 인프라와 재정 시스템 수립을 돕는다. 이러한 목표를 달성하고자 아쇼카는 기업과 학계를 이어주며 파트너십을 맺는다. 아쇼카는 60개국에서 활동하며

2000명의 선도적인 사회적기업가들을 지원하고 있다.[26]

사회적기업으로 잘 알려진 모델 중 하나는 소액신용대출기업인 그라민(Grameen) 은행이다. 가장 유명한 사례인 이 은행의 창립자 무하마드 유누스(Muhammad Yunus)는 2006년에 노벨평화상을 공동수상하기도 했다.[27] 그라민 은행은 극빈자에게 소액 대출금을 장기간 제공함으로써, 자립의지에 불을 붙여주어 절망적인 빈곤의 굴레를 깨고 삶을 더 나은 방향으로 변화시킬 기업을 차릴 수 있도록 도와준다.

그라민 은행을 모델로 한 또 다른 소액신용대출 프로그램이 세계 곳곳에서 나타나고 있다. 소액신용대출이라는 개념으로 전 세계에서 수백만 명의 극빈자를 돕고 있다. 그라민 '빌리지폰(village phones)'도 많은 나라에서 도입하여 복제·확산하고 있는 또 하나의 아이디어다. 빈민촌 여성들에게 휴대전화 살 돈을 대출해주면, 그 여성들은 휴대전화를 마을 사람들이 사용하게 해주는 대신 통화와 문자메시지 이용료를 조금씩 받아 돈을 벌 수 있다. 그들은 그 돈으로 식품과 의류를 구입하고 자녀를 학교에 보낸다.

기존의 계획에서 영감을 얻어라

여러분과 잠재적 파트너들은 이 모든 사례에서 기업사회참여 프로그램을 어떻게 운영할 수 있는지에 관해 많은 아이디어를 얻을 수 있으리라고 본다. '차를 뜯어 고치느라' 쓸데없이 시간을 낭비하지 말고 이미 성공한 계획에서 영감을 받아 회사와 파트너십에 적용해보도록 하라. 그런 식으로 여러분은 입증된 '효과적인' 모델을 더 큰 규모로 적

---

26 2009년 통계치.

27 www.grameen-info.org

용할 수 있다.

초기 프로젝트 개념 잡기

어떤 프로그램을 할지 충분히 이해했다면, 그것을 명확히 정의할 필요가 있다. 이를 위해 개념도를 함께 작성해보거나, 지역사회 개발 프로그램에 정통한 프로젝트 파트너에게 그것을 작성하도록 요청해도 좋다. 초기 개념을 잡을 때 다음 카테고리를 고려하면 유용하다.[28]

- **프로젝트의 유형.** 예를 들어 커리큘럼 개발, 훈련, 기존 프로그램의 복제·확산 등. 무엇을 변화시킬 수 있으며, 무엇이 프로젝트를 특별하게 하며, 왜 연관이 있는가? 여러분이 의도한 프로젝트 접근법이 왜 중요하며 노력할 가치가 있는가?
- **프로젝트의 간략한 배경.** 어떤 문제가 관심 대상이고, 그것을 이해하려면 어떠한 배경 정보가 필요한가? 왜 사회에 프로그램이 필요한가? 프로젝트의 수행을 가능하게 하는 능력은 무엇인가?
- **프로젝트의 목표와 대상.** 목표와 대상을 생각해보는 것 외에도 변화에 영향을 미치는 전략의 배경 이론은 무엇인가? 달리 말하자면, 왜 여러분의 활동이 사회적 조건을 변화시키고 향상하리라고 생각하는가?
- **목표 그룹 규정.** 프로젝트가 어떤 인구 그룹에 영향을 미치는가? 그들은 어디에 자리 잡고 있으며, 기본적인 특성(나이, 성별, 직업, 사회경제적 위치 등)은 무엇인가?
- **활동과 기간.** 실행을 고려할 때 여러분의 프로그램이 직접 그 활동을

---

28 국제청소년재단(International Youth Foundation), 《개념도 개발 가이드(Guide to Concept Paper Development)》(2004)에서 차용.

수행할지, 아니면 다른 기관으로 아웃소싱할지 결정하라. 어떤 파트너 기관을, 프로젝트의 어떤 부분과 함께 일하게 할지 정하라.

- **산출**. 프로젝트 활동의 직접적인 생산물은—이를테면 교육과정, 이벤트, 컨퍼런스, 출판물 중에서—무엇인가? 수혜자의 적절한 규모는 어느 정도인가?
- **결과**. 그 활동은 목표 그룹에 어떤 효과와 결과를 낳는가? 그들의 삶을 어떻게 바꾸는가?
- **예산**. 전반적인 예산 개요를 제공하라. 개시 비용과 실행 비용 간의 차이는 무엇인가?
- **임직원참여활동 가능성**. 직원이 프로젝트 활동에 자원봉사자로 참여할 수 있다고 기대하는가?

여러분은 또한 프로젝트의 범위를 결정해야 한다. 즉 어느 정도 규모의 프로젝트를 원하는가? 국제적인 프로그램을 원하는가? 한 프로그램을 각 나라별로 복제·확산하게 할 것인가? 아니면 하나의 포괄적인 주제를 지역별 상황에 따라 적용하고 맞추도록 유연하게 할 것인가? 현지 직원이 있는 나라에서만 프로그램을 실행할 것인가, 아니면 직원이 없는 곳에서도 실행할 것인가? 3년짜리 프로젝트를 단번에 착수할 것인가, 아니면 1년짜리 예비 프로젝트를 먼저 시작하고 싶은가?

이러한 측면을 주의 깊게 생각하고 프로젝트를 계획하고 설계할 때 고려하기 바란다.

우선순위 정하기

여러분이 속한 회사가 글로벌 기업이라면, 기업사회참여 프로그램을 실행할 때 어떤 시장에 우선순위를 둘지 평가하는 과정이 중요하다.

구체적인 기준을 적용해 프로세스 개념도를 그려보는 편이 이롭다.

국가 선정 기준

- 각 국가/지역에 있는 직원 수
- 어느 시장의 매출이 가장 많은가?
- 어느 시장의 고객들이 여러분 회사나 브랜드를 좋아하지 않는가? "믿을 수 있는 브랜드"라고 답한 고객 비율이 가장 낮은 곳은 어디인가?
- 직원 설문조사에서 회사가 사회적으로 책임감 있다고 생각하는 직원 비율이 가장 낮게 나온 나라는 어디인가?
- 프로젝트 목표로 생각하고 있는 이슈에 대해 사회적 요구가 가장 큰 나라는 어디인가?
- 신흥 시장 중에서 회사가 우선순위를 두고 있는 나라는 어디인가?

이러한 기준으로 포괄적인 평가를 진행하여 기업사회참여 프로그램을 우선적으로 실행할 시장을 결정할 수 있다.

우리는 시장의 우선순위를 정하는 일의 중요성을 보여주는 한 다국적 기업 CEO의 사례를 알고 있다. 그는 몇 년 전 기업사회참여 매니저들에게 이렇게 물었다. "나는 석 달 내에 푸틴 대통령을 만날 예정이네. 그때까지 러시아에 기업사회참여 프로그램을 만들 수 있겠나?" 아프리카 사업개발을 담당한 한 선임부회장은 이런 얘기를 한 적 있다. "케냐와 나이지리아는 우리 시장 중에서 가장 빨리 성장하고 있는 나라일세. 각국에 얼마나 빨리 기업사회참여 프로그램을 만들 수 있겠나?" 이러한 요구는 기업사회참여에 대한 관련성을 높여 빨리 전개할 큰 기회가 된다.

비용 고려하기

회사가 얼마나 투자해야 하는지는 그야말로 프로그램의 내용이나 종류에 달려 있다. 매년 나라마다 수십만에서 수백만 유로/달러 정도의 돈이 선도적인 기업사회참여 프로그램을 위해 사용된다. 본사의 관점에서 이러한 종류의 프로그램을 계획할 때는 달러화나 유로화에 대한 현지의 상대적 구매력 같은 거시 지표들을 고려해야 한다. 지역적인 구매력 차이를 고려하면 나라마다 프로그램의 실행 비용은 큰 차이가 날 수 있다. 미국·영국·독일 등에서 프로그램을 시행한다면 루마니아나 페루 같은 나라보다 훨씬 많은 비용이 든다. 반대로 생각하면 여러분이 책정한 예산으로 쓴 1유로나 1달러는 저비용 국가에서 상대적으로 더 큰 영향력을 지니는 셈이다.

본사의 관점에서 이러한 종류의 프로그램을 계획하는 경우를 다시 생각해보자. 본사로부터 현지 프로그램을 실행할 자금이 3~5년간 나오고 각국의 분담금을 일정 수준으로 책정했다면, 예산을 짤 때 각국 환율이 변동할 가능성을 고려하기 바란다. 환율 변동 시 갑작스런 자금 부족으로 현지 프로그램을 위태롭게 하지 않으려면, 어느 정도 환율 등락을 고려해 예산을 짜는 편이 바람직하다. 또는 현지 환율에 따라 나라별로 구체적인 분담 수준을 합의하는 것도 좋다.

그런 다음 개시 비용 대비 프로그램 유지 비용을 고려하라. 커리큘럼이나 훈련 내용을 설계해야 한다면 처음부터 많은 돈을 써야 한다. 언어와 문화적 다양성, 프로그램 자료의 번역과 내용의 각색 비용 등을 고려하라. 반면에 확실한 구조와 자료를 갖추고 진행 중인 프로그램이라면 활동 규모를 확대할 때만 추가비용이 든다.

프로그램의 유형과 실현 방법에 따라 비용 검토 사항들은 달라진다. 커리큘럼 기반 기술 함양 프로그램인가? 프로그램에 기술적 장비를 제공해야 하는가? 자원봉사자 기반 프로그램인가? 여러분이 선택한 유형과 실현 방법에 따라 예산의 종류가 결정된다.

3장은 예산안을 짜는 데 전반적인 지침을 준다.

법적 고려와 거버넌스 구조

이 영역은 복잡하다. 따라서 우리는 여러분이 회사의 법무 부서와 함께 일하기를 권한다. '법적인 고려'라는 관점에서 볼 때, 각국에서 파트너 기관과 최종 계약을 맺기 전에 양해각서(MOU)로 시작하는 일이 필요할 수 있다.

만약 어느 국제적인 파트너 기관과 글로벌 프레임워크 계약을 체결한다면, 각 현지 국가 프로그램에 대한 합의는 그 계약의 부록 문서가 될 수 있다. 이것은 국가 단위 사업을 더 쉽게 만들 수 있다.

계약은 프로그램의 대상과 용어, 조건, 재정적 책무 등을 담아야 한다. 여러분이 프로그램의 이름을 함께 짓는다면, 상표권과 그것을 누가 소유할지도 고려해야 한다. 개발한 자료들에 관한 지적 재산권과 저작권 문제도 분명히 해둬야 한다.

계약의 유효 기간은 어떤가? 상호 활동에 대해 어떤 내용을 계약에 포함하고 싶은가? 기밀유지 준수사항에 포함해야 할 내용에 무엇이 있는가?

정기 감사와 검토를 위해서는 물론이고 보고 프로세스를 위해서라도 기간과 조건을 정해둘 필요가 있다. 대중에 대한 홍보는 어떻게 하길 원하는가? 공동으로 할 것인가, 또는 각자 할 것인가? 이러한 측면도 잘 다뤄야 한다. 누가 어떤 문제에 대해 법적으로 책임을 질 것인가? 여러분 회사와 파트너(들)는 법적 책임의 상호 면책 사항에 합의할 것인가? 또한 분쟁 해결 방식에 대해서 어떻게 할지 결정하고 합의해야 할 필요가 있다. 프로그램을 종료하거나 기한을 주고 알리는 권리도 포함해야 한다. 여러분 회사의 법무 부서는 이 모든 과정에 귀중한 도움을 줄 수 있다.

'거버넌스'는 효율적인 프로그램 개발, 운영, 발전을 위해 요구되는 다양한 결정과 단계에 관한 규정을 말한다. 누가 이것을 책임지는가? 그 점을 명확히 해두는 편이 좋다. 형식적인 절차로만 생각해서는 안 된다. 바람직한 거버넌스를 확립해야 하고, 이는 성공적으로 프로그램을 실행하기 위해 매우 중요하다. 거버넌스의 원칙에 합의하고, 법적인 조언자들에게 상호간 합의사항을 법적인 용어로 바꾸는 데 도움을 받아라. 다음 장에서는 파트너십을 어떻게 구축할지, 그리고 바람직한 거버넌스를 어떻게 적용할지에 대해 깊이 있게 살펴보겠다.

프로젝트의 실행과 운영

법적인 프레임워크와 예산을 수립했다면, 이제 프로젝트를 실행하고 운영을 시작할 때다. 이를 위해 실행 결과물의 내용과 역할, 책임사항, 일정표, 목표 달성 단계 등을 정해놓은 구체적인 프로젝트 계획이나 실행계획을 짜놓으면 좋다. 성공 측정뿐 아니라 운영 가이드라인도 규정해놓기 바란다.

도표 6.2는 따라해볼 만한 기본적인 실행계획 견본의 한 예다.

도표 6.2 실행계획

주요 단계	책임	일정	상태

더 정교한 프로젝트 운영계획의 개요는 257쪽 부록 6.1에 제시해놓았다. 프로젝트 일정표 견본이 더 필요하다면, 인터넷에서 무료로 받을 수 있다.[29]

이제 활동을 시작해 산출물과 결과를 만들어내야 한다. 여기에는 프로젝트 운영계획에 맞춰 프로젝트 활동을 실행하는 일뿐 아니라 사람들과 자원을 조정하는 일도 포함된다. 여러분은 파트너(들)와 합의한 일정표의 실행 목표에 맞춰 프로세스를 함께 잘 관리해야 한다.

한 나라나 한 지역의 예비 프로젝트로 시작해 어떻게 전개되고 무엇을 배울 수 있는지 알아본 다음 더 많은 지역이나 나라에 도입하는 방법도 고려해볼 만하다.

계획대로 일이 잘 안 되는 것 같다면, 가능한 한 빨리 문제점을 파악해 계획을 수정해야 한다. 프로젝트가 빨리 제 궤도에 오르게 하고 싶다면 말이다. 프로세스 관리의 수준을 높이고 문제를 효율적이고 협력적으로 해결하려면 정기적인 상호 피드백 과정을 만들고 거기에 참여해야 한다.

이 모든 과정을 효율적으로 이끌고 싶다면 291쪽 부록 7.1에 제공한

---

29 우리는 '정점42(Vertex42): 만능엑셀가이드(The Guide to Excel in Everything)'를 이용한다; www.vertex42.com/ExcelTemplates/timeline.html

파트너십 관리·프레임워크·프로세스의 핵심 측면에 대한 점검표를 참고하기 바란다.

다국적 프로그램 운영

글로벌 프로그램을 운영한다면 내부적 협상 때문에 바쁜 시간을 보내게 될 수도 있다. 예를 들어 기업사회참여의 경영사례를 각 나라 총괄 책임자에게 설명해야 하고(1장에서 그 내용을 찾을 수 있다), 기업사회참여 담당 매니저를 정해 현지에서 훈련해야 하며(이에 대해서는 2장을 참고하라), 지속가능한 파트너십을 맺기 위해 이번 장 앞부분에 소개한 기준으로 현지 비영리기관들을 평가해야 한다.

여러분이 글로벌 기업사회참여 매니저이거나 지역적인 국가단위 프로그램을 관장하는 책임자라면, 현지 동료와 좋은 관계를 유지하는 일이(물론 그들의 상사들과도) 중요하다. 정기적으로(이를테면 분기별로) 연락해서 최근 상황을 파악하고 지원을 제안하라.

가능하다면 각국 프로그램을 1년에 한 번씩 방문하라. '현장'을 알면 모든 활동을 변화시킬 수 있다. 즉 프로그램을 직접 경험해봄으로써 그 활동과 전개상을 훨씬 깊이 이해할 수 있고, 원격으로 애쓰는 대신 다양한 문제를 직접 해결할 수 있으며, 잘 수행한 일에 대해서는 칭찬과 격려로 북돋울 수 있다. 또 프로그램을 대내외적으로 홍보하는데 이용할 만한 생생한 이야기들을 얻어서 돌아올 수도 있다.

지사 동료나 현지 기업사회참여 파트너들과 맺은 관계에 자주 주의를 기울여야 한다. 그들이 함께 일을 잘하고 있는가? 함께 목표를 성취하고 있는가? 뭔가 문제가 있다면 어떻게 그들을 도와 조정할 수 있는가? 상호간 합동 작업에 대한 훈련이 필요한가? 국제적 파트너 기관과 함께 일하고 있다면, 여러분이 이러한 이슈들을 직접 감독하고 지원해야 한다.

프로그램 요소

글로벌 프로그램을 운영하든 국가 단위의 프로그램을 운영하든, 여러분은 프로그램 관리의 일부로서 다음의 세 가지 프로그램 요소를 포함할 필요가 있다.

직원이 참여하게 하라

프로그램을 완벽하게 만들고 싶다면, 회사의 직원을 자원봉사자로 끌어들여라. 이에 대한 구체적인 조언은 8장에 있다.

측정하고 평가하라

프로그램을 실현하고 지속적으로 향상하도록 하려면, 탄탄한 측정·평가 프로세스 계획을 세워야만 한다. 9장은 그러한 방법을 일러준다. IBM은 자부심을 느낄 만한 탄탄한 시스템이 있다. 이 회사에 따르면, "아동과 기술센터(Center for Children & Technology)와 하버드 경영대학원의 철저하고 독립적인 평가는 기술이나 노하우에 쏟은 의미 있는 투자가 IBM의 학교 파트너들에게 실제로 긍정적이고 주목할 만한 영향을 미치고 있다는 사실을 알려준다."[30]

홍보하라

여러분은 프로그램 실행 및 측정·평가로 홍보할 만한 신뢰성 있고 흥미로운 정보를 얻을 수 있다. 프로그램의 결과를 이해관계자 그룹을

---

30 www.ibm.com/ibm/ibmgives/grant/education/programs/reinventing

대상으로 효과적으로 홍보하라. 이로써 회사의 선행을 그들이 인지하게 할 수 있다. 10장에 파트너와 함께 홍보하는 효과적인 방법을 소개해두었다.

성공적인 프로그램의 규모 확대

기업사회참여 프로그램으로 사회에 진정한 변화를 이끌고 있다면, 여러분과 파트너들은 그 규모를 키워서 원래의 계획 이상으로—다른 지역이나 수혜자를 늘릴 수 있도록 더 많은 기관으로—확대해야 할지 고려해야 한다.

자금을 구하는 방법 중 하나는 여러분 회사가 비용을 대는 것이다. 또 다른 기회는 새로운 활동의 장(기업의)을 만들어 다른 기업들/기관들을 참여하게 하는 방법이다. 여러분이 속한 회사의 공급망 파트너들을 참여하게 할 수도 있다. 사업 관계를 탄탄하게 하기 위해서, 또는 자신들의 기업사회참여를 향상하기 위해서, 여러분이 진행하는 프로그램의 파트너가 되고자 하는 기업들은 없는가? 아니면 일반적으로 경쟁사는 아니지만 보완적인 산업을 하는 기업 중에서 함께하는 데 관심을 보이는 곳은 없는가?

예를 들어 노키아는 남아공에서 최소한 1년 이상 실업 상태인 20~28세 젊은 흑인 대졸자들을 위해 여러 해에 걸쳐 혁신적인 업무 기술 훈련 프로그램을 운영해왔다. 목표는 고등교육과 실제 업무 세계의 간극을 이어줌으로써 젊은이들의 직업적인 기술을 개발해주는 일이었다. 훈련과정에는 직업세계의 이해와 업무 태도, 일자리를 구하고 유지하는 법, 재정관리, 컴퓨터와 기업가적 기술에 관한 내용이 포함되었다. 동시에 그 프로그램은 대인관계와 팀워크 기술, 자신감, 갈등 해결, 문제 해결 기술, 성공과 사회적 책임감에 대한 동기 부여 등을 강조했다.

이 프로그램은 수료 후 취업률이 70퍼센트에 달했다. 성공 소식이 알려지자 광산업이나 은행처럼 다양한 업계의 기업(Lonmin, Anglo Platinum, People's Bank, BMW)과, 핀란드 대사관 지역협력기금(Embassy of Finland Local Cooperation Fund) 같은 기관이 프로그램에 참여할 정도로 큰 관심을 받았다. 미국국제개발처(USAID)와 국제라이온스클럽은 프로그램을 모잠비크, 말라위, 르완다에도 적용했다. 모든 기업과 조직이 함께 기여했으며, 프로그램의 요소를 함께 관리하고, 공동으로 홍보활동을 벌였다. 그 결과 모든 지역에서 인지도를 끌어올리는 효과를 거뒀으며 뛰어난 수료생들을 신입사원으로 채용할 수 있었다.

이런 사례가 보여주듯이 신흥 시장에서는 종종 국제개발기관들, 여러분 나라의 국제개발 담당 장관, 미국국제개발처, 또는 현지 교육부 장관이 자금과 전문성을 제공하면서 공동으로 프로그램 규모를 확대하는 데 관심을 보일지 모른다. 다자간 협력에 어려운 점이 있겠지만, 이러한 공조는 역동적인 다부문간 연대가 될 수 있다. 이는 단일 기업의 참여를 넘어서는 활동이기 때문에 한동안 '2세대'[31] 기업사회참여 활동으로 여겨졌다. 이런 참여방식은 상당한 규모로 영향력을 끼칠 수 있는 프로그램을 만들 때 점점 중요해지고 있다.

---

31 어카운터빌러티의 사이몬 자덱(Simon Zadek)이 2002년 2월 컨퍼런스 이사회 행사 발표에서 처음 쓴 표현.

함께 잘 마무리하기

여러분은 정해진 기간에 한해 프로그램을 운영하기로 계약했을지 모른다. 하지만 사업 환경은 역동적이고 모든 건 변하기 마련이다. 프로그램은 결과에 따라 정기적으로 수정해야 한다(측정·평가에 관한 9장을 참조하라). 마지막 해에, 프로그램을 종료하기 전에 결정해야 할 사항이 있다. 프로그램을 지속하고 싶은가? 규모를 확대하거나 축소하고 싶은가? 아니면 종료하고 싶은가?

새롭고 더 유망한 계획으로 대신하기 위해서라든지, 아니면 단순하게 회사의 프로그램 참여가 자연스럽게 끝에 도달했기 때문에 프로그램을 종료하기로 결정했다면, '출구' 계획을 잘 세워야 한다. 여러분은 회사의 참여와 지원을 단계적으로 줄여가야 한다. 파트너 기관들과 프로그램 종료 이유에 대해 세심하고 호의적인 방식으로 명확하게 소통하라(이것에 관해서는 287쪽 7장의 '이행(移行)' 부분을 참조하라). 점차적으로 재정 지원을 줄여가는 단계적 축소 국면이 어떻게 보일는지 파트너들과 함께 알아보라. 그들이 프로그램을 계속하고 싶다면 자금원을 구할 기회가 생긴다. 그동안 성취한 바와 함께 배운 바를 확인하고 문서화한 다음 그것을 기념하라. 이런 과정은 여러분이 그동안의 관계를 친구로서 잘 마무리하고, 함께 성취한 일에 자부심을 느끼도록 도와준다.

트렌드는 어디를 향해 가고 있나

현장은 계속 발전하고 있다. 기업들은 기업사회참여를 다음 단계로 넘기라는 요청을 받는다. 그것은 기업 20/20(Corporation 20/20)[32], CSR 유럽[33], 그리고 유럽위원회(European Commission)와 같은 정통한 이해 관계자들이 보내는 요구다. 그들은 각 기업이 프로그램들을 따로 운영함으로써 고립되거나 분열하지 않도록 요청하고 있다. 그 요청은 사회의 모든 행위자들이 함께 노력하는 협력의 중요성을 강조하면서, 효율적인 사회적 해결책을 함께 실행하기 위해—또 그 덕분에 자신들을 인지시킬 수 있도록—새로운 연대를 형성하게 한다.

1장에서 언급한 대로 교육·건강·일자리·환경 등은 사람들이 관심을 쏟는 주요 이슈다. 기후 변화, 자연 자원의 희소성 증가, 기술혁신의 가속화, 인구학적 변화, 사회 분열의 심화 와 같은 지구촌 도전과제의 압박은 점점 강도가 세지고 있다. 이는 우리가 기존에 취해 왔던 생활과 소비, 자원분배 방식에 근본적인 의문을 던지게 한다.

새로운 해결책을 찾아야 한다. 그런데 이러한 도전과제는 부문 간 긴밀한 협력으로, 또 책임을 공유함으로 대응할 수 있다.

적절한 시기에 행하는 적절한 아이디어는 전염성이 있으며, 체제적인 변화를 이끌 수 있다. 하나의 기업으로서, 여러분의 임무는 범세계적으로 지속가능한 개발에 기여하는 것이다. 대단한 일이다. 이것은 여러분이 속한 회사가 더 나은 사회, 나아가 더 나은 세계를 위해 기여할 수 있는 기회이며, 그러한 기여 덕분에 한층 두드러질 수 있는 좋은 기회다. 여러분이 속한 회사가 10만여 명의 직원과 140개 시장에서 팔리는 제품을 가진 다국적 대기업이든, 아니면 한 시장에서 사업하는 직원 2000명 규모의 회사이든, 효과적인 솔루션을 제공할 수만 있다

---

32 www.corporation2020.org

33 www.csreurope.org

면 국제적으로 굉장한 의미가 있다. 다른 기업과 기관, 그리고 정부가 주목할 것이며, 여러분의 솔루션을 복제하고 확산할 것이다. 어떤 기업이든 그런 변화와 향상을 이끌 수 있다. 그때 회사는 사업상 진정한 리더로 간주되어 더 잘 나가게 된다. 이 책의 조언을 따라 여러 지성의 혁신적인 사고를 결합한다면, 여러분도 거기에 도달할 수 있다.

부록 6.1 프로젝트 관리계획 개요[34]

1. 개괄
    - 1.1 프로젝트 목적, 목표, 성공 기준
    - 1.2 프로젝트 산출물
    - 1.3 가정, 종속요인, 제약요인
    - 1.4 참고자료
    - 1.5 개념 정의와 약어들
    - 1.6 계획의 전개
2. 프로젝트 조직
    - 2.1 외부 구조
    - 2.2 내부 구조
    - 2.3 역할과 책임
3. 관리 프로세스 계획
    - 3.1 개시 계획
        - 1) 견적 계획
        - 2) 인력 계획
        - 3) 인력 교육 계획
        - 4) 자원 획득 계획
        - 5) 프로젝트 책임
    - 3.2 업무 계획
    - 3.3 조정 계획
        - 1) 데이터 조정 계획
        - 2) 필요사항 조정 계획
        - 3) 일정 조정 계획
        - 4) 예산 조정 계획
        - 5) 커뮤니케이션, 모니터링, 보고 계획
        - 6) 메트릭스 수집 계획
    - 3.4 위기관리 계획
    - 3.5 이슈 해결 계획
    - 3.6 프로젝트 종결 계획
4. 기술적 프로세스 계획
    - 4.1 프로세스 모델
    - 4.2 수단, 방법, 기술
    - 4.3 배치 관리 계획
    - 4.4 품질 보장 계획
    - 4.5 문서화 계획
    - 4.6 프로세스 향상 계획

---

34 이 견본은 www.projectinitiation.com(2009년 10월)에서 다운받은 평가판이다.

7

부문 간 협력 관리법

이번 장은 NGO나 정부, 국제기구, 학술연구소 같은 기업사회참여 파트너와 잘 협력해서 일할 수 있도록 돕는 내용을 담고 있다. 그 목적은 파트너십을 더욱 공고히 하고 효과적이고 지속가능하게 하기 위해서다. 파트너십을 성공적으로 이끌고 여러분이 바라고 기대한 바를 성취하게끔 실전에 이용할 수 있는 다양한 개념, 정의, 점검표를 다룬다. 여기서 이용한 자료 중 상당수는 '파트너링 계획(The Partnering Initiative)'[1]—국제기업리더포럼(IBLF)[2] 전문가 글로벌 프로그램—에서 인용했다. 이 계획은 지속가능한 개발 파트너십을 진작하는 프로그램으로 국제적 명성이 높다. '파트너링 계획'의 창립이사인 로스 테니슨(Ros Tennyson)을 인터뷰한 내용에 이어, 파트너 관계를 발전시키고 파트너십을 맺는 프로세스를 구조화하고 검토하며, 파트너 관계에서 생길 수 있는 문제를 다루는 법을 구체적으로 설명하겠다.

로스 테니슨과 나눈 인터뷰:
"부문 간 파트너십의 예술과 과학을 발전시킨다"

1992년부터 로스 테니슨은 IBLF 부문 간 파트너십 업무를 이끌었다. 여러 해 동안 그녀는 20여 개국에서 파트너십을 촉진하고 구축활동을 펴는 한편, 기업과 NGO, 세계은행(World Bank)과 유엔 기관을 위한 맞춤 교육 프로그램을 개발하고 보급해왔다. 테니슨은 2001년부터 부문 간 파트너십 대학원 과정의 공동학장도 맡았는데, 이 과정은 IBLF

---

1 http://www.thepartneringinitiative.org, 이 책의 공동저자인 베로니카 슈벨도 여기 위원이다.

2 www.iblf.org

와 케임브리지 대학교 산학프로그램 간 협력으로 운영된다. 또한 2007년부터 IBLF와 영국 해외개발연구소(Overseas Development Institute) 간 협력 프로그램인 파트너십 중개인 인증제(Partnership Brokers Accreditation Scheme) 이사로 활동하기도 했다. 그녀는 이 주제에 관해 많은 논문과 활용서를 썼다. 그중에는 18개국 언어로 번역된 《파트너링 도구북(The Partnering Toolbook)》[3]과 《브로커링 가이드북(The Brokering Guidebook)》[4]도 있다.

어떻게 부문 간 협력 분야에서 일하게 되었나? 그전에는 어떤 일을 했나?

— "사실 나는 다방면으로 일하며 폭넓은 경력을 쌓아왔다. 그것이 이 일을 하기 위한 전제조건이 된 듯하다. 나는 극단(劇團) 일을 하며 훈련받기도 했다. 내가 아는 기술 중에는 드라마 훈련에서 얻은 것도 있다. 예를 들어 나한테 '다른 사람의 입장이 되어보기'나 나와는 다른 관점을 이해하기는 비교적 쉬운 일에 해당한다. 그 훈련은 감각적인 인식이나 관찰, 청취, 직관력을 계발하는 데도 도움이 되었다. 덕분에 어떤 파트너와 대면하는 상황에서도 그 맥락이나 분위기에 쉽게 공감할 수 있다. 별 선입견 없이 언제든 필요한 바를 들을 준비가 되어 있다.

나는 동료에게도 이런 식으로 일하도록 권한다. 내가 보기에 좋은 파트너링 전문가는 해야 할 일을 말해주는 사람이 아니다. 적절한 이슈를 표면으로 끌어내어 서로 이해하고 협력하고 적절한 행동을 할 수 있도록 적절한 질문을 던져주는 사람이다.

---

3 로스 테니슨, 《파트너링 도구북》(런던: 국제기업리더포럼, 2004, 2006년 개정)

4 로스 테니슨, 《브로커링 가이드북》(런던: 국제기업리더포럼, 2005)

나는 잠시 극단활동을 하다가 사회개발 분야에서 일했다. 퀘이커교(영국에서 시작된 개신교의 한 종파로 반전, 양심적 병역거부, 십일조 반대 등을 주장한다.—옮긴이)를 믿는 집안 분위기가 내 세계관 형성에 영향을 미쳤다. 부모님은 다양한 사회 이슈에 매우 깊이 관여하셨고, 내게 가치 기반의 철학을 심어주셨다. 나는 특히 불의와 관련된 문제에 관심을 두고, 난민 정착이나 장애인을 위한 일이나 주택조합운동도 해봤다. 어쨌든 주류적인 생각이나 현실적인 차원이 아닌 창의적인 방법과 해결책을 찾으려고 노력해왔다. IBLF에 들어오기 전에는 전체론적 건강 자선단체(holistic health charity)의 CEO였고, 당시 몇 가지 행동 연구와 참여형 연구[5] 훈련을 받기도 했다."

어떻게 해서 IBLF로 왔나?

—— "당시 회장이었던 찰스 황태자와 CEO인 로버트 데이비스가 내게 와달라고 했다. 1992년 당시 파트너십 업무는 엄청난 선구자 정신을 요구했다. 나는 '파트너십'이 과연 무엇을 의미하는지를 묻는 질문부터 시작했다. 내 기억에 그 출발점은, 우리가 함께 협력하는 법을 배우지 않는다면 현재 우리가 알고 있는 모습의 지구가 더는 존재하지 않으리라는 사실이었다. 내게 부문 간 협력은 튼튼하고 규율화된 사회를 만드는 데 필요한 근본적인 방법이었고, 훨씬 더 광범위한 수준에서 심오한 의미가 있었다.

20여 년 동안 나는 부문 간 파트너십을 이해하게 하고, 해석하거나

---

5 행동 연구는 전통적인 사회연구방법론에 도전한다. '외부 전문가' 들이 하는 사람들에 '관한' 연구가 아니라, 사람들과 '함께' 하는 참여형 연구다. 즉 연구자는 지역사회에 참여해 함께 조사 내용을 만들고, 반복되는 공동의 행동과 생각을 경험하며 연구한다.

지원하고, 또 이에 관한 개개인과 조직의 능력을 계발하는 일에 힘을 쏟았다. 내게 있어 파트너십은 집단 리더십으로 역량을 강화하는 과정이다."

CEO와 회사에 주로 어떤 메시지를 주는가?

—— "나의 메시지는 '기업들은 사회와 분리된 진공상태에서는 사업할 수 없다'는 것이다. 일류 기업들은 관계성이 필요하며, 의미 있는 관계는 실질적인 변화를 요구한다는 것, 즉 파트너십은 속전속결로 맺을 수 없다는 사실을 알고 있다. 그들은 지속가능한 경영모델을 창조하면서 기꺼이 함께 가는 법을 배우고 향상하고 있다. 이런 맥락에서 파트너십은 좋은 경영활동에 부차적인 도구가 아니라 기본적인 근간이다. 파트너십은 공통의 의제를 발전시키기 위해 다양한 부문을 이어주는 끈이다."

그런 방식으로 하고 있는 기업의 예를 소개해달라

—— "우리가 기본적으로 생각하는 파트너십이란 한 부문에서 단독으로는 적절한 해결책을 찾을 수 없다는 점을 인식한 여러 조직이 자발적으로 협력하는 일을 말한다. 그들은 다루기 어려운 문제에 대해 지속가능하고 혁신적인 방법을 찾고자 자원과 능력을 한데 모아 헌신한다. 우리에게는 그런 훌륭한 기업들과 일할 환상적인 기회가 있었다.

그들은 열린 마음으로 우리의 경험적 접근방식을 받아들였다. 우리로서는 대단한 영광이었다. 리오 틴토, 나이키, 쉘, 그리고 스탠더드차타드 은행(Standard Chartered Bank) 등이 바로 그런 기업이다. 그들은 진심으로 기꺼이 우리와 함께 문제를 조사했고, 연구를 지원해줬으며, 공조로 뭔가 배우려고 했고, 그것을 기업 내부로 체화했다. 가장 인상

깊었던 점은 그들이 배운 바를 우리의 출판물로 흔쾌히 공유해줬다는 사실이다.

우리 홈페이지는 '공개 자료(open source)' 방식을 취하고 있어서 관심 있는 사람이면 누구든 엄청난 정보와 지식을 모두 공짜로 이용할 수 있다. 앞서 언급한 회사들의 도움이 없었더라면 이런 일은 불가능했을 것이다."

'파트너십 중개인(partnership brokers)' 훈련 프로그램을 운영하고 있다. 그건 왜 만들었는가?

── "우리는 1992년에 처음으로 파트너십 전문가 훈련과정을 시작하려고 했다. 당시 우리는 상황별로 파트너십을 맺으며 일했다. 그러다보니 서로 연계할 수 있는 일관적이고 사례 중심적인 이론이 필요하다는 사실을 깨달았다. 이에 우리는 먼저 학문적 신뢰성을 얻고자 대학과 연대하기로 전략적 결정을 내렸다. 케임브리지 대학교 산학프로그램(지금은 지속가능성리더십프로그램으로 바뀜)을 상대로 정했다. 이것이야말로 그 자체로 파트너십 사례 연구감 아닌가! 우리는 주목할 만한 학문적 패러다임을 함께 창조했고, 유엔 기관과 정부를 비롯한 모든 기관이 그것을 배우러 왔다.

2003년 당시 많은 사람의 요구에 따라 우리는 국제개발에 관한 영국의 대표적인 독립적 싱크탱크인 해외개발연구소(Overseas Development Institute)와 파트너가 되어 파트너십 중개인 인증제(PBAS)를 함께 만들었다. 이는 기술개발과 적용을 위한 전문가 훈련과정이다. 지금까지 40여 개국 300여 명 이상이 PBAS 1급 코스를 마치고 배운 바를 조직에 적용하고 있다는 사실에 우리는 자부심을 느낀다. 그들은 실제로 변화 창조자, 내가 제일 좋아하는 개념으로는 '보이지 않는 리더(invisible leaders)'로서 활약하고 있다.

'파트너링'과 '파트너십 계획'의 미래를 어떻게 생각하는가?

── "나는 사실 '파트너십'이라는 단어를 좀 넓은 의미에서 여러 맥락으로 사용해왔다. 그런데 요즘에는 오해를 피하려고 '다수의 이해관계자(multi-stakeholder)'나 '부문 간 협력(cross-sector collaboration)'이라는 용어를 더 자주 쓴다. 몇 년 전 나는 흐름이 바뀌고 있다는 사실, 즉 부문 간 협력이 드디어 사회적 변화에 의미 있는 반응을 얻고 있음을 느끼기 시작했다. 사람들은 천천히 파트너십을 더욱 철저하고 능숙하게 형성하고 있다.

부문 간 협력은 훨씬 더 광범위하게 인식된다. 각각의 협력이나 파트너십은 고유한 관계지만 한정된 상황, 문화, 능력에 따라 언제나 서로 다르기 마련이다. 파트너링의 프로세스는 매우 보편적이다. 말 그대로 인간 본성과, 소통능력, 그리고 사회적 조직에 대한 몇 가지 공통적 통찰에 토대를 두고 있다."

여러 조직이 부문 간 협력을 할 '준비'가 되었다는 사실을 어떻게 아는가?

── "내가 부문 간 협력에 관심 있는 조직에게 던지는 핵심질문은 '조직 전체'가 관행을 바꿀 준비가 되어 있느냐는 것이다. 뭔가 포기하는 일이 있더라도 말이다. 훌륭한 파트너는 모두 서로의 이익에 대해 보답할 준비가 되어 있어야 하기 때문이다. 한 조직이—기업뿐 아니라 모든 부문이 마찬가지지만— '준비된 파트너'가 되려면 자신을 둘러싼 세계와 적극적인 관계를 맺고, 그것에 반응하면서 일종의 공개 시스템 방식으로 운영되어야 한다. 우리는 곧 개인보다는 조직에 초점을 맞춘 새로운 도구북을 출간할 예정인데, 어떤 조직이든 '준비된 파

트너'가 될 수 있다는 사실을 보여주려고 한다. 경험에 비춰보면, 이 방면으로 진지한 도움을 원하는 조직이 꽤 많다!"

조직이 '준비'되었다면, 성공적인 부문 간 협력을 위해 어떤 사람들이 필요한가?
—— "발전을 위해 협력하고 그 관계를 유지하는 데 결정적인 요소가 바로 개인이라는 사실을 나는 처음부터 확신했다. 우리에게는 새로운 퍼실리테이터형 리더십 모델이 필요하다. 이는 개성을 없애는 게 아니라 그것을 기반으로 하는 리더십을 말한다. 바람직한 파트너십은 언제나 자신감 있고 창조적인 개성이 있는 사람들이 토대를 이룬다. 그들은 장점을 최대한 발휘하며 일할 줄 아는 사람들이다."

전략적 기업사회참여 실현을 위한 파트너십의 중요성

파트너링은 범사회적 이슈 또는 지역사회의 이슈를 다루는 그 어떤 전략에서도 중요한 접근방식이다. 어떤 프로그램이든 그 효율성과 지속가능성을 향상하기 때문이다.

> 한 부문의 독자적인 해결책이나 업무 방식보다는 함께 일함으로써 더욱 효과적으로 의미 있는 결과를 달성할 수 있다는 기대가 클 때 파트너를 두겠다는 결정에 다다른다.[6]

6 헬퍼(E. Halper), 《이행(移行): 파트너십 전환, 변형, 그리고 종결의 효과적 관리(Moving On: Effective Management for Partnerships Transitions, Transformations and Exits)》(런던: 국제기업리더포럼, 2009): 3.

어떤 파트너십이든 성공의 척도는 그 활동이 얼마나 지속가능한 결과를 이끌었느냐 하는 점이다. 즉 파트너십이 종결된 뒤에도 사회에 지속적으로 이익을 줄 수 있어야 한다.

기업사회참여 활동의 성공은 다른 부문의 조직과 파트너 관계를 얼마나 잘 맺느냐에 달렸다. 따라서 파트너십이나 지역사회, 다른 파트너들과의 협력 관계를 질적인 면에서 이해하고 모니터링하는 일이 중요하다. 파트너 조직은 여러분과는 매우 다른 욕구나 목표, 기대를 품고 있을지 모른다. 함께 일을 잘 하려면 그러한 차이점을 이해하고 다양성을 소중히 여겨야 한다. 파트너에 대한 이해는 일을 잘 해내는 데 영향을 주며, 결과적으로 프로젝트의 목표를 달성하는 그들의 능력에도 영향을 끼친다.

파트너십이란 무엇인가?

지속가능경영을 위한 애슈리지센터(The Ashridge Center for Business and Sustainability)는 파트너십을 다음과 같이 정의한다.

> 셋('둘'로 바꿔 생각할 수도 있다) 또는 그 이상의 조직들이…… 명확히 정의된 목표를 두고 공통된 비전을 추구하기 위해 다양한 자원을 기여함으로써 함께 행동하는 관계. 파트너십의 목적은 부분의 총합 이상을 실현하는 것이어야 한다.

'파트너십'이라는 용어를 여러 종류의 관계를 설명하는 데 사용할 수 있다. 그러나 본질적으로 파트너십은 구체적인 프로젝트를 성공적으로 실현하도록 돕는 집합적 메커니즘을 말한다.

파트너십은 종류가 많고 성격도 다양하다. 이를테면 기업 대 기업

(B2B) 파트너십, 기업·정부·시민사회 간 삼각 파트너십, 기업-NGO 파트너십, 정부 또는 정부 간 조직과 기업 사이의 공공-민간 파트너십 등을 모두 포함한다. 글로벌 이슈와 지역적 이슈에 대응하는 파트너십은 유엔이나 세계지속가능발전기업협의회 등 공인된 기구들이 장려하고 직접 적용하고 있는 종류다.

왜 파트너십이 필요한가

우리는 세계 곳곳의 사회적 조건을 향상하는 일이 어느 한 부문만의 힘으로는 가능하지 않다는 전제하에 일한다. 이는 그 자체로 파트너 관계를 맺는 주요한 이유이기도 하다. 글로벌 조직이든 지역이나 국가 단위의 조직이든, 서로 다른 조직이 시스템적 협력으로 얻을 수 있는 이익이나 영향은 엄청나다. 파트너십을 효과적으로 관리한다면 기업은 기업사회참여의 규모를 늘리고 속도를 높일 수 있다. 해결책을 함께 창출하면서 위험은 나눌 수 있기 때문이다.

파트너링의 가치

여러 부문 간 파트너십의 가치는 각 조직이 보유한 특정한 능력이나 경험, 가치, 우선순위, 자원, 업무 스타일 등을 이용하여 공통된 목표를 이루기 위해 공통된 비전을 품고 함께 일한다는 점이다. 어떤 파트너십이든 특정한 문화적, 경제적, 지리적 맥락 속에 있는 파트너들의 특별한 혼합에 의해 영향을 받는다. 서로 닮은 파트너십이란 없다. 그러나 모든 파트너십은 관점과 기여자, 문화의 다양성으로부터 혜택을 받는다. 혁신의 잠재력은 바로 그 파트너십의 풍성한 '혼합' 속에 있다.

능숙하고 성공적인 파트너링의 핵심 기준

다음은 실제로 파트너십을 개발하고 실행하기 위한 몇 가지 구체적인 조언이다. 좋은 업무관계를 맺는 초기 단계부터 시작해 프로젝트를 개발하고 실행하고자 협력하는 단계, 프로젝트 완료에 따라 끝내거나, 파트너십을 새로운 단계로 지속하기로 결정하는 단계에 이르기까지 도움이 될 만한 내용이다.

좋은 파트너 관계 구축하기

서로 잘 맞는 조직인가

파트너십의 목적은 여러 가지여서 각각의 파트너십은 구조적으로 다르고, 파트너나 관계의 수준이나 역할도 무척 다양하다. 또한 파트너십은 대상 기관과 운영 환경의 특성이나 조직원에 당연히 영향을 받는다.

파트너링에는 시간이 걸린다. 프로젝트 관리만큼 파트너링에도 시간을 들여 노력하기 바란다. 파트너 기관(들)을 정했다면 서로 이해하는 시간을 보내라. 2시간짜리 회의 한 번 정도로는 안 된다. 여러 차례 회의하고, 가능하면 이틀짜리 워크숍도 몇 번 하는 편이 좋다. 그렇게 투자할 만한 가치가 있다. 미래에 생길지 모르는 시간 낭비, 비용 문제, 난관, 심지어는 파트너십의 결렬까지도 막아줄 수 있기 때문이다.

파트너에게 호기심을 품어라. 이런저런 질문을(답하는 것도) 겁내지 마라. 생각한 바를 확인하라. 모퉁이 너머 건물에 있는 파트너라도 가끔 서로 다른 '세계'에서 온 것처럼 느낄지 모른다. 조직 문화가 그만큼 달라 보이기 때문이다. '충돌하는' 가치, 시각, 접근방식, 업무 방식은 상호 이해와 존중의 장애물로 굳어질 수 있다.

파트너의 역사와 문화를 조사하라. 여러분이 속한 조직에 대해 서로 이야기하라. 무엇이 비슷해 보이는가? 근본적인 차이점은 어디에 있는가? 서로의 비전, 미션, 가치는 무엇인가? 그것들이 어울리는가? 성공을 어떻게 정의하며, 어떠한 전략을 이용하는가? 파트너십과 프로젝트의 가치를 높이고자 서로에게서 찾고 있는 바는 무엇인가?

일하는 방식에 관해서도 이야기해보라. 이를테면 커뮤니케이션 과정이나 의사결정을 위해 무엇을 기대하는가? 각자의 욕구는 무엇인가?

시간과 속도에 관해 서로 어떻게 정의하는지 등의 주제도 나누기 바란다. 종종 기업 세계에서는 일이 매우 빨리 진행되므로 매니저들이 3개월짜리 목표 같은 부담에 시달린다. 반면 NGO 세계에서는 시간이 훨씬 천천히 흐르는 듯 보인다. 사회적 변화, 특히 사회 취약계층과 관련된 변화는 한정된 시간에 맞춰 결과를 내도록 밀어붙일 수 없지 않은가! 정부의 법이나 규정도 통과되기까지 역시 시간이 걸린다.

마지막으로 중요한 점은 서로가 다른 언어를 사용하고 있지 않은지 살피는 일이다. 파트너가 여러분의 말이나 행동을 온전히 이해하리라고 생각하지 않는 편이 좋다. 여러분의 말과 행동은 잘못 해석되어 오해를 일으킬 수 있다. 우리는 NGO가 기업 파트너를 이해시키려고 그들의 언어를 '기업식으로 말하는' 사례를 종종 봐왔다. 서로의 '공통' 언어를 발전시키는 데는 시간이 든다. 바로 이점 때문에 서로를 확인해야 한다. 이를테면 "저희가 원하는 바를 설명해주셔서 고맙습니다. 제대로 이해했는지 확인하도록 제가 들은 내용을 간략하게 정리해서 얘기해도 될까요?" 하고 말해보라.

이러한 탐사를 거쳐 여러분은 함께 일할 준비를 더 잘 갖출 수 있다.

관계 구축

서로 알아가기 시작했다면, 효과적인 부문 간 파트너링의 열쇠는 긍정적인 업무 관계를 맺는 일이다. 좋은 관계는 친숙함과 신뢰를 바탕으로 하는데, 처음에는 이 두 가지가 존재하지 않을 수 있다. 그것은 시간을 두고 발전하며 신뢰는 오랜 시간에 걸쳐서야 얻을 수 있다. 관계를 구축하는 일은 계약의 일부이지만, 친숙함과 신뢰는 비공식적인 부분이다. 이는 서로를 알아가는 과정보다 시간과 노력이 더 든다.

어떤 파트너십은 시간이 더 들기도 한다. 처음 몇 달은 관계 구축에 힘을 쏟아야 한다는 사실을 잊지 마라. 이런 과정이 좀 힘들다고 느낄지도 모른다. 마감 시간이 닥치면 우선 진행하는 프로젝트에 집중하고 싶을 것이다. 그럼에도 관계 구축과 서로의 욕구를 살피는 일에 충분한 시간을 쏟는 일은 중요하고 가치 있다. 그래야만 서로 편하게 느끼며 실제로 프로젝트 관리에 집중할 수 있다. 이는 또한 중요한 이슈, 문제의 공동 해결, 그리고 의견이 분열된 부분 등을 쉽사리 논의하게 도와준다.

공동의 '가치중심 리더십'을 구축하는 데 충분한 시간을 투자한다면, 그것을 탄탄한 토대로 삼아 '사실중심 프로젝트 관리'를 할 수 있다.

파트너를 존중하라

서로 알아가며 관계를 구축하는 과정에서 여러분이나 파트너는 근거 없는 가정이나 선입견을 가진 채 일할 수도 있다. 다음은 흔히 갖는 선입견이다. 이에 적절히 대응하지 않는다면 파트너 관계에 악영향을 끼칠 수도 있다.

- 종종 공공부문을 관료주의적이고, 독단적이며, 선거 중심적이고, 엄격히 구조화되어 있고, 동기 부여가 부족하며, 느리다고 보는 경향이

있다.

- 종종 기업을 시간 강박적이고, 단기적이며, 콧대가 높고, 주주 중심이며, 이윤 주도적이고, 이미지에 집착하며, 숨은 동기를 갖고 있다고 보는 경향이 있다.
- 종종 시민사회 조직을 전문성이 부족하고, 시야가 좁으며, 비현실적이고, 정보력이 충분치 않으며, 책임감이 부족하다고 보는 경향이 있다.

이러한 가정과 선입견을 아래에 대입해보면, 각 부문이 무엇을 상징하고, 파트너십으로 무엇을 기여할 수 있는지 더 잘 이해하고 분석할 수 있다.

- 공공부문은 법과 규정, 물리적·사회적 인프라, 안전망, 평화, 보호를 상징한다. 공공부문은 파트너십을 더 광범위한 정책 분야와 연결해주고, 시설이나 자금과 같은 물질적 자원을 제공해줄 뿐 아니라 적절한 기존의 계획을 이용하게 해준다.
- 기업은 무역, 상품과 서비스 제공, 고용, 인적자원 계발, 공급망, 기준 설정, 사회적 투자 등을 상징한다. 기업은 자금과 역동적인 실행력, 관리 노하우를 기여하고, 효율성과 효과에 관한 최신 사고를 접하게 해준다.
- 시민사회 기관은 사회통합, 교육, 이해관계자 합법화, 서비스 전달 문화, 자기계발과 자아 표현 등을 상징한다. 시민사회 기관은 사회적 개발에 연관된 전문성을 제공해줄 뿐 아니라 현장 상황과 수혜자들의 실제 욕구를 연결해준다.

성공적인 부문 간 파트너십을 발전시키는 일은 단순히 어떤 서비스를 전달하려고 한 조직과 계약하는 행위 그 이상을 뜻한다. 여러분의 파트너들이 파트너십에 기여하는 바를 존중해야 한다. NGO의 지역사회 개발에 대한 지식, 프로젝트 경험, 사회적 네트워크는 기업이 기여할 수 있는 자금과 관리 노하우만큼이나 귀중하다.

따라서 파트너십에 바람직한 힘의 균형이 있다면, 각 파트너는 각 조직이 기여하는 바에 대해 소중히 여기고 있음을 알고, 목표를 달성하기 위해 파트너십이 필요하다는 사실을 이해할 수 있다. 파트너가 내놓을 자원이나 영향력이 규모 면에서 서로 다를지라도 상호 존중할 수 있다. 이것만 제대로 작동한다면 힘의 균형은 불편하지 않다. 이를 '파트너 공평성'이라고도 부른다. 공평성은 평등과는 다르다. "공평성은 테이블에 앉을 평등한 권리가 있고, 단순히 금전적 가치나 대중적 관심의 관점으로는 측정할 수 없는 기여도를 인정한다는 의미를 내포한다."[7]

파트너링 협약을 체결하라

파트너링 협약은 양해각서나 '협력하기로 하는 협약'을 말한다. 공식적이고 법적인 계약(이것은 나중에 완성할 수도 있다)을 전후해 기안할 수 있다. 그런 협약에는 파트너십의 의도를 나타내는 내용과 참여 파트너, 기여할 수 있는 자원의 목록을 담는다. 그것은 파트너들이 기대하고 목표하는 바를 명시하며 구조와 절차, 역할과 책임, 협력의 '기본 원칙'을 명확히 보여준다. 또 별도의 법적 계약에 상세히 설명할 프로젝트 활동 계획을 언급할 수도 있고, 파트너십 검토과정에 대해서도

---

7 R. 테니슨, 《파트너링 도구북(The Partnering Toolbook)》(런던: 국제기업경영자포럼, 2004. 2006년 개정)

간략히 설명해둘 수 있다.

파트너십 구축과정의 일부로 파트너와 함께 협약서를 써라. 각 파트너가 어떤 배경에서 참여했는지 이해하고, 무엇을 이루려는지 파악하고, 기대와 불안을 일찍 공개할 수 있도록 도와준다.

파트너링 순환주기

'파트너링 계획'은 파트너십에서 이해하고 관리해야 할 모든 단계를 설명하기 위해 파트너링 순환주기 프레임워크를 이용한다(도표 7.1 참조). 파트너링 순환주기는 프로젝트 순환주기와는 다르다는 점을 명심하라.

도표 7.1의 파트너링 순환주기 12단계를 설명하면 다음과 같다.

탐색과 구축

1. **탐색.** 도전과제 이해, 정보 수집, 이해관계자와 외부의 잠재적 자원 제공자들과 상담, 파트너십을 위한 비전 구축.
2. **판별.** 잠재적 파트너 판별, 참여 확인, 동기 부여, 협업 촉진.
3. **구축.** 목표, 대상, 파트너십을 뒷받침할 핵심원칙에 합의, 업무관계 구축. 이는 공식·비공식적으로 계약 체결의 기본이 됨.
4. **계획.** 활동 프로그램 계획과 일관성 있는 프로젝트 개요 작성.

도표 7.1. 파트너링 순환주기

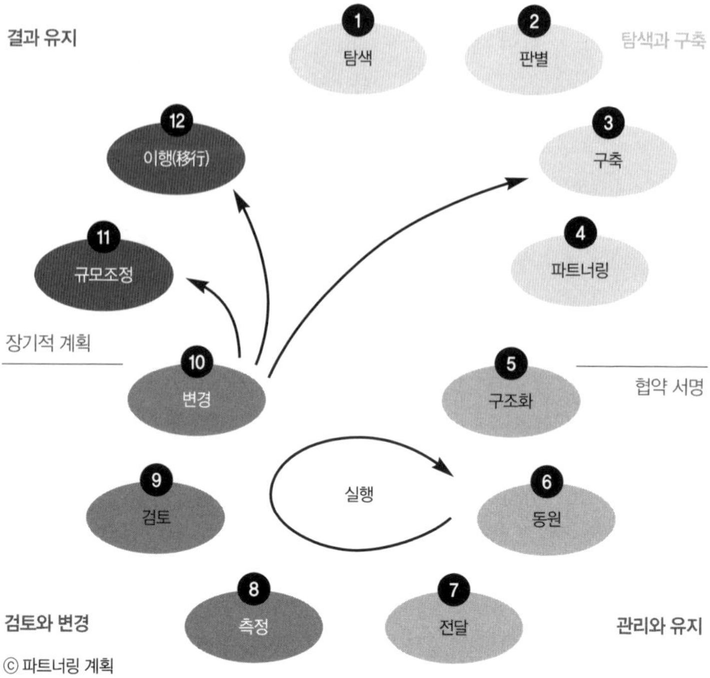

ⓒ 파트너링 계획

관리와 유지

5. **구조화**. 구조 분석 후 파트너십 관리 시작.
6. **동원**. 현금과 비금전적 자원 판별·동원.
7. **전달**. 자원을 모으고 프로젝트 세부 사항을 합의, 사전에 합의한 일정과 (이왕이면) 특정 기여 수단에 따라 프로젝트 실행 프로세스 시작.

검토와 변경

8. **측정.** 영향과 효과성(산출물과 결과) 측정 · 보고, 파트너십의 목표 달성 여부
9. **검토.** 파트너십과 파트너 기관에 대한 파트너십의 영향 검토, 일부 파트너와 관계를 정리하거나 새로운 파트너가 합류해야 할 시점 검토.
10. **변경.** 경험에 따라 파트너십, 프로그램(들), 프로젝트(들) 변경

결과 유지

11. **규모 조정.** 파트너십의 장기적인 지속과 연속성(필요하다면)을 확고히 해주는 적절한 구조와 메커니즘 구축.
12. **이행(移行).** 지속하거나 종결하기. 지속성을 구축하거나 적절한 종결 합의하기.

예술이자 과학으로서의 파트너링

위의 순환주기에서 알 수 있듯이 파트너링에는 '관계적인' 면과 '이성적인' 면이 공존한다. 이를 종종 파트너링의 '예술'과 '과학'이라고도 부른다.

파트너 관계의 질이 파트너십의 효과성에 영향을 끼치며 열정과 협력적 자세, 아이디어, 영감이 필요하다는 것도 분명하지만, 파트너십이 기능적으로 잘 작동하려면 좋은 관계 그 자체만으로는 충분치 않다. 파트너링 프로세스를 적절한 원칙과 프레임워크, 프로세스, 그리고 수단 등에 의해 잘 관리할 필요가 있다. 파트너십을 잘 구축해 적절한 절차를 유지한다면, 운영을 관리하기가 더 쉬워진다. 이것이 바로 '과학'적인 부분이다.

효과적인 파트너십 관리

우리는 이제껏 파트너링의 관계적인 면을 다뤘다. 이제 관리 프레임워크와 프로세스로 넘어가겠다.

좋은 파트너십은 혁신, 효과성, 지속성이라는 관점에서 보면 무척이나 효과적인 협업 메커니즘이다. 그러나 앞에서 말한 대로 관계를 형성하는 데는 노력이 뒤따른다. 그러한 노력 속에서 파트너들은 사회적 변화를 함께 이끌어내기 위해 전략적이고 실질적인 접근방식을 취하고 있다.

파트너십의 종류는 무한하지만 관리, 프레임워크, 프로세스에는 몇 가지 보편적인 측면이 있다. 그것에 주의를 기울이면 '과학'적 관점에서 성공적인 파트너십을 유지하는 데 이롭다. 그 핵심은 다음과 같다.[8]

- 적절한 대표권
- 충분한 자원
- 역할과 책임의 적합한 분배
- 합리적인 의사결정
- 좋은 리더십
- 효과적인 회의 프로세스
- 효과적인 업무 프로세스
- 바람직하고 투명한 소통
- 신뢰와 팀워크

---

8 IBLF는 18년이 넘는 기간 동안 전 세계의 파트너링 사례를 관찰한 결과로부터 이 핵심적 측면들을 뽑아냈다.

- 책임성

파트너들은 이러한 측면을 만들 방법을 함께 논의해야만 한다. 몇 가지 생각을 함께 해보기 바란다. 여러분과 파트너들에게 이것은 각각 무엇을 의미하는가? 이해한 바를 서로 동의했다면, 여러분의 파트너십이 핵심적 측면을 갖추게 하기 위해서 어떻게 할 것인가?

각각의 측면과 그에 대한 짤막한 정의를 포함한 점검표를 291쪽 부록 7.1에 실었다. 그것을 참고해 하나하나 점검하며 일한다면 모든 게 완벽해지라고 본다.

파트너링의 예술과 과학

예술로서 파트너링의 필요조건	과학으로서 파트너링의 필요조건
• 통찰력, 상상력, 감성	• 좋은 지식, 분석, 사고
• 미래에 대한 비전	• 관리 기술
• 인적 기술	• 관리 기술
• 적극적인 청취	• 정밀하고 투명한 소통
• 좋은 관계 기술	• 효율적인 프로세스
	• 잘 개발된 도구와 프레임워크
	• 전문적인 분산

R. 테니슨, 《브로커링 가이드북》에서 변용

파트너십 신뢰의 바탕이 되는 투명성

투명성은 파트너들과 '나쁜 점까지 모두' 공유해야 한다는 뜻이 아니다. 파트너에게 여러분의 가치, 제약, 파트너십활동에 영향을 미칠 만한 모든 조직적 프로세스에 대해 명확히 공개하겠다는 의지다. 투명성은 파트너들이 서로의 관점을 이해할 수 있게 해준다. 투명성은 다음과 같은 면에서 특히 중요하다.

- 파트너십을 맺으려는 목표와 동기 공유(기본적인 이해관계 드러내기)
- 자원 매핑(각 파트너가 재정·현물로 기여할 바에 대한 기대와 제약 관리하기)
- 파트너십 모니터링과 평가

파트너링의 역할과 책임

파트너링은 파트너들이 각각의 단계에서 서로 다른 역할을 맡게 하는 복합적인 행동이다. 여러분은 바람직한 리더십과 의사결정이 있는지 확인하고, 관련 임무 수행과 관련 프로세스 관리를 위해 역할과 책임을 부여해야 한다. 파트너 사이에 의사소통을 원활하게 하고, 정보와 보고 내용을 전파할 사람들도 필요하다. 종종 파트너십 퍼실리테이터—'파트너십 중개인'—가 있으면 유용하다. 파트너십 중개인은 IBLF가 10여 년 동안 발전시켜온 개념이다. 이는 파트너링 프로세스를 관리해주는 사람—파트너십 내부인이든 외부인이든—에 대한 개념으로 점점 더 많이 이용하고 있다.

'그 사이를 가는 사람(the go-between)' : 파트너십 중개인의 역할

파트너십 중개인은 서로 다른 파트너 사이에서 적극적으로 일하며 중개하는 사람이다. 그들은 본질적으로 파트너십 전체를 대신해 시스템적인 파트너링 프로세스를 지원하고 촉진하며, 결과적으로 더욱 효과적이고 생산적인 파트너십을 형성하게 한다.

파트너십 중개인은 파트너십의 퍼실리테이터로 매우 중요한 역할을 담당한다. 공식적으로든 비공식적으로든, 지명된 중개인은 파트너들이 파트너링 프로세스의 길을 잘 찾도록 돕는다. 이 역할을 맡은 사람은 그 누구든 파트너를 돕는 일에 대해 모든 파트너에게 인정받아야 한다. 즉 어느 한편에 속해 있거나 한 파트너일지라도 파트너십 전체를 위해 일해야 한다는 뜻이다(그런 식으로 신뢰받지 못한다면, 중개인 자신이 문제가 될 수도 있다).

이는 특히 기업이 고려해야 할 중요한 사항이다. 파트너십에 상당한 액수를 투자했더라도 파트너십을 시험해보거나 '조정'하려고(비록 선의로라도) 회사 직원을 중개인으로 이용한다면 그 프로젝트는 잘되기 어렵다.

퍼실리테이터의 역할 외에도 중개인은 다음 분야의 기술을 갖추고 있어야 한다.

- 협상-다양한 기본적 이해관계로부터 합의 구축(경청하는 기술 필요)
- 팀원의 코칭과 역량 강화
- 모니터링-바람직한 거버넌스와 정말로 '가치 부가적인(value-adding)' 활동인지 확인
- 파트너십 구축 전 단계나 진행 중 갈등이 발생했을 때 조정

R. 테니슨·L. 와일드(Wilde), 《안내의 손길(The Guiding Hand)》(런던: 국제기업리더포럼/유엔 스태프 대학, 1998)에서 인용.

협력 검토

여러분은 이제 업무 관계를 구축했다. 관리 프레임워크와 프로세스도 자리를 잡았고, 역할과 책임도 맡겼다. 파트너링 순환주기를 제법 많이 돌았다. 공동 프로젝트는 잘 진행되고 있다. 이제 여러분은 파트너로서 첫 번째 이정표에 함께 도달할 것이다. 이제 각자의 생각을 모니터링하고 검토해볼 시간이다.

프로젝트 자체를 검토하는 일 외에, 파트너십 상태에 관해 서로에게 피드백을 얻어야 하는 이유는 무엇일까? 그 이유는 파트너십이 진전할수록 다음과 같은 내용을 확인해야 하기 때문이다.

1. 파트너십이 목표 달성에 효과적인가.
2. 파트너 모두가 프로젝트 참여로 혜택을 얻고 있는가.
3. 파트너링이 상호의 목표를 달성하는 최선의 길인가.

아주 쉽게 말해, 여러분의 프로젝트 성과는 모든 파트너가 파트너십에 만족(또는 불만족)하느냐에 달렸다. 프로젝트의 성공은 하나의 팀을 이뤄 일하고 있는 서로 다른 조직 출신의 수많은 행위자 각자에게 달려 있다. 그 팀이 파트너십의 목표에 맞게 효과적으로 일하고 모두에게 이익을 줄 수 있으려면, 참여자들은 어떤 점은 잘되고 있고, 어떤 점은 그렇지 않은지 정기적으로 되짚어보고 알아내야만 한다.

이러한 정보는 파트너십의 효과를 향상하는 데 필요한 변화를 가능하게 해준다. 피드백 수집은 파트너십 관리를 잘하기 위한 중요한 요소이며, 좋은 실행 사례가 된다. 그게 잘되고 있다면, 프로젝트가 성공적으로 실현되도록 지원하며 생산적인 협력 결과를 낳을 수 있다.

평가와는 다른 피드백 프로세스

프로젝트 '마무리' 지점에서 파트너십 프로그램의 영향을 평가할 때가 있다. 평가는 '어떻게' 했는지도 보지만, 대개 '무엇을' 해냈는지가 우선이다.

파트너십 피드백은 그것과 달리 '진행 중인 프로세스'—파트너십의 기본이 되는 파트너 관계와 파트너십의 효과적인 작동을 돕는—에 관한 점검이라고 생각하면 된다.

파트너십을 성공시키려면 좋은 관계와 파트너십의 실행을 관리하는 파트너링 운영이 중요하다. 이에 대한 정기적인 피드백은 파트너로 하여금 각자의 잠재적 문제점을 알아채고, 이해하고, 적극적으로 대응하게 해준다. 이러한 피드백은 해결되지 않은 문제들 때문에 파트너십과 파트너의 성공적인 목표 달성, 파트너십의 지속성이 저해되지 않도록 도와준다.

파트너십 피드백 프로세스는 파트너십의 순환주기 중 어떤 지점에서든 적용할 수 있으며, 정기적으로 행해야만 한다. 우리는 최소한 1년에 한 번씩, 이왕이면 6개월마다 공동평가를 해보도록 권한다.

파트너들이 프로젝트뿐 아니라 파트너십에 대해 줄 수 있는 모든 피드백은 그 파트너십 관계를 풍부하게 하고 역동적으로 일하게 하는 좋은 정보가 된다. 고로 파트너들이 어떤 점에서 잘해왔고, 어떤 점에 개선의 여지가 있는지 알 수 있도록 모든 피드백을 이용할 수 있어야 한다. 각 파트너에 대한 인터뷰나 질문도 마찬가지다. 피드백 수집 과정이 지나면, 파트너들이 모여 필요한 부분에 대해 함께 행동을 취하는 피드백 시간을 갖도록 한다.

파트너십 피드백 시간 운영하기

파트너들은 피드백 시간에 공손하고 공개적인 태도로 서로를 격려해야 한다. 함께 이뤄온 일에 대해 서로에게 감사해야 함은 물론 파트너십에서 뭔가 개선해야 할 점에 대해서도 함께 이야기를 나눠야 한다.

바람직한 피드백 시간은 활기차다. 성공을 확인하고 축하할 뿐 아니라 의견 차이나 도전적인 이슈들을 분석한다. 후자를 종종 힘들다고 느낄 수도 있지만, 그런 과정에서 더 많은 보상을 받을 수 있다. 건설적인 변화를 이끌어 파트너십을 더 튼튼하게 하기 때문이다.

상호 학습과 개인적·전문가적 개발의 기회는 쉽게 합의에 도달할 때보다 도전에 직면할 때 더 많이 얻을 수 있다. 조직 간 파트너십의 기본 토대는 결국 관점과 기여의 다양성으로부터 이익을 얻기 때문이다.

피드백 시간 동안 파트너링의 핵심 측면들을 상기하고 모든 파트너가 초기에 업무 관계를 맺으면서 합의했던 기본 원칙에 충실하도록 하자.

효과적인 파트너십 피드백 시간이 될 수 있도록 우리는 다음 6단계 모델을 추천한다.[9]

1. 파트너링 관계의 각 측면과 긍정적인 경험 혹은 모두를 둘러싸고 있을지 모르는 도전과제에 관해 함께 이야기하라.
2. 조직적 관점이나 다른 차이점에 대해 서로 완전히 이해할 수 있도록 하라.
3. 모든 파트너를 만족하게 할 만큼 파트너링의 특정 측면을 향상하

---

9 '파트너링 실행계획(The Partnering Initiative)'이 2008년 영양개선세계연대(Global Alliance for Improved Nutrition)를 위해 개발한 7단계를 변용했다. www.gaingealth.org

거나 개선하려면 어떻게 해야 할지 이야기해보라.

4. 어떤 행동을 새로 취하거나 지속해야 할지, 또는 우선시하거나 그만두어야 할지 결정하라.
5. 이 시간 이후 어떤 진전이 있는지 다시 한 번 모여 검토할 시간을 정하라.
6. 다음번 파트너십 피드백 프로세스 일정을 잡아라. 가능하면 6개월 이내가 좋다.

피드백 결과는 하나의 기준으로 이용할 수도 있다. 그러면 모든 파트너가 다음번 피드백 시간에 그것과 비교하며 다음과 같이 질문할 수 있다. "어떻게(어떤 점에서) 우리가 매년 바뀌고/향상하고 있습니까?"

파트너링에 문제가 생겼을 때

모든 파트너가 파트너십에 대한 도전에 응해야 할 때는 언제든 온다. 다시 한 번 얘기하지만, 파트너십에서 생기는 문제는 프로젝트의 문제와는 다르다는 점을 명심하라. 파트너십의 문제는 다음과 같은 이유로 생기곤 한다.

- 파트너십에 참여한 사람
- 파트너의 다양성
- 파트너링 과정

파트너십을 맺고 일하고 있다면, 표 7.1의 몇몇 이슈는 여러분에게 낯설지 않으리라고 본다.

표 7.1 파트너십에서 생기는 문제

문제 영역	원인
사람 때문에 생기는 일반적인 문제	• 개성이 강한 사람끼리 경쟁할 경우 • 핵심 인물이 직장을 옮기거나 파트너십에서 떠날 경우 • 우선순위에 대한 생각이 다르거나 성격, 접근방식이 다른 새로운 인물이 올 경우 • 적절한 리더십이 부족할 경우(리더가 너무 약하거나 지배적일 때) • 적절한 기술이나 능력이 부족할 경우. 개인적 한계에 대한 자각이 부족할 경우도 포함
파트너의 다양성 때문에 생기는 일반적인 문제	• 파트너 기관들이 다른 동인과 동기로 임할 경우 • 서로에 대해 (종종 부정확하게) 추정할 경우 • 서로의 우선순위가 다름을 기꺼이 받아들이지 못할 경우 • 돈(다른 자원과 비교해)을 너무 강조할 경우 • '숨은 의제' 가 있을 경우 • 미션을 제대로 공유하지 못할 경우 • 상대방 부문이나 문화에 대한 관용심이 없을 경우 • (사실이든 그렇게 느끼는 것이든) 힘의 불균형이 있을 경우
파트너링 프로세스 때문에 생기는 일반적인 문제	• 기존의 위계구조나 시스템을 깨뜨려 어려움이 생길 경우 • 논의 절차가 지나치게 길거나 충분하지 않을 경우 • 파트너십의 초점이 흐려질 경우 • 합의한 임무를 완수하지 못한 사람이나 조직이 있을 경우 • 일부 파트너의 참여도가 낮다는 점에 대해 공감대가 있을 경우 • 일부 파트너 기관이나 특정인에게 지나치게 의존하고 있을 경우

자료: R. 테니슨, 《브로커링 가이드북》에서 변용.

문제가 생기면 함께 해결하는 과정이 중요하다. 즉 효과적인 토론이나 미리 합의해둔 연간 검토 프로세스를 즉각 이용하거나, 외부의 능숙한 퍼실리테이터나 중개인을 활용해 대화해보라. 문제가 새로운 돌파구를 열어주는 사례도 적지 않으므로 활용할 필요가 있다.

갈등은 풀어야 할 문제라기보다 이해를 요구하는 상황을 말한다. 독립적인 제삼자를 활용한 대화 장치는 여러분의 딜레마와 역설적인 상황을 해결하고 지속가능한 결과를 얻도록 도와줄 수 있다.

파트너들은 또 파트너십 훈련이나 다른 형태의 역량강화가 필요하다고 느낄 때가 있다. '파트너링 계획'은 그런 훈련 프로그램도 제공한다.

파트너링을 떠난다면

파트너십 프로젝트를 진행하는 동안 많은 구성원이 들어오거나 나갈 수 있다. 이를 잘 관리해야 한다. 누군가 떠난다면 다음과 같이 하기 바란다.

- (크든 작든) 그간의 성과와 노고를 치하하라.
- 조직에 대한 정보를 얻을 수 있도록, 보고 시간을 충분히 주라.
- 감사와 작별의 인사를 적절히 하라.

새로운 인물이 파트너십에 합류하게 되면 '전처럼 일하면서' 프로젝트 운영에 집중하기가 어려워진다. 새로운 사람이 합류할 때마다 여러분은 관계를 처음부터 다시 구축해야 한다. 앞서 소개한 파트너링의 '예술' 부분을 참고하라.

힘 빠지게 하는 소리처럼 들릴 수 있지만, 농담이 아니다. 그런데도 그 중요성을 간과하는 일이 잦다. 아니면 그럴 시간이 없다고들 한다. 우리가 표 7.1에 나열한 많은 문제는 신규 구성원이 '딱 맞기를' 기대하는 데서 생긴다. 그건 그렇게 쉬운 일이 아니다. 떠난 사람을 복제인간으로 대체할 수는 없는 법이다!

새로운 사람들이 파트너십에 합류했을 때는 다음을 참고하기 바란다.

- 신규 구성원을 환영하고 소개하는 시간을 보내라.
- 신규 구성원에게 자신과 이전에 있던 조직에 대해, 그리고 이 파트너십과 프로젝트에 관해 알고 싶은 게 무엇인지 물어보라.
- 파트너들이 신규 구성원을 편하게 대하도록 하고, 개인이나 팀 또는 운영에 관한 정보를 초기에 나눠라.
- 가능한 한 간결하고 생생하게 정보를 전달해주되, 직접 경험하고 관찰하면서 배울 기회를 제공하라.
- 신규 구성원들이 요청하거나 제안하는 바는 물론 그들의 경험이나 새로운 아이디어를 공유하라.
- 신규 구성원들의 합류를 파트너십의 현 상태를 점검하는 기회로 활용하라.

파트너십을 유지, 재협상, 또는 종결하기[10]

파트너십이 지속가능하다면 아마도 파트너들이 파트너십과 공동 프로젝트 '둘 다' 잘 수행되고 있다고 느끼기 때문이다. 파트너들은 이왕이면 전반적인 파트너십의 목표와 각 조직의 목표를 잘 달성하길 바라고 있다.

파트너링의 부가가치 – 프로젝트와 사회적 측면

파트너십이 프로젝트와 사회에 전반적으로 부가가치를 줬다고 느낀다

---

10 이 내용의 상당 부분은 《이행: 파트너십의 전환, 변형, 그리고 종결의 효과적 관리》를 참고했다.

면, 이는 함께 성취하고 있는 일이 결코 독자적으로는 할 수 없는 일이었음을 깨달았다는 의미다. 파트너들은 파트너십에 참여함으로써 조직적인 이익을 경험한다.

이런 연합적 부가가치를 경험하고 나면 기업사회참여 프로젝트를 발전시키거나 실현하는 데 필요하다고 느끼는 이상 그 파트너십에 자원들을 기여하려 한다.

여러분의 파트너십을 전체적으로 검토하면 그 미래에 대해 결정할 수 있다. 파트너십을 지속하되, 피드백과 검토 프로세스에서 필요하다고 느낀 뭔가를 통합할 수도 있다. 때로는 파트너십을 파트너링 순환주기에서 탐색과 구축 단계로 되돌리는 편이 낫다고 느낄지도 모른다.

성공적인 파트너십은 모든 파트너에게 여러 모로 이롭다.

- 접근성: 조직적인 학습, 부문 간 자원 활용과 지원, 네트워크 관계 등을 활용
- 효율성: 비용 분담과 더 좋은 전달 시스템
- 혁신성: 이슈와 복합적인 도전을 다루는 새로운 방법 개발
- 효과성: 더 적절한 상품과 서비스 창조
- 위험요인 경감: 위험과 책임 분담
- 평판 향상과 신뢰성: 프로젝트와 파트너링 성공

이행(移行)

파트너십은 프로젝트를 완료하고 목표를 성취하면서 '자연적인' 종말

에 도달할 수도 있다. 파트너십은 그 자체를 위해 지속할 게 아니라 프로젝트의 실현을 위해 필요한 동안만 지속해야 한다. 일단 목표에 도달했다면, 파트너들은 또 다른 조직이 그 프로젝트를 맡을 수 있을지, 아니면 그런 조직을 새로 만들어야 할지 고려할 수 있다.

모든 결혼 생활이 천국은 아니듯이, 파트너십이 제대로 작동하지 않는다면 헤어지는 게 상책이다. 파트너십 지속이 목표가 되어서는 안 된다. 그런 면에서 점진적인 이행은 필연적이다. 하지만 그게 쉽다는 얘기는 아니다. 가장 좋은 시나리오는 파트너들이 첫 프로그램을 완료한 후에도 계속 연락하면서 관계를 이어가는 것이다. 때로는 새로운 계획을 함께 개발할 수도 있다. 최악의 시나리오는 완전히 갈라져서 성공했던 프로젝트까지 위태롭게 하는 것이다. 로스 테니슨의 말을 빌자면, "너저분한 마무리는 앞서 일어났던 일의 가치를—그게 아무리 좋았다고 할지라도—크게 약화시키고 하찮은 것으로 만들어 버린다."[11] 이행은 간단한 일이 아니다. 여러분의 방식에 따라 접근해야 할 필요가 있다.

그러한 맥락에서 우리는 파트너링 순환주기의 모든 측면이 중요하다는 점을 강조하고 싶다. 그러나 현실에서는 대개 나중 단계를 앞 단계보다 덜 주목하고, 덜 고려하곤 한다. 그 결과 효과적이고 시스템적인 파트너십 구축 프로세스는 보편화했지만, 파트너십의 이행 측면은 잘못 이해하거나 가치를 폄하하는 일이 잦다.

파트너십은 자발적인 집단행동이며, 특히 기업들에게 이행은 자연스러운 사업활동의 일부다. 이행의 이유로는 여러 가지가 있을 수 있

---

11 앞의 책에서 인용.

다. 프로젝트 종료, 프로젝트 실패, 자원의 축소 또는 회수, 파트너 우선순위의 변화, 다른 조직에서 새로운 파트너링의 잠재력 발견, 정치적·사회적·경제적 환경 변화 등이다. 처음부터 파트너십의 기한에 따라 파트너들의 기대 수준을 조정하는 일이 중요하다. 한편으로는 안정감을 주고 지속가능한 결과에 대한 관심을 보여주면서, 다른 한편으로는 여러분이 속한 회사가 그 프로젝트에 언제까지나 관여하지는 않으리라는 점을 솔직히 보여주는 것 사이에서 균형을 잡아야 한다.

파트너십에서 각 조직의 서로 다른 역할은(자금 제공자, 실행자, 수혜자 등) 그 조직이 이행을 어떻게 보느냐에 영향을 미친다. 이로 말미암아 각 파트너는 영향을 받으며, 온갖 종류의 심리학적 요인이 작용할 수도 있다. 종종 파트너들은 파트너의 이행과 잠재적인 상실감에 대응하기보다는 파트너십이 그대로 변화 없이 유지되기를 더 바란다.

다음 측면에 관해 '이행 대화(moving-on conversation)'를 함께 나눠보는 일도 중요하다.

- 파트너십의 가장 중요한 요소는 무엇이며, 그것을 어떻게 보호할 수 있는가?
- 파트너십의 성취 결과 가운데 가장 자랑스러운 것은 무엇이며, 그런 측면이 이행 결정에 어떻게 영향을 미칠 수 있는가?
- 어떤 이행 선택지가 있는가? 각 선택지가 모든 관계자에게 최선의 결과를 낳을지 어떻게 알 수 있는가?

이행 대화를 이끄는 일은 파트너십 관계 구축 단계만큼 요령과 섬세함을 요구한다. 아마도 그 이상일 수도 있다. 다른 이들의 관점에 진심으로 관심을 보이고, 그들의 생각과 관심사에 진정으로 귀 기울이며,

여러분의 시각을 다시 한 번 생각해볼 준비가 되어 있어야 한다. 이 지점에서 파트너십 중개인이나 외부의 조력자 또는 중개자가 '폭풍우 치는 바다'를 항해하는 파트너들을 돕는 데 유용한 역할을 할 수 있다.

어떤 이유로 이행하겠다는 결정을 내렸든, 파트너십의 결과를 인지하는 일은 중요하다. '실패한' 파트너십이라도 뭔가 성취한 바가 있을지 모른다. '떠남과 끝남'은 새로운 뭔가가 도착할 공간을 남기기 마련이다.

이행 결정을 외부에 알리기

이행 결정을 외부—수혜자들과 지역사회, 현지 정부, 또는 더 많은 대중—로 알릴 때 이해관계자들에게는 충분히 투명하되, 파트너들이 숨기고 싶어하는 부분에 대해서는 존중해야 한다. 여러분은 몇몇 성공스토리를 포함해 프로젝트 활동과 지역사회 영향에 대한 보고서를 제공할 수 있다. 서면 보고보다 대면 보고를 더 좋아하는 이해관계자들에게는 개인적으로 접촉하라.

파트너링을 시도할 가치가 있는가

여러 부문이 함께하는 파트너십은 빠르고, 편안하고, 쉬운 해결책을 내놓는 일이 드물다. 오히려 노고와 인내를 요구한다. 그렇지만 상호 가치를 토대로 파트너십을 혁신적으로 잘 관리하고, 상호 자율권을 존중하며, 지속가능한 결과로 이끈다면, 한 부문이 독자적으로 일할 때보다 훨씬 많은 일을 성취할 수 있다.

부록 7.1 파트너십 관리·프레임워크·프로세스의 핵심 측면

파트너십의 각 측면을 평가할 때 이 점검표를 이용하기 바란다. 체크 표시를 하거나 점수를 매겨보라. 아니면 'OK' 또는 '주의 요함'이라고 쓰거나, 잘 다루고 있다고 생각하는 측면은 줄을 그어 지우거나, 대응이 필요한 측면은 동그라미를 치든지 두드러지게 표시해도 좋다. 개선하거나 대응이 필요하다고 생각하는 영역에 관해서는 파트너십 회의나 피드백 시간에 이야기를 나누기 바란다.

측면	묘사	파트너십 상태
적절한 대표권	• 모든 파트너가 적극적으로 참석하고 참여한다. • 각자 조직을 대표하고 결정을 내릴 충분한 권한이 있으며, 적절한 능력(지식, 기술, 경험)을 갖추고 있다. • 관계를 구축하도록 각 조직의 대리인들이 정기적으로 충분히 접촉한다. (대리인의 역할은 파트너 기관당 한 사람 이상이 함께 나눌 수 있다.)	
파트너십의 자원	• 임무를 맡고 합의한 업무를 수행하는 데 필요한 직원, 자금, 시설 등을 잘 갖추고 있다.	
역할·책임 규정 / 분배	• 각 파트너의 고유한 능력, 관점, 자원의 사용을 최적화하고 있다. • 파트너들이 업무 분담 근거를 이해하고 받아들이며 그에 따라 일한다.	
의사결정	• 합리적이고 투명한 의사결정 프로세스는 다음의 과정을 거쳐 만들어진다. – 전략적으로 중요한 영역에 의사결정 프로세스를 포함: 결정을 내리기 전에 모든 의견을 수렴한다. – 가능하면 다수결 합의를 토대로 한다(그러나 파트너들은 책임을 부여받은 범위 내에서만 결정할 권한이 있다).	
리더십	• 구성원이 파트너십의 목표를 명확히 이해하도록 하며, 전략적으로 가이드하고, 참여 당사자들이 바람직한 파트너 관계와 높은 성취를 이루도록 동기를 부여하고 영감을 불어넣으며, 완벽한 헌신과 효과적 실현을 위해 모든 참여 당사자에게 권한을 주며 능력을 북돋아준다. • 충분히 대화하도록 북돋아주고 의견 차이를 조정해준다.	
바람직한 회의 프로세스	• 파트너들이 의제와 회의 실행 계획을 제시한다. 회의가 시의적절하고 효과적이며, 의제가 잘 준비되어 있고, 구조나 속도가 적당하다.	

	• 파트너십 회의의 의장이 모든 파트너의 참여를 독려하고 형평성을 강화해준다.
업무 프로세스	• 기여 수단과 책임성, 시간 프레임에 대해 서로 명확히 이해하고, 모든 관련자가 시의 적절하게 기여하며, 공동 서류작업과 전달이 효과적으로 이뤄진다. • 함께 일하는 동안 파트너들이 정기적으로 현재와 미래의 관계를 최적화하는 가능성에 대해 검토한다.
바람직하고 투명한 소통	• 참가자들이 무엇을 하고 있으며, 왜 하고 있는지 이해하고, 시의 적절하게 중요한 정보를 이용하며, 의사소통을 문서화하고, 기록을 모두가 회람한다. • 파트너들이 파트너십과 프로젝트의 모든 측면과 이슈에 관해 공개적으로 대화하는 일을 불편하게 느끼지 않는다. • 공유한 파트너십 목표와 협력의 질에 대해 파트너들이 서로 이야기할 수 있다고 느낀다.
신뢰와 팀워크	• 파트너들이 각자의 일을 잘 수행할 수 있다고 믿는다. 상호 부과된 임무를 제 시간에 잘 완료하기 위해 서로 의지할 수 있으며, 필요할 때 도움을 요청할 수 있다. • 서로에게 충분히 반응하고, 융통성이 있으며, 지원해준다고 느낀다. • 어려운 이슈에 관한 문제가 생길 때 공개적으로 서로에게 이야기할 수 있다. • 파트너들이 각자의 이해관계를 고려하고, 필요하다면 서로의 개별적 목표에 부응하기 위해 자신들이 하고 있는 일을 기꺼이 바꿀 수 있다.
책임성	• 좋은 자원을 제공하고, 회의에 규칙적으로 참가하며, 임무를 예정된 시간보다 일찍 끝내는 등, 파트너십에 전념하고 있음을 느낄 수 있다. • 프로젝트와 파트너십 양쪽에 돌봄의 자세를 보인다. 둘 다 성공하도록 가능한 한 모든 것을 하려고 한다.

자료: 영양개선글로벌연대를 위해 파트너링 실행계획이 2008년에 개발한 파트너십 향상도구를 변용.

부록 7.2 참고 문헌으로 이용한 파트너링 계획의 출판물

E. 핼퍼, 《이행(移行): 파트너십 전환, 변형, 그리고 종결의 효과적 관리(Moving On: Effective Management for Partnerships Transitions, Transformations and Exits)》(런던: 국제기업리더포럼, 2009)

——· V. 슈벨, 《파트너들과 관계 맺기: 파트너링 능력 가이드(Engaging with Our Partners: A Guide to Partnering Literacy)》(런던: 국제기업리더포럼/노키아, 2005)

R. 테니슨, 《파트너십 관리하기(Managing Partnership)》(런던: 국제기업리더포럼, 1998, 절판)

——, 《파트너링 도구북(The Partnering Toolbook)》(런던: 국제기업리더포럼, 2004, 2006년 개정)

——, 《브로커링 가이드북(The Brokering Guidebook)》(런던: 국제기업리더포럼, 2005)

——· L. 와일드, 《안내해주는 손(The Guiding Hand)》(런던: 국제기업리더포럼/UN 스태프 대학, 1998)

8

:

지역사회에 헌신하는 임직원 참여활동의 힘

임직원참여활동(Employee Involvement)은 기업사회참여전략의 필수적인 부분이다. 이는 직원이 일하고 생활하는 지역사회에 개인적으로 참여하는 활동으로, 기업사회참여를 살아 움직이게 한다.

임직원참여활동은 직원, 지역사회, 기업이 '윈-윈-윈(triple win)'하는 방법이다. 그것은 지역사회에 필요한 도움을 주고, 일상적 업무를 하는 직원에게 동기를 부여하며, 기업의 이미지와 평판을 향상한다. 또 전략적인 인사관리 도구로 이용할 수도 있다.

이번 장은 최고 전문가와 나눈 모범사례 인터뷰로 시작해, 임직원참여활동이 무엇이고 어떻게 그것을 경영사례로 만들 수 있는지 이해하게 해준다. 5단계 프로세스는 상세한 점검표와 아울러 구조화된 방식으로 임직원참여활동계획의 설계를 도와준다.

경영진과 직원이 참여하는 자원봉사

미국과 영국의 많은 기업에서 자원봉사는 국가적 문화의 일부다. 그들에게는 임직원자원봉사의 가치를 따로 증명할 필요가 없다. 하지만 이에 익숙하지 않은 문화라면, 회사가 임직원참여활동을 시작하게 하기까지 논쟁을 벌여야 할지 모른다. 고위 경영진은 직원들이 관심을 보일지, 또는 그들에게 자원봉사를 위해 유급휴가를 주려면 비용이 얼마나 들지 등을 궁금하게 여길 수도 있다.

우리가 경험한 바에 따르면 직원들은 자신들이 있는 곳, 즉 회사가 사업활동을 하고 있는 나라에 관심이 있다. 여러분이 속한 회사가 어떤 나라에 5명의 직원을 두고 있을지라도, 그들은 회사를 대신해 지역사회에 기여할 기회가 생겼다는 사실에 감사할 것이다. 회의적인 매니저들조차 직원들이 대단한 열정과 책임감으로 자원봉사를 하려 하며, 지원한다는 사실을 깨닫는다.

토마스 바우마이스터와 나눈 인터뷰: “진정한 참여를 이끄는 일”

토마스 바우마이스터(Thomas Baumeister)는 도이체방크(Deutsche Bank) 기업시민활동 부서 내 독일 지역 자원봉사 책임자다. 그는 세계적인 금융서비스 기관인 도이체방크에서 근무한 지 10년이 넘었으며, 책임경영 분야에서는 2005년부터 일했다. 심리학 박사이자 경영학 석사로 인사관리와 사업개발, 리더십 훈련, 조직 컨설팅, 코칭, 갈등 중재 등에 많은 경험을 갖춘 노련한 변화 조력자다. 이 인터뷰에서 그는 자신의 접근방식을 간략하게 보여준다.

도이체방크에서 임직원참여활동을 시작한 경위를 소개한다면?

— “처음에 우리는 미국과 영국에서 임직원참여활동이 잘 이뤄지는 모습을 봤다. 거기에 적용된 모델들을 우리 회사 전반에 그대로 적용할 수 있다는 사실을 알았다. 두말할 필요 없이 경영진의 참여는 임직원참여활동을 위한 자원을 확보하는 데 매우 중요하다. 직원을 위한 동기부여라는 관점에서 우리는 ‘대중매체’, 즉 메일·인터넷·사보 등으로 직원에게 다가가려는 집약적인 내부 소통 노력이 그런 분위기를 조성한다는 사실을 알았다. 그러나 동료로 하여금 실제로 참여하도록 동기를 부여하는 데는 충분치 않았다. 초기단계에서는 개인적으로 이야기하고, 목표를 정해 일대일로 소통하는 편이 훨씬 더 성공적이었다.

자원봉사자를 모으는 일은 '관계적인' 일이다. 임직원자원봉사에 대한 인식이 높아지면서 공식적인 커뮤니케이션 통로의 효과는 더 커졌다. 대의명분을 위해 홍보사절 역할을 해줄 동료가 많아졌기 때문이다."

그러한 '관계적인' 일을 어떻게 실행했는가?

—— "회사의 모든 사람에게 다가가 위계질서에 얽매이지 않고 이야기하는 일이 중요하다. 회사 직원의 관심과 참여를 모으기 위해 나는 비공식적인 네트워크를 이용한다. 하지만 소통하려면 '모두에게 똑같은' 방식으로 접근해서는 안 된다. 사람마다 동기가 다르기 때문이다. 특히 도이체방크처럼 다양한 부분이 협력해서 일하는 회사에서는 더욱 그렇다. 대상 그룹에 따른 소통 방법을 생각해야 한다. 무엇이 그들의 눈을 반짝이게 할지를 고려해야 한다."

자원봉사에 참여하는 직원 수를 어떻게 늘렸는가?

—— "이야기하자면 길지만, 처음에는 호감이 가장 중요하다. 직원들의 호감을 얻기 위해서 처음 2년간은 그저 뛰어다니게 할 다양한 활동의 장을 제공해야 한다. 초기에는 활동을 '광고'하고 그 일과 관련된 이야기를 많이 해야 했지만, 그다음에는 눈덩이를 굴리는 효과가 나타났다. 가속도가 붙기 시작하자 점점 조직이 저절로 만들어졌다. 참가자 숫자는 모든 지역에서 'S자' 모양의 성장곡선으로 나타난다. 초기에는 천천히 늘고, 특정 시점부터 급증하다가, 높은 수준에서 다시 평평해진다."

그런 활동을 모두 당신과 당신 팀에서 관리했는가? 활동은 성공적이었나?

—— "초기에는 다양한 대상을 위한 그룹별 임직원자원봉사 프로젝트

를 중앙에서 관리하려고 했다. 하지만 효과적인 방식이 아니라는 점이 곧 판명되었다. 프로젝트 관리를 책임지고 맡아줄 능력 있는 비영리 파트너들이 필요하다는 사실을 일찌감치 깨달았다. 또 일부 프로젝트가 '그저 날지는' 않는다는 점, 그래서 그런 활동을 지속하는 건 헛된 일이라는 사실도 깨달았다. 내가 해주고 싶은 조언은 일이 제대로 되지 않는다면 빠져나오기를 두려워하지 말라는 것이다. 비록 일부 파트너가 실망하더라도 말이다. 개척단계에는 시행착오를 거듭하기 마련이다. 실수에서 기꺼이 배워야 한다. 그런 다음 프로젝트를 꾸준히 진행한다면 인기를 얻고 성공할 수 있다. 직원들이 활동에 대한 의견을 행동으로 보여줄 것이다! 도이체방크에서 최근 주목할 만한 일은 2008년 뮌헨 시에서 진행한 850주년 기념식이었다. 400명의 직원이 뮌헨 시를 위한 '생일 선물'로 850일 이상을 봉사하여 자신들의 활동에 대해 강한 인상을 받았다."

회사가 어떤 제안을 하고 있는지 직원들이 어떻게 알 수 있는가?

—— "2006년부터 직원 주도 활동을 지원하는 내용을 온라인에 게시하고 있다. 덕분에 참여율이 급증했다. 우리는 이를 더 활용하고 싶었다. 요즘 우리는 인터넷에 상호작용적인 기능을 추가할지 고려하고 있다. 자원봉사자들이 먼저 프로젝트를 게시하면 다른 사람들이 거기에 참여하도록 하는 방식이다. 이렇게 하면 자기조직화가 더 향상되리라고 본다."

직원들이 선호하는 자원봉사활동이 있는가? 당신은 어떤가?

—— "흥미롭게도 우리 동료는 특정한 직업적 전문성을 요구하는 활동에는 별로 참여하지 않는 듯하다. 그보다는 실제적인 임무를 하는

팀 단위 프로젝트를 선호하는 편이다. 내 생각에 직원들은 일상적인 업무와 다른 뭔가를 해보고, 새로운 환경을 경험하고 싶어하는 것 같다. 동시에 우리의 초점은 양적 증가에서 질적 향상으로 넘어갔다. 우리에게 중요한 건 사회적 영향이다. 영향력 있는 활동이라는 관점에서, 이를테면 멘토링 같은 프로그램은 매우 좋다. 직원들이 기여하는 시간적인 면에서도 융통성이 있다. 사람들은 자신의 멘티들과 좋은 관계를 맺으면서 멘토링으로 개인적이고 관계적인 이익을 얻는다. 멘티는 이민자 가정의 청소년들인 경우가 많고, 종종 다른 관점의 리더십과 경영에 관해 배우는 데 흥미를 보이는 학교의 교사들인 경우도 있다.

우리는 직원들의 직업적 전문능력에 토대를 둔 프로젝트로 범위를 확장하고 싶다. 즉 컨설팅 자원봉사 프로젝트 범위를 확대해 들고나는 자원봉사 그룹 간의 매끄러운 인수인계를 도와줄 조직들과 안정적이고 장기적인 관계를 구축하고 싶다."

도이체방크의 자원봉사 발전상을 수치로 얘기해줄 수 있는가?

—— "기꺼이 그러겠다! 2008년 전 세계적으로 도이체방크 임직원참여활동은 총 14퍼센트였고, 독일에서는 최고의 증가율을 보였다. 직원의 17퍼센트(+3%)가 금전적 지원이나 유급휴가 또는 조직적 지원과 같은 우리의 제안을 활용했다. 2008년에 직원들이 봉사한 시간은 총 3만 6000일 가까이 된다. 그중 80퍼센트 정도가 직원들이 여가시간에 한 활동이라는 사실을 생각하면 정말 대단한 수치다. 우리는 도이체방크 내 자원봉사 수준을 앞으로 몇 년 안에 글로벌 규모인 20퍼센트 정도로 끌어올리려 한다. 또 동료가 지역을 넘어 그들의 출신지역 사회에 기여하도록 동기를 부여하고자 일종의 글로벌 커뮤니티 도전 프로

그램 도입을 고려하고 있다.

현재 도이체방크 독일지역 직원과 미국 지사 직원은 임직원자원봉사를 위한 유급휴가를 연간 하루씩 사용할 수 있다. 영국·호주·뉴질랜드 지사 직원은 연간 이틀을 쓸 쑤 있다. 젊은 신입사원이 교육과정의 일부로 특정 프로젝트에 자원봉사할 때는 며칠 동안 유급휴가를 쓸 수 있다. 이와 더불어 우리의 기업사회참여 파트너십 프로그램은 소액신용대출 기관이나 여러 사회적기업에 장기적이고 전문적인 업무를 제안하고 있다."

예산은 어느 정도인가? 회사가 어느 정도까지 쓰도록 하고 있나?

—— "요즘처럼 어려운 시기에도 도이체방크는 2008년 예산을 600만 유로(약 900만 달러)로 늘렸다. 여기에는 약 400만 유로의 기금매칭이 포함되어 있다. 자원봉사 프로젝트 예산 중 일부는 기업시민활동 부서에서 지역적으로 조직하는 은행 주도 프로그램에 사용하는데, 최근에는 직원 주도 프로젝트에 더 많은 예산을 편성했다. 이는 자원봉사자들이 그 자금을 자신들이 제안한 프로젝트 지원금으로 신청할 수 있다는 의미다."

자원봉사 업무를 지원받기 위해 회사의 여러 다른 부서와 어떤 방식으로 협력하고 있는가?

—— "우리는 두 단계로 일한다. 공식적인 면에서 회사 고위 경영진의 참여는 지역이나 부서 운영진에게 다가가기 쉽게 해준다. 발표를 하거나 일대일 미팅을 할 때 우리는 포트폴리오와 본사 차원의 지원 내용을 설명한다. 일부 지역이나 지사는 매우 관심을 보이지만 그렇지 않은 곳도 있다. 그래서 우리는 참여할 준비가 되어 있는 곳에 먼저 초점

을 맞추고 긍정적인 사례들의 '전염 효과'에 의존한다. 또 한편으로는 동료를 적극적으로 조직화해줄 회사 자원봉사자들의 비공식적 네트워크와 긴밀한 관계를 유지한다."

이제 막 임직원참여활동을 도입한 다른 회사 동료에게 해주고 싶은 조언이 있다면?

—— "도이체방크에서 임직원참여활동이 처음에 효과가 있었던 이유는 무엇보다 사람들이 쉽게 신청할 수 있도록 다양한 자원봉사 기회를 제공했기 때문이다. 다음으로 그 정신을 유지하는 게 중요하다. 그것이야말로 열정적인 사람들이 뛰어들어 앞으로 달려나가게 만든다. 프로세스 측면에서는 직원들에 대한 제안 내용을 끊임없이 개선하도록 스스로 평가하는 태도를 유지하는 일이 매우 중요하다."

임직원참여활동으로 어떤 사업적 이익을 얻을 수 있는가?

—— "우리 회사 브랜드 전문가들은 임직원참여활동이 현지 지역사회에서 회사의 평판을 향상하는 데 가시적으로 도움이 되고 있다는 사실을 강조한다. 외부 이해관계자들은 대개 자원봉사하는 직원들이 어떤 회사 소속인지 알아보기 때문이다.

내부적으로 임직원자원봉사는 도이체방크가 '책임감 있는 기업시민'이라는 이미지를 강화해주었다. 우리 회사의 해외 직원 80퍼센트 이상이 '회사가 임직원자원봉사 활동을 지원하고 있다는 데 자부심을 느낀다'는 말에 전적으로 동의한다.

사업적 이익은 종종 간접적으로, 심지어는 가끔 역설적인 방식으로 구체화된다. 그 메커니즘은 브레히트의 희곡 〈서푼짜리 오페라〉에 나오는 유명한 대사에 잘 표현되어 있다. '모두 행복을 추구하기 때문에, 그것은 어디서나 그들을 피해 다닌다.' 따라서 '어떻게 하면 최선의 사업적 결과를 얻을 수 있는가?' 하는 질문으로 시작하는 논의는 도움이 되지 않는다. 대신 '어떻게 하면 사회에 영향을 주고 우리 운영진의 욕구에 부응할 수 있을까?' 하고 자문하며 시작하는 편이 낫다. 이 목표를 적절히 달성한다면, 즉각적인 사업적 결과를 기대하느라 걱정할 필요가 없다."

임직원참여활동이란 무엇인가

임직원참여활동은 직원들이 근무하고 생활하는 지역사회에 회사를 대신해 이름을 걸고 기여하는 일을 말한다.

임직원참여활동을 실행하기는 쉽다. 사실 기업사회참여를 시작하기에 가장 쉬운 부분이다. 왜 그럴까? 사람들은 어떤 일에 관계하기를 좋아하기 때문이다. 여러분은 그저 적절한 기회를 주고 해낼 수 있게 해주면 된다.

누가, 무엇을 하는가

주요한 다국적기업은 모두 임직원참여활동 기회를 제공하고 있다. 많은 중소기업도 마찬가지다. 일부 기업은 특정한 대의명분을 위해 자원봉사하도록 '사회참여의 날'을 정해놓기도 하고, 어떤 기업들은 참여활동을 더 집중하려고 지역사회의 대의명분에 그들의 핵심역량을 기여하기도 한다. 이렇듯 많은 기업이 직원에게 다양한 활동을 제안하려고 노력한다.

기술 중심의 자원봉사와 파견근무의 경우

'액센츄어 개발파트너십(Accenture Development Partnerships)'은 국제개발기관들의 서비스에 대해 무료로 컨설팅해준다. 세계적인 회계법인인 프라이스워터하우스쿠퍼스(PricewaterhouseCoopers)는 젊은 컨설턴트들을 NGO에 보내 근무하게 한다. 그들은 그러한 임직원자원봉사활동이 지역사회뿐 아니라 그 회사의 인력개발에도 도움이 된다는 사실을 깨달았기 때문이다. TNT는 특수 기술을 갖춘 직원들을 세계 곳곳에 보내어 기업사회참여 파트너인 유엔식량계획(WFP)으로 하여금 역량을 구축하도록 돕고 있다. TNT는 그 어떤 긴급 상황에서도 WFP를 도울 수 있도록 직원 긴급 구호팀을 대기시키고 있다. 시스코(Cisco, 미국의 네트워크 통신회사—옮긴이)의 '리더십 펠로 프로그램(Leadership Fellows Program)'은 잠재력이 큰 직원들을 다양한 비영리기관에 6~12개월 동안 배치해 특정한 프로젝트를 성공으로 이끌도록 임무를 맡긴다. 출판업체인 맥그로힐(McGraw-Hill)의 '구호 현장의 작가들(Writers to the Rescue)' 프로그램은 직원들을 각각 비영리기관의 자원봉사 작가나 에디터, 또는 홍보전문가로 지정한다. UPS의 40년 된 지역사회 인턴십 프로그램은 고위 경영자들로 하여금 다양한 사회경제적 문제에 몰두하게 한다.[1]

멘토링의 모범사례는 IBM의 '멘토플레이스(MentoPlace)'다. IBM이 홈페이지[2]에 설명한 바는 이렇다.

---

1 미국 촛불재단(Points of Light Foundation), 《직원의 기술과 비영리 파트너의 효과성을 약속해주는 직원 기술기반의 자원봉사(The Promise Employee Skill-Based Volunteering Holds for Employee Skills and Nonprofit Partner Effectiveness)》(워싱턴 D.C.: 촛불재단, 2007)

2 ibm.mentorplace.epals.org/WhatIs.htm

멘토플레이스는 성인 전문가들과 학생들이 학업적인 온라인 관계를 맺도록 해주는 자원봉사 프로그램이다. 임직원자원봉사자들은 학생들에게 학습 지원과 직업 상담을 해주고, 학생들은 그들의 이슈와 관심사에 어른들이 귀 기울이고 있다는 사실을 알 수 있다.

일류 기업들의 임직원참여활동은 다음과 같은 세 가지 핵심요소로 구성된다.

1. 임직원자원봉사
2. 시간매칭
3. 기금매칭

1. 임직원자원봉사

국제기업리더포럼은 임직원자원봉사를 "지역사회에 임직원이 기부할 수 있는 시간, 재능, 에너지, 자원을 동원하는 기업 활동"[3]이라고 정의하고 있다.

직원은 개인이나 팀을 이뤄 유급휴가(이를테면 연간 이틀 정도)를 이용해 자원봉사한다.

자원봉사휴가제는 직원이 정규 근무시간에 지역사회를 위해 자원봉사하게 해준다. 일반적으로 자원봉사휴가제는 지역사회를 위해 직원의 기여를 진작(振作)하고 인정해주는 효과적인 방법이다.

---

3 2002년 인게이지(ENGAGE) 출범 기념사에 정의된 내용이다. 인게이지에 대한 더 많은 정보는 www.iblf.org 참조.

업계에 따르면 국제적인 기업들(이를테면 IBM, 포드자동차, 액센츄어, 프라이스워터하우스쿠퍼스, 나이키, E.ON, 노키아, 화이자, TNT)은 직원에게 자원봉사를 위해 연간 평균 이틀간 유급휴가를 준다. 또 KPMG는 연간 3.5일, 팀버랜드(Timberland, 미국 전통주의 아웃도어 상품을 만드는 기업—옮긴이)는 연간 40시간까지 준다. 팀버랜드는 재난구호활동을 도우려는 직원에 대해서는 3주의 유급휴가까지 쓸 수 있게 해준다.

여러분 회사가 임직원자원봉사활동을 이제 시작했다면, 가장 좋은 방법은 지침을 주고 자원봉사휴가제를 장려함으로써 직원과 그들의 직속 매니저로 하여금 균형을 잡게 하는 일이다. 애초에 자원봉사휴가제를 시작하지 않았다 해도(자원봉사휴가제를 도입하지 않은 회사가 아직 많다), 많은 직원이 자신의 시간을 들여서라도 봉사하는 활동에 관심을 보인다는 사실을 알 수 있다. 임직원자원봉사 활용이 좋은 방법이라는 사실을 깨달으면, 여러분 회사(경영이사회나 인사관리 담당 이사)는 나중에라도 자원봉사휴가제를 도입할 수 있다. 이는 직원의 자원봉사 노력에 대한 보상이자 인정이 될 수 있고, 더 많은 직원이 적극적으로 참여하게 하는 동기가 될 수 있다.

퇴직자, 가족, 고객, 사업 파트너의 자원봉사

요즘에는 자사 퇴직자들을 위해 자원봉사활동을 운영하고, 그들이 봉사한 시간을 기업사회참여 시간에 포함하는 사례가 늘고 있다. 이는 퇴직자의 잠재력을 인정해주고, 그 기업의 홍보사절로서 활동하게 해준다. 식료품 제조회사인 제너럴밀스(General Mills)와 컴퓨터 관련기기 업체인 휴렛팩커드는 공식적인 퇴직자 자원봉사 프로그램을 갖추고 있다. 휴렛팩커드는 퇴직한 자원봉사자들에 대해 이렇게 말한다. "고급기술을 갖춘 숙련된 자원봉사자 4만여 명이 세계를 둘러싼 사회와 환경 이슈에 그들의 에너지를 집중해서 만들어내는 결과를 상상해 보라."[4]

마찬가지로 고객이나 사업 파트너, 또는 직원의 가족을 회사의 자원봉사에 참여하게 하는 활동도 점점 인기를 끌고 있다. 중국에서는 고객이나 사업 파트너와 함께 나무를 심는 일이 하나의 관행으로 오랫동안 이어지고 있다. 도시바, 히타치, 휴렛팩커드, 코노코필립스(ConocoPhillips, 미국 텍사스 휴스턴에 본사를 둔 에너지 회사—옮긴이)에서는 이미 정기적인 행사다. 기업들은 지역사회에 이렇게 공동으로 봉사하는 활동이 사업 관계를 향상한다는 사실을 알고 있다. 그 때문에 주말에 열리는 자원봉사 이벤트에 직원들이 가족을 데려오기도 한다.

기업들은 또 임직원자원봉사 프로그램에 이름을 붙이길 좋아한다. 이를테면 IBM의 '맞춤형 커뮤니티(On Demand Community)', 팀버랜드의 '봉사의 길(Path of Service)', 디즈니의 '볼런티어스(VoluntEARS, 디즈니의 대표적 캐릭터인 미키마우스의 귀를 임직원 자원봉사단 로고에 이용해 붙인 이름—옮긴이)', 노키아의 '도움의 손길들(Helping Hands)'처럼 말이다. 많은 기업이 프로그램 이름을 자원봉사용 티셔츠에 써서 팀 소속감과 회사의 정체성을 보이고 있다.

2. 시간매칭

많은 직원이 자선적인 대의명분을 위해 여가시간에 자발적으로 봉사한다. 시간매칭은 이렇게 진정으로 지역사회의 변화를 이끄는 이들을 인정하고 격려하는 제도다.

그것이 어떤 방법인지 한번 살펴보자. 직원당 자원봉사한 시간을 토

---

4 www.hp.com/retiree/volunteering.html

대로(이를테면 50시간, 75시간, 또는 100시간) 기업은 시간당 일정액(일정 한도까지)을 자선단체에 기부한다. 예를 들어 자원봉사 50시간당 기업은 얼마를 기부하는 식이다.

직원들이 돕는 자선단체가 어떤 곳이든 회사의 기업기부활동 가이드라인에 나온 기준에 맞춰 시간매칭 기부를 받을 수 있다(4장 참조). 자원봉사를 한 직원이나 그 자선기관은 시간매칭 요청을 공식적으로 해야 한다. 그러면 기업은 그 기관에 직접 돈을 기부해야 한다.

3. 기금매칭

기금매칭으로 알려진 메커니즘을 통해 직원들은 스스로 선택한 자선적 대의명분을 위해 기금을 모으고, 고용주는 그 기금에 상응하는 돈을 매년 직원당 일정액의 한도 내에서 기부한다. 기금매칭은 자선단체 기부금을 '모으는' 직원들을 위해 설계하는 일이 중요하다. 기금매칭은 직원이 적극적으로 참여해야 한다. 자선단체에 돈을 그저 '기부한' 직원이 주장하는 대로 설계해서는 안 된다. 기금매칭의 유일한 예외는 직원들이 미국 공동모금회에 단체로 돈을 기부한다거나, 재난구호기관에 모금액을 기부하는 경우처럼 범기업적인 계획을 지원할 때다. 직원들이 모금해서 지원하는 자선기관이라면 어느 곳이든 기금매칭을 받을 수 있다. 시간매칭과 마찬가지로 회사의 기업기부활동 가이드라인 기준에 맞아야 하고(4장 참조), 회사는 지원하려는 기관에 직접 기부해야 한다.

기금매칭과 급여공제기부의 조세 의미

일부 국가에서는 인사관리 부서가 세금과 관련된 질문을 할 수 있다. 이를테면, 기금매칭으로 직원들에게 조세 혜택이 돌아가는가? 사실 회사가 직원 기부금에 상응해 기부하는 활동에 대해 직원들은 아무런 조세 혜택을 받지 못한다. 그것은 지역사회의 기관에 기업이 기부하는 것이기 때문이다. 직원들은 지원할 자선기관을 직접 선택함으로써 기업의 기부행위에 지침을 줄 뿐이다.

급여공제기부란 무엇인가? 기금매칭과 어떤 관계가 있나?

기금매칭을 할 수 있는 또 다른 메커니즘은 급여공제기부다. 직원들이 급여공제기부로 자선단체에 지불하는 돈은 세전 급여에서 공제된다. 이는 직원들이 기부금에 대한 세금 걱정을 원천적으로 덜어주는 것을 의미한다.

급여공제기부는 자선단체가 모금할 때 비용 대비 효과적인 방법이기도 하다. 여러 나라에는 기업의 급여공제기부 제도를 대신 운용해주는 대행기관이 있다. 영국에는 7개의 대행기관이 있다. 기업은 일종의 기금매칭으로 직원이 내는 급여공제기부액의 일정 비율만큼을 더 내고, 모든 행정비용도 지불한다. 따라서 직원은 모금한 기금을 선택한 자선단체에 온전히 기부할 수 있다.

얼마나 많은 직원을 참여시킬 수 있나

원하는 만큼 많은 직원이 참여할 수 있다는 건 좋은 점이다. 하지만 되도록 많은 직원을 끌어들이려면 시간이 든다. 곧장 효과가 나타나지 않으면 접근방식을 바꿀 마음도 있어야 한다. 바람직한 임직원참여활동에 대한 최근의 국제적 기준은 기금매칭 · 시간매칭 · 임직원자원봉사를 통틀어 직원의 30퍼센트가 지역사회에 적극적으로 참여하는 것이다.

이 분야에서 1등 기업은 3곳이다. 제너럴밀스는 임직원의 82퍼센트가 자원봉사를 벌이고 있고, 디즈니는 '볼런티어스' 프로그램으로 2009년에만 자원봉사에 56만 9000시간을 할애했다. 1983년에 도입한 이 프로그램으로 지금까지 전 세계 42개국 이상에서 500만 시간 이상을 기부했다[5]. IBM은 2003년에 출범한 '맞춤형 커뮤니티' 임직원자원봉사계획으로 13만여 명의 임직원과 퇴직자가 자원봉사자로 등록해 800만 시간 이상 자원봉사 활동을 벌였다.[6]

임직원참여활동에 드는 비용

임직원참여활동은 저비용 활동이다. 일을 벌이는 자원으로 의욕적인 직원이 필요하지만, 실제 비용은 저렴한 편이다. 나라마다 비용은 다르겠지만, 활동 유형에 따른 비용을 아래에 요약해놓았다.

임직원자원봉사

조직을 만드는 시간과 재료용(건물 수리용 페인트나 식수용 나무 등) 자금이 든다. 지정된 장소로 자원봉사단을 운송할 버스 대여비 같은 비용이 들기도 하며, 자선기관들이 봉사활동을 마련하는 데 비용이 발생하기도 한다. 세부사항은 모두 비영리기관과 사전 기획회의에서 논의해

---

5 corporate.disney.go.com/responsibility/community.html
6 www.ibm.com/ibm/ibmgives/index.shtml

야 한다. 여러분은 기업의 브랜드를 새긴 티셔츠나 점심도시락을 제공할 수도 있다. 마지막으로, 가끔은 홍보용 사진을 찍을 사진사를 고용할 필요도 있다. 상당 부분이 회사 자원봉사단의 규모에 달렸다. 10명 정도의 팀이라면, 시간이나 돈은 많이 들지 않는다. 반면 100명 규모의 팀원 모두가 환상적인 날로 느끼게 하려면 더 많은 장비와 계획이 필요하다.

시간매칭

직원들이 자원봉사한 자선기관에 기부하는 돈을 포함하므로 경비 외의 자금이 들지만 그리 큰 액수는 아니다. 첫째, 매년 50시간 이상 자선단체에서 적극적으로 활동하는 훌륭한 직원은 그리 많지 않다. 여러분이 매칭할 봉사 시간의 최저선을 높게 잡으면 비용은 더 줄어든다. 하지만 그 최저선을 달성하기 어려울 정도로 정하지는 마라. 연간 50시간이나 75시간이면 충분하다. 둘째, 회사가 기부할 돈의 액수를 일괄적으로 정하거나 융통성 있는 수준, 이를테면 250~2000유로(약 375~3000달러) 사이로 제안할 수 있다. 사내에 패널을 만들어 해당 자선기관에 미칠 영향을 토대로 기부액을 정하게 해도 좋다. 여기서는 비례의 원칙이 열쇠다. 적절한 금액은 나라마다 다를 수 있기 때문이다. 500유로(약 750달러)는 이탈리아보다 슬로바키아에서 훨씬 큰 의미가 있다.

기금매칭

임직원참여활동에서 유일하게 비용이 급증할 수 있는 부분이며 이에 대한 예산은 기업기부활동에 포함해야 한다. 명확한 한도를 정하라. 즉 회사가 매치해줄 금액에 대해 직원당 최대한도를 정하라. 이와 더

불어 약간의 자금을 임직원참여활동에 관한 내부 커뮤니케이션 활동을 위해 적립해두기 바란다(이에 관해서는 10장 참조).

필수인력

기업의 규모, 기업이 사업하고 있는 나라의 수, 사업의 활동 규모 등은 인력 수요에 영향을 미친다. 조금 작은 기업이라면 임직원참여활동을 조직화하는 데 업무시간 가운데 30퍼센트 정도를 쓸 수 있는 시간제 직원이 국가당 한 명 정도 있으면 충분하리라고 본다. 영업 규모가 큰 기업이라면, 임직원참여활동 프로그램을 이끌 매니저 한 명과 추가적인 보조인력(임직원참여활동 코디네이터나 행정적 지원 인력)이 필요할 수도 있다. 임직원참여활동 매니저과 코디네이터의 직무 분석은 2장 말미에 있다.

보험

직원들이 지역사회로 자원봉사하러 나가기 전에 인사관리 담당자와 보험 문제를 상의하라. 규정은 나라마다 다르다. 일반적으로 직원이 업무시간에 자원봉사할 경우 보험 적용을 받는다.

임직원참여활동 경영사례

여러분이 성공적인 기업사회참여를 위해 애쓰고 있다면, 어떤 형태로든 임직원참여활동을 포함해야 한다. 그것이 없다면 이해관계자들이 회사의 기업사회참여를 완벽하다고 여기지 않을지도 모른다.

최근 이해관계자들의 기대 수준은 점점 더 높아지고 있다. 전략적으로 운영하는 임직원참여활동은 다음과 같은 방법으로 기업의 이미지를 강화할 수 있다.

- 임직원참여활동에 직원과 고객, 사업 파트너를 참여하게 하기
- 직원들이 근무하고 생활하는 지역사회에 진정으로 가치 있는 것을 기여하기
- 사내·외적으로 마음을 사로잡기

기업 입장에서 보면 임직원참여활동은 지역사회, 직원, 기업 모두가 '윈-윈-윈' 하는 길이다. 지역사회는 귀중한 도움을 얻을 뿐 아니라 민간 부문의 다양한 기술과 자원을 이용할 수 있다. 직원은 사회에 기여함으로써 개인적인 만족감을 얻고, 서로 다른 역할을 체험하며(이를테면 비서가 갑자기 책임자가 된다든지), 새로운 기술과 경험을 얻는다.

임직원참여활동이 기업에 주는 이익

아무리 지역사회와 직원들에게 이롭고 좋은 활동이라고 해도 회사는 좀 더 많은 것을 원하기 마련이다. 고위 경영진이 임직원참여활동에 관심을 보이게 하려면 여러분은 회사의 장기적인 가치창조에 그 일이 외부적으로 얼마나 기여하는지 다음과 같이 설명해줘야 한다.

- 기업이 판매활동을 하거나 영업하는 지역사회에 실질적으로 긍정적인 영향을 준다.
- 브랜드 선호도 향상, 고객 유지, 충성도 향상과 같이 이해관계자의 의견에 긍정적인 영향을 미친다.
- 기업 평판을 향상하며 지역사회의 호의를 얻음으로써 위기관리에 도

움을 준다.

- 사회적 브랜드 관점과 인간적이고 신뢰받는 이미지에 도움을 준다.
- 사회책임투자와 관련해 투자자 관계에 긍정적인 이미지를 키워준다.

평판 향상과 함께 임직원참여활동을 전략적인 인사관리의 수단으로 사용할 때 다음과 같은 이익이 생긴다고 설명한다면, 고위 경영진은 더 큰 관심을 보일 것이다.

- 팀 활동을 촉진하고 팀 정신을 강화한다.
- 직원들로 하여금 성취감과 자부심을 느끼게 한다.
- 내부적 리더십의 질을 높여준다: 직원들이 서로 다른 역할과 책임을 경험할 기회가 된다.
- 의욕을 북돋아준다.
- 근무 환경, 직원 근속률, 충성도를 향상한다.
- 기업문화에 긍정적인 영향을 준다: 적절한 프로그램이 있다면 기업과 개인의 가치를 하나로 모을 수 있다.

세계가 지구촌화하면서 기업이 양질의 의욕적인 인재를 얻으려는 경쟁은 날로 심해지고 있다. 장래가 유망한 직원 중에는 근무할 회사의 책임경영 실적을 알고 싶어하는 이들이 점점 더 많아지고 있다. 2001년 미국 10대 대학에서 진행한 연구에 따르면, 잠재력이 큰 졸업생들이 고용주를 선택하는 조건으로 다음 세 가지를 들었다.

- 맡을 업무가 무엇인가?
- 급여를 얼마나 받을 수 있나?

• 기업의 책임경영 실적은 어떠하며 임직원자원봉사를 포함하는가?

유니버섬(Universum, 세계적인 기업브랜딩 전문회사—옮긴이)의 〈2008년 범유럽학생조사(Pan European Student Survey)〉[7]에 따르면, 11개국 톱클래스 대학원에서 경영과 공학을 전공한 최상위권 졸업생들은 윤리 수준이 높고 강력한 책임경영을 하는 기업을 선호했다.

직원들은 사회적 참여를 하는 회사에서 일하고 있다는 데 자부심을 느끼며, 회사와 더 강한 일체감을 보인다. 독일에서는 구직자의 80퍼센트가 사회적·환경적으로 우수한 기업을 선호하며, 40퍼센트는 근무시간에 자원봉사할 기회가 있다면 급여가 조금 적더라도 괜찮다고 여긴다.[8] 이 때문에 많은 기업이 책임경영 이력을 직원 모집에 점점 더 많이 이용하는 추세다. 책임경영의 여러 영역 가운데 임직원참여활동이 바로 이 부분에 도움이 된다. 잠재적인 직원이 나중에 회사에서 어떤 역할을 수행하느냐와 상관없이, 여러분은 임직원참여활동으로 직접 참여할 수 있는 일에 대해서 설명해줄 수 있다.

전략적인 임직원참여활동을 제공하는 기업들은 매력적인 고용주로 인식되어 직원 모집이나 근속률 향상에 효과를 얻는다. 전략적인 임직원참여활동은 기업의 일터에 대한 이미지에 직접적인 영향을 끼친다. 임직원참여활동을 전략적 인사관리 도구로 이용하는 기업들은 그것을 일과 가정의 조화를 촉진하는 수단이나 기업의 직원가치제안(EVP:

---

7 http://www.universumglobal.com/IDEAL-Employer-Rankings/The-Pan-European-Student-Survey

8 블럼버그(M. Blumberg)·슈벨(V. Scheubel), 《손에 손잡고: 임직원자원봉사(Hand in Hand: Corporate Volunteering als Instrument der Organisationsentwicklung in Deutschland)》(브레멘, 독일: brands & values GmbH, 2007)

Employee Value Proposition)의 일부로 보기도 한다.

노키아 모스크바 지사가 새로 문을 열고 40명의 직원을 모집했을 때, 지사 경영진과 인사관리 부서는 모든 직원을 시외에 있는 한 고아원으로 데려가 하루 동안 봉사활동과 팀활동을 하게끔 했다. 직원들은 페인트칠을 하고 건물을 수리했으며, 아이들과 놀아주고 밥도 같이 먹었다. 옷가지나 장난감을 아이들에게 가져다주기도 했다. 길지만 충만한 하루를 보낸 뒤 한 젊은 직원이 버스 좌석에 털썩 주저앉으며 이렇게 말했다.
"이제야 노키아의 진정한 가치를 알겠어!"

이사회에서 세일즈하기

이사회가 연간 이틀의 자원봉사 유급휴가를 줄 경우 비용이 얼마나 드는지 물어본다면, 여러분은 뭐라고 대답하겠는가?

첫째, 여러분은 임직원자원봉사 제도를 구축해야 한다. 임직원의 30퍼센트 참여라는 목표를 실제로 달성한다면 매우 자랑스러울 것이다. 둘째, 직원이 봉사한 시간 총계를 근무시간에 대입해 금전적 가치를 환산할 수 있다. 책임경영보고서에 그 금전적 가치를 지역사회에 대한 공헌으로 보고하라. 셋째, 임직원자원봉사는 많은 직원에게 제공하는 저비용의 자기계발 기회가 된다. 이런 유형의 계발 기회는 달리 찾기 어렵다. 마지막으로, 교통이나 호텔, 이벤트 대행사나 야외활동, 음료수를 곁들인 저녁식사와 같이 비용이 드

이사회를 끌어들이기 위한 팁

이사회를 설득하려고 한다면, 개인적으로든 함께 하는 활동으로든 직접 참여해보도록 초대하라. 백문이 불여일견인 법! 자원봉사 활동에 참여해본 고위 경영자나 이사회 구성원은 여러분이 만든 프로그램의 가장 좋은 대변인이 되어 사내 마케팅이나 외부적으로 가시화하는 일을 도와줄 것이다.

는 팀 정신 향상 활동과 비교할 때 비용을 얼마나 절감할 수 있는지를 이사회는 궁금하게 여길 것이다.

이벤트 형식의 팀 정신 향상 활동보다 자원봉사에서 직원이 더 많은 교훈을 얻는다는 사실은 경험으로 증명된다. 물론 그들도 저녁에 함께 바비큐나 음료수를 나눌 수 있다. 인사관리부서는 직원이 자원봉사를 끝내고 돌아오면 충만감을 느끼고 기업의 가치에 결속됨을 느낀다는 사실을 발견한다. 자원봉사는 지역사회와 직원에게 주는 이익과 별도로, 의미 없는 팀 이벤트에 사용할 수도 있는 기업의 자금을 아끼게 해 준다.

도표 8.1은 임직원참여활동의 경영사례를 만들 수 있도록 도와준다. 비공식적인 네트워크가 경영진의 공식적인 지원을 받을 때 참여도는 상당히 높은 수준까지 도달할 수 있다.

도표 8.1 윈-윈-윈을 보여주는 임직원참여활동 경영사례

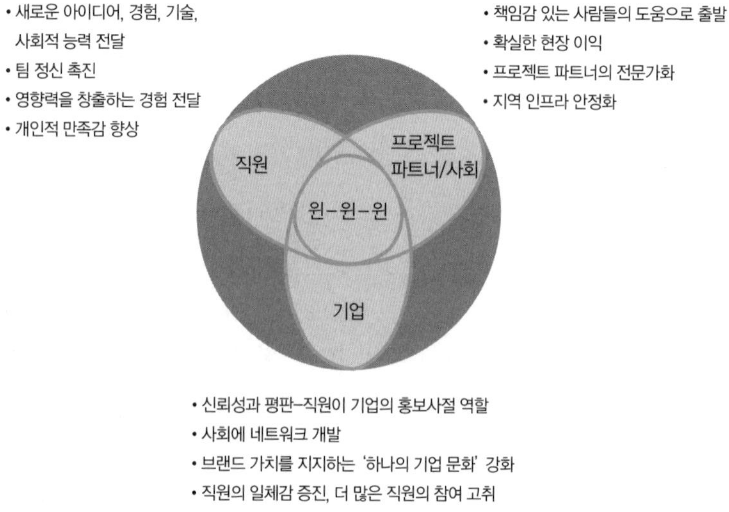

자료: 도이체방크

시작하기: 5단계 프로세스

일을 시작하려면 인력과 어느 정도의 자금이 필요하다. 회사에 지원을 요청하라. 적절한 자원을 갖추고 나면, 여기서 소개하는 5단계 프로세스를 따르면 된다.

도표 8.2 임직원참여활동계획 설계를 위한 5단계 프로세스[9]

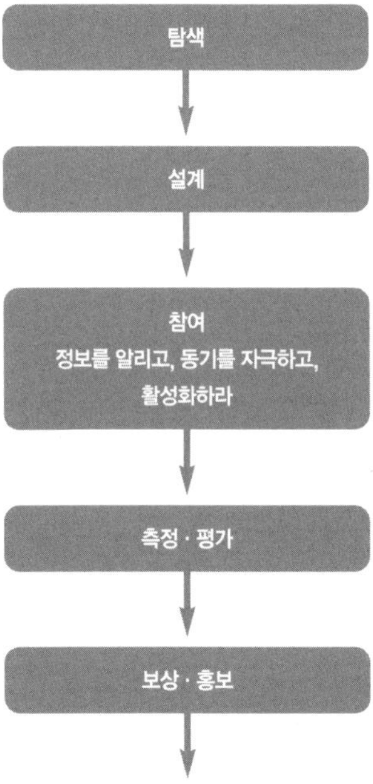

이제 단계별 점검표를 활용하여 5단계를 구체적으로 살펴보자.

---

9 블럼버그와 슈벨이 《손에 손잡고: 임직원자원봉사》를 쓰기 위해 개발했다.

1단계: 탐색

지역사회에서

점검표 1. 지역사회 기관에 질문하기

- ✓ 최근 당면하고 있는 핵심 이슈들은 무엇인가?
- ✓ 기업과 파트너십을 맺고 일한 경험이 있는가? 그것은 어떤 활동이었나?
- ✓ 자원봉사자들을 어떻게 이용하는가?
- ✓ 그들은 어떤 역할을 하는가(할 수 있는가)?
- ✓ 기술, 실질적인 도움, 재정 자문, 프로젝트 관리, 전략적 관리, 연구개발 등, 기업의 업무 영역 가운데 기관 직원들에게 가장 도움을 줄 수 있는 영역은 무엇인가?
- ✓ 주로 연락할 프로젝트 매니저/코디네이터가 있는가?
- ✓ 기여한 내용에 대해 평가하는 활동을 도와줄 수 있는가?

기업에서

점검표 2. 서로 다른 부서(인사관리, 사내 커뮤니케이션, 고위 경영진)에 질문하기

- ✓ 고위 경영진의 동의가 있는가? 임직원참여활동의 대의명분을 대변할 유력 인사(이사회 구성원 등)가 있는가?
- ✓ 임직원참여활동의 전략적 가치를 인사관리 부서가 이해하고 있는가?

- ✓ 직원들이 참여하여 영향을 크게 미칠 사회적 이슈는 무엇인가? 회사와 가장 관련이 있는 이슈는 무엇인가?
- ✓ 직원들이 지역사회에 어떤 도움을 줄 수 있는가?
  - 회사와 관련된 전문성 공유?
  - 직원 개인이 보유한 일반적인 사업적 전문성 이용?
  - 일반적인 봉사 활동?
- ✓ 임직원참여활동을 시작하는 데 필요한 운영 예산은 얼마나 되는가?
- ✓ 운영 인력은 얼마나 필요한가?
- ✓ 사내 커뮤니케이션 부서에서 지원을 받을 수 있는가? 어떤 식으로 함께 일할 것인가?
- ✓ 자원봉사자들에게 훈련 프로그램을 제공할 필요가 있는가/제공하려 하는가? 교육개발 부서를 통해서인가? 아니면 자원봉사자의 도움을 받으려는 NGO를 통해서인가?
- ✓ 시간매칭이나 기금매칭 프로그램을 제안하려면 어떤 준비를 해야 하는가?
- ✓ 자원봉사 유급휴가제는 누구의 동의를 받아야 하는가?
- ✓ 직원들이 근무시간에 자원봉사를 나가기 전에 확인해야 할 보험이나 건강, 안전 관련 이슈가 있는가?
- ✓ 자원봉사 프로젝트에 어떤 실질적 지원(교통수단, 장비, 음식 등)이 필요한가?

직원과 함께

직원들의 관심과 능력에 상응하는 활동이기 때문에 중요한 부분이다.

점검표 3. 직원에게 질문하기

- ✓ 어떤 종류의 자원봉사 활동에 관심이 있는가?
- ✓ 얼마나 많은 시간을 할애하려 하는가?
- ✓ 얼마나 자주 하고 싶은가?
- ✓ 지역사회에 기여하려는 재능이나 기술은 무엇인가?
- ✓ 자원봉사에 참여한 적이 있는가? 어떤 경험을 했는가? (친척 어른을 돌보거나 동네 축구클럽에서 코치로 활동한 일도 자원봉사에 포함된다고 얘기해주면 좋다.)

대화를 나누면서 비공식적으로 알아볼 수도 있고, 짤막한 설문지를 작성해 직원들에게 돌려도 좋다. 회수한 설문지를 대상으로 추첨하여 상을 준다거나, 회수되는 질문지 한 부마다 약간의 돈을 직원들이 선택한 자선단체에 기부하겠다고 제안하는 방법으로 회수율을 높일 수 있다.

명심해야 할 점은 직원들의 욕구는 무척 다양할 수 있다는 사실이다. 즉 사무실 직원과 원격 또는 재택근무자, 종일제 근무자와 시간제 근무자, 사무직과 육체노동자 등의 욕구는 다를 수 있다. 그들은 자원봉사와 관련해 똑같은 필요를 느끼거나 똑같은 기대를 품고 있는 게 아니다. 한 그룹에게 훌륭한 개념이 다른 그룹에게는 부적절할 수도 있다.

생산라인 팀들은 자원봉사하기가 어려울 수도 있다. 매니저는 하루 동안 생산라인 하나를 통째로 닫을 수 없다며 화를 낼지도 모른다. 이럴 때는 융통성을 발휘해 해결책을 찾는 창의성이 필요하다. 예를 들어 지역사회의 실업자들로 하여금 공장의 생산 작업을 견학하게 하는 프로그램을 만드는 방식으로 말이다.

임직원참여활동을 전개하고 있는 나라에 따라 노동조합의 역할을 잊지 말고 그들을 초기부터 끌어들이기 바란다. 임직원참여활동은 직원들에게 이로워서 노조가 대개 협조적이다. 어떤 계획을 처음 만들 때부터 개입한다면 대변인이 되기가 더 쉬운 법이다.

2단계: 설계

효과적인 프로그램을 설계하려면 충분한 시간과 노력이 필요하고, 착수할 때부터 세부사항까지 주의를 기울여야 한다.

점검표 4. 종합적인 프로그램 설계

- ✓ 적합한 지역사회 조직과 접촉해 관계를 구축하고 협력에 합의하라: 어떤 방식으로 함께 일할지, 어떤 유형의 활동이 서로의 욕구에 부응하는지 등.
- ✓ 임직원참여활동의 실천계획을 설계하라. 또 관련된 임직원자원봉사활동을 고려하라(활동의 유형에 관한 자세한 사항은 뒤쪽 참조).
- ✓ 성취하려는 목표를 명확히 설정하라(첫해에는 임직원의 10퍼센트까지 참여하게 하겠다는 등).
- ✓ 시간매칭/기금매칭을 위한 메커니즘을 설계하라:
  - 기금/돈과 (또는) 봉사 시간을 어떻게 적용하고 보고할 것인가?
  - 기금을 수혜기관에 어떻게 전달할 것인가?

- ✓ 임직원참여활동을 소개하는 인트라넷을 만들어 정보, FAQ, 활동, 연락 관련 세부사항 등을 담아라.
  - 자원봉사에 대한 직원들의 경험담, 무엇을 하는지, 어떤 것을 얻을 수 있는지 등을 간략히 보여줘라.
  - 직원들의 자원봉사 스토리를 특집으로 꾸며라.
- ✓ 직원의 인식을 높이고 동기를 고취할 사내 커뮤니케이션 계획을 설계하라.

규모냐, 기술이냐

대규모의 임직원자원봉사는 봉사 시간과 능력에 따라 구분되는 다양한 활동을 제안할 때 효과가 크다. 하룻밤 사이에 되는 일은 아니다. 오랜 시간을 두고 구축해나가야 한다. 많은 직원을 빨리 참여하게 하고 가능한 한 많은 시간을 얻고 싶다면, '사회적 참여의 날'이나 '팀 활동의 날'을 만들 수 있다. 많은 기업은 자원봉사에도 80대 20 법칙이 적용된다는 사실을 깨닫고 있다. 즉 자원봉사 시간의 80퍼센트는 나무를 심거나, 공원·숲·해변 등을 청소하거나, 학교에 페인트를 칠하는 등 당일치기 활동으로 채워진다는 의미다. 많은 기업에서 기술 중심의 자원봉사(회계나 홍보 활동을 보조해주는 등)는 소수의 직원에게 더 흡인력 있고, 정기적인 봉사활동이 가능하다.

물론 여기에도 예외는 있다. IBM은 67개국에서 펼치고 있는 임직원자원봉사가 모두 기술 중심이라고 주장한다. 그들의 '맞춤형 커뮤니티(On Demand Community)' 계획은 임직원과 퇴직자로 구성된 자원봉사자들이 150개 웹 기반의 맞춤형 도구를 이용해 활동하도록 돕는다. 이

도구들은 IBM이 학교와 지역사회 기관을 위해 특별히 고안한 기술 솔루션을 토대로 고안된 것으로, 임직원 자원봉사자들에게 의미 있는 기회를 선택하게 해주며, 훈련이나 자원을 제공하고, 더욱 효과적인 자원봉사자가 되도록 돕는 활동도 제공한다. 그 도구들은 학교와 비영리 기관에 귀중한 도움을 준다.

전략적으로 각 활동에 가중치를 부여해볼 필요가 있다. 여러분이 속한 회사에서 무엇이 가장 중요한가? 자원봉사 시간을 크게 늘리는 것인가? 직원들의 핵심역량을 기여하는 것인가? 아니면 두 가지를 잘 배합하는 것인가? 서로 다른 활동은 기업에 서로 다른 이익을 가져다준다. 따라서 임직원자원봉사 프로그램은 여러분의 특정한 목표에 따라 전략적으로 설계할 수 있다.

도표 8.3 임직원자원봉사 프레임워크

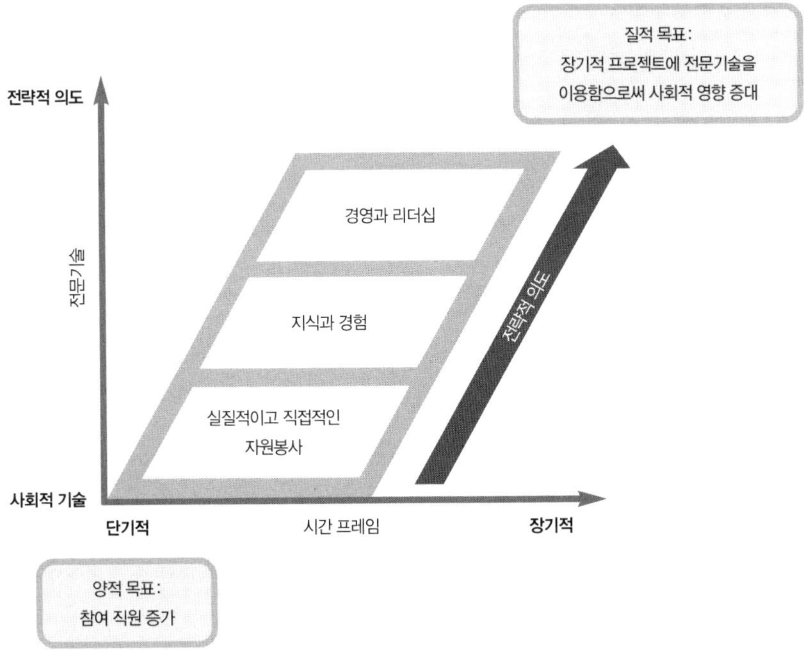

자료: 도이체방크

임직원자원봉사활동 유형

위에서 언급한 대로, 임직원자원봉사는 다양한 방식으로 일어날 수 있다. 모든 활동을 지역사회, 직원, 기업의 욕구에 적절히 맞추기 위해서는 가능한 활동의 범위를 고려할 필요가 있다.

다양한 임직원자원봉사활동

- **당일치기 프로젝트.** (예를 들어 '일회성' 활동, 풀뿌리 활동, 특정 대의명분에 상관없음) 가능한 인력의 전부 혹은 일부가 참여하도록 설계한 지역적 활동이나 이벤트. 종종 팀 정신과 동기부여를 위해 이용되며, 장기적인 프로젝트의 출범에 맞춰 '세계 봉사의 날' 같은 이벤트로 이용할 때 가장 효과적이다.
- **팀 개발 과제.** 기업과 공조하는 지역사회 조직에서 만든 프로젝트들. 지역사회에 이롭고 기업의 자체적인 팀 정신/자기계발 목표에도 부합하도록 설계됨.
- **일반 자원봉사.** 합의된 일반 자원봉사 역할. 예를 들면 개인(학교에서 청소년 또는 성인)을 위한 코칭이나 멘토링 역할을 맡는다. 직원이 편안함을 느끼고, 그 역할을 효과적으로 해내기 위해 필요한 기술을 이해하도록 적절한 지침을 제공해야 한다.
- **기술 중심 자원봉사.** 직원들은 전문적 지식과 기술(예를 들어 전략적 컨설팅, 재정 자문, 프로젝트 관리, 마케팅, 커뮤니케이션, 인사관리 노하우 등)을 무료로 지역사회 기관에게 제공한다.
- **비상임 역할.** 직원들이 자원봉사로 맡을 수 있는 법적인 비상임 역할이

있다. 이를테면 지역사회 기관의 이사나 운영위원, 위원장, 회계 등이다.

- **파견 근무.** 직원(또는 퇴직자)은 지역사회 기관의 운영 회원으로 상근하고, 급여와 비용은 기업에서 지불한다.

3단계: 참여–알리고, 자극하고, 활성화하라

직원들을 적극적으로 끌어들이려면 사내 커뮤니케이션 담당자들과 협력해야 한다(일부 기업은 따로 인사관리 커뮤니케이션 부서를 두고 있다).

4단계: 측정·평가

9장을 참조하라.

결과를 측정하라

회사의 인트라넷에 올라있는 온라인 보고 프로그램을 이용하면 아주 쉽게 할 수 있다. 인터넷에서 프로그램을 구입할 수도 있고, IT지원 부서에 도움을 요청할 수도 있다. 결과를 측정하는 일은 책임경영 보고에서 핵심적인 요소다. 그런 정보는 다우존스지속가능성지수 같은 신용평가기관에서 요구하기도 한다.

점검표 5. 직원들에게 정보를 알리고 임직원참여활동에 적극적으로 끌어들이기

✓ 정보, 기회, 스토리는 물론 사보 · 소개책자 · 광고전단의 기사 등으

로 가득해 아주 생생한 임직원참여활동 인트라넷 사이트

- ✓ 구내식당 같은 장소에서 진행하는 '로드쇼'(아래 '임직원참여활동 로드쇼' 박스 참조)
- ✓ 월별, 분기별 직원 총회를 통한 안내/발표
- ✓ 연설/이메일을 통해 임직원참여활동을 대변해줄 뿐 아니라 직원들과 함께 자원봉사하는 고위 경영자들의 적극적인 참여
- ✓ 임직원참여활동 가이드북
- ✓ 플래카드, 포스터, 증정품 같은 홍보물
- ✓ 인정과 보상

임직원참여활동 로드쇼

직원들에게 정보를 알리고 동기를 고취하는 효과적인 접근방식이 될 수 있다. 로드쇼는 다음 단계를 따르기만 하면 쉽게 조직할 수 있다.

- 적절한 장소를 골라라(구내식당 등).
- 장소를 꾸며라(플래카드나 포스터를 이용해서).
- 안내 테이블에 소개용 책자, 임직원참여활동 인트라넷 사이트를 보여주는 컴퓨터나 단말기, 활동 신청서 등을 정리해놓는다.
- 인사관리부서나 커뮤니케이션 담당 부서의 동료를 임직원자원봉사 활동에 끌어들여라.
- 임직원자원봉사를 소개하는 슬라이드쇼나 비디오를 만들어 스크린으로 보여주라.

- 지역사회 파트너기관 대표들을 초청해 안내 부스에서 그들의 조직과 자원봉사활동에 대해 소개하게끔 하라.
- 지역사회의 수혜자들을 초청해 자원봉사 활동이 그들의 삶에 어떤 영향을 주었는지 이야기하도록 하라.
- 자원봉사를 경험한 직원들을 초청해 임직원자원봉사로 얻은 가치에 관해 이야기하게 하라.
- 고위 경영자를 끌어들여서 임직원참여활동에 대해 공식적으로든 비공식적으로든 이야기하도록/대변하도록 만들어라.
- 직원들에게 회사의 임직원참여활동 로고를 붙인 증정품(야구공, 열쇠고리, 커피 잔, 티셔츠 등)을 선물하라. 아니면 여러분이 임직원참여활동 프로그램에 관한 이야기를 직접 해도 좋다.

점검표 6. 집계해야 하는 주요 결과 요소

- ✓ 기금매칭–직원이 모금한 액수, 회사가 기부한 액수, 지원한 직원 수
- ✓ 시간매칭–직원이 기부한 시간의 총량, 회사가 기부한 돈의 액수, 지원한 직원 수
- ✓ 자원봉사한 직원 수, 전체 직원 대비 비율
- ✓ 직원이 봉사한 시간 총계
- ✓ 봉사한 시간의 금전적 가치(2010년 국제 기준은 시간당 21.36달러)[†]

임직원자원봉사 업무를 전문적으로 관리하려면 다음 요소들도 확인하는 게 좋다.

- ✓ 도와준 기관 수
- ✓ 지역사회의 수혜자 수(지원받은 사람들)
- ✓ 자원봉사 훈련을 받은 직원 수
- ✓ 정기적으로 자원봉사하는 직원 수(연간 한 번 하는 사람에 비해)

† www.independentsector.org/programs/research/volunteer_time.html

결과와 영향을 측정하라

점검표 7을 참조하라.

작게 시작하고 달리기 전에 걸어라

직원들로 하여금 다양한 유형의 활동을 시작하게 하려면, 여러분의 목표를 지지하는 사람들이 이끄는 소수의 자원봉사 프로그램으로 시작해보라. 여기서 확인하고, 경험으로 배우고, 접근방식을 다듬을 수 있다. 처음 참가한 사람들은 향후 프로그램의 확산을 돕는 홍보 사절이 된다. 그들은 경험한 바를 전파하며 더 많은 동료를 모아올 것이다.

명심하기 바란다. 여기에 소개한 내용의 일부는 여러분이 속한 회사의 연례 인사관리 조사의 일부로 측정할 수 있다. 그러나 더 상세한 피드백을 얻으려면 자원봉사자들을 직접 조사하는 편이 낫다.

임직원참여활동 파트너기관에 협력을 요청해도 좋다. 이를테면 한 팀의 자원봉사 활동이 끝난 후에 활동이 어떠했는지, 무엇이 유용했는지, 다음번에 어떻게 개선하면 좋을지 등의 평가를 보고받을 수 있다.

점검표 7. 노력의 결과를 정리하는 질문

✓ 지역사회와 수혜자에게 어떤 결과가 있었는가?

✓ 직원에게 동기를 부여하고 만족하게 한 영향은 무엇인가? 직원들이 자원봉사에 대해 느끼는 바를 '질적평가'하라. 그들은 다음과 같이 느끼고 있는가?

- 현지 지역사회에 더 결속되었다고 느끼는가?
- 개인적으로 성장하고 자기계발에 도움이 되었다고 느끼는가?
- 보상을 받았다고 느끼는가?

✓ 자원봉사자 피드백 양식은 보고나 스토리텔링에 적합한 자료인가?

✓ 임직원참여활동 노력이 직원 근속률, 충성도, 기업 평판에 끼치는 영향은 무엇인가?

✓ 임직원참여활동을 경험한 직원들의 반응

- 회사와 더 일체감을 느끼는가?
- 기업의 가치와 그들의 개인적 가치가 부합한다고 느끼는가?
- 회사가 사회적 책임을 다하고 있다고 인식하는가?

임직원참여활동을 기록하는 온라인 도구

임직원참여활동이 복잡해지고 여러 나라에서 일어나면서 많은 기업이 사내에 온라인 보고 프로그램을 구축하는 편이 훨씬 쉽고 믿을 만하다는 사실을 깨닫고 있다. 바클레이즈(Barclays, 글로벌 금융서비스 기업—옮긴이)가 2000년 10월부터 사용하고 있는 'GIFTS 프로그램'이 좋은 예다.[10] GIFTS를 이용하기 전 바클레이 기업사회참여활동 지원금 관리시스템은 다른 소프트웨어 프로그램과 엑셀 프로그램으로 구성되어 여러 지역의 운영자들이 관리해왔다. 사용하는 데 시간이 오래 걸릴 뿐더러 누군가 지원금 지급 데이터를 일일이 입력해야 했다. 기업사회참여 매니저들은 지원금 관리시스템을 사용하지도 못했다. 전 세계 63개국에 사무실을 두고 있는 바클레이즈로서는 세계 곳곳에서 진행하는 기업사회참여활동을 어떻게 기록해야 하는지가 큰 문제 중 하나였다. 바클레이스는 생생한 정보를 그때그때 이용하기 원했다.

온라인 보고 도구는 시간매칭과 기금매칭을 관리하는 데 유용하다. 자원봉사자 활동을 기록하기에도 좋다. 그러나 어디까지나 그 결과와 영향은 기업사회참여나 인사관리 전문가들이 정보를 바탕으로 분석해야 한다. IT 동료에게 부탁해 여러분 회사에 맞는 온라인 보고 프로그램을 구축하기 바란다.

관리도구로 측정 · 평가 결과를 이용하라

측정 결과들을 이용해 다음 해 목표를 설정하라. 향후 활동과 개입 · 활성화 · 보상 프로세스 등에 관한 여러분의 개선 사항을 결정하는 데도 이용하라.

새로운 임직원참여활동 프로그램을 시작하면 처음에는 시간이 걸리고 시행착오도 겪기 마련이다. 그러니 프로그램 관리를 내부적 프로세스로 만들어 지역사회 파트너들과 어떻게 더욱더 향상할 수 있는지 정기적으로 평가하는 습관을 들이는 편이 좋다. 이로써 여러분은 프로그램을 더 효과적으로 만들고, 효과적인 향후 활동을 위해 알아야 할 내용을 배울 수 있다.

---

10 www.microedge.com/Products/GIFTS.aspx

5단계: 인정·보상·홍보

지역사회에 직원들이 기여한 바를 인정하는 일은 중요하다. 직원들이 생활하고 근무하는 나라나 조직 문화에 상관없이, 인정과 보상 그리고 그들의 노력을 홍보하는 활동은 동기를 유지하고 증진하고 임직원참여활동 정신을 회사 전반에 확산하는 데 이롭다.

얼마나 많은 동료가 자원봉사활동으로 어느 정도의 시간을 기여했는지 직원들과 최고 경영진에게 알려라. 성공 스토리를 포착해 홍보하라. 보여줄 만한 인상적인 수치나 이야기가 있다면 책임경영 연례보고서에 넣기 바란다.

임직원참여활동의 외부 커뮤니케이션

평판 획득은 임직원참여활동의 주요한 효과다. 직원들이 회사를 대신해서 가족, 친구, 친지, 나아가 고객과 사업파트너에게 자신들의 활동을 소개하는 일은 큰 도움이 된다. 입소문을 통한 홍보의 가치를 폄하하지 마라! 여러분은 NGO 파트너로 하여금 현지나 지역매체에 나가 한마디 하도록 부탁할 수도 있다. NGO 파트너가 여러분이 활동하는 현장으로 기자를 섭외해 지역신문에 사진과 기사를 싣게끔 할 수도 있다. 여러분의 활동을 커뮤니케이션 부서에 계속 알리기 바란다. 그들은 4월 22일 지구의 날이나 12월 5일 국제자원봉사자의 날과 같은 광범위한 의미의 이벤트와 관련해 여러분의 활동에 초점을 맞출지도 모른다(기업사회참여활동을 사내·외로 홍보하는 법에 관한 자세한 내용은 10장 참조).

점검표 8. 임직원참여활동에 기울인 노력을 인정하고 보상하는 방법

- ✓ 온라인 보고 프로그램으로 직원들이 금전적인 기부나 자원봉사활동을 보고할 때 자동적으로 생성되는 확인 이메일
- ✓ 인트라넷과 사보에 이야기 게재: 자원봉사자들에게 받은 피드백 양식에서 알릴 만한 내용을 모아라.
- ✓ 국가적/국제적 이벤트와 여러분의 활동이 연관될 때 현지/지역매체에 연락하라(국제자원봉사자의 날, 지구의 날 등).
- ✓ 연례 시상식이나 기념식(대표의 인정, 이사회의 축하행사, 자원봉사자 여름 파티, 자선단체에 헌신한 자원봉사팀 시상 등)

임직원참여활동의 성공요인: 요약

지금까지 여러분은 여러 개의 점검표를 확인했다. 다음에 소개하는 마지막 점검표 또한 여러분의 성공에 도움이 되리라고 본다.

점검표 9. 임직원참여활동의 성공요인

- ✓ 다른 기업들의 모범사례를 확인하라. 임직원참여활동을 담당하는 동료의 네트워크에 참여하고 이야기를 나눠보라.
- ✓ 고위 경영진으로부터 지지를 얻고, 가능한 곳에 적극적으로 참여를 요청하라. 그들을 임직원참여활동에 대한 고위급 대변인으로 삼아라.

✓ 코디네이터를 지정해 일을 실행에 옮기고 그것을 목표로 삼아라.

✓ 합의된 목표에 대해 명확한 실천계획을 세워라.

✓ 지역사회 기관과 공조하라. 그들은 무엇을 하는지 알고 있으며, 회사의 욕구와 기대에 부응할 준비가 되어 있다.

✓ 정말로 도움과 변화가 필요한 지역사회 프로젝트를 선택하라.

✓ 직원의 건강, 안전, 책임성과 관련된 이슈도 고려하라.

✓ 직원의 마음을 사로잡아라.

✓ 직원을 미리 준비시켜라. 그들이 충분한 정보를 갖고 필요한 훈련을 적당한 시간에 받을 수 있도록 하라.

✓ 임직원참여활동을 어떻게 측정할지 초반에 합의하라.

✓ 직원의 노고와 기여를 인정하고 보상하라.

부록 8.1 참고 자료

도움이 더 필요할 때 유용한 도구로 다음과 같은 것들이 있다.

- 특정 자원봉사와 관련된 능력 및 기술 점검표
- 지역사회 기관과 만나기 전에 직원을 준비하게 하는 브리핑 자료
- 직원의 기여도를 기록하는 온라인 보고, 피드백 도구

자원봉사센터

여러 나라에 있는 전국, 지방, 지역 단위 자원봉사센터는 여러분이 속한 회사에서 시작하는 활동을 도울 수 있다.

'Idealist.org'는 자원봉사센터와 연합체의 목록을 국제적인 기관과 미국 · 캐나다 · 서유럽 · 동유럽 · 아시아 · 아프리카 · 남미 등 국가별로 제공한다. 이 목록은 웹사이트에서 얻을 수 있다(www.idealist.org).

프로그램을 시작하기 위해 NGO들과 직접 접촉하고 싶다면 다음 기관을 출발점으로 삼기 바란다.

- 국제적십자사연맹(International Federation of Red Cross and Red Crescent Societies, www.ifrc.org)
- 유니세프(UNICEF, www.unicef.org)
- 플랜 인터내셔널(Plan International, plan-international.org)

이들은 기업과 일해본 경험이 풍부하고 여러분이 속한 회사의 자원봉사자들을 잘 준비시켜준다.

ENGAGE에 가입하는 방법도 있다. ENGAGE는 전 세계 기업과 지

역사회 조직이 지역사회에서 임직원참여활동을 질적·양적으로 향상하고자 만든 국제적인 프로그램이다(http://www.bitc.org.uk/global/engage_key_cities.html).

9

:

기업사회참여를 측정, 평가, 보고하는 방법: "측정하지 않은 것은 관리할 수 없다"

평가는 단지 평가 그 자체를 위해 하는 일이 아니다. 평가함으로써 기업사회참여를 관리하는 데 필요한 정보를 얻을 수 있다. 프로그램을 검토하고, 결과를 비교하고, 다음에는 무엇을 해야 할지, 이전에 했던 일을 어떻게 개선해야 할지, 평가 정보를 바탕으로 결정할 수 있다.

이번 장에서 우리는 먼저 기업사회참여의 측정과 평가(M&E: Measurement & Evaluation)를 살펴보고, 그 결과를 어떻게 보고해야 하는지에 관해 다루겠다. 우리는 여러분이 계획을 세우고 관리하는 도구인 M&E를 어렵게 느끼지 않도록 도와주려고 한다. 간단하고 따라 하기 쉬운 8단계 프로세스를 이용하면, M&E는 기업사회참여 프로그램을 관리하는 표준절차의 일부로 완전히 자리 잡을 수 있다(또 그래야만 한다).

측정과 평가 8단계 접근법[1]

1단계: 평가에 대한 책임

우선 여러분과 동료는 평가에 대해 책임을 져야 한다. M&E에 대해서 나중에야, 이를테면 프로젝트를 잘 수립하여 어느 정도 진행하고 나서야 비로소 주의를 기울이는 일이 종종 있다. 그런데 이런 식으로 하면 여러분이 피하려던 바로 그 일, 즉 평가를 위한 평가를 할 위험성이 있다.

---

1 보스턴 대학 기업시민활동센터가 마련한 7단계와, 런던에 있는 국립아동국(National Children's Bureau)의 캐서린 쇼(Catherine Shaw)가 개발한 '10단계 평가(Evaluation in Ten Stages)'를 차용.

역사적으로 자선적 기부활동의 결과는 M&E 대상이 아니었다. 본질적으로 '좋은 일'이라고 보았기 때문이다. 하지만 지출만 따로 계산하는 방식은 바람직한 책임경영과 사회적 영향을 나타내는 지표가 아니다.

M&E 8단계

1단계: 평가에 대한 책임

2단계: 평가 목적 분명히 하기

3단계: 평가 문항 틀 잡기

4단계: 평가 설계와 방법 선택

5단계: 계획 세우기, 현실성, 자원

6단계: 데이터 수집

7단계: 분석과 해석, 반영과 행동

8단계: 보고와 전파

외부 이해관계자들의 요구 사항은 점점 많아져 기업의 자금이 어떤 '변화'를 이끌어냈는지 알고 싶어한다. 따라서 이제 기업들은 평가 프로그램의 결과와 영향에 더욱 관심을 쏟고 정교하게 다듬고 있다. 그들은 기업사회참여 평가를 핵심사업 평가 방식과 똑같이 엄격하게 실행하여 기업사회참여 활동을 꾸준히 향상하고자 한다.

프로젝트 관리는 철저한 M&E가 없다면 완벽할 수 없다. 기본적으로 우리는 측정하지 않은 것은 관리할 수도 없다고 믿는다. M&E는 전반적인 기업사회참여와 특정 프로그램들의 결과와 영향을 사회적 결과와 사업적 이익이라는 측면에서 입증하고 향상하기 위한 기획 · 관리 도구다.

2단계: 평가 목적 분명히 하기

프로젝트 기획 단계에서부터 어떤 프로그램을 시행하여 어떠한 사업적 결과를 보고 싶은지에 관해 NGO 파트너들과 함께 신중히 생각하기 바란다.

기업사회참여의 사회적 · 사업적 목표는 다음과 같은 예를 참조할 수 있다.

- **사회적 목표.** "교사, 학생, 학부모의 교육 방식에 대한 태도와 행동을 바꾼다."
- **외부적 사업 목표.** "회사에 대한 핵심 이해관계자들의 의견에 긍정적인 영향을 미친다."
- **내부적 사업 목표.** "임직원자원봉사로 직원의 의욕을 향상하고 이직률을 낮춘다."

이러한 목표에 도달할 수 있도록 신중히 계획하고, 진전이 있는지 알고 싶을 때 어떤 측정법을 사용할지 생각해보라.

3단계: 평가 문항 틀 잡기

이렇게 정의한 목표를 토대로, 그 프로그램 활동에 관해 어떤 문항들에 답하고 싶을지 생각해보라.

주요 문항은 다음과 같다. 어떤 변화모델을 실행하고 싶은가? 그것을 위해 무엇이 필요한가? 얼마나 많은 변화를 보고 싶은가? 그것을 위해 얼마나 지불할 준비가 되어 있는가?

그 밖에 자주 거론되는 문항은 다음과 같다. 프로그램이 사회에 필요한가? 해볼 만한 프로그램인가? 지속할 만한 이유가 있는가? 근거는 무엇인가? 변화를 이끌고 있는가? 무엇을 향상할 수 있는가? 더 큰 사회적 영향을 주려면 어떻게 해야 하는가?

이번에는 사업적 관점에 관한 문항이다. 그 프로그램을 위해 사회와 회사가 그만한 돈을 쓴 가치가 있는가? 비용 대비 효과적인 활동인가? 사회와 회사에 돈을 쓴 효과가 얼마나 나타나는가? 예를 들어 여러분이 시행한 프로그램으로 교사와 아이들의 학습에 큰 변화가 나타났다고 하자. 그러나 전체적으로 보면 극소수의 학생과 아이만이 대상이었을지도 모른다. 그렇다면 교사나 아동 대비 비용이 무척 큰 셈이다.

여러분이 성취하고 싶은 질적이고 장기적인 결과를 먼저 생각해보고, 그다음엔 되돌아가서 그것이 수치화된 산출물로 나타나는 바를 살펴보라. 마지막으로 여러분이 속한 회사가 기여해야 할 자원을 투입의 관점에서 살펴보라.

말로 설명해서는 헛갈리기 쉽다. 도표 9.1을 참고하기 바란다.

전 세계 기업이 기업사회투자의 가치와 성취를 평가하고 보고할 때 LBG 모델을 이용하고 있다.

투입은 회사가 기여한 내용이다. 예를 들어 프로그램 자금, 직원의 자원봉사 시간, 관리 지원 등이다. 이것은 대개 정량적인/수적인 정보다. 이를테면 얼마나 많은 돈과 시간을 기여했는가에 관한 내용이다.

그런 다음 여러분은 프로그램을 실행하고 목표를 달성하기 위한 활동을 벌인다. 이것이 산출물과 결과를 낳는다.

산출은 '정량적인' 측정 결과다. 숫자/통계에 관한 내용이다. 예를

도표 9.1 LBG 모델

	투입물			산출물		
	현금	시간	현물	외부 역할	지역사회 이익	사업적 이익
기업사회 참여활동	기여한 총액	근무시간 동안 직원들이 봉사한 시간적 가치	현물 기부의 비용적 가치	기업 외의 다른 출처로부터 해당 활동에 추가적으로 기여된 것	해당 활동이 지역사회에 제공한 혜택에 대한 정량적 세부사항 (수혜자 숫자 등)	해당 활동이 기업에게 제공한 혜택에 대한 정량적 세부사항 (긍정적인 언론 기사의 가치 등)

▼ ▼

지역사회와 사업적 영향
해당 활동의 장기적 성취에 대한 평가. 그 활동이 결과적으로 세계를 얼마나 더 나은 곳으로 만들었는가?

자료 : LBG(www.lbg-online.net)

들면 이런 것이다. 얼마나 많은 교사와 아이가 프로그램에 참여했는가? 그들이 교실에서 얼마나 오랫동안 프로그램의 교육 자료를 사용했는가?

결과는 프로그램이 이끌어낸 변화의 내용이다. 대개 '정성적인' 평가를 한다. LBG 모델처럼 많은 사람은 영향이라고도 말한다.

결과를 평가하기란 어렵고, 단순한 숫자 계산보다 요구 사항이 많다는 점을 알 수 있다.

산출을 모니터링하고 결과를 평가할 때, 프로그램의 직접적 수혜자와 간접적 수혜자를 구분하면 유용하다.

- 직접적 수혜자는 대개 프로그램의 직접적인 대상이었던 사람들이다.
- 간접적 수혜자는 프로그램에 직접 참여하지는 않았지만, 어떤 식으로든 그것의 혜택을 받을 사람들이다(가족이나 지역사회 등).

주요성과지표를 정의하고 선택하기

주요성과지표(KPI: Key Performance Indicators)는 한 조직이 미리 정의해놓은 조직적 목표에 대해 진전의 의미를 규정하고 이를 측정하도록 돕는 데 이용하는 재무적, 비재무적 측정도구다. 이는 증거수집의 토대가 된다. 특정 KPI를 토대로 해마다 도달하고자 하는 산출과 결과의 목표를 설정할 수 있고, 그에 따라 프로그램을 관리할 수 있으며, 그런 다음 기업사회참여 활동의 눈에 보이지 않는 사회적·사업적 결과를 입증하기 위해 측정·평가할 수 있다.

361쪽 부록 9.1에서 우리는 학교에서 기업 자금으로 운영한 청소년 교육 프로그램의 산출과 결과에 관한 KPI 예시 목록을 정리해두었다. 이것을 토대로 여러분의 프로그램을 위한 KPI를 생각해보기 바란다.

4단계: 평가 설계와 방법 선택

평가를 설계할 때는 적절한 종류의 문항으로 시작해야 한다. 여러분이 시행한 기업사회참여 프로젝트가 사회에 정말로 변화를 가져왔다는 사실을 어떻게 입증하는가? 사회적 영향을 창출함으로써 사업과 평판, 브랜드 이미지, 고객의 구매의도, 전반적인 이해관계자와의 관계 등에 도움이 되었다는 점을 어떻게 입증하는가? 개인적인 직감이나 에피소드식 경험은 충분한 증거가 못 된다. 확실한 데이터가 필요하다.

평가를 '목적에 맞게' 설계하라. 어떤 증거가 필요한지 생각하라. 어떤 데이터가 믿을 만하며, 관련된 각각의 내·외부 이해관계자 그룹에게 설득력이 있는지 생각하라.

증거를 어떻게 수집할 것인가? 전반적인 접근은 여러 방법의 조합으로 이뤄진다. 정량적인 데이터는 다음과 같은 질문으로 얻을 수 있다. 얼마나 많이? 몇 명이나? 다시 말해 이것은 투입과 산출 기록의 수집 방법이다.

반면 정성적인 데이터는 종종 말이나 글 속의 단어 형태로 생긴다. 질적인 방법은 "우리가 변화를 이끌어냈는가?"와 같은 질문으로 결과와 영향을 평가한다. 정성적인 데이터를 수집하는 방법 중 하나는 사람들에게 그들의 경험을 묘사하도록 요청하는 것이다. 어떤 프로젝트가 성공적이라면 여러분이 발견한 사실을 긍정적 변화에 대한 말로 표현하라. 이를테면 수혜자들이 어떻게 향상되었는지 보여줘라. '프로그램 전후' 모델이 유용할지 모른다. 평가 방법으로는 프로그램 대상자 설문이나 인터뷰가 있다. 포커스 그룹을 모아놓고 경험을 나누게 하거나 프로그램 대상자를 직접 관찰하기도 한다. 사진을 찍거나 비디오를 만드는 등, 더 창조적인 다른 방법을 고려할 수도 있다.

사업적 결과를 평가할 때도 여러 접근방식을 조합할 수 있다. 직원의 인식과 의견을 평가하기 위해 인사관리 부서와 함께 회사의 연례 인사관리 설문조사를 이용하는 방법이 있다. 직원이나 직원 포커스 그룹에 설문지를 돌려보라. 외부 이해관계자에게 의견을 구하는 경우라면, 사내에서 진행 중인 기업사회참여활동에 대한 견해를 묻는 내용을 포함하거나 이해관계자와 오피니언 리더에게 몇 가지 정성적인 연구를 직접 의뢰해도 좋다. 전반적인 대중 인식을 측정하는 경우라면, 커뮤니케이션 부서가 여러분을 위해 기업사회참여활동에 대한 언론 보도를 모니터링해줄 수 있는가? 마케팅 부서에서는 분기별 소비자 조사 때 고객이 회사의 기업사회참여활동을 인지하고 있는지, 그것이 회사와 브랜드에 대한 의견에 얼마나 영향을 주었는지 평가할 수 있다. 고객들은 여러분 회사의 브랜드를 "믿을 수 있다"고 생각하는가? 혹은 여러분의 회사나 브랜드에 충성심을 보이는가?

M&E에 대한 참여형 접근법

참여형 접근법은 사람들에 '관해' 연구할 뿐 아니라 사람들과 '함께' 연구하는 방법을 의미한다. 프로그램 대상자들을 연구조사의 설계와 이해에 참여하게 하면 오랜 시간과 노력이 들지만, 훨씬 풍부한 결과를 얻을 수 있으며 정확한 평가를 내릴 수 있다. 여러분이 프로그램 대상자들을 위해 설계했던 문항들이 어쩌면 그들에게 중요하고 정말로 이야기하고 싶어 하는 경험에 대해 다루지 못했을지도 모르기 때문이다.

정성적인 평가를 혁신적이고 창조적인 방법으로 하기 위해, 프로그램 대상자들에게 일기를 쓰거나 스크랩북을 만들거나, 직접 사진을 찍도록 하는 연구자들이 점점 늘고 있다. 이러한 접근법은 보고서의 숫자에 생명을 불어넣는 데 필요한 인간적인 이야기를 제공할 수 있다.

프로젝트 평가와 프로세스 평가를 구별하라

프로젝트와 여러 프로그램의 투입, 산출, 결과를 측정하고 평가해야 하지만, 여러분은 파트너의 관리 프로세스는 물론 자체적인 프로세스도 평가해야 한다. 그것들은 효율적이며 효과적인가?

프로세스 평가는 "우리가 그것을 얼마나 잘 해냈지?" 하고 묻는 일이다. 전달의 정성적인 측면에 관한 이야기다. 따라서 주로 질적인 정보를 찾아야 한다.

정부나 NGO 파트너들과의 협력에 대해 질, 효율성, 효과성을 따져보라. 서로에 대한 신뢰성의 질, 팀워크의 질, 리더십과 의사결정의 효과성, 상호 보고 프로세스를 포함한 커뮤니케이션의 효율성과 투명성 등을 기준으로 삼을 수 있다. 또한 회의와 업무 프로세스가 효율적이고 효과적인지, 혹은 그것들이 서로 불만을 일으키거나 장애가 되지는 않았는지도 알아볼 수 있다.

NGO 파트너와 지역사회 수혜기관 사이에서 협력의 질, 효율성, 효과성 역시 평가할 필요가 있다. 그들의 커뮤니케이션은 어떤가? 무난하게 흘러가는가? 훈련을 잘하고 있는가? 여러분의 NGO 파트너가 수혜기관들(지원금 수령자들)을 적절하게 지원하고 감독하고 있는가? 모든 수행 당사자에 대한 자금 배분이 무난하고 계획된 대로 정확히 이뤄지고 있는가? 수혜기관이나 지원금 수령자가 여러분의 파트너에게 제때 보고하는가? 그것에 관련 데이터가 모두 담겨 있는가?

프로그램 전달 프로세스의 질도 살펴야 한다. 즉 "교실에서 교사가 어떻게 수업하고 있는가? 그것이 학생들에게 효과가 있는가? (어떻게) 개선할 수 있겠는가?"와 같은 질문을 해보는 식이다.

내부적으로 자원봉사를 촉진하고 가능하게 해주는 인사관리 프로세스는 어떤가? 그것들은 효과적인가? 향상할 수 있는가?

여러분이 속한 회사가 NGO파트너들의 능력계발에 어떤 기여를 하고 있는가? 예를 들어 직원들이 NGO의 커뮤니케이션 전략이나 마케팅 계획, 또는 IT 업그레이드 등을 도와주고 있는가? 최고 경영진이 NGO의 전략 개발을 도와주고 있는가? 이런 질문은 모두 중요하며 파악할 가치가 있다.

5단계: 계획 세우기, 현실성, 자원

M&E 예산이 충분한지 확인하라. 기업사회참여 프로그램 전체 예산의 5~10퍼센트면 합리적이다. 기업사회참여계획 투자 규모가 크면 클수록 더욱 철저히 평가할 필요가 있다. 하지만 M&E에 너무 많은 돈을 쓰지 않는 편이 좋다. 가능한 만큼이어야 하고 또 적절해야 한다.

M&E 과정은 시간이 걸린다는 사실을 명심하라. 프로젝트 일정을

설계할 때 M&E 단계를 계획해야 하며, 그것은 현실적이어야 한다. 그러니 너무 빨리 측정하지 마라. NGO 파트너가 첫 결과를 보여줄 때쯤이면 족하다. 기업사회참여 프로그램은 첫해에 자리를 잡는 데 거의 모든 시간을 쓰기 마련이다. 따라서 측정할 게 별로 없다. 프로그램 대상자 수는 실시간으로 파악하면 된다.

결과 평가에서 지원받는 수혜자 그룹이 취약계층일수록 의미 있는 변화를 보기까지 걸리는 시간을 더욱 세심하게 따져야 한다. 6개월 정도로는 결과를 보기 어려울 수도 있다. 그러나 1년에 한 번 정도 결과를 평가하는 일은 타당하다. 처음에는 최소한 프로그램 2차년도 후반기 정도에 하는 편이 좋다. 3년이나 5년짜리 프로그램이라면 프로그램 종료 시점에 전체적으로 다시 점검하도록 하라.

M&E의 요점을 이해했다면 꼭 직접 수행할 필요는 없다. 누군가에게 의뢰하고 감독해도 괜찮다. 이때 고려해야 할 점은 다음과 같다.

- 수집하고 있는 자료는 어떤 것인가? 누가 가지고 있으며, 받을 수 있는가?
- 어떤 새로운 유형의 데이터를 수집해야 하는가?
- 누가 도와줄 수 있는가?

어떤 자료는 NGO 파트너한테서 받을 수 있을지 모른다. 그들은 여러분의 프로그램에 적용되거나 거기에 맞게끔 수정한 M&E 프레임워크를 이미 개발했는지도 모른다. 그러니 철저한 M&E를 위해 외부의 확인이나 인증을 고려하는 편이 좋다. 여러분이 보고할 프로그램 결과에 대해 제3의 평가자를 이용해 탄탄하고 신뢰성 있는 평가를 해보는 것이다. 대학 조사학과나 전문적인 조사업체를 이용하라. 예를 몇 가지 들어보겠다.

나이키는 국제여성연구센터(International Center for Research on Women)와 함께 소녀들의 자신감이나 의사결정과 같은 삶의 기술을 개발하는 프로젝트들의 영향을 측정하는 프레임워크를 개발해 실행하고 있다.[2]

노키아와 노키아의 NGO 파트너인 국제청소년재단은 미국 브랜다이스 대학교(Brandeis University) 청소년개발센터(Center for Youth Development at Brandeis University)와 함께 기업사회참여 프로그램인 '사랑의 공부방(Make a Connection)'에 참가한 10개국 2500명의 청소년을 대상으로 삶의 기술 향상을 평가했다.

어도비(Adobe)는 교육개발센터(Education Development Center)와 함께 '어도비 젊은이의 목소리(Adobe Youth Voices)' 프로그램 M&E를 위해 영향을 측정할 프레임워크를 구축했다. 이 프로그램은 충분한 서비스를 받지 못하는 중·고등학생 나이의 청소년에게 삶의 기술과 첨단 기술을 가르치는 데 초점을 맞추고 있다.[3]

기업사회참여 프로그램의 사업적 이익을 조사할 때 고려할 만한 마지막 방법론은 계량경제 모델의 마케팅 기법을 이용하는 것이다. 이는 수학적 공식을 적용하는 예측·분석 기술로, 기업들은 다양한 판매 동인의 개별적 효과를 살피는 데 이 공식들을 이용한다. 이를테면 광고나 다이렉트마케팅(DM: Direct Marketing) 같은 다양한 마케팅 기술이 판매에 어떻게 기여하는지 살펴보는 방식이다. 이 방법을 기업사회참여 프로그램에도 적용할 수 있다. 하지만 고객 데이터를 활용해 기업

2 www.nikefoundation.org/files/The_Girl_Effect_News_Release.pdf
3 www.edc.org/projects/adobe_youth_voices_program_evaluation

사회참여 프로그램의 영향을 파악하려면 그 프로그램이 기업의 다른 마케팅이나 홍보 '소음'으로부터 독립되어 있어야 한다. 사실 이런 방법은 세간의 이목을 끄는—고객지향적인—차별화된 기업사회참여 프로그램을 실행할 때에나 가능한 일이다. 예를 들어 영국의 세인스버리(Sainsbury's, 영국의 식품·잡화 판매 회사—옮긴이)의 '액티브 키즈(Active Kids)'[4]와 테스코(Tesco, 영국 최대의 식품·잡화 판매 회사—옮긴이)의 '학교와 클럽을 위한 테스코(Tesco for Schools and Clubs)'[5]는 이런 방법으로 분석할 수 있을 만큼 뛰어나다.

6단계: 자료 수집

이제 여러분과 동료, 기업사회참여 프로그램 파트너, 또는 M&E 계약자는 바깥으로 나가 여러분 스스로 입안한 설계와 방법을 적용해 각종 증거를 수집할 시간이다.

7단계: 분석과 해석, 반영과 행동

수행한 활동 평가로 얻은 통찰력을 이용해 원하는 결과를 성취했는지 연간 단위로 검토하기 바란다.

보스턴 대학 기업시민활동센터가 개발한 간단한 모델(도표 9.2)을 이용해볼 수도 있다. 여러분이 시행한 기업사회참여 프로그램의 좌표를 지역사회에 기여하는 사회적 가치와 기업으로 돌아오는 사업적 이익의 관계 속에 설정할 수 있는가? 그것은 '일등급' 품질인가?

---

4 http://www2.sainsburys.co.uk/ActiveKids/Default.aspx

5 www.tescoforschoolsandclubs.co.uk/how-it-works.php

도표 9.2 '일등급' 프로그램은 지역사회에는 사회적 가치를, 기업에는 사업적 이익을 준다

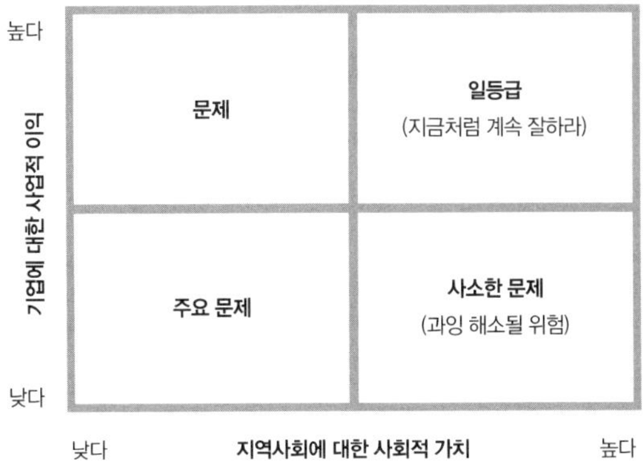

자료: 보스턴 대학 기업시민활동센터

그렇지 않다면 여러분은 무엇을 향상할 수 있는가? 아니면 무엇을 그만둬야 하는가? 프로그램 활동을 계속할 만한 가치가 있다고 판단한다면, 평가 통찰력을 관리 도구로 이용해 현재의 활동을 개선하고 그에 따라 향후 프로그램 활동 계획을 짜라. 프로그램을 반복하거나 규모 조정이 가능한지, 아니면 더 크게 키우고 싶은지 평가해보라.

계획 세우기 단계를 거칠 때 주요성과지표(KPI)가 여전히 적절한지 재평가해볼 수도 있다. 프로그램을 또 한 해 계속하면서 뭔가 재조정하고 싶어지는 새로운 사실을 발견했는가?

프로그램 결과 평가를 토대로 기업사회참여 프로그램 활동을 개선하는 일은 다음 계획을 잘 세울 수 있도록 이끌어준다. 요약하자면 도표 9.3의 순환적인 관리 프로세스를 보라.

도표 9.3 계획, 실행, 평가 순환주기

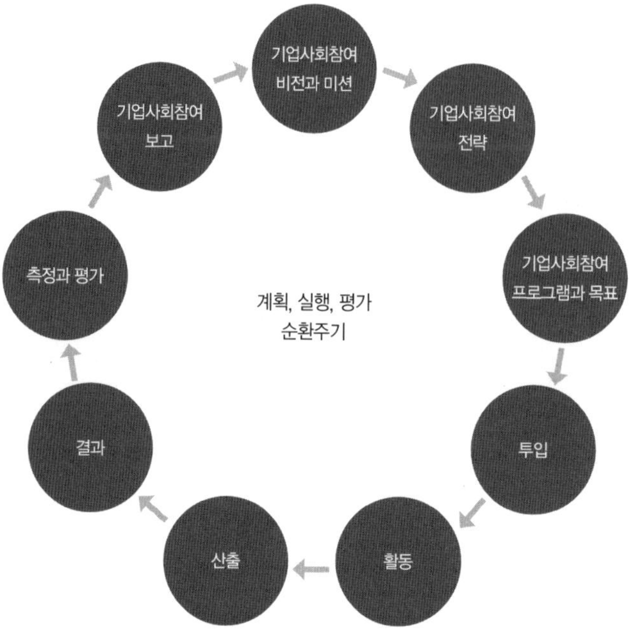

자료: 보스턴 대학 기업시민활동센터

8단계: 보고와 전파

보고해야 할 필수요건들을 포괄적으로 보여주기 위해, 8단계는 이번 장 두 번째 파트로 상세히 설명한다.

기업사회참여활동에 관해 보고하기

기업사회참여활동에 관한 보고는 전반적인 책임경영(CR: Corporate

Responsibility)과 지속가능경영(Sustainability) 보고의 일부다. 기업사회참여 보고를 따로 하는 방식은 사실 별 의미가 없다. 이것이 우리가 기업사회참여 관점에서 여러분이 기여할 수 있는 내용을 보고하는 법을 다루기 전에 일반적인 책임경영과 지속가능경영 보고를 먼저 설명하려는 이유다.

책임경영과 지속가능경영 보고에 대한 이해

책임경영 보고는 입증된 결과와 영향을 관심 있는 모든 이해관계자 그룹(이해관계자 그룹에 대해 더 알고 싶다면 1장을 참고하라)에 알리는 행위다. 책임경영과 지속가능경영 보고의 주요 목적 중 하나는, 이해관계자들에게 기업에 대한 좋은 평판을 세우고, 대화에 영향을 미치고, 신뢰를 얻고 유지하는 일이다. 여러분이 속한 회사가 수집하는 자료는 국제신용평가기관, 정치인, 지역사회, 환경단체, 고객과 같은 외부 이해관계자 그룹의 다양한 정보 요구를 만족시키는 수단으로 제공된다. 그러한 정보는 기업의 현 상황과 잠재적인 위험이나 이에 대한 기업의 대응 방식, 지속가능한 사업과 혁신으로 기업을 이끌어낼 향후 기회를 다양한 이해관계자가 이해하는 바탕이 된다.

외부 이해관계자들에 대한 처음이자 가장 중요한 보고 도구는 회사와 지사의 웹사이트와 기업의 책임경영 혹은 지속가능경영 연례 보고서다. 책임경영 보고서는 대개 온라인에 전문(全文)이 실린다. 또한 많은 기업이 요약본이나 요약문, 핵심적인 부분을 제시하는 기업 소개서를 프린트할 수 있게 하거나, 특정한 대표 계획을 보여주기도 한다.

사회책임투자

금융 커뮤니티는 많은 기업으로 하여금 투명성을 향상하고 효과적인 책임경영 보고를 하도록 이끄는 핵심 동인이다. 점점 늘어나는 개인, 기관 투자자는 투자 결정을 위해 기업의 환경적·사회적 성과에 대한 정확한 정보를 요구하고 있다. 이 분야에서 좋은 성과를 내면 기업의 전체적인 성과에 영향을 미친다고 믿기 때문이다.

사회책임투자(SRI)는 투자자들의 금융활동 목적을 환경·사회·윤리적 이슈에 대한 관심과 결합시킨다. 친환경적이고 사회적이며 신뢰를 중시하는 윤리적인 펀드들은 주로 기업의 환경·사회·윤리적 기준 성과를 바탕으로 포트폴리오를 선택하는 뮤추얼 펀드다. 또한 증가하고 있는 연기금은 책임경영 기준에 맞춰 기금 일부를 투자하고 있으며, 환경·사회·윤리적 이해관계자 그룹들은 주주총회에 로비하는 방식으로 기업의 사업전략에 효과적으로 영향을 미치고 있다. 이를 입증하는 사례는 점점 늘어나는 실정이다.

이런 이유로 다양한 지속가능성지수(sustainability indices)가 개발되었으며, 많은 이해관계자 그룹이 그런 순위에 의존하고 있다.

범세계적으로 통용되는 지속가능성지수로는 다음과 같은 예가 있다.

- 다우존스지속가능성지수(DJSI)[6]
- FTSE4Good지수[7]

---

6 1999년 다우존스와 SAM이 만든 우량기업 주가지수 중 하나. 기업을 재무적 정보만이 아닌 지배구조, 사회공헌도 등을 토대로 지속가능경영을 평가해 우량기업을 선정한다.—옮긴이

7 FTSE인터내셔널은 기존 FTSE지수에 포함된 757개 기업을 대상으로 환경보호, 인권보장, 사회적 책임이라는 세 가지 항목을 조사해 우수한 점수를 얻은 기업을 FTSE4GOOD지수에 포함시켰다. 여기서 담배, 무기, 핵 관련 업종은 원천적으로 배제했다.—옮긴이

다양한 기관이 기업의 관련 정보를 수집하고 있다. 어카운터빌러티(AccountAbility), 탄소정보공개프로젝트(CDP: Carbon Disclosure Project)[8], 윤리투자조사기관인 아이리스(EIRIS: Ethical Investment Research Service), 기후변화 대응을 위한 기관투자자그룹(IIGCC: Institutional Investors Group on Climate Change), 이노베스트(InnoVest)[9], 인사이트 투자(Insight Investments), 생태경제조사연구소(IöW: Institute for Ecological Economy Research), KLD, 외콤리서치(oekom research), 소시에테제네랄(Société Générale)[10], 비제오(Vigeo) 등이 그런 곳이다.

순위와 등급을 평가하는 자료가 워낙 많아졌기 때문에 기업은 어떤 지수 평가를 중요하게 볼지 우선순위를 정하고 충분히 파악하여 선택해야 한다. 이러한 결정은 대체로 책임경영 부서가 투자관리 부서와 함께 내린다.

책임경영과 지속가능경영 보고를 하는 또 다른 목적은 이해관계자들의 대화에 참여하기 위해서다. 일류 기업들은 이해관계자들이 책임경영 보고서에 담긴 정보를 어떻게 생각하는지 알고 싶어한다.

---

8 영국 정부의 지원을 받아 2000년 12월에 설립한 환경단체로 35개국 유럽권 기관투자가의 후원으로 출발했다. 전 세계 연기금 투자기관을 포함한 금융/투자기관을 대신하여 세계 주요 상장회사로부터 기후변화의 주요 원인인 이산화탄소와 주요 온실가스 배출에 대한 정확한 정보와 관련 이슈에 대한 장·단기적인 기업의 경영전략을 요구·수집하여 이를 토대로 연구·분석을 수행한다.—옮긴이

9 투자관련 리서치 및 자문회사. 지속가능성 평가기관으로 유명하다.—옮긴이

10 상공신용은행·크레디리요네·파리국민은행과 더불어 프랑스의 4대 예금은행 중 하나.—옮긴이

글로벌 리포팅 이니셔티브(GRI)

많은 기업이 책임경영과 지속가능경영 보고서를 만들 때 GRI(Global Reporting Initiative)의 필수요건을 따른다. GRI의 미션은 지속가능경영 보고서 가이드라인에 대한 국제적 표준을 개발하고 전파하는 일이다. 각 기업의 활동, 제품, 서비스에 대해 경제적·환경적·사회적 차원까지 포괄하는 표준을 마련하여 전 세계 모든 기업이 이를 자발적으로 이용하도록 하는 것이 목적이다. GRI 표준은 기업들로 하여금 조직 전체 차원의 지속가능경영 보고서를 준비할 수 있도록 보고서의 기본 원칙, 구체적인 내용 지표 등을 포함하고 있다(www.globalreporting.org).

보고를 하는 마지막 목적은 향후 책임경영과 지속가능경영활동에 대한 사내 관리 방법을 개선하는 일이다. 이를 위해 보고된 결과뿐 아니라 관련된 이해관계자들의 피드백을 살펴보고, 집계된 자료를 향후 개선을 위한 기회 차원에서 해석해봐야 한다.

기업사회참여 관련 자료 중에서 무엇을 보고해야 하는가

책임경영 보고 가운데 대부분은 거버넌스와 환경 이슈에 초점을 맞추고 있다. 사회적 영향은 중요하며 전반적인 기업 성과의 순위 선정에 영향을 미치지만, 지역사회와 사회구조적 이슈를 효과적으로 측정하기가 어렵기 때문에 많은 신용평가기관이 아주 기본적인 질문만 한다. 그러므로 회사가 논쟁적인 지역사회 이슈에 개입하고 있지 않다면 책임경영 보고 때 여러분은 회사의 다양한 활동을 짤막하게 요약만 하면 된다.

이때 여러분이 데이터를 수집하는 이유가 단지 외부 평가양식을 채우기 위함만은 아니라는 점을 명심하기 바란다. 그저 보고를 위한 보고는 목표 없이 측정하는 일만큼이나 나쁘다. 보고를 해야 하는 이유는 쉽게 찾을 수 있다. 기업들은 지역사회에 하고 있는 일에 대해 위에서 관망하는 방식으로 볼 수 있는 다른 프로세스가 별로 없기 때문이다.

기업사회참여와 연관된 데이터를 수집할 때 가능한 한 종합적으로 수집하도록 노력하라. 자료를 수집하는 목적은 회사가 지역사회에 영향을 주는 프로그램, 프로젝트, 활동 등을 운영하거나 자금을 대는 모든 영역을 파악하는 것이다. 지역사회에 긍정적인 영향을 주기 위해 회사는 어떤 일을 하고 있는가? 이런 관점에서 시작하면 매우 간단하다.

지역사회에 영향을 주는 다양한 범위의 활동을 요약하기 위해 우리는 회사의 다양한 부문에서 시행 중인 기업사회참여 관련 활동을 다음 네 개의 카테고리 가운데 하나로 묶어서 보고하기를 권한다.

1. 기업사회참여 프로젝트
2. 기업기부활동
3. 임직원참여활동
4. 필수 지출

1. 기업사회참여 프로젝트

앞에서 논의했던 대로 기업사회참여 프로젝트는 단순히 돈을 기부하는 행위 그 이상을 포함하는 지역사회를 위한 활동이다. 이런 프로젝트는 여러분 회사가 이끌거나 참여하는, 구조화된 계획이나 접근방식을 수반한다. 이를테면 현지 비영리조직들과 지역사회 파트너십을 맺을 수도 있다.

바로 이런 점이 보고해야 하는 가장 큰 영역이기도 하다. 표 9.1은 보고해야 할 다양한 측면을 일목요연하게 보여준다.

표 9.1 보고해야 할 사항

살펴볼 주요 측면	보고 사항
프로젝트 개요	각 프로젝트에 관해 간략히 설명하라. 그건 무엇인가? 얼마나 지속하려 하는가? 예산이 클수록 더 자세히 설명하는 편이 좋다.
목표 그룹	누구를 대상으로 하는가? 어떤 이해관계자들을 대상이나 목표로 삼기 위해 이 프로젝트에 참여하는가?
외부 파트너	NGO나 사업 파트너, 정부(중앙이나 지자체) 등 개입한 파트너를 거명하라.
예산	프로젝트를 지원하기 위해 회사는 연간 얼마를 투자하는가? 더 큰 프로젝트 파트너십의 일부로 투자하고 있는 상황이라면, 참여한 다른 파트너들과 프로젝트의 전체 예산에 관한 정보도 포함하라.
전체 예산	프로젝트를 여러 해 동안 지속할 때 회사가 쓰는 예산은 총 얼마인가?
산출	얼마나 많은 수혜자가 프로그램에 참여했는가? 그 프로그램에서 그들은 얼마나 많은 시간을 보냈는가?
결과	무슨 일이 생겼는가? 예를 들자면 이런 것들이다. –아이들의 성적이 향상되었고, 배운 바를 가족/지역사회와 공유했다. –많은 교사의 지도방식이 향상되었다. –학교가 미래를 준비하도록 정기 훈련을 시행하거나 더 많은 아이들 혹은 다양한 연령대 수혜자에게 훈련을 제공하기로 결정했다. –다른 기업들이 프로젝트에 참여하고 싶다고 요청했다. –정부가 여러분의 프로젝트를 새로운 정책으로 채택했다.
임직원참여활동	지역사회 프로젝트는 임직원참여활동 요소를 포함하고 있는가? 그렇다면 활동 내용, 지원받은 자선단체 파트너, 참여한 임직원 자원봉사자 숫자, 봉사 시간에 대한 정보를 제시하라(예: 지역 학교 교육프로그램, 참가 직원 20명, 180시간 봉사).
개선해야 할 프로세스	프로그램 활동을 실현하는 과정을 어떻게 향상했는가?
사업 이익	회사는 어떤 이익을 얻었으며 그것은 어떻게 평가되었는가? 이는 지역사회 활동 덕분에 생긴 사업적 이익에 대해 어떤 평가를 했는지 밝히라는 뜻이다. 예를 들어 이해관계자 피드백, 언론 보도, 수상 내역, 브랜드 충성도 향상, 이벤트로 얻은 가시적 성과와 같은 정보를 보여라. 가급적 모든 평가 수치와 질적인 정보를 제시하라.

2. 기업기부활동

이에 대한 정보는 다시 두 영역으로 나눠라(더 자세한 내용은 4장을 참조하라).

- 금전적 기증
- 현물 기여

3. 임직원참여활동 프로젝트

앞에서 본 내용처럼 임직원참여활동에는 세 가지 주요한 영역이 있다.

임직원자원봉사

참여한 직원 수와 전 직원 대비 비율, 자원봉사한 총 시간, 그리고 그것을 금전적 가치로 환산(2010년 기준 시간당 21.36달러)한 내용을 이 항목에서 보고하라.

보고할 수 있는 숫자들의 몇 가지 쉬운 예를 들어보겠다.

- 회사 직원은 5만 명이다.
- 1만 5000명의 직원이 자원봉사를 했다.
- 이는 노동력의 30퍼센트에 해당한다.
- 자원봉사한 시간은 총 22만 5000시간이다.
- 봉사한 시간의 금전적 가치는 450만 달러였다(약 300만 유로).

시간매칭

매칭해준 자금의 액수와 매칭 지원을 받은 직원 수를 보고하라. 아울러 회사가 매칭해준 직원의 자원봉사 시간도 보고하라.

기금매칭

매칭 지원을 받은 직원의 수와 회사가 매칭으로 기부한 액수를 보고하라.

4. 필수 지출

회사가 사업을 유지하기 위해 지역사회에 투자하도록 법적으로 강제된(대개 정부에 의해) 모든 돈을 말한다. 예를 들어 슬로바키아에서는 기업들이 이윤의 일정 비율을 사회적 프로그램에 투자해야 한다. 어떤 식으로 투자할지는 기업이 정할 수 있다. 비록 그 돈을 알아서 쓰도록 하더라도 기업이 지역사회에 기여하고 있는 바를 이해관계자들에게 보고하는 행위는 여전히 중요하다.

자료 발표하기

발표할 때는 반드시 청중의 언어로 해야 한다. 이는 전문적인 용어를 쓰지 말고 청중이 명확히 이해할 수 있게 발표하라는 뜻이다. 텍스트와 더불어 표, 그래픽 요소, 지도, 그림 등을 적절히 조합해 사용하라.

알게 된 사실을 과장하거나 자료가 뒷받침하지 않는 결론을 이끌어내지 않는 게 중요하다. 참가자들이나 지역사회에 나타난 긍정적인 변화와 여러분이 시행한 프로그램 사이의 관계를 종종 '입증하기' 어려울 때가 있다. 어떤 특별한 변화에 영향을 준 요인이 정말로(오직) 그 프로그램이었는가? 솔직한 입장 표명이 과장보다 낫다. 비판적인 이해관계자들은—그렇게 과장하지 않았다면 좋았을 일을 위태롭게 만들면서—그것을 여러분 회사에 반대하는 방향으로 이용할 수 있다.

흥미진진한 이야기를 공유하라

이런저런 수치 외에도 동료와 외부의 이해관계자들은 프로그램 활동을 생생하게 묘사해주는, 짧지만 감정을 자극하는 흥미진진한 이야기에 관심을 보인다. 수석매니저가 프로그램에 개인적으로 참가한 적이 있는가? 그 이야기를 간단히 들려주라. 어떤 프로그램에 참여한 대상자의 삶이 크게 바뀌는 일이 있었는가?

그런 식으로 공유할 만한 몇 가지 이야기 사례를 보여주겠다(여기서 언급한 내용은 모두 기업사회참여활동에서 실제로 일어난 일이다).

- 국가 지도층의 지지
  - 남아프리카에 세운 한 학교의 개교식에 넬슨 만델라가 참가했다.
  - 필리핀 대통령이 전국적 교육 파트너십 프로그램 발대식에 참가했다.
  - 요르단 왕비가 멕시코에 국빈자격으로 방문했을 때 청소년개발프로그램을 보러왔다.
- 장기적으로 나타난 놀라운 영향력
  - 어떤 프로그램에서 기술을 익히고 자신감을 갖춘 청년이 수료 후 현지 시장에 출마하고 자선재단을 설립해 성금을 모금했다.
- 미래 전망의 향상
  - 직업훈련 프로그램 수혜자들이 괜찮은 일자리를 찾았을 뿐 아니라 몇 달 만에 새 직장에서 높은 직급으로 승진했다.
- 직원들의 헌신
  - 직원들이 지역사회에서 학교 수리, 놀이터 설립, 기름 유출 사고 해역 청소, 장애아동들의 멘토 역할과 같은 봉사활동을 매우 잘 수행했다.
  - 동남아시아 지역에서 활동하는 노키아 자원봉사팀에 대해 어느 나라가 최고의 팀을 보유하고 있는지 경연을 벌였다. 태국이 이겼는데, 그곳에서 직원들은 스스로 한 학교를 위해 기금을 모으고, 여러 시간 동안 버스를 타고 들어가 주말 내내 학교를 수리해줬다. 이런 활동은

언론에 홍보할 훌륭한 기회가 되었다.

알고 있는 내용을 모두 알려라

동료가 회사의 연례 책임경영 보고서에 그런 정보를 알리더라도, 여러분 또한 기업사회참여에 대한 다양한 자료와 이야기를 본사는 물론 관련된 모든 지사 웹사이트에 올려야 한다. 특정 지사에서 있었던 활동 사례 중에는 전 세계 지사에 알릴 만한 내용이 있을 수 있다. 지사 웹사이트에는 공통된 글로벌 주제를 반드시 알려야 하지만, 현재 일어나고 있는 현지 활동에 초점을 맞춰야 한다.

보고하는 자료 가운데 일부는 현재의 커뮤니케이션 활동에 유용할지 모른다. 커뮤니케이션 부서가 사내 매체의 브리핑 뉴스를 정기 업데이트 할 때 그 정보를 함께 쓰도록 유도하라. 이렇게 하면 매체에 발언권이 있는 모든 고위 경영진이 내용을 알 수 있고, 그들이 인터뷰할 기회가 생겼을 때 그런 내용을 언급할 수도 있다.

이것은 단지 시작에 불과하다. 다음 장에서는 기업사회참여활동을 최대한 알릴 수 있는 모든 방법을 보여주겠다.

이런 일을 할 만한 이유는 무엇인가

프로세스와 결과를 철저하게 측정하고 평가하는 활동은 여러분과 파트너가 지역사회에서 하고 있는 일을 계속 향상하게끔 도와준다. 종합적인 보고 프로세스는 여러 이해관계자에게 전달되어 여러분이 속한 회사의 성과에 대한 의견에 긍정적인 영향을 줄 수 있다. 기업의 사업적 이익은 보고된 결과에 대해 피드백을 얻은 다음에야 입증된다. 그런 피드백이야말로 기업과 브랜드 이미지가 긍정적인 영향을 받았고, 이해관계자들의 의견이 나아졌다는 사실을 입증할 수 있기 때문이다.

부록 9.1 투입, 산출, 결과 예시

투입

기업의 지원 자금

- 프로그램 예산: ○○유로
- 측정 · 평가 예산: ○○유로
- 홍보 예산: ○○유로

기업의 지원 인력

- 기업사회참여 부서의 프로젝트 담당 상근 직원 수
- 프로젝트에 자원봉사한 직원 수
- 직원들이 프로젝트에 자원봉사한 시간

기업이 추가적으로 지원한 전문성-무엇이고 얼마나 많은 시간을 기여했나?

기업 지원금에 따른 학교 교육 프로그램의 주요 성과지표, 산출, 결과

사회참여 활동영역	주요 성과지표 사례
지역사회참여 프로그램 결과	산출 • 참가한 학교 수 • 나눠준 교육 자료 수 • 훈련받은 교사 수 • 교사가 자료를 읽고 수업을 준비한 일수/시간 • 교사가 교실 활동에서 그 주제에 이용한 시간 • 그 수업을 들은 아동 수 • 프로그램에 대해 알고 있는 가족 수 • 자원봉사한 직원 수와 전체 직원 대비 비율 • 정기적으로 자원봉사한 직원 수(1년에 한 번만 한 경우와 비교) • 자원봉사 훈련을 받은 직원 수 • 직원이 자원봉사한 시간 • 봉사한 시간의 금전적 가치 결과 • 교사의 학습이 수업방식에 어떤 영향을 줬는가? 그것은 더 효과적이거나 상호작용적인가? • 아동의 성적이 나아졌는가? • 아동이 장기적으로 어떤 영향을 받았는가? 이를테면 장래 전공이나 직업 선택에 영향을 받았는가? 의미 있는 직업 선택의 기회를 인지했는가? • 아동이 배운 바를 가족에게 적용했는가? 그것이 그 가족 전체의 행동에 영향을 주었는가?
사업적 결과	산출 • 기업사회참여활동에 대한 직원의 사내 인지도 • 외부 커뮤니케이션 범위, 효과, 가치 –언론 보도(크기와 논조) –온라인 방문객 수(일회성 방문/반복 방문) • 향상된 생산품 판매/확대된 시장 결과 • 직원 의견, 동기, 만족도에 관한 인식의 영향 • 직원이 자원봉사를 어떻게 느끼는지에 대한 질적 평가 –현지 지역사회에 더 큰 결속력을 느끼는가? –개인적 성숙과 발전을 느끼는가? –자원봉사 경험 덕분에 일상적 업무에 더 큰 의욕을 느끼는가? • 외부의 기업 평판에 대한 영향 – "이 회사는 사회적으로 책임감 있는 회사다." • 브랜드 신뢰도 – "이 브랜드는 믿을 수 있어!" • 새롭거나 나아진 사업 기회, 판매 향상 등

부록 9.2. 기업사회참여 프로젝트 기획 지침서

프로그램 활동을 계획하고 있다면 이 점검표의 문항을 확인하기 바란다.

(프로그램)	(설명)	
지표		목표
결과	기대한 바를 성취했다는 의미는 무엇인가?	• 설정해야 하는 목표는 무엇인가? • 목표 달성을 입증하는 지표는 무엇인가? • 지표를 어떻게 측정하는가? 어떤 방법을 택해야 하는가?
산출	결과를 성취하기 위해 무엇을 해야 하는가?	
투입	어떠한 자원과 활동이 필요한가?	

3년짜리 프로젝트를 계획하고 있다면 목표 설정을 위해 다음 도구를 활용하기 바란다.

	최종 목표	지표	수집방법과 빈도	담당	1차년도 목표 도달 수준	2차년도 목표 도달 수준	3차년도 목표 도달 수준
결과							
산출							
투입							

10
:
기업사회참여를 효과적으로 홍보하는 방법: "왜 이런 얘기를 예전에 들어본 적이 없죠?"

다음에 소개하는 모범사례 인터뷰와 충고가 기업사회참여의 긍정적인 결과를 홍보하는 데 도움을 주리라고 본다. 또한 회사의 평판을 높이고 직원들에게 동기를 부여하는 데도 도움이 될 것이다. 우리는 이를 두 부분으로 나누어 다루겠다.

- 외부 커뮤니케이션
- 내부 커뮤니케이션

먼저 글락소스미스클라인(GlaxoSmithkline)의 성공적인 접근방식에 대한 인터뷰를 소개한다.

저스틴 프레인과 나눈 인터뷰: "진정한 기업사회참여활동이 중요하다"

과학 박사인 저스틴 프레인(Justine Frain)은 2000년 말에 글락소스미스클라인(GSK)으로 합병된 두 기업 중 하나인 글락소 웰컴(Glaxo Wellcome, 다른 하나는 스미스클라인 비첨[SmithKline Beecham])의 기업 커뮤니케이션 부서에서 오랫동안 일했다. GSK는 전 세계 100여 개국에 10만여 명에 달하는 직원을 두고 있으며 한 해 총 매출액이 240억 유로(390억 달러)나 되는 세계 최대 연구중심 제약회사 중 하나다. 세계 백신의 4분의 1이 이 회사 제품이다.

2009년 GSK 인사에서 글로벌 기업사회참여 파트너십 담당 부사장이 된 프레인은 GSK의 책임경영 업무도 함께 맡았다. 그녀의 상부 보고라인은 GSK 임원진 멤버인 기업커뮤니케이션과 기업사회참여 파트너십 담당 수석부사장이다. GSK의 기업사회참여전략은 건강과 교육에 초점을 맞추고 있으며, 림프사상충증(LF: lymphatic filariasis)·HIV/에이즈와 그 밖의 지역성 질환을 겨냥한 장기적인 글로벌 프로그램을 포함하고 있다.

어떻게 해서 GSK에 이런 직책이 생겼나?

—— "어떻게 보면 GSK는 이제 겨우 9살밖에 되지 않지만, 달리 보면 훨씬 나이가 많은 셈이다. 합병 전 두 회사가 장기적으로 진행하던 기업사회참여활동이 많았다. GSK 초대 CEO인 J. P. 가르니에(J. P. Garnier)는 모든 요소를 한데 모아 새로운 회사를 창조하고 싶어했다. 이 업무는 정말로 가르니에 덕분에 탄생했다. GSK는 21세기 기업이며 기업사회참여 프로그램에 관한 한 더욱 전략적이고 글로벌한 접근방식을 택하는 건 어찌 보면 당연한 수순이다."

실제 업무에 커뮤니케이션이 얼마나 중요한가?

—— "내가 맡은 글로벌 기업사회참여 파트너십은 20명으로 이뤄진 팀이다. 이들은 영국과 미국에 절반씩 있다. 기업커뮤니케이션 이사들이 내게 직접 보고하는데, 주로 기업사회참여 업무 지원에 초점이 맞춰져 있다. 처음부터 나는 이 일을 핵심 업무라고 봤고, 지금도 기업사회참여는 확실한 커뮤니케이션 지원을 받는 일이 매우 중요하다고 믿는다.

기업사회참여 업무의 어려움은 어떻게 하면 커뮤니케이션의 초점을 그 일에 맞추게 하느냐는 점이다. 아주 큰 기업이라면 항상 많은 일을 진행하고 있다. 더군다나 우리는 대규모 합병을 거쳤다. 출발점에서부터 이미 우리는 많은 글로벌 프로그램을 가지고 있었지만, 최소한 회사의 절반은 이에 대해 모르고 있었다."

그래서 사내에 커뮤니케이션의 초점을 맞췄는가?

— "그렇다. 조화를 이루려면 시간이 걸린다. 그러나 항상 초점을 맞춰야 하는 중요한 일이다. 운 좋게도 우리 회사가 보유한 인트라넷 사이트인 'my GSK'는 정말로 강력한 도구다. 규모로 얘기한다면, 우리는 기업사회참여활동에 관한 이야기를 적어도 일주일에 하나씩 올리기 때문에, 1년이면 전 세계적으로 적어도 50개의 이야기를 전하는 셈이다."

사내에 다른 커뮤니케이션 통로도 있는가?

— "지역사회 업무를 기록하기 위해 비디오 일지를 이용하는 사례가 늘고 있다. 우리는 또 신입사원들에게 회사를 소개하는 프로그램의 일부로 우리 업무에 배치될 기회를 제공한다.

한편으로 우리는 이를테면 직원과 회사 리더의 모임인 '타운 홀' 미팅 같은 방법을 다양화하는 노력을 기울이고 있다. 우리가 모든 타운 홀 미팅에 참석할 수는 없으므로 글로벌 프로그램과 적절한 지역 프로그램을 보여주는 짧은 비디오를 만들었다. 회사 곳곳에 홍보물 상영이 가능한 TV가 많다.

그래도 역시 온라인으로 더 많은 일을 할 필요가 있다. 우리 회사에는 블로그를 하는 사람들이 일부 있고, 페이스북을 쓰는 신입사원들도 있다. 그러나 공개적인 블로그를 개설하기에는 아직 때가 이르다. 어떤 일이 생길지 제약업계 변호사들이 매우 조심스러워 하는 것도 당연하다. 그것은 천천히 도입하려고 한다."

사내 커뮤니케이션 중 별로 효과가 없었던 활동은 무엇인가?

—— "사실 우리는 많은 자료를 인쇄해서 썼다. 처음에는 이런 방식이 매우 중요했으나 어느새 우리는 소규모 배급소가 되어버렸다. 이제 회사의 커뮤니케이션이 전자화되어 우리도 더는 인쇄물을 사용하지 않는다. 웹사이트에서 보면 알 수 있듯이, 우리는 프로그램에 관한 PDF 파일을 내부와 외부 사람 모두가 공유하게끔 했다. 누구든 그것을 다운로드 받을 수 있고, 지사에서 원하면 인쇄도 가능하다. 이렇게 변화한 방식이 훨씬 더 효과적이다."

앞으로는 어떻게 될 것 같나?

—— "분명히 영상 자료를 더 많이 이용하리라고 본다. 우리는 아직 '플립비디오(렌즈 부분을 단순화시켜 더욱 찍기 쉽게 만든 비디오카메라—옮긴이)' 단계가 아니지만, 멀지는 않았다. 내가 막 살펴본 고화질의 짧은 영상물은 지난주에 CEO가 《가디언》 기자와 함께 아프리카에 있는 우리 프로젝트 현장 몇 곳을 방문한 모습을 담은 내용이었다. 지금 편집 중인데 기사가 신문에 실릴 때 GSK 사이트에서 대내외에 공개하려 한다.

또 우리 웹사이트에는 직원들이 자신이 열정을 쏟는 내용에 관해 쓰는 '우리 이야기'라는 섹션이 있는데, 감성적이어서 기업적인 얘기를 덜하게 하는 좋은 방법이다.

한마디로 말해, 진정한 기업사회참여활동이 중요하다. 물론 CEO인 앤드류 위티(Andrew Witty)가 우리가 하고 있는 일을 이해하고 있다는 점이 커다란 플러스 요인이다. 이슈나 프로그램이 복잡하더라도 그는 단순하게 소통할 줄 안다."

어떻게 CEO를 그렇게 만들었는가?

—— "CEO의 지지를 얻는 게 언제나 중요한데, 우리는 그런 면에서 운이 좋았다. 처음 가르니에가 CEO일 때도 그랬고, 지난해 CEO가 된 위티는 '대기' 기간을 두고 전 세계에 걸쳐 포커스 그룹 회의를 열었다. 거기서 그는 사람들에게 바꿔야 할 게 무엇인지, 또 지속해야 한다고 생각하는 한 가지는 무엇인지를 물었다. '우리의 기업사회참여 프로그램들, 우리가 참여하는 방식, 우리의 너그러움은 바꾸지 말아 달라'는 사람들의 분명한 메시지에 그는 무척 놀랐다.

확실히 그 일이 큰 도움이 되었다. 그는 우리가 하는 일을 열심히 지지해준다. 이것은 하룻밤 사이에 일어나는 게 아니다. 오랜 시간에 걸쳐 형성된다."

다른 고위 경영자들은 어떤가?

—— "관계의 핵심은 지역 기반의 거버넌스 모델로 우리가 어떤 활동에 자금을 댈지 합의토록 하는 일이다. 우리는 런던에 있는 사람이 미국이나 아프리카에서 얼마나 쓸지 결정하기란 어렵다고 믿는다. 그래서 우리는 지사 대표들로 구성된 지역 위원회를 여러 개 두고 있는데, 각 위원회 의장을 임원진 구성원이 맡는다. 영국, 미국, 유럽, 그리고 그 밖의 지역을 담당하는 4개의 위원회가 있다. 이러한 위원회는 각 지사 고위 경영자들의 개입을 수월하게 해주고, 그들의 개입으로 각 지사 직원들의 이해도가 높아져, 우리 부서로서는 손쉬운 진출로가 생긴다.

모든 문제의 핵심은 고위 경영자의 지지다. 이 점이 매우 중요하다. 왜냐하면 그들의 지지는 우리가 하고 있는 일이 진정한 것이 되게끔 도와주기 때문이다."

커뮤니케이션에 중요한 또 다른 측면은 무엇인가?

—— "우리는 '파트너십'이라는 단어를 우리의 직능과 커뮤니케이션에 포함시켰다. 건강과 관련된 문제들은 복잡하지만, 우리는 그냥 놔둘 수 없고 해결할 수 있다고 생각한다. 우리 일은 본질적으로 여러 비영리기관과 파트너 관계를 맺고 현장에서 이뤄진다. 우리는 그러한 특성을 모든 커뮤니케이션에도 접목하고자 하며, 나는 그 메시지 또한 매우 분명하기를 바란다."

내부 커뮤니케이션에 관해 많은 이야기를 나눴다. 외부 커뮤니케이션은 어떤가?

—— "우리는 회사의 커뮤니케이션 기능을 몇 가지 한정된 프로그램—글로벌 프로그램과 선별적인 지역 프로그램—에 집중하기로 결정했다. 예를 들어 미국과 영국에서 운영 중인 시상(施賞) 프로그램이라면 목표 매체는 현지 언론이다. 우리는 'GSK 임팩트 대상(GSK IMPACT Awards)'에 집중적으로 커뮤니케이션 활동을 하고 있으며, 이를 위해 대행사를 이용한다.

우리는 회사의 커뮤니케이션 팀으로부터 글로벌 프로그램을 지원받는다. 이것은 우리를 다른 회사와 차별화하는 기회다. 이 프로그램 중 일부는 규모가 굉장히 크다는 사실도 도움이 된다. 림프사상충 퇴치 프로그램은 20년째 하고 있는 대규모 활동으로 우리 회사로서는 'DNA'의 일부나 다름없다.

외부 커뮤니케이션의 또 다른 어려움은 선행만으로는 언론에 보도되기가 어렵다는 점이다. 전 커뮤니케이션 담당 이사 중 한 명은 '우리가 가치 있는 일을 많이 하지만, 그 모두가 뉴스 가치가 있는 건 아니다'라고 말한다. 그게 언론의 속성이다. 평범하게 '좋은 뉴스'거리를 찾는 게 아니다. 그러니 뭔가 달라야 하고, 초점을 맞춰야 한다. 하지만 그게 쉬운 일이 아니다."

현재 본사 역할을 맡고 있다. 지사에서 하는 일에 대한 커뮤니케이션을 어떻게 지원하고 있는가.

—— "흥미롭게도 지사에서 더 많은 일을 하는 경우도 있다. 물론 우리가 도와주는 활동도 있다. 대부분의 기업과 마찬가지로 우리도 임직원참여활동 프로그램이 있으며 전 그룹에 걸쳐 사람들을 자원봉사에 끌어들이려고 노력한다. 우리는 프로그램을 '오렌지데이(Orange Day)'라고 부른다. 우리는 인트라넷에 점검표와 위기관리지침과 같이 지사를 돕기 위한 다양한 도구를 올려놓았다. 보도자료 예문도 있긴 하지만, 그건 그들이 어떤 일을 하느냐에 달렸다.

예를 들어 포르투갈 지사는 매우 놀라운 기업사회참여활동을 벌이고 있는데, 그 규모가 지사 기준에 비해 크다. 그들은 활동을 알리기로 하고 커뮤니케이션에 노력을 쏟고 있다."

커뮤니케이션 예산은 어느 정도인가?

—— "정해진 비율을 두고 일하지는 않는다. 모니터링이나 평가도 마찬가지라고 생각한다. 중요한 점은 필요하다고 해서 M&E에 프로그램 예산의 50퍼센트를 써서는 안 된다는 사실이다. 커뮤니케이션도 똑같다. 즉 돈은 커뮤니케이션을 위해서가 아니라 프로그램 자체 목적을 위해 사용해야 한다. 따라서 비례적으로 하는 편이 적절하다. 커뮤니케이션이라면 프로그램 전체 예산의 5퍼센트 정도가 적당하다고 생각한다. 사실 우리 예산은 그보다 적지만, 커뮤니케이션 예산을 조금은 확보해두려고 한다."

커뮤니케이션은 어떻게 평가하나?

— "두 부분으로 한다. 첫째, 우리는 수시로 간이 점검을 한다. '우리는 현재 어디에 있는가? 사람들은 무엇을 원하는가?' 하고 물어본다. 예를 들어 우리는 내부적으로 피드백을 얻는 데 '서베이몽키(www.surveymonkey.com)'라는 도구를 이용해왔다. 둘째, 정기적으로 종합적 접근방식을 취한다. 대개 이것이 더 큰 리뷰다. 최근 우리는 기업커뮤니케이션과 기업사회참여 파트너십 업무를 전반적인 리뷰의 일부로서 종합적으로 점검했는데 매우 도움이 되었다. 앞으로 우리는 측정을 훨씬 더 체계적으로 하려 한다. 사실, 그건 상식이다. 물건을 생산했는데 지역에서 사용되지 않거나 계속 적용되지 않는다면, 여러분은 왜 그런지 의문을 품어야 한다."

홍보 대행사를 이용해본 경험은 어떤가?

— "어떤 프로그램인가에 달렸다. 내가 정말로 해주고 싶은 조언은 예산 항목을 아주 명확히 정의해둬서, 그들이 기업사회참여 부문을 배우다가 끝나게 돈을 써서는 안 된다. 우리는 여러 해 동안 아주 좋은 대행사들과 일했다. 그러나 가끔 3, 4년차에 그들도 탄력을 잃을 수 있다. 장부를 검토하라. 비록 그들과 계속 일하기로 했다 해도 꼼꼼히 살펴야 한다."

어떻게 하면 사내 커뮤니케이션 부서 동료와 잘 공조할 수 있는가?

— "내 커뮤니케이션 담당 디렉터는 더 광범위한 커뮤니케이션 팀을 보유한 고객 담당 매니저로서 행동한다. 중요한 점은 그들이 어떤 일을 해주길 바라는지 명확히 해줘야 한다는 사실이다. 향후 다양한 이벤트를 기록한 스케줄 달력을 만들어보는 방법도 유용하다. 커뮤니

케이션은 매우 큰 부서이므로 이런 식으로 앞으로 기업사회참여 분야에서 어떤 일을 하는지 모든 사람에게 알릴 필요가 있다.

장기적인 관점에서 보면, 우리가 어떤 정보를 그들에게 넘겨주는 걸로 끝내선 안 된다. 오히려 그 반대로 하는 편이 효과적이다. 즉 그들에게 우리 활동이 흥미로운 이야기를 얻을 수 있는 좋은 원천임을 알려야 한다. GSK는 사보를 펴낸다. 사업 관련 기사가 부족할 때 커뮤니케이션 부서는 우리가 뭔가를 얼른 내줄 수 있다는 사실을 알고 있다.

우리는 주주의 돈을 사용하고 있다는 사실을 명확히 인식해왔다. 그러므로 우리는 홍보를 해야 한다. 업무를 이해하는 CEO가 있다는 점이 큰 차이를 만든다. 위티는 '신뢰 구축'을 그의 핵심 플랫폼 중 하나로 만들었다. 이것은 확실히 지역사회를 넘어서는 일이다. 우리는 그런 전략이 진전하도록 큰 역할을 해야 한다."

기업사회참여 홍보 극대화하기

기업사회참여의 성공적인 홍보는 얼마나 널리 홍보되길 원하느냐에 달렸다. 커뮤니케이션 담당 직원들은 그 분야의 전문가들이므로 언제든 기꺼이 도와준다. 특히 좋은 뉴스와 관련된 일일 때는 더욱 그렇다. 하지만 그들에게도 다뤄야 할 이슈가 많고, 대개는 기업의 위기와 관련된 내용이다. 이 말은 여러분의 프로젝트를 더 폭넓게 홍보하거나 직원들에게서 호감을 끌어내고 싶다면, 커뮤니케이션 부서 직원을 지원해야 함은 물론 그들에게 도전할 필요도 있다는 뜻이다. 물론 건설적인 방식으로 말이다.

여러분이 이 분야에 전혀 경험이 없다면, 이번 장에서 그 기술을 단련하고 이용할 만한 몇 가지 주요 도구와 프로세스를 배울 수 있다. 커뮤니케이션 부분에 관련 경험이 있는 이들이라면 반갑게 떠올릴 몇 가지 내용이 있으리라고 본다. 또한 새롭게 배울 만한 도구도 있을 것이다.

앞으로 외부와 내부 커뮤니케이션을 나누어 살펴보겠지만, 사실 두 측면은 강하게 연계되어 있다. 그러니 항상 두 가지를 함께 생각하고 계획을 일치시켜야 한다.

사내 대변인을 활용하기

일을 할 때 모든 사안을 여러분이 컨트롤하는 경우는 매우 드물다. 다른 동료를 끌어들여야 한다. 홍보와 관련된 일이라면 대개는 커뮤니케이션 부서 담당이다. 그들은 종종 세계적인 언론 이슈도 관리하기 때문에 다음 위기가 어디서 생길지를 주로 걱정한다. 하지만 그들은 기업사회참여의 효과도 잘 알고 있어서 좋은 뉴스거리가 있다면 아주 열심히 도와준다.

그들의 일을 덜어주면서 최대한 많은 지원을 받을 수 있는 방법이 있다. 그들이 어떤 일을 하려고 하는지 그 동기가 무엇인지 이해한다면, 여러분의 프로젝트 홍보계획을 그들의 광범위한 의제에 부합하게끔 조정할 수 있다.

언론 담당 대변인들이 기업사회참여 프로젝트에 관해 얘기할 수 있도록 항상 그들에게 간략하게 정보를 전달하라. 그들이 인터뷰하거나 정치인들에게 보고할 때 기업사회참여에 관한 핵심 메시지를 사전에 전하라. 그 주제와 직접적인 연관이 없더라도 그들이 여러분의 활동에 관해 부가적으로 이야기할 수도 있다. 그러니 여러분이 하고 있는 일의 새로운 소식을 그들에게 적절하게 전달할 필요가 있다.

홍보대행사와 협력하기

운 좋게 대행사의 지원을 받을 수 있다면 정말로 큰 도움이 된다. 그들은 돈을 받고 여러분의 프로젝트에 집중하기 때문이다. 그들은 이야기를 만들어내고 홍보하는 데는 능숙하지만, 여러분이 속한 회사에 대해서는 잘 모를지도 모른다. 하지만 사내 역학관계를 생각할 필요가 없으므로 외부의 관점을 제시하며 분별력 있는 소통의 도구가 되어 줄 수 있다는 것만으로도 축복 같은 일이다.

여러분을 지원하는 곳이 홍보회사라면, 그들은 대개 매체 중심적으로 대응한다는 사실을 깨닫게 될 것이다. 따라서 다른 주요 청중(뒤에 설명하겠다)에게 다가갈 때 그들이 여러분의 더 큰 목적을 명심하면서 행동하게끔 설득해야 할 수도 있다. 항상 여러분의 목적이 무엇인지 분명히 알려주고, 미리 활동에 관해(예산까지도) 합의하라. 여러분이 자료를 제공하지만 기대하는 바는 그들이 관리한다. 홍보회사에서 여러분의 자료를 1면용 기사가 아니라고 해도 받아들여라. 그들이 옳다.

기업사회참여 외부 커뮤니케이션

지역사회에서 기업이 무슨 일을 하는지에 대한 관심이 높아짐에 따라 여러분 회사가 사회의 책임감 있는 구성원이라는 평판을 세울 기회도 늘어나고 있다. 다른 한편으로는 기업에 대한 신뢰가 더 나빠질 수도 있다. 좋은 기업사회참여 프로젝트는 신뢰를 향상하지만, 나쁜 프로젝트나 잘못된 커뮤니케이션은 오히려 위기를 초래할 수도 있기 때문이다.

기업사회참여 프로그램은 긍정적인 이야기를 보유하고 있다. 그런 정보를 적절히 이용하라. 커뮤니케이션을 전략적으로 접근하도록 따라해볼 만한 몇 가지 단계가 있다. 간단히 말하자면 커뮤니케이션 계획을 구축하고 실행하는 일을 포함한다. 개괄적인 커뮤니케이션 계획에 담길 사항의 전체 목록은 393쪽 부록 10.1에 있다. 그 핵심요소는 다음과 같다.

1. 커뮤니케이션 목적
2. 목표 대상 청중
3. 핵심 메시지
4. 커뮤니케이션 전략과 전술
5. 예산
6. 측정과 평가
7. 보고

계획을 복잡하게 세울 필요는 없다. 한 쪽짜리로 할 수도 있고, 20쪽짜리로 할 수도 있다. 적절한 과정을 거쳐야 하고, 성취하려는 바가 무엇이며, 어떻게 그것을 성취할지 명확해야 한다는 점이 중요하다.

1. 커뮤니케이션의 목적

기업사회참여를 홍보하는 목적을 분명히 하라. 다음과 같은 내용이 있을 수 있다.

- 회사가 세계와 지역에서 기업사회참여의 리더 위치에 오르도록 한다.
- 회사의 대표적인 기업사회참여 프로그램을 선도적인 글로벌/지역적 프로그램으로 만들어 다른 기업이 기준/모범사례로 삼게 한다.

- 회사의 기업사회참여활동 정보를 전함으로써 외부 이해관계자와 좋은 글로벌/국내 관계를 형성하게 한다. 여기서 외부 이해관계자란 고객과 NGO는 물론 미디어와 정치인도 포함한다.
- 기업사회참여 프로그램에 대한 인식을 넓히고 참여를 끌어낸다.
- 직원들로 하여금 회사에 대한 자부심을 느끼게 하고 기업사회참여 프로젝트에 참여하도록 자극한다.

2. 목표 대상 청중

다가가고자 하는 외부 청중이 누구인지 명확히 정하라. 다음과 같은 대상이 포함될 수 있다.

- 고객
- 지역사회-현지 이해관계자
- B2B 고객
- 사업 파트너
- 공급자
- 투자자
- 정부와 입법자
- 오피니언 리더
- NGO

3. 핵심 메시지

커뮤니케이션 동료와 함께(NGO 파트너와 더불어) 기업사회참여에 대한 서너 개의 핵심 메시지를 만들어라. 그것은 다양한 맥락에서 이용할 수 있다. 프로젝트에 초점을 만들어주기도 하고, 엘리베이터 피치(elevator pitch, 고층 건물의 엘리베이터 속에서 만난 고객에게 자신이나 프로젝트 또는 회사에 대한 소개나 홍보를 30초 정도의 짧은 시간(고객이 원하는 층에 도착하기 전까지) 내에 마무리한다는 데서 유래했다. —옮긴이)처럼 사람들에게 꼭 기억하게 만들고 싶은 중요한 부분이 되기도 한다.

여러분의 핵심 메시지는 큰 그림과 지역적인 특정 메시지의 혼합일 수도 있고, 프로젝트에 집중하여 지역적 이슈에 초점을 맞춘 내용일 수도 있다. 1장에서부터 살펴봤듯이 여러분이 시행하는 프로젝트는 회사를 일정한 방식으로 자리매김하게끔 설계된다. 그렇다면 여러분의 커뮤니케이션은 이러한 전체적인 위상을 정립하는 메시지를 어떻게 보여주는가?

가장 중요한 사실은 단순해야 한다는 점이다. 또 관련성이 있어야 한다. 뉴스 기사를 읽었을 때 여러분은 무엇을 기억하는가? 아마도 무엇을 다룬 뉴스인지와 한두 가지 사실 정도일 것이다. 과연 여러분은 사람들로 하여금 프로젝트에 대해 무엇을 기억하기 원하는가?

4. 커뮤니케이션 전략과 전술

훌륭한 홍보의 본질은 다른 사람이 여러분과 여러분 회사에 대해 긍정적으로 말하도록 하는 것이다. 여러분이 다른 사람들의 뉴스를 듣는 대상이라고 생각해보라. 가장 뛰어나고 믿을 만한 홍보는 아마도 여러분이 믿는 누군가로부터 추천받는 게 아니겠는가?

다음은 커뮤니케이션전략을 개발하기 위한 우리의 첫째 팁이다.

NGO 파트너와 소통하며 그들을 이용하라

기자들은 대개 기사에서 기업을 홍보하고 싶어하지 않는다. 이런 점을 염두에 둔다면 NGO 파트너로 하여금 기자들을 끌어들이도록 하고,

여러분 회사는 그 파트너의 접근방식을 지원하는 편이 더 적절하다. NGO 파트너가 언론을 다루는 데 익숙하지 않다면, 여러분이나 회사의 커뮤니케이션 동료가 이 분야의 역량을 계발해주거나 보조할 수 있다. 즉 메시지를 개발하고, 주요 미디어를 선별해주며, 대변인을 훈련하거나 보도자료를 함께 써줄 수 있다.

보도자료를 발표하거나 기자회견을 할 때도 NGO 파트너로 하여금 여러분과의 합동 프로그램을 소개하고 여러분 회사를 지원 파트너로 알리도록 하는 편이 적절하다. 여러분 회사가 책임지고 인정받으려고 할 필요가 없다는 얘기다.

기자회견이 모든 나라에 적합한 접근방식은 아니라는 점을 명심하라. 부다페스트에서는 25명, 모스크바에서는 45명의 기자를 모을 수 있을지 모른다. 그러나 이를테면 남아공에서는 CEO나 이사회 멤버가 오찬에 나왔어도 약속한 기자들이 돌발 뉴스를 취재하러 나가버리고 단 한 명만 와 있는 최악의 경우도 생길 수 있다. 그러므로 기자와 일대일 인터뷰를 하거나 전화통화를 하는 편이 CEO는 물론 지역사회 전문가와 기자에게 효과적이고 스트레스가 적은 방법일 수 있다.

다음에 소개한 예 중 어느 하나가 아니라면 기자회견이 과연 적절한 방법인지 다시 한 번 고려해봐야 한다.

- '빅 뉴스'인가(그렇다면 왜)?
- 수백만 달러짜리 계획을 발표하려 하는가?
- 아주 많은 사람에게 해당하는 일인가?
- 정치인이나 유명인 등 세간의 주목을 받을 만한 사람이 개입되어 발표할 예정인가?
- 뭔가 새롭고, 독창적이고, 흥미롭고, 고유한 점이 있는가?

위의 사항 대부분에 "그렇다"는 대답을 할 수 없다면 공식 기자회견 대신 다른 전술을 생각하기 바란다.

서둘러 대중에게 다가가지 마라

단순히 의도를 보여주는 미디어 행사, 이를테면 이제 기획 단계인 프로그램 활동을 소개하는 정도의 행사는 피하기를 권한다. 이왕이면 여러분이 하고 있는 일을 분명하게 보여줄 수 있을 때 미디어 행사를 열어라. 실험용 프로그램을 운영할 필요가 있을지도 모른다. 그렇게 하면 초기 결과를 보여주면서 프로그램 활동의 확대를 알리거나 종합적이고 전반적인 계획에 관해 이야기할 수 있다. 물론 생각보다 이른 시기에 여러분의 일에 관해 홍보해야 할 요인이 있을 수도 있다. 하지만 커뮤니케이션 어젠다를 더 많이 조정할수록 더 좋은 메시지와 결과를 얻을 수 있다는 사실을 기억하라.

우선적인 청중에게 다가가라

여러분이 가장 우선적인 청중에게 다가가기 위해서는 커뮤니케이션이 다음과 같은지 확인해야 한다.

- 그들이 접근할 수 있는가?
- 그들이 관심을 둔 이슈와 관련이 있는가?
- 호감 가는 내용인가?

지루한 홍보물은 읽히지도 기사화되지도 않는다. 핵심 주제와 여러분의 주제와 관련성이 있는 더 큰 사회적 이슈를 명확하게 보여주도록 독창적인 방법을 찾아라.

목표 대상 시장을 잘 조사하라. 그들에게는 어떤 주제/이슈가 중요한가? 어떻게 홍보하는 게 합리적인가? 지원하고 있는 주제나 이슈와 관련해 어떤 특정 주제의 출판물을 목표 대상으로 삼을 수 있는가(이를테면 육아 잡지나, 교사 전문지, 환경 전문지, 기내 잡지 등)?

언론홍보가 유일한 길은 아니다

언론 보도에 초점을 맞추는 일은 쉽다. 하지만 어쩌면 회사를 위해서는 정치인이나 다른 제삼자와 소통하는 이해관계자에게 핵심 내용을 전하는 일이 훨씬 더 중요할지도 모른다. 외부 커뮤니케이션 계획을 세울 때 다양한 이해관계자 청중에게 다가가는 가장 좋은 길이 무엇인지 늘 생각하라. 핵심 메시지는 일정하더라도 전술은 다양하게 펼칠 수 있는 법이다.

전시회, 무역박람회, 학회 이용하기

전통적인 형태의 마케팅으로 전시회가 여러분의 프로젝트를 주요 청중에게 홍보하는 손쉬운 방법일 수도 있다. 예를 들어 학교 프로젝트를 교사들의 전시회에 선보일 수 있다. 학회는 신뢰를 쌓는 데 나은 방법이다. 이렇게 해서 여러분과 프로젝트, 그리고 회사를 리더로 만들 수 있다. 다양한 학회를 찾아보고 어떤 기회가 있는지 알아보기 바란다. 사례 발표를 하는 게 확실한 방법이다. 아니면 참석자들을 위해 자료집을 만들 수도 있다.

온라인 매체를 활용한 커뮤니케이션

온라인을 통한 커뮤니케이션은 CNN.com과 같은 전통적인 미디어의 온라인판과, 교사들이 주로 접속하는 사이트와 같이 프로젝트와 관련된 전문가 포럼 또는 다양한 온라인 사이트를 목표 대상으로 삼기 때문에 그 중요성이 더욱 커지고 있다. 대중의 인지도를 높이는 데는 별로 도움이 되지 않을지도 모르지만, 프로젝트의 주요 대상 그룹에 다가가는 데는 매우 적절한 방법이다. 그룹의 포럼은 훨씬 더 공개적으로 저렴한 미디어 파트너십을 개발할 수 있게 해준다. 온라인 토론 포럼은 비공식적인 피드백을 얻는 데 매우 훌륭한 방법이다. 다만 그 피드백이 다소 편파적일 수 있다는 점은 주의해야 한다.

회사의 온라인 및 뉴미디어 전문가들과 함께 여러분의 프로젝트를 위해 적절한 접근방법을 개발하라.

정보를 돋보이게 하라

여러분이 제공하는 정보를 다른 뉴스보다 돋보이게 하기 위해 다음과 같은 방법을 이용해볼 수 있다.

사례연구와 모범사례

'보여주고 말하는(show and tell)' 방식은 매우 효과 있다. 생생한 사례연구를 발표하라. 개인적인 이야기나 흥미로운 사진 혹은 짧은 영상물과 '큰' 수치를 조화시켜라. 프로그램 수혜자가 직접 나와서 이야기를 들려주게끔 설득해보라.

이슈가 되고 있는 사회적 문제가 무엇인가? 프로그램이 어떻게 그 문제에 대한 좋은 대응책이 될 수 있는가? 여러분의 협력과 프로그램의 성공이 독특해보이도록 이야기의 초점을 맞춰보라. 여러분이 시행하는 프로그램이 NGO-기업 파트너십의 모범사례가 되게 하는 방법도 유용하다.

유명한 대변인

프로그램 활동에 관한 제삼자의 증언은 매우 효과적이다. 존경받는 정부 대표나 명성 있는 유명 인사가 여러분의 프로그램을 지지한다면, 그 활동에 신뢰성을 부여할 수 있다. 그러나 유명 인사는 어떤 한 가지 이유로 유명하다는 사실을 명심하라. 그들의 명성에 대해 사전에 조사하라(이를테면 스캔들 같은 게 없었는지 확인하라). 그들이 미디어에 여러분의 프로그램에 관해 이야기하기 전에 실제로 프로그램을 방문하고 경험하게끔 하라.

프로젝트의 수상실적을 만들어라

모든 기업사회참여 프로젝트가 상을 탈 수는 없다. 그러나 흥미진진한 계획으로 독창적으로 홍보하여 검증된 사회변화 활동을 수행한 혁신적 파트너십에는 좋은 기회가 찾아온다.

기업사회참여 프로젝트가 상을 받는 일은 대내외 이해관계자의 주목을 받는 좋은 길이며, 여러분 회사가 기업사회참여에 기울이는 노력에 대해 좋은 소문이 퍼지게 해준다. 영국의 '지역사회 속의 기업상(Business in the Community Awards)'에서 멕시코의 '사회책임기업상(Empresa Socialmente Responable: Socially Responsible Corporation)'에 이르기까지, 거의 모든 시장에 기업사회참여 프로젝트를 위한 시상제도가 있다. 한번 찾아보기 바란다.

커뮤니케이션 전술 요약

커뮤니케이션할 기회 사례

- 실험용 프로그램을 일단 성공적으로 수행하여 기자회견이나 언론 발표를 하는 경우(6개월 후쯤).
- 정기적인(이를테면 연례적인) 언론 발표나 기자회견, 또는 프로그램의 하이라이트와 성공을 이해관계자와 공유하기 위한 행사.
- 기자와의 일대일 인터뷰나 다른 이해관계자를 위한 브리핑(파트너 NGO 기관장과 고위급 기업 대표를 위한 공동 브리핑).
- 프로그램 참가자나 NGO 또는 기업 대표의 TV 및 라디오 출연(토크쇼나 관련 주제에 대한 특집물).
- 미디어를 포함한 이해관계자의 프로그램 활동 방문. 이해관계자와 미디어가 동행한다면 잘 융화하게끔 노력하라.
- 회사를 대신한 고위급 이해관계자의 미디어 홍보(NGO 이사회 구성원이나 현지 정치인이 여러분 회사를 대신해 미디어에 기업사회참여에 관하여 긍정적인 이야기를 해주는 예).
- 적절한 출판물(교육 전문지나 책임경영 관련 잡지)에 기획기사나 오피니언 기사가 실리도록 하라.
- 온라인, 개별적인 프로그램 웹사이트(마이크로 사이트), NGO 파트너 웹사이트의 보도, 현지 지사 웹사이트 보도.
- 학회나 행사장에 회사의 기업사회참여활동을 담은 소개문이나 프로그램 브로슈어를 포함한 홍보물 배포.
- 고객용 뉴스레터 같은 다른 기업 커뮤니케이션 통로에 프로그램 관련

뉴스를 포함하도록 조치하라.

- 기업사회참여 프로젝트를 시상 대상으로 신청하라. 상을 받아서 모두에게 알려라.

미디어 활동 시기 선택 요령

많은 언론계 종사자는 "좋은 일에 관한 뉴스는 팔리지 않는다"고 경고한다. 기업사회참여를 소개하는 뉴스라면 다른 뉴스거리가 적은 여름이나 크리스마스처럼 자선활동을 자주 보도하는 휴가철이 나을지도 모른다. 다른 큰 뉴스거리가 생기기 마련이라는 점을 알고 있다면 괜히 톱 뉴스거리가 되려고 싸우지 마라(언제나 '사람이 개를 물었다'는 뉴스에는 밀리게 되어 있다).

12월 5일 국제자원봉사자의 날처럼, 여러분의 프로그램을 함께 엮을 만한 날이 있을지 모른다. 그맘때엔 임직원자원봉사 활동에 관한 뉴스가 환영받을 수 있다. 아니면 4월 지구의 날은 어떤가? 매년 국내외적으로 행사 규모가 커지고 내용도 풍부해지고 있다.

5. 예산

커뮤니케이션은 광고나 스폰서십과 비교하면 돈이 덜 드는 편이지만, 그래도 약간의 예산은 필요하다. 다음 항목을 준비하기 위해 핵심적인 프로젝트 예산과 별도로 커뮤니케이션 자금을 확보할 계획을 세워라. 이것은 커뮤니케이션의 질을 높이고 더 많은 사람에게 다가가게 해주며, 여러분이 급하게 뭔가 필요할 때 좋은 결과를 얻기까지 막판 스트레스를 덜 받게 해준다.

- 좋은 사진
- 프로젝트 정보의 질
- 보도자료의 질
- 큰 프로젝트라면 홍보나 디자인 대행사의 도움

프로그램 예산이 배정된다면, 여러분은 그것을 조정하고 프로그램의 전체 투자를 리뷰할 때 그 비용을 감안할 수 있다.

6. 측정과 평가
가능하면 어디서든 이해관계자의 피드백과 언론 보도를 확인하고 보고하라. 그렇게 하지 않으면 여러분이 지금껏 읽은 모든 내용과 커뮤니케이션팀 또는 홍보대행사가 쏟아부은 모든 노력이 헛수고가 되고 만다. 반드시 피드백과 언론 보도를 모으고 공유하기 바란다.

온라인과 오프라인 언론 보도에서 다음 사항을 반드시 챙겨둬라.

- 원기사의 복사본
- 출판물의 이름과 날짜
- 영문 요약 번역
- 기사의 논조(긍정적/부정적: 프로그램 언급 내용, NGO 파트너)
- 출판물 특성(일간/주간/월간: 일반, 경영, 무역, 청년 등)
- 배달 범위(전국/지방/지역)
- 판매 부수

- 행동 요청이 있었는가? 얼마나 많은 독자가 반응했는가? 어떤 방식이었나?

7. 보고하기

공유하라! 홍보에 대한 긍정적인 반응—언론, 이해관계자, 직원들로부터의—은 프로젝트의 가치와 회사의 평판을 얼마만큼 향상하고 있는지를 보여준다. 내부 이해관계자 가운데 프로젝트의 홍보에 관한 피드백과 보도 내용을 알아야만 할 대상이 누구인지 생각해보라. 회사의 평판을 향상하는 언론 보도는 회사가 여러분에게 좋은 일을 더 많이 할 수 있도록 만들어주는 좋은 이유가 된다.

기업사회참여 내부 커뮤니케이션

회사 직원 모두 여러분의 기업사회참여에 관해 인지하고 있어야 하며, 거기에 자원봉사로 참여하기를 원하고, 동료, 사업 파트너, 가족, 친구, 친지와 이야기를 공유하며 이를 확산하는 역할을 해줘야 한다.

내부 커뮤니케이션을 발전시키는 데도 외부 커뮤니케이션과 똑같은 요소를 이용해 계획을 세울 수 있다.

- 커뮤니케이션 목적
- 목표 대상 청중
- 핵심 메시지
- 커뮤니케이션 전략과 전술
- 예산

- 측정과 평가
- 보고

내부 커뮤니케이션을 위해 꼭 지켜야 할 몇 가지 황금률이 있다.

- 외부에 알리기 전에 최소한 동시에 직원들에게 홍보하라. 어떤 일이 일어나고 있는지 회사 내부 사람들이 모른다면 최악이다.
- 관련성을 설명하라. 무슨 일이 일어나고 있는지 직원들이 신경 써야 하는 이유는 무엇인가? 그들과 무슨 상관이 있는가? 그들에게 좋은 점은 무엇인가? 이야기한 바에 대해 그들이 어떻게 행동해주길 바라는가?
- 단순하게 하라. 좋든 싫든, 영국의 《선》이나 독일의 《빌트》 같이 대중적인 신문은 여덟 살배기도 이해하게끔 기사를 쓴다는 편집 원칙을 두고 있다. 사람들에게 알리고 싶은 내용이 그들의 이해 수준을 넘어서지 않도록 항상 확인해야 한다.
- 이야기와 사실과 수치를 모두 이용하라. 어느 한쪽이 없으면 손에 잡히지 않거나 인간미가 없다.

393쪽 부록 10.1은 검증된 내부 커뮤니케이션 점검표다. 내부 커뮤니케이션이 만족스러운지 확인할 때 사용할 만한 10개의 문항으로 구성되어 있다.

알려주고, 관심을 끌고, 참여시켜라

NGO와 일하거나 외부 이해관계자와 관계를 구축할 때와 마찬가지로 한 가지 커뮤니케이션만으로는 내부 커뮤니케이션의 목적을 달성할 수 없다. 여기에 간단한 3단계 원칙을 밝혀둔다.

- **알려주라.** 우선 기업사회참여 프로젝트에 관한 정보를 알려주고 그들이 이해하는지 확인하라.
- **관심을 끌어라.** 그다음엔 열정을 품도록 만들어라. 무엇이 사람들을 끌 수 있는가(11장에 더 자세하게 설명해놓았다).
- **참여시켜라.** 마지막 단계로 사람들이 이해하고 좋아한다면, 그들을 참여시켜 여러분의 프로젝트가 더 좋아지도록 돕게 하라.

직원의 영향력 이용하기

고위경영진의 지지도 필요하지만, 회사의 서로 다른 직원 그룹에서도 지지를 얻어야 한다. 지지를 얻을 방법을 전략적으로 생각하라. 이사회 수준의 후원자를 얻어라. 여러분의 프로그램에 참여할 수 있는 그룹이 있는가? 회사의 핵심적인 실력자들을 파악하라. 어떻게 그들을 참여시킬 수 있는가?

내부 커뮤니케이션 도구

외부 커뮤니케이션과 마찬가지로 상상력만 있다면 이용할 수 있는 도구는 무궁무진하다. 여러분이 이용할 수 있는 전통적인 사내 커뮤니케이션 통로는 다음과 같다.

- 책임경영 인트라넷과 기업사회참여 페이지 등을 포함한 온라인 직원 뉴스
- 사보
- 사내 TV 방송

• 화상 회의
• 사내 행사
• 고위 경영진에 대한 정기적인 상황 보고—최소한 3~6개월 간격

외부에서든 사내에서든 마찬가지다. 직원들은 점점 정보 홍수에 시달리고 있다. 일은 점점 더 힘들어지고 시간은 제한적이다. 따라서 다음과 같은 혁신적이고 직접적인 접근방식을 써야만 최소한의 성공을 거둘 수 있다.

• 직원 커뮤니티 로드쇼: 기업사회참여 업무를 직원들에게 마케팅하라. 구내매점 같이 사람들이 모이는 곳에 홍보물을 세워라. 직원들에게 정보를 전할 뿐 아니라 원한다면 참여할 수 있도록 해야 한다.
• 특별한 매체와 정보 게재 장소를 이용하라: 메시지를 적은 풍선을 준비해 띄운다든지, 화장실 문 안쪽에 뉴스를 게재한다든지, 독창적인 전단을 만든다든지, 노래하는 배우를 이용하는 식의 차별화된 방법을 생각하라.
• 프로그램 장소를 방문해 대상자들과 상호작용해보는 방법 같은 직접적인 기업사회참여 프로그램 체험으로 직원 참여도를 향상할 수 있다. '백문이 불여일견'은 강력한 접근방법이며, 직원들이 프로그램에 참여하는 데 동기를 부여한다. 이사회 구성원을 '백문이 불여일견' 방문에 데려가는 방법도 매우 효과적이다.
• 가능한 한 어디서든 기업사회참여 프로그램의 임직원자원봉사를 홍보하라(8장 참조). 자원봉사를 해본 직원들은 그들의 경험에 대해 동료, 가족, 친구, 그리고 친지와 고객에게까지 열정적으로 홍보해준다.
• 기업의 홍보사절이나 다름없을 만큼 열정적으로 참여하는 직원들을

치하하고 인정해주라. 임직원자원봉사에 감사를 표하는 CEO 편지에서부터 공식적인 축하 행사에 이르기까지 그 어떤 것이든 사람들의 동기를 자극하고 기업사회참여 업무를 홍보하는 데 매우 좋은 방법이 될 수 있다.

직원에게 주요 프로그램을 알리는 요령

다음과 같은 전술을 이용해볼 만하다.

- 기업사회참여에 대한 회사 고위 대표의 언급
- 기업사회참여 특정 프로젝트나 전반적인 접근방식에 관한 발표
- 공동 기업사회참여 프로그램 활동에 대한 NGO 파트너 대표의 소개
- 프로그램 수혜자가 직원에게 개인적 경험에 관해 이야기하도록 하기
- 홍보자료들 : 플래카드, 장식, 정보용 포스터, 야구 모자, 열쇠고리, 커피 잔, 티셔츠 같은 직원용 기념품
- NGO와 수혜자들이 실현해보이거나 직원에게 참여 기회를 주는 등 직원이 프로그램 일부를 경험할 수 있도록 하기

예산

직원들의 관심을 끄는 데는 비용이 많이 들지 않는다. 기존의 커뮤니케이션 통로를 활용할 수도 있다. 사내/직원 커뮤니케이션 매니저를 오찬에 초대하는 게 가장 좋은 방법일지도 모른다.

기존의 출판물이나 컨퍼런스 외에도 여러분을 돋보이게 하는 혁신적인 도구를 생각해보라. 그러려면 디자인비나 제작비가 좀 들 수도

있다. 나라마다 다르긴 하겠지만, 보통 5000유로(약 7500달러) 정도면 충분히 할 수 있다. 그러나 외부 커뮤니케이션과 마찬가지로 연간 예산을 수립할 때는 그것을 위한 비용을 따로 책정해둬야 한다.

측정

마지막으로 여러분이 홍보한 결과를 확인하기 바란다. 직원들의 마음에 꽂혔는가? 동료가 어떤 생각을 하는지 알아보라. 다음과 같은 간단한 질문을 해볼 수 있다.

- 홍보 내용을 이해했는가?
- 어떻게 생각했는가?
- 무엇을 더 알고 싶어하는가?
- 얼마나 자주 정보를 얻고 싶어하는가?
- 회사가 이 일을 해야 한다고 생각하는가?
- 참여하고 싶어 하는가?

이런 질문을 하기가 걱정된다면, 친한 동료에게 먼저 해보라. 대신 솔직한 피드백을 요청해야 한다.

전형적인 임직원 설문조사에 이런 종류의 M&E 문항을 포함할 수도 있다. 아니면 나가서 사람들에게 직접 물어볼 수도 있다. 어떻게 측정하느냐는 중요하지 않다. 어떤 방법이 효과적인지, 앞으로 어떻게 하면 더 좋을지 파악할 수 있도록 반드시 피드백을 얻기 바란다.

부록 10.1 기업사회참여 외부 커뮤니케이션 계획 개요

내용 예시

1. 현황 분석, 기업사회참여 외부 커뮤니케이션

    1.1 지금까지의 성취물

        1) 글로벌 커뮤니케이션

        2) 지역적 커뮤니케이션

    1.2 도전과 위험요인

    1.3 기회

2. 커뮤니케이션 목표

3. 핵심 메시지

4. 핵심 청중

5. 커뮤니케이션 전략과 전술

    - 이해관계자 홍보
    - 미디어 홍보
        - 적합한 기자들과 접촉/관계
        - 기자회견과 보도자료 배포
        - 핵심 대변인들의 선별적인 일대일 인터뷰
        - 파악된 사례 발표 기회들
        - 관련 출판물에 기획 기사화
    - 홍보 도구 개발

6. 예산

7. 측정과 평가

8. 보고

부록 10.2 책임경영/기업사회참여 내부 커뮤니케이션 점검표[1]

이 자료는 기업사회참여의 내부 커뮤니케이션을 위해 따라 해볼 만한 간단한 프로세스다. 10분짜리 '간단 검토'를 할 때 이용하거나 기획할 때 상세하게 따라 해볼 수도 있다.

책임경영/기업사회참여의 내부 커뮤니케이션을 위한 점검표

0단계

위생점검. 내부 이해관계자 그룹과의 연대를 확인하라.

✓ 행동하기 전 그 활동을 관련된 내부 이해관계자 그룹에 알리고 승인을 얻어라. 재검토 받으면 좋을 전형적인 부서/경영진 단계는 최고경영진, 커뮤니케이션 부서, 인사관리 부서, 마케팅 부서 등이다.

✓ 시기가 적절한가? 같은 청중을 목표 대상으로 하는 다른 프로젝트(들)와 겹치지 않는가? 다른 내부 커뮤니케이션 내용과 모순되지는 않는가?

1단계

책임경영/기업사회참여 커뮤니케이션의 배경이 되는 전체 목표를 분명히 하라.

✓ 기업사회참여 이슈의 목표 대상은 무엇인가? 그 목표에 이르기 위해

---

1 E.ON 헝가리의 커뮤니케이션 도구에서 차용.

내부 커뮤니케이션이 필요한 대상을 파악하고, 필요한 규모와 영향력을 획득하라. 이를테면 다음과 같이 각기 다른 목표 대상을 비교해 보자. "기업기부활동을 위해 돈을 기부하는 직원이 전체의 50퍼센트가 되도록 한다"는 목표와 "앞으로 2년 동안 회사 엔지니어들의 최소한 20퍼센트가 대학에서 강의하도록 참여시킨다"는 목표를 비교해보라. 각기 다른 목표를 위해서는 서로 다른 내부 커뮤니케이션 조치와 측정이 요구된다.

2단계

책임경영/기업사회참여의 내부 커뮤니케이션 목표를 정하라.

✓ 이를테면 '모든 목표 대상 그룹에게 ○주/달 내에 ○번 커뮤니케이션한다'와 같이 내부 커뮤니케이션 활동의 산출물로 보고 싶은 결과를 설정하라. 이로써 결과를 얻는 데 적합한 도구를 선택할 수 있다.
*주의: 활동에 관한 정보를 이슈화하는 것 자체가 커뮤니케이션의 목표가 되어서는 안 된다.

3단계

목표 대상 청중을 정의하고 분류하라.

✓ 내부 청중을 그냥 '모든 직원'이라고 하지 말고, 그룹 별로 분류하라. 이로써 여러분의 메시지를 관련 그룹에 맞추고, 진짜 목표 대상이 아닌 그룹에 대해서는 신경 쓰지 않게 된다(목표 대상 그룹은 예를 들어 사업부서, 중간경영진, 사무직, 고위경영진, 재택근무자 등으로 나눌 수 있다).

4단계

핵심 커뮤니케이션 메시지를 개발하라.

- ✓ 기업사회참여 활동에 관한 정보를 제공하는 것 외에도 "그 안에 그들에게 필요한 무엇이 있는가"라는 관점에서 메시지를 만들어라.

5단계

각각의 목표 대상 그룹에 이르기 위한 커뮤니케이션 플랫폼을 확인하라.

- ✓ 목표 대상 청중을 위한 기존의 내부 커뮤니케이션 통로를 조사하라—무엇이 가장 효과적인가? 여의치 않다면 그들에게 도달하기 위한 대안/혁신적 방법을 강구하라.

6단계

목표 대상 청중을 위해 커뮤니케이션 핵심 메시지를 조정하라.

- ✓ 커뮤니케이션 내용, 양식, 어조를 목표 대상 그룹에 맞게 의식적으로 만들어라. 각 그룹에 따라 다르게 맞추거나 일부 특수 대상 그룹은 그들의 동료 그룹과 구분되게끔 하는 편이 좋다.

*주의: 새롭고 중요한 기업사회참여 이슈라면 가장 중요한 내부 이해관계자들에게 먼저 알려야 한다. 메시지의 주요 핵심에 대해 그들의 지지를 얻어서 필요하다면 직원 대상의 커뮤니케이션을 하기 전에 피드백할 수 있도록 하라.

7단계

상태 검진

✓ 3~6단계를 평가해보라. 일치하지 않는 내용이 있거나 너무 많은 의문 사항이 생긴다면 3단계부터 다시 시작해 전반적인 커뮤니케이션 및 1, 2단계의 내부 커뮤니케이션 목표에 부합하게 하라.

8단계

목표 대상 청중을 위한 커뮤니케이션 자료와 도구를 개발하고 시기를 확정하라.

✓ 제안된 도구/방법은 앞부분을 참조하라.

✓ 모양새와 느낌이 회사 스타일과 어울리게 하라.

✓ 각 목표 대상 청중을 위한 직접적인 커뮤니케이션 자료/도구 외에, '보조 자료'를 생각해보라. 중간관리진과 같이 특별한 청중을 위해서는 고위 경영진의 메시지/편지와 같은 커뮤니케이션의 부차적 자료가 필요하다. 그들은 자신의 팀에 그 정보를 전달하도록 독려한다.

9단계

내부 커뮤니케이션 시작.

10단계

계획의 성공을 측정하고 평가하라.

✓ 목표 대상 청중으로부터 피드백을 얻어라(공식적으로든 비공식적으로든 그냥 물어보기 바란다). 온라인 등록자 수나 오프라인 자료에 대한 반응도 피드백이 될 수 있다. 목표와 크게 차이가 난다면 개정/수정이 필요할지도 모른다. 또는 향후 커뮤니케이션 활동을 조정하

거나 강화해야 한다.

- ✓ 평가하라. 커뮤니케이션 목표를 실현했는가? 전체적인 기업사회참여 목표를 성취했는가? 성취하지 못했다면 주의 깊게 분석하기 바란다. 부족한 점은 무엇 때문이었나? 내용이 잘못되었나? 아니면 매력적이지 못했나? 방해요소가 너무 많거나 커뮤니케이션 통로에 너무 많은 다른 내용이 있었나? 또 다른 요인이 있었나?
- ✓ 다음 프로젝트를 위해서는(그리고 다음 커뮤니케이션을 위해서도!) 정확한 결론이 중요하다.

11

도전 극복과 변화 촉진: "그것이 가치 있을 거라고 알고 있었어"

우리가 이 책에 변화에 관한 장을 넣은 이유가 무엇일까?

일부 기업문화에서는 전략적인 책임경영과 기업사회참여를 기업의 본질과 경쟁력으로 받아들이는 일이 쉽고 자연스러운 과정이었다. 그러한 핵심을 '잘 이해하는' 사람들은 관련된 프로젝트 실행을 처음부터 지지해왔다. 반면 그것이 훨씬 어려운 회사들도 있다. 그곳의 기업사회참여 담당자들은 사람들을 끌어들이는 데 어려움을 겪는다. 그들은 주변부에서 일한다고 느끼곤 한다. 또 마케팅과 같이 더 제도화된 부서라든지, 생산 부서처럼 더 이윤 중심의 직능을 가지고 일하는 동료보다 인정받지 못한다. 그럼에도 그들은 지속가능한 발전에 대한 사고와 실천을 회사에 도입할 최선의 방법을 알고 싶어한다.

마지막 장에서 우리는 여러분이 회사 내부에서 '대의명분을 획득'하도록 몇 가지 영감을 주고자 한다. 아래에 소개할 인터뷰의 주인공은 자신이 오랫동안 성공적인 경력을 쌓을 수 있었던 접근방식과 경험에 대해 이야기해준다. 인터뷰 내용에 이어서 우리는 여러분이 장애물을 이해하고 극복하며, 회사 실세의 도움 없이도 영향을 주고, 여러분 자신의 내적 자원을 활용하여 외부의 지지를 얻는 일에 관한 조언을 담았다.

마크 웨이드 박사와 나눈 인터뷰:
"옳은 것만으로는 충분치 않다"[1]

마크 웨이드(Mark Wade) 박사는 1979년 쉘에 생화학 연구원으로 합류

1 이 인터뷰에 언급된 개념모델의 그래프는 429쪽 부록 11.1에 있다.

했다가 1997년 쉘의 기업센터(Corporate Center) 지속가능발전그룹(Sustainable Development Group)의 창립 멤버로 자리를 옮겼다. 2003년 초까지 그는 쉘 지속가능발전 정책·전략 및 보고팀장이었다. 그다음에 그는 쉘 학습 프로그램을 통한 리더십 개발 그룹으로 옮겼다. 여기서 그는 지속가능발전 학습 프로그램을 이끌었다. 이것은 지속가능발전 학습을 신입사원 모집에서부터 고위 경영자 개발에 이르기까지 모든 단계의 인재 보급망에 포함하는 프로그램이었다. 2006년 쉘에서 은퇴할 때까지 그는 쉘의 세계지속가능발전기업협의회 연락대표였고, '유럽사회경영아카데미(EABIS: European Academy for Business in Society)' 의장이었다. 그는 현재 EABIS 감사회 멤버다. 웨이드는 또 자문회사인 '미래에 대한 고려(Future Considerations)' 회장, '내일의 기업(Tomorrow's Company)' 이사회 멤버, 뉴질랜드 무역산업진흥청 지속가능성 자문위원 등을 맡고 있다.

쉘에서 일하는 동안 웨이드는 지속가능경영을 발전시킨 핵심주역이자 그 프레임워크를 설계한 건축가로서 사내·외에서 인정받았다. 그는 현재 주요 조직의 고위 경영자들과 함께 일하면서 그들이 지속가능발전의 전략적이고 사업적인 중요성을 이해하도록 돕고 있다. 웨이드는 지속가능발전에 대한 사고를 주요 기업과 기관의 주류 사업에 심어주기 위해 독특한 종류의 경험과 능력 방식을 제안한다.

어떻게 하면 매니저들이 기업사회참여를 회사 전반에 통합하게 할 수 있는가? 그 모든 일을 해야 할 때 어디서부터 시작하면 좋은가?

── "내가 고민해온 일은 기업사회참여 그 자체보다는 더 넓은 개념의 지속가능발전이다. 그것은 사회적참여와 지역사회참여를 모두 포함한다. 그러나 변화를 위해 도전하는 역동성은 본질적으로 같다. 중

요한 첫 단계로, 이사회의 참여가 필요하다. 회사 전체의 시스템적 변화를 원한다면, 효과적인 변화 프로세스는 항상 위에서부터 시작되어야 한다. 그렇지 않다면 승산이 거의 없다.

여러분에게는 회사의 변화를 이끌 동인의 전략적이고 사업적인 중요성을 인정하고, 그것에 투자해줄 고위급이 필요하다. 만약 CEO나 이사회가 그것을 받아들이지 않는다면, 회사는 변화해야 할 설득력 있는 이유를 만들 수 없다. 여러분에게는 '이걸 해도 좋아'라는 의견보다 이왕이면 '우리는 이것을 꼭 해야만 해'와 같은 공식적인 합법화가 필요하다. 그렇지 않다면 시스템에 대항해 싸워야 하는데, 자칫 잘못하면 소음 속에서 길을 잃을 위험이 있다. 또한 상부는 여러분과 모든 단계의 사람들이 변화를 이끌도록 지지하고 힘을 키워줘야 한다."

이사회에 접근하는 가장 좋은 방법은 무엇인가?

—— "처음에는 이사회 개인을 끌어들이고, 그다음에 전체 이사회를 끌어들여라. 그들은 모두 서로 다른 역할을 맡고 있으며, 제안된 변화의 필요성에 대해 각자 소관 내에서 살핀다. CFO에게는 그 변화가 어떻게 위험요인을 줄여주고 다양한 기회를 판별하게 해줄지를 얘기해야 하며, 생산 책임자에게는 사업에 대한 허가에 관해, 마케팅 책임자에게는 브랜드와 고객 만족도에 끼치는 영향에 관해, 또 인사관리 책임자에게는 최고의 인재를 채용하고 보유하기 위한 직원의 사기와 의욕 등에 관해 이야기해야 한다. 즉 상대를 고려한 맞춤 대화를 하기 바란다. 새로운 방식으로 대응하게 하는 변화가 그들이 담당하는 특정한 문제에 어떻게 도움을 줄 수 있는지를 보여주라. 이러한 대화는 여러분이 지원을 요청할 때, 왜 그것이 합당한지에 대한 이유를 담은 포트폴리오를 만드는 데 이롭다. 마침내 이사회를 전체적으로 끌어들였다

면 일은 더 쉬워진다. 이제 여러분은 공통점을 모아서 회사 조직이 변화해야 할—각 부분과 전체에 모두 해당되는—설득력 있는 이유를 만들 수 있다.

일단 CEO와 이사회의 승인을 얻으면 회사의 전체적인 변화 프로세스를 시작하고, 인식을 높이고, 전략이나 영업과의 통합을 관리하라."

그다음 등급의 매니저들은 어떻게 끌어들이는가? 어떻게 서로 다른 부서가 상호작용하며 변화를 이끌도록 하는가?

—— "사실 이사회 멤버에게 했던 방법과 똑같은 종류의 대화를 하면 된다. 각 주요 부서의 상급자에게 이야기하고 사람들을 지성적이고 동시에 감성적인 방법으로 끌어들여라. 처음에는 이렇게 물어보라. '그쪽 사업 부문에서 우선순위는 무엇입니까? 무엇 때문에 밤잠도 못 이루는 겁니까?' 그들에게 중요한 일을 더 잘하도록, 변화라는 방법으로 도와줄 수 있다는 사실을 알게 해주라. 그들과 함께 일하면서 사물을 더 넓게 본다는 것(지속가능성이나 기업사회참여의 렌즈를 통해서, 어디에 초점을 맞추느냐와 상관없이)이 어떻게 위기와 기회를 구별할 수 있게 도와주고 혁신의 원천이 될 수 있는지를 탐색하게 하라.

이러한 접근방식은 탄탄한 심리학적 근거가 있다. 변화해야 할 이유는 객관적이고 논리적이지만 개인은 주관적일 뿐 아니라 개인적인 관점에서 변화에 반응한다는 점에서 그렇다. '그것이 내게 어떤 영향을 주지?' 하고 말이다. 그러니 여러분은 변화가 개인에게 주는 이점과, 어떻게 그것이 방해가 아니라 도움이 되는지를 보여야 한다. 그들의 우선순위에 긍정적인 방법으로 연계하라. 그들의 두려움을 누그러뜨리는 게 열쇠다.

껄끄러운 대화를 피하지 마라. 변화는 대개 시간과 노력과 돈을 투자해야 한다. 이에 대해 솔직해야 한다. 대신 기업사회참여가 이익을 지속시켜 투자한 바를 갚고도 남을 만큼 가치 있는 투자라는 사실을 사람들이 알 수 있게 해주라.

여러분이 주장하고 있는 일을 이미 하고 있는 사람들은 칭찬해주고, 체계적인 방법으로 더 많은 일을 할 수 있도록 격려해주라. 사람들은 가끔 그들이 지역적으로 하고 있는 일이 더 넓은 의미의 변화 목표와 일치한다는 사실을 깨닫지 못할 때가 있다. 혁신적인 사람들과 얼리어댑터들을 이용해 초반에 많은 사람가 접촉하라. 이렇게 하면 생각이 비슷한 다수를 확보함으로써 회사 전반의 문화를 변화시키고, 바라던 변화를 이끌 수 있다. 처음 시작할 때는 다수의 몰이해와 일부의 관용, 그리고 단지 소수만이 투자하는 상황에 부딪힐 수 있다."

과연 어떻게 회사 전체가 변화를 지지하도록 만들 수 있을까?

—— "시스템적이어야 한다. 다른 사업 프로젝트를 관리할 때처럼 변화를 관리하라. 다시 말해, 전문적이면서 적절한 거버넌스와 계획성, 그리고 자원을 가지고 말이다.

바람직한 거버넌스 구조 속에서 시작하라. 일을 해낼 만한 사람들을 임명하라. 그리고 모든 부서와 사업 그룹의 대표자를 모아라. 이왕이면 운영위원회는—이름을 뭐라고 부르든 간에—CEO나 이사회 구성원이 위원장을 맡도록 해야 한다. 이 그룹의 역할은 접근방식에 공통적인 부분을 만들고, 사람들 마음의 '소프트와이어링(soft-wiring)'뿐 아니라 내가 '하드와이어링(hard-wiring)'이라고 부르는 정책·기준·시스템·프로세스 등에도 그것이 확실히 자리 잡도록 해준다.

이 그룹의 첫째 임무는 변화를 뜻하는 공용어를 사내에 의미 있는 말로 만드는 일이다. 용어 그 자체는(지속가능성 대 기업시민활동, 또는 사회적인 맥락에서는 기업사회참여 대 사회적 성과 등) 그리 중요하지 않다. 가장 중요한 사실은 그 단어들이 여러분 회사의 문화와 가치와 어우러져 공명하느냐는 점이다.

일단 단순 명확하고 간결한 논리와, 정의된 용어를 준비했다면 그것을 철저히 일관되게 사용하라. 이 일을 미리 해두지 않으면 사람들은 그들이 의미하고자 하는 바에 대해 나름의 용어를 고안해내어 결국 여러분이 절대로 끼어들 수 없는 대화의 '바벨탑'과 함께 끝나고 만다. 하지만 일단 기본적인 정의를 밝혀두면, 회사의 서로 다른 부서에서 그것이 의미하는 바에 관해 좀 더 정교한 대화를 나눌 수 있는 토대로 이용할 수 있다.

그다음은 그러한 변화의 명제를 가능한 한 많은 매체에서 홍보하고 사람들을 이러한 대화에 끌어들여야 한다."

단순한 커뮤니케이션으로도 기본적인 이해 이상의 많은 것을 성취할 수 있지 않은가?

—— "그렇지 않다. 커뮤니케이션은 많은 사람에게 빨리 다가가는 데는 매우 훌륭한 방법이다. 그러나 그것이 할 수 있는 일은 기껏해야 기본적인 인식을 높이고 포괄적인 메시지를 이해하도록 할 뿐이다. 여러분이 커뮤니케이션을 아무리 계속 반복하고 강화해도 사람들에게 꽂히지는 않는다. 변화가 개인에게 의미 있게 되고, 그들이 월요일 아침에 이전과 다르게 해야 할 일이 무엇인지를 이해하게 하려면, 그들과 더욱 친밀해져야만 한다.

이를 더 잘 이해하려면 조직을 '능력계층(Competency Hierarchy)'이라는 관점에서 살펴보고, 그 임무에 적절한 도구를 적용해보는 일이 유용하다. 쉘에서 우리는 이러한 목적으로 지속가능발전 학습 프레임워크[2]를 개발했다.

시스템적인 변화를 이루려면 사람들을 '기본적인 인식과 이해' 수준에서 '실무 지식'과 '숙련자', 그리고 마지막으로 '장인급'까지 끌어올려야 한다. 그 계층을 따라 올라가면 개인적인 참여 수준도 높아지고 학습 유형도 더욱 집중된다. 이를 위한 가장 효과적인 방법은 다양한 학습 요소를 기존의 훈련과 리더십 개발 프로그램 사이에 끼워 넣는 것이다. 더 전문화된 프로그램도 개발할 수 있다. 이를테면 재무 매니저들을 위한 지속가능성 워크숍을 연다든지, 엔지니어들이 그들의 일상적인 역할과 도전에 지속가능성과 관련된 의미 있는 변화를 이끌도록 하는 식이다. e-러닝 도구들도 적절히 설계한다면 많은 사람과 친밀하게 접촉하는 데 유용하다.

새로운 방식으로 일하도록 사람들을 끌어들이는 최상의 방법은 자아발견적이고 경험적인 학습을 토대로 하는 개입이다. 이것은 '가르치기'보다 훨씬 더 효과적이다.

자보르스키(Jaworski)와 샤머(Scharmer)의 'U' 프로세스[3]로 만든 여러 프로그램은 사람들로 하여금 새로운 통찰력과 능력을 갖추도록 하는 강력한 방법을 제공한다. 복잡하고 다수인 이해관계자 간의 상호작용을 다루기 위해 필요한 사고방식과 기술을 키우는 데 특히 유용하다."

---

2 429쪽 부록 11.1과 도표 11.5 참조.

3 429쪽 부록 11.1과 도표 11.5 참조. 조지프 자보르스키(Joseph Jaworski)는 세계리더십계획(Global Leadership Initiative)의 공동창립자이며 《리더란 무엇인가(Synchronicity: The Inner Path of Leadership)》의 저자다. 오토 샤머(C. Otto Scharmer)는 MIT 공대 부교수, 실재(實在)연구소(the Presencing Institute) 설립의장, 그리고 MIT 그린허브(Green Hub)의 창립 구성원이다.

그것에 대한 구체적인 사례가 있는가?

—— "예를 들어 정유 사업 담당 매니저들과 그들의 팀을 위한 기업사회참여 교육을 그들의 사업권 허가 획득에 도움이 되도록 설계할 수 있다. 여기서 중요한 점은 그들이 바라고 두려워하고 기대하는 바에 관해 지역사회와 의미 있는 관계를 맺을 수 있도록 적절한 사고방식과 능력을 개발하는 일이다. 'U' 프로세스는 사람들이 결론으로 뛰어들지 않고, 복잡한 상황을 전체론적으로 이해하는 법을 배울 수 있게 해준다. 사람들은 그들의 일상적인 경험 바깥에 있는 현장과 상황을 느끼게 된다. 그들은 사물을 다르게 느끼고 보는 법을 배우고, 그 방법을 자신의 영향력 범위 내에서 혁신적인 행동 계획을 만드는 데 이용한다. 이로써 새로운 관점을 갖추고 더 현명한 의사결정을 할 수 있다.

이러한 접근방식은 모든 리더에게 필요하다. 지속가능성을 더욱 고려해야 하는 현대 비즈니스의 복잡하고 빠르게 변화하는 다양한 요구에 대응해야 하기 때문이다. 나는 그것이 모든 리더십 개발의 중심이 되어야 한다고 믿는다."

왜 '하드와이어링'과 '소프트와이어링'을 한데 모아야 하는지를 조금 더 설명해줄 수 있는가?

—— "많은 지속가능개발 매니저나 기업사회참여 매니저와 마찬가지로 나는 변화 전문가가 아니었다. 초기에 내가 취한 접근방식은 열정적인 아마추어 방식이었다. 그러다가 나는 지속가능성을 정책, 기준, 시스템, 프로세스, 주요성과지표 같은 하드와이어링에 도입하려면 사람들의 내적 가치와 사업적 감각—소프트와이어링—을 건드림으로써 '마음'에 도달해야 하고, 그 두 가지가 조화를 이뤄야 한다는 사실을 깨달았다. 여러분이 하는 일이 규범서를 쓰는 게 전부라면, 사람들

은 기껏해야 그것을 준수하거나 회피할 뿐이다. 왜 그럴까? 사람들은 그 규범의 이유를 이해하지 못하기 때문이다. 마찬가지로, 여러분이 하는 일이 잘 정비된 거버넌스의 엄격함 없이 사람들의 실속 없는 열정만 부채질할 뿐이라면, 그것은 곧 사라지고 만다. 시스템의 지지를 받지 못한다는 사실을 사람들이 알게 되기 때문이다. 나는 경험으로 여기에 이르렀다. 그러나 이것은 윌버가 정의한 변화의 통합모델[4]에서 이론적으로 증명된다.

그 모델은 개인과 조직의 내적·외적 차원의 상호의존성을 내가 이렇게 간단히 말하는 것보다 훨씬 더 우아하게 보여준다. 나는 이 변화의 통합모델을 4분면이 모두 적절하도록 주의하면서 적용한다."

그래서 그다음에 변화를 실행할 때 어떤 일이 생기는가?

—— "비록 변화는 시스템적으로 해야 하지만, 또한 '천 송이의 꽃이 피게끔' 해야 한다. 직원 각자의 계획을 지지함으로써 회사 내에서 혁신의 잠재력을 촉발하는 일이 중요하다. '전체'로서의 회사는 실험하고 배울 준비를 해야 한다. 그렇게 하려면 용기 있는 리더십이 필요하다. 특히 경영진이 현재 상황에 대한 어떤 종류의 도전이나 혁신적인 생각이 나타나는 것을 매우 두려워하는 군사적 지휘 통제 문화에서는 더욱 그렇다.

이는 관리 가능한 혼란임을 이해하는 게 중요하다. 변화에 대한 사고와, 전략적이고 조직적인 혁신을 자극하는 일은 회사에 이롭다는 사

---

4 부록 11.1과 430쪽의 도표 11.7 참조. 케네스 얼 윌버 2세(Kenneth Earl Wilber II)는 성인발달과 발달심리학, 철학, 생태학 등에 관해 연구해온 미국의 철학자다. 그는 저술로 통합이론(Integral Theory)을 주창했다. 1998년 그는 통합이론을 교습하고 적용하기 위해 통합연구소를 세웠다.

실도 알아야 한다. 여러분은 변화에도 규율을 불어넣을 수 있고, 우연히 나타난 것에 대한 창조적 혼란도 구조적인 방식으로 관리할 수 있다. 나타나는 모범사례를 포착해서 확산하라. 그러한 사례들을 새로운 기준에 통합하라. 이 과정을 잘할 수 있게 되면 이익을 거둘 수 있다."

지속가능성과 지역사회 매니저들이 종종 변화와 변환 프로세스를 동반하는 내부적 도전에 어떻게 대응할 수 있겠는가?

—— "우선, 눈을 감은 채 행동하지 마라! 일단 행동을 시작하면 다시 돌이키기 힘들다. 내부적으로나 외부적으로 한껏 기대가 크므로 반쯤 가다가 포기하는 것보다는 차라리 출발하지 않는 편이 낫다.

융통성을 발휘하라. 갑자기 잘못되는 예는 항상 있기 마련이다. 모든 전투에서 이길 필요는 없다. 가끔은 후퇴해서 다른 접근방식을 찾아보는 게 최선이다. 자원이 한정되어 있다면 빠른 성공과 변화가 환영받는 곳을 향해 나아가라. 그러면 어려운 부분들은 부수적인 문제가 되어버린다. 때로는 '감시망을 피해 다니며' 새롭게 굳이 따로 변화에 관한 노래나 춤을 만들지 말고, 사람들과 함께 일하며 기존의 프로세스를 이용하는 방법이 좋을 수도 있다.

최상층의 위임을 받더라도 여러분에게는 '권력'이 거의 없다. 나는 위임권을 가진 적이 여러 번 있지만, 그래도 여전히 상부의 영향력 아래에서 일해야만 했다.

일은 잘할 때도, 잘못할 때도 있다. 그러므로 회사가 매우 보수적이라든지 하는 이유로 아직 준비가 되어 있지 않다면, 준비될 때까지 아이디어를 생생하게 유지하는 것으로 만족하라. 현명하게 처신하라. 적절한 순간과 전략을 택하라. 여러분이 갖춘 모든 정치적 기술과 영향력을 이용하라. '옳은 것'만으로는 충분치 않다는 사실을 명심하라! 인내심이 너무 없거나 지나치게 이상주의적인 '변화 중개인' 스타일은 사람들을 자극하면 걷어차일 위험이 있다. 여러분은 '집을 부수는 것'과 '시스템에 새로운 방식을 융합하는 것' 사이에서 균형을 찾아야 한다. 이러한 게임에서 생각보다 많은 묘미를 찾을 수 있다.

회사가 꼭 위기를 겪으며 변화로 가야 할 필요는 없지만, 위기는 사실 훌륭한 기회를 제공한다. 조직이 옛날 방식으로 일하는 건 효과가 없다는 사실을 인정할 준비가 되어 있고, 사람들이 기꺼이 대안을 찾으려 하는 그런 때에 기회는 온다."

좀 복잡하게 들린다. 언제 무엇을 어떻게 해야 할지 어떻게 아는가?

── "그것은 복잡하고 가끔 뒤죽박죽일 때도 있다. 지속가능성, 아니 기업사회참여만을 체화하는 일도 하나의 여정이다. 어렵고 시간이 많이 걸린다. 계속적인 학습의 과정이다. 그게 현실이다. 내가 설명한 대로 시스템적으로 용감하게 시행하는 방법이 유용하리라고 본다. 강력한 가치와 바람직한 거버넌스, 그리고 혁신 문화를 갖춘 가진 기업들은 이것을 더 쉽게 관리할 거라고 본다. 이런 것들이 부족한 기업들은 그게 더욱 힘들 것이다."

이 모든 걸 그렇게 분명하고 확신에 찬 태도로 말할 수 있는 이유는 무엇인가?

── "나는 열정과 자신감을 지니고서 이야기한다. 왜냐하면 이것들은 내가 쉘에서 일할 때, 그다음에는 자문으로 있으면서 다뤄온 도전과제였기 때문이다. 내가 배운 바의 대부분은 그 일을 하는 동안 성공과 실패를 경험하며 얻은 내용이다. 나는 기쁘게도 윌버 모델의 조직적인 변화 이론이 내 경험과 정확히 일치하는 모습을 발견했고, 그것은 내 말에 무게를 실어주었다."

변화 주도자로서 지속가능성이나 기업사회참여 일을 하는 사람들에게 마지막으로 들려주고 싶은 메시지가 있다면?

—— "여러분은 세상에서 가장 어렵고도 가장 보람 있는 직업을 갖고 있다. 여러분이 속한 회사의 경쟁력을 향상하고, 회사의 권력을 선을 위한 힘이 되도록 해줄 변화의 중재자라는 특권을 맡았다. 제대로 하기 바란다. 그러면 여러분은 회사와 지역사회, 그리고 더 큰 세상에 가치를 더해줄 것이다."

도전 극복과 변화 촉진

오래된 습관은 없애기 어렵다. 사람들은 습관적으로 하던 일의 편안함에 집착하는 경향이 있다. 다르게 생각하는 것, 뭔가 다르게 하는 것은 사람들에게 익숙한 습관을 손에서 놓고 개방적인 태도를 요구한다. 간단히 말해 변화를 요구하는 셈이다.

우리가 책임경영, 지속가능성, 기업사회참여를 조직 전체의 장기적 변화에 관한 과정으로 여기는 이유는 바로 이러한 맥락 때문이다. 일부 기업은 스스로를 사회와 상호의존적인 관계의 일부라기보다 사회의 바깥에 있는 존재로 여긴다. 또 일부 기업은 회사의 '영역'을 개방적이고 소통할 수 있다고 여겨 이해관계자들과 활발하게 교류하기보다는, 여전히 '그들의 모습을 비밀리에 간직하고 있다.'

우리는 여기에 몇 가지 여러분이 유용하다고 생각할 만한 개념과 모델을 소개하려 한다. 우리는 주변 사람들의 욕구에 관해 이야기하려 하며, 자신감과 내적 권위와 외적 지원이라는 측면에서 여러분에게 무엇이 필요한지를 지적하려 한다. 이로써 여러분은 기업사회참여에서 목표를 성취할 수 있다.

항상 변화는 있다

변화는 전혀 새로운 게 아니다. 사실 변화는 우리 삶에서 끊임없이 존재한다. 변화는 항상 일어난다. 개인적인 삶에서는 물론 직업적인 삶에서도, 또 우리 주위의 사회에서도 변화는 일어난다. 우리 자신의 몸은 매일 변한다. 아이들은 자란다. 변화는 성장과 발전에 관한 것이기도 하다.

사람들이 "세상이 점점 빨리 변하고 있어. 그 어느 때보다 빨리." 하고 말하는 건 이상한 일이 아니다. 사실 사람들은 긴 역사 속에서 내내 이런 말을 해왔다. 전화가 발명되었을 때나 자동차 또는 TV가 발명되었을 때로 되돌아가 생각해보라. 변화에는 항상 속도가 붙는 듯했다.

기업 역시 변화한다. 기업 이론가들은 경쟁력을 유지하려면 변화해야 한다고 주장한다. "변하지 않으면 죽는다"는 말은 인기 있는 경구다. 타자기처럼 쓸모없어진 제품들을 생각해보라. 한 기업을 둘러싼 시장이 변하면 생산라인이나 사업모델, 그리고 일하는 방식 모두 바뀌어야 한다. 그렇지 않으면 '죽는다'.

개인적인 또는 직업적인 삶에서도 그렇긴 하지만, 어떤 사람들은 변화를 즐긴다. 그들은 새로운 일에 호기심이 있고, 새로운 기회에 개방적이며, 융통성 있고, 변화를 행복하게 여긴다. 반면 어떤 사람들은 불변성을 선호하고 전통을 중시한다. 그들은 복합성과 불확실성에 쉽게 불안함을 느낀다. 그들은 예측가능하고, 꾸준한 속도와 안전함을 좋아한다. 변화는 그들에게 위협으로 느껴질 수 있다.

사람들이 변화의 상황을 싫어한다는 말은 도대체 무슨 뜻인가? 변화는 '지금 우리가 일하는 방식'을 방해한다. 여러분은 사람들로부터 이런 말을 자주 듣는다. "우리는 항상 그렇게 해왔어." 여러분의 이름을 다른 손으로 사인해보라. 이상하고 불편하게 느껴지지 않는가? 여러분은 그 일에 집중해야 하고, 원래 하던 방식으로 사인할 때보다 더 많은 에너지를 써야 한다. 심리적인 전이도 겪는다. 그게 바로 변화가 가져오는 산물이다. 처음부터 잘할 수는 없다. 연습해야 한다. 새로운 습관을 들여야 한다. 그런 전이에는 시간이 든다.

여러분은 매니저로서 회사의 모든 사람으로 하여금 낯설고 잘 모르는 뭔가에 어떻게 열광하게 만들려 하는가?

공통적인 장애물과 그것을 다루는 법

무엇보다 우선 변화에 대한 여러분과 다른 사람들의 전형적인 반응을 이해하고 인정하는 일이 중요하다.

심리학자인 클라에스 얀센(Claes Janssen)은 '변화의 네 개 방(Four Rooms of Change)' 이론(도표 11.1 참조)을 발전시켰다. 이 이론에 따르면 변화와 맞설 때 우리는 모두 만족, 부정, 혼란, 영감이라는 네 개 방을 거쳐 움직인다. 누구도 타잔처럼 줄을 타고 만족에서 영감으로 곧장 갈 수는 없다! 어떤 사람에게는 부정과 혼란의 시기가 더 짧고, 또 어떤 사람에게는 더 길게 지속된다. 일단 영감을 거쳐 다시 만족에 이르면, 여러분은 거기에 영원히 머물 수 없다는 사실을 깨닫는다. 다음 변화가 또 찾아오고 전체적인 순환주기는 모두 다시 시작한다. 여러분의 개인적 혹은 직업적 삶에서 벌어진 변화의 상황을 돌이켜 생각해보라. 변화의 네 개 방을 어떻게 거쳐 왔는지 알 수 있는가?

도표 11.1 클라에스 얀센 박사의 '변화의 네 개 방' 이론

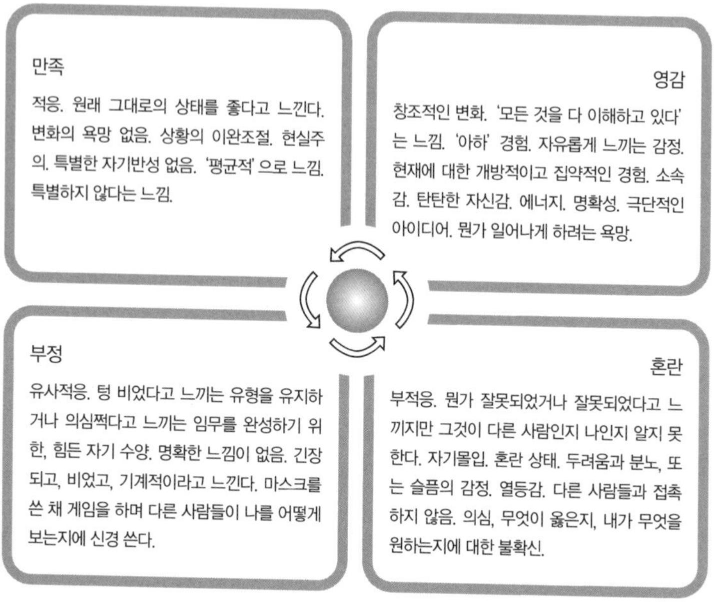

만족
적응. 원래 그대로의 상태를 좋다고 느낀다. 변화의 욕망 없음. 상황의 이완조절. 현실주의. 특별한 자기반성 없음. '평균적' 으로 느낌. 특별하지 않다는 느낌.
영감
창조적인 변화. '모든 것을 다 이해하고 있다' 는 느낌. '아하' 경험. 자유롭게 느끼는 감정. 현재에 대한 개방적이고 집약적인 경험. 소속감. 탄탄한 자신감. 에너지. 명확성. 극단적인 아이디어. 뭔가 일어나게 하려는 욕망.
부정
유사적응. 텅 비었다고 느끼는 유형을 유지하거나 의심쩍다고 느끼는 임무를 완성하기 위한, 힘든 자기 수양. 명확한 느낌이 없음. 긴장되고, 비었고, 기계적이라고 느낀다. 마스크를 쓴 채 게임을 하며 다른 사람들이 나를 어떻게 보는지에 신경 쓴다.
혼란
부적응. 뭔가 잘못되었거나 잘못되었다고 느끼지만 그것이 다른 사람인지 나인지 알지 못한다. 자기몰입. 혼란 상태. 두려움과 분노, 또는 슬픔의 감정. 열등감. 다른 사람들과 접촉하지 않음. 의심, 무엇이 옳은지, 내가 무엇을 원하는지에 대한 불확신.

자료: 앤더·린드스트롬 AB(Ander&Lindström AB)(www.fourrooms.com)
*이것은 '변화의 네 개 방' 공인 버전이다(여러 개의 표절이 존재한다).

어릴 때 생텍쥐페리의 《어린 왕자》를 읽어본 사람이라면 코끼리를 삼킨 보아뱀의 이미지를 기억하리라고 본다. 새로운 트렌드와 신기술을 수용하는 순환주기가 바로 그렇게 생겼다(도표 11.2).

기술 수용의 순환주기는 종 모양의 곡선으로, 그 안의 각 그룹은 각기 다른 심리 상태를 보인다. 그들의 사고방식과 선호를 이해하면 그들과 함께 일하는 데 도움이 되리라고 본다. 기업사회참여 전문 실천가인 여러분은 회사에서 혁신자(innovator)이거나 초기 수용자(early adopter)에 해당한다. 이 두 그룹이 대개 초기 다수 수용자(early majority)를 동원한다.

도표 11.2 기술 수용의 순환주기

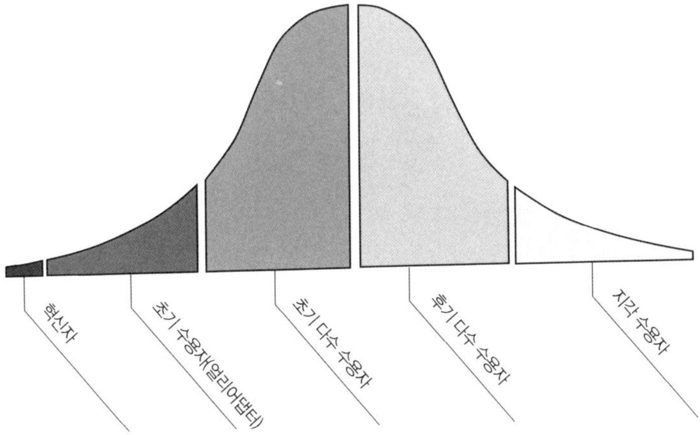

자료: G. A. 무어(Moore), 《틈을 건너며(Crossing the Chasm)》(뉴욕: 하퍼 비즈니스, 1991).
ⓒ1991, 제프리 A. 무어. 하퍼콜린스 출판사 전재 허가.

후기 다수 수용자(late majority)는 정립된 기준이 생길 때까지 기다리는 경향이 있다. 지각 수용자(laggard)들은 더 피할 수 없을 때가 되어서야 움직인다.

습관적인 사고방식

변화에 대한 동기와 변화를 이끌려는 긴급한 욕구를 우리가 인지하는지는 우리의 사고방식과 밀접한 관계가 있다. 우리는 사물을 '패러다임' 내에서 자신에게 세상을 설명하는 방식으로 보려는 경향이 있다. 가끔 그런 습관적인 방식은 '방해 받을' 필요가 있으며, 그래야 우리는 틀에 갇히지 않는다. 다르게 보도록 도우려면 가끔 사람들의 기존 시각을 방해해야 한다. 그렇게 할 때 사람들은 "이제 알겠어!" 하고 말할지 모른다. 여러분은 유명한 '아가씨와 노파'[5]라는 인지적 착시(perceptual illusion) 모델을 보면서 사고의 전이를 경험할 수 있다(도표 11.3

도표 11.3 '아가씨와 노파' 인지적 착시

참조). 아가씨나 노파를 교대로 보는 데는 30초 남짓 걸린다. 어떤 사람들은 둘 다 매우 빨리 본다. 또 어떤 사람들은 다른 이미지를 보는 데 도움을 받아야 할지도 모른다. 여러분의 동료나 상관 또는 이사회 멤버도 역시 그럴 것이다.

여러 해 동안 기업들은 스스로를 사회와 분리된 '닫힌 시스템'이라고 인식했다. 이러한 시각은 오래 전에 낡은 것으로 판명되었음에도 어떤 사람들은 여전히 그런 뿌리 깊은 믿음을 토대로 무의식적인 행동을 한다. 시대에 적합한 사고방식은 기업을 '개방된 시스템'을 가진 사회의 일부로 보면서 이해관계자들과 상호관계를 맺고 교류하는 것이

---

5 이 이미지는 영국의 카툰작가인 W. E. 힐(W. E. Hill)이 그린 것으로, 1915년 유머잡지인 《퍽(Puck)》에 〈아내와 장모(My Wife and My Mother-in-Law)〉라는 제목으로 게재되었다. 힐은 전 세계적으로 인기를 끌었던 퍼즐 카드 그림에서 그 형상을 차용한 것이 거의 확실하다. 오리지널 이미지는 1888년부터 출처를 알 수 없는 독일의 한 우편엽서에 그려져 있었다(mathworld.wolfram.com/YoungGirl-OldWomanIllusion.html).

다. 일단 그런 방식으로 사물을 볼 수 있다면, 여러분은 그에 따라 어떻게 행동하는가? 그 기업의 행동 방식에서 변화해야 할 부분은 무엇인가? 그 결과는 무엇인가?

내부적인 인플루엔서(influencer, 영향을 미치는 사람—옮긴이)이자 '변화 중개인'으로서 여러분은 사람들이 변화를 다루는 방법에 도움을 줄 수 있다. 그들이 다르게 보도록 도와주고, 그들이 이해하도록 해주고, 그들이 부정과 혼란을 극복하도록 해줄 수 있으며, 다양한 선택지를 탐색하도록 도와줄 수 있다. 또한 여러분은 그들이 새로운 활동을 시작할 때 지지해줄 수 있다.

사람들의 동기 이해

사람들은 똑같지 않다. 그들은 여러 다양한 방법으로 자극을 받는다. 도표 11.4는 5가지의 서로 다른 동기 유형을 보여준다.

- **영감.** "더 큰 목적은 무엇인가?"
- **임무.** "손에 잡히는 게 아니라면, 나는 관계하지 않겠다."
- **개인성.** "내가 기여한 바에 대해 칭찬받고 싶다."
- **지위.** "나한테 좋은 것인가?" "사업에 좋은 것인가?"
- **관계.** "내가 좋아하는 사람들과 일할 수 있는가?" "좋은 시간을 보낼 수 있는가?"

우리는 각자 1차적인 동기를 하나씩 품고 있다. 다른 사람들이 가진 동기를 이해하지 못하면 잘못된 커뮤니케이션을 하게 된다. 얼마나 자주 "사람들이 이걸 이해하고 있는지 잘 모르겠어"라고 생각하는가? 그렇다면 여러분은 새로운 각도로 소통하려고 노력해야 한다. 프로젝트의 목표에 관해 이야기하는 일을 멈추고, 거기에 참여한 사람 중 누군가에 대한 이야기를 해보라. 그 얘기에 갑자기 상대방이 적극적으로 변할지 모른다. 그렇다면 그 사람의 1차적 동기는 영감이 아니라 관계라는 얘기다.

도표 11.4 효과적으로 영향 끼치기 – 사람들의 동기 이해하기

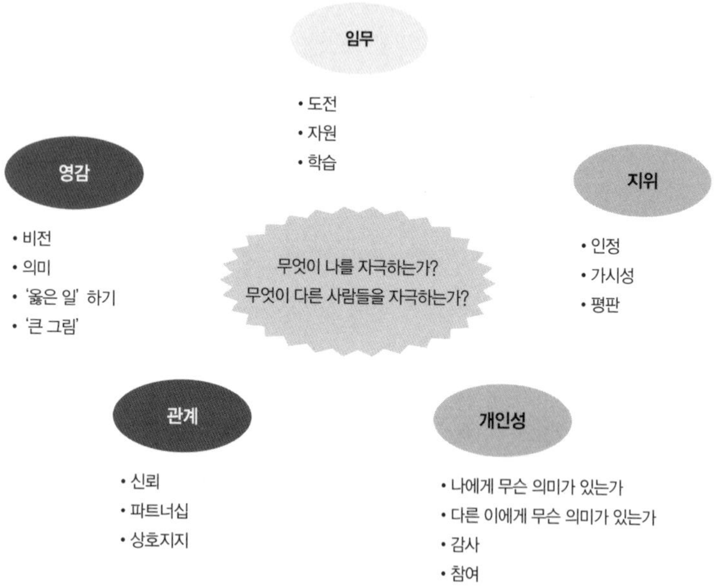

자료: A. R. 코헨(A. R. Cohen)과 D. L. 브래드포드(D. L. Bradford), 《권력 없는 영향(Influence without Authority)》(호보켄, 뉴저지: 윌리, 2차 개정판, 2005).

권력, 지배력, 프로젝트 초점

기업 내에서 또 다른 공통적 장애물은 사람들이 지배력이나 힘 있는 지위를 잃을까봐 두려워하는 것이다. 만약 뭔가 다른 요소가 중요해진다면 그들의 영향력은 덜 중요해질까? 마크 웨이드가 이번 장 앞부분

에서 설명한 대로, 사람들의 기여에 대해 그들에게 감사해하고, 책임경영과 기업사회참여가 어떻게 그들의 특정 영역과 관계있는지 이해하게 하는 일은 매우 중요하다.

또 다른 방해요인은 일상적인 삶으로 돌아가기 위해 프로젝트를 끝내려는 사람들의 욕망이다. 책임경영과 지속가능성의 모든 영역과 마찬가지로 기업사회참여에서 중요한 점은 그 자체가 계속되는 과정이며, 장기적으로 일을 하는 데 있어서 사람들은 새로운 방식을 취해야 한다는 사실이다. 그 일은 전과 다른 태도를 필요로 하고, 기업문화의 일부가 되어야 한다. 책임경영과 지속가능성 분야의 리더로 인정받아 온 기업들은 모두 이러한 사고를 기업문화와 기업가치 속에 뿌리내리게 했다.

기업문화를 다루는 일은 시간이 걸리며, 그 조직의 모든 계층과 관계를 맺어야 한다. 마크 웨이드가 말한 대로 '시스템'(기업 정책을 다루는 회사의 공식적인 조직 구조)과 그 조직을 구성하는 개개인(마음을 가진 직원들)을 모두 끌어들여야 한다. 기업사회참여를 지원하는 '시스템'을 만들기 위해서는 이사회의 지원이 절실히 필요하며, 인사관리 부서나 내부 커뮤니케이션 부서가 직원들에게 이에 관해 이야기해주도록 이끌어야 한다. 또 마케팅 부서의 브랜드 담당자들이 기업사회참여를 사회적 브랜드 차원, 이를테면 '인간적이고 신뢰받는' 관점으로 연계하도록 해야 한다. 개인과 관련해서는, 직원들이 이것을 기업문화와 가치의 일부로 생각하며 생활하게 해야 한다. 문화를 바꾸는 일은 한두 번의 괴상한 이벤트를 벌이는 게 아니다. 계속 진행되는 과정이다. 문화는 사람들이 되고 싶은 바, 그들이 매일 살아가는 방식에 관한 양식이다. 사람들에게 강요할 수는 없다. 각자의 동기와 책임감에 따라 살도록 해야 한다.

신봉이론과 실제행동

'시스템' 차원에 있어서 어려운 점은 회사가 '공식적'으로는 기업사회참여를 포함한 책임경영에 참여하고 있지만, 그것은 '신봉이론(espoused theory, 사람들이 다른 사람에게 자신의 행동을 설명할 때 사용하는 이론. 실제 행동 속에 내재된 이론과 대비되는 개념으로 쓰인다.—옮긴이)'[6]과 같은 겉모습일 뿐이고 그러한 요소들이 아직 그 회사의 '행동방식'과 공식적인 거버넌스 원칙, 정책, 관리 시스템에는 통합되지 않았을 경우다. 효과적이고 시스템적인 통합이 없다면 여러분은 사람들의 지지를 얻는 데 선의에 의존할 수밖에 없다. 일부에게서는 지지를 얻을 수 있겠지만 다른 사람들에게서는 지지를 얻지 못할 수도 있다. 사람들의 저항적 행동은 여전히 시대에 뒤떨어진 근본적인 믿음과 사고방식에 기초하고 있을지 모른다. 우리가 여기에서 이에 관해 설명하는 것은 여러분이 직접 경험했을지 모르는 좌절감을 더 잘 이해하도록 하기 위해서다. 여러분은 이사회로 하여금 초기의 립서비스를 넘어 포괄적이고 시스템적인 통합에 전적으로 참여하도록 이끌어야 한다. 그래야만 다양한 직능의 사람들이 책임지고 지원하게 할 수 있다.

내부 분열

이런 얘기를 들을 수도 있다. "아니, 왜 그걸 직접 하지 않는 거죠? 그건 당신 일이잖아요. 나는 먼저 해야 할 다른 일들이 있다고요." 이것이 바로 책임경영과 기업사회참여가 별 볼 일 없는 부서로 전락해 복도 끄트머리의 문 닫힌 사무실 어디쯤에 있게 되는 방식이다. 사람들

---

6 아지리스(C. Argyris) · 숀(D. Schon), 《조직적 학습 II(Organizational Learning II)》(리딩, 매사추세츠: 아디슨-웨슬리, 1996)

은 주인의식을 품고 방향을 바꿔 행동하기보다는 뭔가 외부에 위탁하는 편이 더 쉽다고 느낀다. 요즘에는 책임경영과 기업사회참여 담당자들이 조력자나 조정자 역할을 하는 일이 아니라면 거의 직장을 그만두겠다고 할 만큼, 책임경영과 기업사회참여가 주류가 되고, 업무방식의 큰 부분이 되어야 한다고 흔히들 생각한다.

그런 일이 일어나게 하려면 관련 부서에서 그 이익을 자신들의 영역을 위한 것으로 이해하게끔 만드는 게 중요하다. 여러분이 그 사람들의 일을 직접 할 수는 없다. 따라서 여러분은 책임경영과 기업사회참여를 주류로 만들어야 한다. 그래야 그것들이 사업에 통합되고, 각 부서도 주인의식을 갖는다.

중간경영진의 '샌드위치 위치'

중간 경영진은 종종 최고 경영진과 직원들 사이에서 '샌드위치'가 된다. 그들은 최고 경영진으로부터 명령을 받고, 석 달이나 여섯 달짜리 목표에 부응해야 하며, 동시에 직원들에게도 계속 동기를 부여해야 한다. 중간 경영진 인사를 끌어들이려면, 그들의 걱정거리를 귀 기울여 듣고, 그들이 무엇 때문에 바쁜지, 그들이 최근 우선순위를 두고 있는 일이 무엇인지 알아내라. 여러분의 이슈와 그 일 사이에 어떤 관계가 있는가? 연계성을 찾을 수 있는가? 관련성을 만들 수 있는가?

아마도 그들은 이렇게 말할지 모른다. "상관이 승인해야만 지원해줄 수 있습니다." 그 상관은 최고 경영진 가운데 누군가일지 모른다. 여러분은 그 사람에게 이야기하거나 아니면 여러분의 책임자가 그렇게 하도록 해야 한다.

'또 다른 변화 계획'이나 '우리가 고안하지 않은 것'이라는 생각 극복하기

사람들은 회의적일 수 있다. 그동안 수많은 변화 계획이 들어왔다 나가고 사라지거나 실패하는 모습을 봐왔다. 그들은 또 직접 변화시키려고 노력했지만 지원 부족을 경험하며 실망했는지도 모른다. 따라서 한편으로는 사람들의 사기를 유지하고, 다른 한편으로는 그들에게 실제 결과를 보여주는 일이 중요하다.

또 다른 문제는 위로부터 강요된다고 느끼는 활동에 대해 "우리가 고안한 게 아니다"라는 사람들의 생각과 회의론이다. 이러한 생각은 거부로 이어질 수 있다. 따라서 참여형 접근방식으로 책임경영과 기업사회참여를 추구해야 한다. 직원들을 처음부터 끌어들여 그들에게 의미 있는 일과 그들이 보기에 회사가 해야 하는 일을 함께 생각하도록 해야 한다. 이러한 접근법은 그들로 하여금 처음부터 개입되었다고 느끼게 하여 해결책을 찾기 위한 주인의식을 고취하기 때문에 더욱 성공적일 수 있다.

예를 들어 보겠다. 노키아는 매년 사내 품질 시상제를 운영하여 직원들에게 개선안을 응모하게 한다. 처음으로 책임경영을 시상 주제의 하나로 내걸었던 그해에 응모율은 30퍼센트나 올랐고, 모든 제출안의 4분의 1이 책임경영에 관한 내용이었다.

조직 전체의 사람들을 대화, 이를테면 부서 간 포커스 그룹 등에 끌어들이는 건 좋은 생각이다. 그들에게 직접 물어 볼 수 있다. 기업사회참여는 무엇을 의미하는가? 회사를 위해 어떤 아이디어를 갖고 있는가? 이렇게 하면 사람들은 그들이 개입되었다고 느끼며 주인의식을 느낀다.

또한 신기술은 사람들을 지리적 한계와 상관없이 대규모의 대화에 참여할 수 있게 해준다. 예를 들어 IBM은 아코더스(Achordus)[7]라는 도구를 이용해 1만 명에 달하는 사람을 온라인 대화에 끌어들여 기업문화, 가치, 책임경영 등의 이슈에 관해 토론하게 한다.

권력 없이 영향 끼치기
이와 같은 모든 설득력 있는 방법으로 회사에 영향을 끼칠 수 있다. 이것이야말로 여러분의 중요한 내부적 역할이다. 우리는 권력 없이 영향을 끼치는 일에 관해 이야기하고 있다.

대의명분을 촉진하는 데 필요한 개인적 품성

2장에서 설명한 대로 다음과 같은 품성을 갖추면 도움이 된다.

- 내부적/외부적으로 전문 분야를 뛰어넘는 뛰어난 커뮤니케이션 기술
- 사람을 모으고 좋은 관계를 형성하고 신뢰를 키우는 능력
- 핵심사업 외의 이슈에 대한 개방성과 이해
- 경청하는 기술과 다양한 관점을 보는 능력
- 팀 중심
- 열정, 의욕, 열성
- 인내심, 끈기, 불만에 대한 내성

왜냐하면 여러분은 아마도 사람들이 해야 할 일을 그저 '말하는' 위치에 있으려 하지 않기 때문이다. 여러분의 일은 명령을 내리는 업무가

---

7 www.achordus.com

아니라 사람들을 끌어들이는 일이다. 7장의 로스 테니슨은 인플루엔서와 변화 중개인을 '보이지 않는 리더'라고 말한다. 여기서 리더십 기술은 사람들을 끌어들이고, 개입하게 하고, 동기를 부여하는 능력이다.

> "사악한 리더는 사람들을 경멸하는 사람이다. 좋은 리더는 사람들을 존경하는 사람이다. 위대한 리더는 사람들로 하여금 '우리 스스로 했다'고 말하게 하는 사람이다." —노자

여러분의 업무는 모두 관계에 관한 일이다. 관계를 구축하고, 유지하고, 협력자와 지지자사이에 네트워크를 형성하는 일 등이다. 변화와 혁신은 그러한 '연계성'에서 나온다.

한 사람씩 따로따로 마음을 변화시켜야 할 필요도 있다. 따라서 많이 듣고, 많이 대화하고, 많은 영향을 끼치고, 설득할(그 순서대로) 준비를 해야 한다. 스티븐 코비[8]는 먼저 이해하려고 노력하고, 그다음에야 이해시키도록 하라고 조언한다. 이번 장에서 우리가 여러 번 강조한 것처럼, 사람들은 자신의 이슈에 관해 이해받는다고 느끼길 원한다. 따라서 그들에 관해 물어보고 얘기를 들어준다면, 여러분의 대의명분에 관해 좀 더 들어주려고 할 것이다. 긍정적인 대화를 나누려면 그들에게 원하는 바를 얘기하지 마라. 대신 그들의 생각과 아이디어에 대해 물어라. 그들이 적극적으로 기여할 수 있다면, 그들은 주인의식을 키우게 될 것이다.

여러분의 일은 밀어붙이지 않으면서도 집요해야 하는 기술을 포함

---

8 코비(S. R. Covey), 《성공하는 사람들의 7가지 습관》(뉴욕: 프리프레스, 개정판. 2004; 서울: 김영사)

한다. 마크 웨이드가 설명한 내용처럼 후퇴할 때와 다른 길로 돌아갈 때를 알아야 한다.

좋은 내부 자원과 외부 지지

하룻밤 사이에 회사를 변화시킬 수는 없다. 오랜 시간과 인내심이 필요하다. 여러분의 자원을 만들기 위해서 내적 자신감을 키우고 스스로 기초적인 토대를 다져야 할 필요가 있다. 우리의 권위는 나이, 훈련, 반성, 그리고 경험과 함께 성장한다. 더 많이 할수록 더 성숙해지고 자신감도 더 생긴다. 여러분의 권위를 잘 관리하기 바란다.

외부의 지지를 얻는 5가지 접근방법

이 모든 일을 혼자서 할 필요는 없다. 모든 대답을 알아야 할 필요도 없다. 내적 자원을 외부의 지원 네트워크에 연결함으로써 강화할 수 있으며, 그렇게 하는 편이 좋은 전문가적 실천이다. 우리는 여러분이 시도해볼 만한 5가지 접근방법을 제안한다.

1. 회사의 인사관리 부서 내에 조직개발 기능이 있으며 그곳 사람들이 변화 프로세스의 전문가들이라면, 그들에게 이야기하기를 쑥스러워 하지 마라. 그들은 전략 부서 동료들만큼이나 중요하다. 좋은 사례로 독일의 O_2라는 회사가 있다. 당시 그 회사의 책임경영 팀장은 여러 부서 팀장을 포함하여 책임경영 운영위원회를 조직했다. 그는 조직개발 부서의 '변화 전문가들'이 회의 때마다 테이블에 항상 같이 있도록 했다.

2. 동료 간의 네트워크에 참여하라. 다른 회사 동료와 함께 성공과 도전에 관해 이야기를 나눠라. 이미 여러분 나라에 그런 네트워크가 있을지도 모른다. 책임경영 컨퍼런스에서 또래 동료를 만날 수도 있고, 미국의 보스턴 대학 기업시민활동센터나 사회적 책임을 지는 기업, 영국의 지역사회 속의 기업, 또는 브뤼셀의 CSR 유럽과 같이 기업 멤버십을 제공하는 기관의 멤버십에 가입할 수도 있다. 조직적 변화의 맥락에서 책임경영과 지속가능성에 관한 최신 사고에 관심이 있다면, 유럽사회경영아카데미[9]에 가입을 고려하기 바란다.

3. 사내·외에서 롤 모델을 찾아라. 여러분이 하려고 하는 일을 그들이라면 어떻게 접근하겠는가? 멘토나 코치를 찾는 방법도 고려하라.

4. 좋은 훈련을 받아라. 커뮤니케이션이나 수사학, 발표기술, 목소리와 보디랭귀지, 퍼실리테이션, 영향 끼치기와 설득, 어려운 대화 다루기, 내부 컨설팅, 갈등 해결 등에 관한 훈련을 받아볼 수 있다. 어쩌면 회사는 자체적인 학습개발 포트폴리오의 일부로 몇 가지 훈련과정을 시행하고 있을지 모른다. 아니면 인터넷으로 외부에서 제공되는 과정을 찾아볼 수도 있다.

5. 검증된 외부 컨설턴트들로부터 내부 설득과 조력에 대한 개별적

---

9 이 기관들의 웹사이트 주소는 431~432쪽에 있다.

인 지원이나 도움을 얻을 수 있다. 주위에 물어봐서 다른 사람들이 함께 일해 봤거나 그들이 추천하는 사람을 찾아보라.

힘들지만 보람 있고 환상적인 여정

내부 인플루엔서로서 여러분의 일이 때로는 복잡하고 힘들지만, 때로는 환상적이라는 사실을 알게 될 것이다. 그것은 기나긴 여정이다. 이 분야에서 일하는 우리의 동료가 하는 얘기가 하나 있다. 이 일을 하면서 처음으로 잊은 건 조급함이었다는 말이다. 일을 시작한 첫해 그리고 3년 후를 돌아본다면, 여러분은 변화를 창조해왔다는 사실을 보게 되리라고 본다. 또 여러분이 구축한 열정적인 협력자들과 지지자들의 네트워크를 볼 수 있으리라고 본다. 여러 프로그램이 자리를 잡고, 사람들은 헌신하고, 지역사회에서 다양한 결과를 성취할 것이다. 궁극적으로 여러분이 하는 일의 결과는 사회와 회사에 유익할 것이며, 회사 내부와 외부의 모든 이해관계자들은 여러분의 기여에 감사하리라고 믿는다.

변화를 다룬 책들

사람들로 하여금 변화가 무엇인지 이해하도록 돕고 싶다면 두 권의 짧고 쉬운 책을 추천할 수 있다. 스펜서 존슨(Spencer Johnson)이 쓴 《누가 내 치즈를 옮겼을까?》[†]와 존 코터(John Kotter)가 쓴 《빙산이 녹고 있다고》[††]

다. 두 권 다 쉽고 재미있는 읽을거리로, 계속 변화하는 세상에서 잘 살아가는 방법에 관한 단순한 우화들을 담고 있다. 여러분은 이 책들을 읽고, 말을 거는 수단으로 동료들에게 줄 수도 있다.

다른 사람들이 변화를 어떻게 다루는지 더 알고 싶다면, 산드라 웨독(Sandra Waddock)이 쓴 《변화 창조자들: 사회적, 제도적 기업들은 어떻게 사회적 책임 운동을 시작했는가》[†††]를 추천한다.

† S. 존슨(S. Johnson), 《누가 내 치즈를 옮겼을까?(Who Moved My Cheese?)》(뉴욕: 푸트남, 1998; 진명출판사).

†† J. 코터(J. Kotter), 《빙산이 녹고 있다고(Our Iceberg Is Melting)》(뉴욕: 세인트 마틴 출판, 2006; 김영사)

††† S. 와독(S. Waddock), 《변화 창조자들: 사회적, 제도적 기업들은 어떻게 사회적책임 운동을 시작했는가(The Difference Makers: How Social and Institutional Entrepreneurs Created the Social Responsibility Movement)》(쉐필드, 영국: 그린리프 출판, 2008)

부록 11.1 마크 웨이드 박사 인터뷰에 언급된 개념적 모델

도표 11.5 쉘의 지속가능발전(SD) 학습 프레임워크

목표	활동	매개체	중개인
인식과 이해	소통 핵심 메시지 최신 업데이트 모범사례 예시	SD e포털 뉴스레터, e레터 쉘 보고서 자원 도서관	기업센터 지사 부서
실무 지식 숙련자	훈련/학습 SD 발표 패키지 SD 사례연구 SD 모범사례 가이드 SD 모듈/이벤트 SD e-러닝 도구	SD 워크숍 SD 마스터클래스 정밀화(e-러닝) 리더십 평가와 개발 훈련/코칭 조정	SD 자문가 주제 전문가 자발적인 프로그램 매니저
장인급	훈련 이상의 것 참여형 학습 경험자 기능적 리더십 능력 개요 작성	SD 네트워크 교차 정보 공유 경력 계획 능력	지사 인사관리 계획자 SD/건강, 안전, 환경 자문가 SD 전문실천가

쉘 학습

도표 11.6 자보르스키 샤머의 'U' 프로세스 접근법

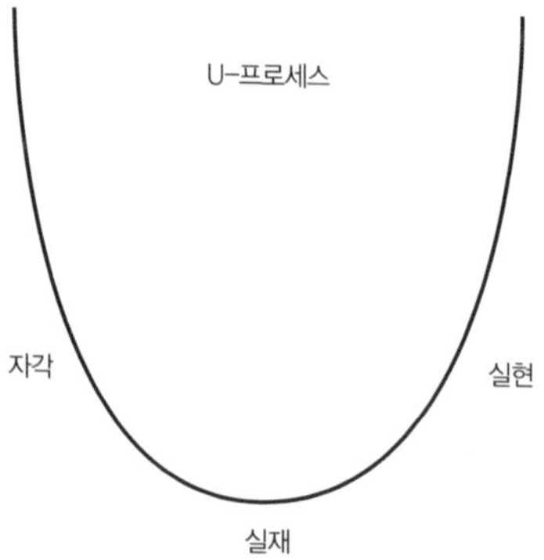

자각(自覺, Sensing). 참가자들은 다른 곳과 조직을 방문하고, 그 조직에 대한 신선한 통찰력을 발전시킨다. 그리고 그들이 기존에 추정하고 있었던 바에 대해 이의를 품기 시작한다.

실재(實在, Presencing). 참가자들은 '자각'을 모두 통합하여 앞으로 나아갈 수 있는 방법과 그 목표를 달성하기 위한 강한 개인적인 헌신에 대하여 다함께 공감대를 형성한다.

실현(實現, Realizing). 참가자들은 모두 다 같이 새롭고 혁신적인 사고로 표현되는 실험 모델과 행동에 대한 계획을 세운다.

자료: O. 샤머(www.presencing.com)

도표 11.7 윌버의 변화의 통합모델

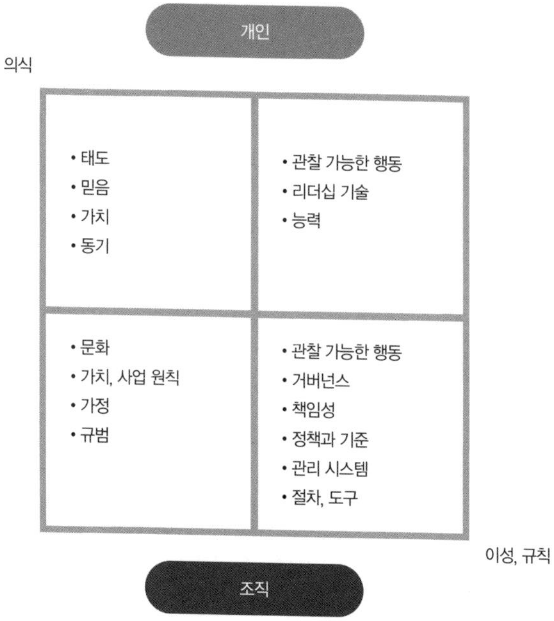

유용한 기관 목록

이 책에서 언급했던, 기업사회참여와 책임경영 분야의 종사자들에게 유용한 정보를 가진 여러 기관들을 정리해 보았다. 완벽한 리스트는 아니지만 나름대로 큰 도움이 될 것이라 믿는다.

책임경영과 기업사회참여 기관들

어카운터빌러티(AccountAbility)	www.accountability21.net
보스턴 대학 기업시민활동센터 (BCCCC : Boston College Center for Corporate Citizenship)	www.bcccc.net
사회적 책임을 지는 기업(BSR : Business for Social Responsibility)	www.bsr.org
지역사회 속의 기업(BITC : Business in the Community)	www.bitc.org.uk
CSR 유럽(CSR Europe)	www.csreurope.org
유럽사회경영아카데미(EABIS : European Academy of Business in Society)	www.eabis.org
HIV/에이즈·결핵·말라리아 퇴치를 위한 세계기금 (GBC : Global Business Coalition on HiV/AIDS, Tuberculosis and Malaria)	www.gbcimpact.org
국제기업리더포럼(IBLF : International Business Leaders Forum)	www.iblf.org
국제금융공사(IFC : International Finance Corporation)	www.ifc.org
런던벤치마킹그룹(LBG : London Benchmarking Group)	www.lbg-online.net
국제투명성기구(Transparency International)	www.transparency.org
세계지속가능발전기업협의회 (WBCSD : World Business Council for Sustainable Development)	www.wbcsd.org
세계경제포럼(World Economic Forum)	www.weforum.org
유엔 글로벌콤팩트(UN Global Compact)	www.unglobalcompact.org

부문간 협력 자문기관

파트너링 계획(TPI: The Partnering Initiative)	www.thepartneringinitiative.org

임직원참여활동 관련 멤버십기관

ENGAGE	www.engageyouremployees.org

재난구호활동 관련 국제 NGO 파트너들

케어인터내셔널(국제원조구호기구) (CARE: Cooperate for Reliefs Everywhere International)	www.care.org
국제재난정보센터(Center for International Disaster Information)	www.cidi.org
국제적십자사연맹 (International Federation of Red Cross and Red Crescent Societies)	www.ifrc.org
세계식량계획(World Food Programme)	www.wfp.org

지속가능경영 보고서 가이드

GRI(Global Reporting Initiative)	www.globalreporting.org

Added Value from cross-sector collaboration(부문 간 협력의 부가가치): 부문 간 협력 또는 파트너십에 의한 부가가치란 직접적인 수혜자는 물론 모든 이해관계자 및 사회가 독자적으로는 불가능했겠지만 함께 협력함으로써 얻게 된 성과와 영향력을 말한다.

Business indicators(사업지표): 측정과 평가 영역. 즉 한 회사의 기업사회참여활동 결과를 대내외적으로 평가해 현실화한 사업 이익의 척도. 9장 참조.

Business Integration of Community Involvement(기업사회참여의 사업적 통합): 5장 참조.

Cause-related marketing(CRM, 공익연계 마케팅): 제품이나 기업 브랜드가 적절한 대의명분과 연결된 경우. 즉 기업이 특정한 공익적 목적에 따라 소비자나 고객들이 회사 제품을 하나씩 사줄 때마다 소비자 대신 수익금의 일정 비율을 기부하겠다고 약속하는 방식 등을 말한다. 5장 참조.

Civil society(시민사회): 지역사회에 기반을 둔 조직으로 모든 비영리기관, 비정부기구를 포괄적으로 일컫는 용어.

Community(지역사회): 기업이 사업을 벌이고 근로자, 고객, 다른 이해관계자들이 일하고 생활하는 터전이 되는 지역·도시·마을 등을 일반적으로 칭하는 말.

Core competencies(핵심역량): 한 기업의 핵심적인 강점, 즉 전사적(全社的)으로 보유한 과학적 혹은 기술적 전문성이나 생산기술, 관리력 등을 말한다. 핵심역량은 그 기업의 사업 자체에 내재되어 있는 지식과 기술의 어떠한 조합으로도 가능하다. 사람들은 이제 기업사회참여에 있어서 기업들이 적절한 사회적 이슈를 찾아 그들의 핵심역량을 최대한 발휘하여 사회 문제를 해결해주기를 점점 더 기대하고 있다.

Corporate Citizenship(기업시민활동): 기업은 사회활동에 참여할 권리와 더불어 받은 것을 사회에 환원하고 의미 있게 기여해야 할 책임을 함께 지고 있다는 점에서 한 사회의 완벽한 구성원으로 볼 수 있다. 어떤 기업들은 이를 기업자선활동이나 기업사회참여활동, 책임경영활동 등의 용어로 표현하기도 한다.

Corporate Community Involvement(기업사회참여): 기업이 사업을 하고 있는 국가나 지역, 지역사회 등에서 그곳의 정부, 혹은 비영리기관 및 비정부기구와 적극적인 파트너십을 맺고 여러 프로젝트를 함께하는 활동을 말한다. 기업은 프로젝트의 자금을 대고, 프로젝트를 함께 설계·관리하며, 임직원들을 자원봉사자로 참여하게 이끌기도 한다. 여기서 중요한 점은 사회를 위해, 그리고 결과적으로 사업적인 측면에서도 긍정적인 '영향'을 창출하는 일이다. 기업시민활동, 기업사회연계, 기업사회투자, 기업사회관계, 기업사회파트너십 또는 사회적 성과 등으로 지칭하기도 한다.

Corporate Giving(기업기부활동): 기업자선활동, 기업기여활동, 또는 '자선사업을 위한 수표 발행' 등으로 표현하기도 한다. 기업들이 이윤이나 자원의 일부를 비영리기관들에게 기부하는 행위를 말한다. 4장 참조.

Corporate Responsibility(CR, 책임경영): 책임경영은 복합적이다. 경제·환경·노동·사회적 이슈 등을 모두 포함한 기업 관련 문제 전반에 대해 책임감 있고 지속가능한 행동을 말한다. 기업사회참여는 전반적인 기업의 '사회적' 책임, 다른 말로 사회적 수행 가운데 하나의 하위 부문이라고 볼 수 있다.

CR/Sustainability council or steering group(책임경영/지속가능경영 위원회 또는 운영단): 대개 선임 관리자들이나 외부 관계자들로 구성된 기업 내의 그룹으로, 기업사회참여를 비롯한 책임경영/지속가능경영 목표에 대한 계획·감시·실행·보고 등에 관해 기업 이사회에 자문하는 역할을 한다.

Cross-sector collaboration/partnership(부문 간 협력/파트너십): 민간 부문과(또는) 정부, 그리고(또는) 제3부문(시민사회라고도 부른다) 간의 협력이나 파트너십. 어떤 부문끼리 협력하느냐에 따라 '공공-민간 파트너십' '3자간 협력' 또는 '다자간 협력' 등으로 부르기도 한다. 학계도 이러한 협력에 적합한 부문으로 간주된다. 부문 간 파트너십은 21세기형 개발 접근법이라 할 만하다. 즉 각 부문이 지역이나 국가 또는 국제적 차원에서 자신들의 기술·자원·전문성 등을 함께 나누고 협력해 일하기 때문에 사회적 도전 과제들을 통합적이고 지속가능한 방식을 통해 혁신적으로 해결할 진정한 잠재력을 갖추고 있다. 7장 참조.

Disaster relief(재난구호): 재난으로 피해를 본 개인이나 지역사회가 가급적 인간적 고통을 겪지 않도록 긴급히 제공해주는 돈이나 서비스를 말한다. 이때 '재난'이란 자연재해뿐 아니라 인재(人災)도 포함한 개념이다. 4장 참조.

Donations(기증활동): 기업기부활동과 4장 참조.

Employee Involvement(임직원참여활동): 기업이 임직원의 사회활동을 지원하는 방법. 임직원참여활동은 세 가지 핵심요소로 이뤄진다. 즉, 임직원자원봉사와 시간매칭 또는 기금매칭 방식이다. 8장 참조.

Employee Volunteering(임직원자원봉사): 임직원참여활동 영역. 기업의 임직원이 근무하고 생활하는 지역사회를 위해 시간·에너지·기술 등을 자발적으로 기여하는 활동을 말한다. 기업은 임직원 자원봉사자들을 개인이나 팀으로 직접 조직, 이들에게 연간 이틀 정도의 유급휴가를 주는 방법 등으로 자원봉사를 위해 근무시간을 활용할 수 있게 해준다. 8장 참조.

Foundation(재단): 공익적 자선활동을 지원하는 비영리기관. 대개 개인이나 가족 또는 기업의 기부금으로 조성된다. 재단들은 그 기부금의 이자를 가지고 과학·교육·문화·종교, 또는 다른 자선적 목적을 위해 재단과는 이해관계가 없는 조직이나 연구소 또는 개인에게 보조금을 지급하거나 그런 목적의 자체 프로그램을 운영한다. 4장 참조.

Global Reporting Initiative(GRI): 지속가능경영 보고서의 가이드라인에 대한 국제적 표준을 개발·전파하기 위해 전 세계 다양한 분야의 이해관계자가 모여 만든 국제기관. 각 조직의 활동·제품·서비스에 대해 경제적·환경적·사회적 차원까지 포괄하는 표준을 만들어 전 세계 모든 조직이 이를 자발적으로 사용할 수 있게 하는 것이 목적이다. GRI 표준은 조직 차원의 지속가능경영 보고서를 준비할 수 있도록 보고서의 기본 원칙, 구체적인 내용 지표 등을 포함하고 있다(www.globalreporting.org).

In-kind Donation(현물기증): 비금전적 기부활동 참조.

Input(투입): 측정과 평가 영역. 프로젝트의 목표 달성을 위해 이용되는 자원(예를 들어 인적·재정적·관리적 자원이나 네트워킹 연결, 공간 및 시설 등)을 말한다.

Key Performance Indicator(KPI, 주요성과지표): 측정과 평가 영역. 한 조직이 조직적 목표에 대한 성과를 어떻게 정의하고 측정할 것인지 도와주는 재무적·비재무적 측정도구다. 이는 프로젝트와(또는) 파트너십의 현 상태를 평가하는 일은 물론, 그 평가를 토대로 앞으로의 활동 과정을 제시하는 데 이용된다. 대개 그 조직 또는 파트너십 전략과 매우 밀접한 관련이 있다. 9장 참조.

Matched Funding(기금매칭): 임직원참여활동 영역. 한 기업의 임직원이 어떤 공익적 목적으로 기금을 모으면, 기업은 모금된 금액만큼 추가 적립해 임직원 1인당 연간 일정 한도 내에서 관련된 자선단체에 기부하는 방식이다. 8장 참조.

Matched Time(시간매칭): 임직원참여활동 영역. 한 기업의 임직원이 근무시간 외의 자유 시간을 이용해 공익적인 목적으로 자원봉사하면, 그 기업은 자원봉사 시간당 일정금액을 환산해 임직원이 봉사한 총 시간만큼 임직원 1인당 일정 한도 내에서 관련된 자선단체에 기부하는 방식이다. 8장 참조.

Memorandum of Understanding(MoU, 양해각서): 프로젝트 협력 당사자들이 협력 내용과 용어 등을 정리해 공식적으로 만든 문서. 대개 프로젝트를 시작하기 전에 합의한다.

Millennium Development Goals(MDG, 새천년개발목표): 전 세계 극빈층을 절반으로 줄이는 일에서부터, HIV/에이즈의 확산을 막고 초등교육을 완전 보급하는 일에 이르기까지 모두 8가지 목표를 두고 있다. 전 세계 국가와 주요 개발기관이 합의한 청사진이다(www.un.org/millenniumgoals).

Non-monetary giving(비금전적 기부활동): 기업기부활동의 한 형태. 현금 외의 선물을 의미하며, 현물기증이라고도 한다. 기업이 지역사회에 필요한 시설이나 물품 또는 부동산 등으로 비금전적인 기부를 하는 활동을 말한다.

Outcomes(결과): 측정과 평가 영역. 어떤 프로그램이나 계획의 장기적인 결과물을 말한다. 질적인 개념이기 때문에 종종 측정하기 어렵다. 9장 참조.

Outputs(산출): 측정과 평가 영역. 투입된 자원과 완료된 활동으로 얻은 유형화된 단기적 결과물을 말한다. 대개 산술적인 개념이다. 9장 참조.

Partnering Agreement(파트너십 협약): 파트너십의 목표, 각자의 역할과 책임, 의사결정과정은 물론 구체적인 활동계획, 자원투입방법 등을 담은 문서.

Philanthropy(자선활동): 기업기부활동 참조.

Private sector(민간부문): 비즈니스, 기업, 영리부문 등을 모두 아우르는 포괄적 용어.

Public-private partnership(공공-민간 파트너십): 부문 간 협력/파트너십 참조.

Public sector(공공부문): 정부(국가·지역·지방 등 모두 포함), 정부 간 기구, 공공서비스 조직을 아우르는 포괄적 용어.

Social entrepreneurship(사회적기업가 정신): 사회 문제에 대한 의식을 가지고 사회 변화를 만들어내기 위한 벤처기업을 조직하고 운영함에 있어 기업가적인 원칙을 이용하는 것. 일반적인 기업가들은 실적을 '수익과 보상'의 관점에서 측정하는데 반해, 사회적기업가들은 사회에 그들의 프로그램이 끼친 '영향력' 차원에서 성공 여부를 평가한다.

Social Impact Assessment(사회영향평가): 기업이나 정부가 주요 인프라 개발 계획 단계에서 그 프로젝트의 사회적 혹은 사회 전반에 미치는 효과들을 고려하기 위해 시도하는 평가 형태. 5장 참조.

Social Performance(사회적 성과): 기업이 임직원들에게 또는 사회에서 의미 있게 보여준 활동과 성과의 영향.

Social Performance Management System(사회적 성과 관리시스템): 기업의 사회적 혹은 사회 전반적인 이슈를 관리하기 위한 사내 체계. 정책·기준·가이드라인·보고서 작성·리뷰 과정 등으로 구성된다. 5장 참조.

Socially Responsible Investment(SRI, 사회책임투자): 개인이나 기관 투자자 모두가 투자결정을 하는 데 도움이 될 수 있도록 기업의 환경적·사회적 성과에 대해 더욱 정교한 정보를 원하고 있다. 갈수록 늘어나는 연기금기관들도 사회적 책임이라는 기준에 따라 그들의 돈을 투자한다. SRI는 투자자들의 금전적 목표에, 사회·환경·윤리적 이슈에 대한 관심이 결합된 결과라 할 수 있다. 녹색·사회·윤리 기금은 그들의 투자 포트폴리오를 선택하는 데 있어서 환경적이고 사회적이며, 윤리적인 스크리닝 방법을 사용한다.

Social sponsoring(사회적 후원): 기업들이 예술이나 문화적 행사 또는 스포츠 등을 후원하는 활동과 마찬가지로 자선행사와 같은 사회적 활동을 후원하는 일을 말한다. 역사적으로 볼 때 기업사회참여와 같은 맥락에서 시작된 활동으로 볼 수 있으며, 주로 자선적 대의명분을 내세워 그 기업의 브랜드를 명확히 인식하게 하려는 마케팅 차원의 목적이 컸다. 서문 참조.

Societal indicators(사회적 지표): 측정과 평가 영역. 한 회사의 기업사회참여활동에 대한 산출·결과와 사회에 미친 프로그램의 영향력 등에 초점을 맞춘 성과 측정 척도를 말한다. 9장 참조.

Stakeholders(이해관계자): 1984년 에드워드 프리만 교수에 의해 소개된 용어. 그는 어떠한 조직에 의해 영향을 받거나 영향을 미치는 모든 사람을 지칭하는 데

이 말을 사용했다. 이해관계자에는 소비자, 임직원, 비즈니스 파트너, 투자자, 공급자, 노동조합, 정부, 입안자, 교육기관, 미디어, 오피니언 리더, 비정부기구, 지역사회 등을 모두 포함한다. 이제는 환경과 미래 세대 역시 이해관계자로 간주될 수 있다.

Strategic philanthropy(전략적 자선활동): 기업들은 기존에 별다른 기준 없이 해오던 기업기부활동 대신 핵심사업과 연관된 전략적 대의명분에 집중하고자 한다. 기여하는 만큼 명성 등으로 작은 보상이라도 받기를 바라기 때문이다.

Sustainability(지속가능성): 미래 세대를 위해 환경이나 경제 또는 사회적 균형을 깨뜨리지 않는 한도 내에서 어떠한 활동을 그 목적에 맞게 지속할 수 있는 수준.

Sustainability indices(지속가능성지수): 책임경영의 수행성과는 다음과 같이 세계적으로 통용되는 지속가능성지수로 측정할 수 있다.

- 다우존스지속가능성지수(www.sustainability-indexed.com)
- FTSE4Good지수(《파이낸셜타임스》와 런던증권거래소가 공동으로 소유하고 있는 FTSE인터내셔널이 개발한 지수. www.ftse.com/Indices/FTSE4GOOD_Index_Series/index.jsp)

기업의 진정성과 잠재력을 믿고 미래를 준비하는 이들에게

사람의 인연은 참으로 소중하다. 우리는 88 꿈나무로 대학 시절을 함께 시작했지만 서로 다른 길을 걸었다. 한 사람은 기업에서 근무하다 인생의 반전을 겪으며 비영리 분야로 간 후 기업의 사회적 책임(CSR, Corporate Social Responsibility)과 관련된 일을 해왔다. 또 한 사람은 언론직에 종사하던 중 장애인 같은 다양한 소외계층의 문제를 현장에서 접하고 가슴 아파하다가 바쁜 업무 시간을 쪼개 사회복지 석사학위까지 취득했다.

20여 년의 세월이 지나는 동안 동창회나 개인 모임에서 간간이 소식을 접할 뿐, 각자 주어진 삶에 바빴던 우리는 2010년에 열린 한 나눔축제에서 우연히 다시 만났다. 변화와 미래 소망에 대해 두서없이 수다를 떨던 중에 우리는 이 만남이 인연이라는 생각에 이르렀다. 서로의 장점을 결합하면 사회에 도움되는 일을 훨씬 더 많이 할 수 있지 않겠느냐며 의기투합했으니 말이다.

이 역서는 그 첫 작품이다. 책을 번역하는 동안 우리는 서로에 대해 더 잘 알 수 있었고, 믿음을 더 돈독히 할 수 있었다. 더불어 사회를 긍정적으로 변화하게 하는 일에 기업이 갖춘 잠재력과 가능성이 얼마나 크게 작용하는지, 그 잠재력을 끌어내려는 우리의 노력이 얼마나 중요한지 다시 한 번 확신할 수 있었다.

그동안 많은 기업이 나눔과 봉사활동으로 사회에 크게 이바지해왔다. 기업의 사회적 역할에 대한 요구가 다양해지는 가운데 상당수의 기업이 기업사회공헌, 윤리경영, 환경경영, 지속가능경영, 기업사회책임, 인권경영과 같은 다양한 방법으로 사회문제를 해결하는 데 적극적으로 참여하고 있다. 특히 CSR은 2010년 G20 서울 정상회의 비즈니스 서밋에서도 주목받았고, 품질이나 환경 표준을 마련한 국제표준화기구가 사회적 책임을 다루는 ISO26000을 발표하면서 더욱더 기업들의 현안으로 드러나고 있다. ISO26000은 지역사회참여와 발전을 위한 기업의 사회적 역할을 강조한다.

CSR의 필요성에 대해 많은 기업과 사람이 공감하지만, '어떻게 잘 할 수 있는가' 라는 질문에는 막막해지기 쉽다. 다행히 《지역과 상생하는 기업 핵심전략》의 저자들은 B2C(Business to Consumers) 분야에서 대표 기업인 노키아와 B2B(Business to Business) 분야에서 유명 기업인 E.ON의 CSR 책임자였다. 두 저자는 기업과 실무 담당자들이 자선적 CSR을 잘 수행하도록 하고, 전략적 CSR, 업종별 CSR, 글로벌 CSR을 체계적으로 실행하도록 생생하고 다양한 경험을 토대로 실천적인 매뉴얼을 만들었다.

CSR을 하고 싶지만 자원이 열악한 중소기업이나 CSR을 이제 본격적으로 시작하려는 기업이라면 이 책을 통해 세계 최고의 CSR 전문가에게 자문하는 기분을 느낄 수 있을 것이다. 이미 CSR을 하고 있는 기업이라면 전문가의 조언 속에서 예전의 활동을 하나하나 재검토해볼 수 있는 흔치 않은 기회가 될 수 있다. 막상 시작하려니 엄두가 나지 않고, 쉬워 보이지만 해보면 전혀 쉽지 않은 CSR 세계에 종사하는 기업인들이라면, 마치 1000개의 조각으로 구성된 퍼즐이나 난해한 3차원 입체 퍼즐을 단숨에 완성하는 기분을 이 책에서 맛볼 수 있으리라고 본다.

사회가 건강해야 기업이 건실하게 성장할 수 있다. 역으로 건강한 기업이 없다면 지속가능한 사회발전을 기대하기란 어려운 일이다. 기업은 지역사회와 상생하려는 노력을 지속적으로 기울여야 하고, 그런 노력은 기업의 핵심전략으로 표출되어야 한다. 기업이 보유한 최고의 역량과 장점을 활용하되, 긍정적 영향은 극대화하고 부정적 영향은 최소화하는 것이 기업사회참여의 핵심이다. 아무쪼록 기업사회참여 실천 매뉴얼이 사회를 긍정적으로 변화하도록 노력하고 있는 기업인과 회사의 진정성과 잠재력을 믿는 비영리기관 종사자와 미래의 비즈니스 리더들에게 두루 도움이 되길 희망한다.

2011년 6월

강주현, 김정수

가

나

다

라

마

바

사

아

자